世界大学女校长论坛
World Women University Presidents Forum

全球共情·文明互鉴·大学创新

第九届世界大学女校长论坛

Global Empathy
Mutual Learning Among Civilizations
University Innovation

—

The 9th World Women University Presidents Forum

黄璇 主编

中国传媒大学出版社
CUCP
·北京·

中国传媒大学党委书记、校长廖祥忠在第九届世界大学女校长论坛开幕式上的欢迎辞

廖祥忠　中国传媒大学党委书记、校长

尊敬的陈至立副委员长、赵刚副省长，

尊敬的各位嘉宾、各位校长，

女士们、先生们：

大家好！

自古西安多丽人，今日尤为盛。在这渭水秋风、杏叶金黄的季节，来自 64 个国家和地区的近 200 位大学女校长，通过线上线下结合的方式相聚古都西安，参加第九届世界大学女校长论坛。我谨代表中国传媒大学，向与会嘉宾和各位杰出的女校长表示诚挚的欢迎，向关心和支持论坛发展的各位领导表示衷心的感谢！

20 年前，中国传媒大学老校长刘继南先生牵头发起创办世界大学女校长论坛，旨在聚焦高等教育发展、提升女性领导力，汇聚世界大学女校长力量，合力搭建交流合作、分享智慧的国际平台。弹指 20 年，论坛已在中国连续举办 8 届主论坛，在俄罗斯、美国等 10 个国家召开 10 次分论坛，吸引来自 100 多个国家的 1300 多人次女校长参会，为高等教育发展孕育了诸多宝贵思想，为教育人文交流合作作出了杰出贡献，彰显了大学女校长群体对女性领导力提升的引领作用。

20 年来，以刘继南老校长为代表的大学女校长群体，抱定宗旨、汇聚众智、孜孜以求、知行合一，以女性温柔、坚韧的力量，逐步将论坛建设成为跨越洲际、跨越文明、跨越东西，促进女校长办学智慧切磋分享、推动高等教育交流合作、践行全球文明包容互鉴的重要平台，使论坛成为女校长的情感纽带和精神家园。这种初心不改、使命必达的坚毅，静水深流、润物无声的懿德，使人动容，令人感佩。借此机会，我要向以刘继南老校长为代表的女校长们致以深深的敬意。

新冠肺炎疫情在全球的大流行，给本届论坛筹办带来诸多困难。但在论坛组委会的指导下，我校和西安工业大学共克难关、紧密对接，合力促成论坛如期召开。正是各位嘉宾和校长的执着和坚守，我们才得以齐聚西安，共同探讨“全球共情・文明互鉴・大学创

目 录

contents

第九届世界大学女校长论坛致辞

第九届世界大学女校长论坛主题演讲

第九届世界大学女校长论坛专题圆桌会议——论坛20周年:历史与未来

第九届世界大学女校长论坛平行论坛论文

第九届世界大学女校长论坛记录·总结·反馈

世界大学女校长论坛20周年特别纪念

PART 01

第九届
世界大学女校长论坛
致辞

新"这一时代主题。这充分显示出论坛强大的凝聚力和感召力,主题的吸引力和号召力。因为历史和现实反复昭示我们:人类是休戚与共的命运共同体,只有共情,才能共赢;文明只有由冲突对抗走向交流互鉴,才能生生不息、多元共存;大学既要守正,追求真理和理性,又要创新,适应科技和产业变革。

新冠肺炎疫情在全球的持续肆虐,正在加剧全球社会的不确定性、不稳定性。新一轮科技革命引发的产业革命,正在促使全球产业、商业和社会形态重构。人类作为命运共同体,正面临前所未有的巨大挑战。特殊的时代境遇对人类社会、对高等教育提出了新要求。大学作为知识与文明的传承者、智力资源的提供者,应该有新作为;女性作为人类文明的开创者、社会进步的推动者,应该被充分赋权赋能。

中国传媒大学素来关心女性发展,持续搭建教育与女性、媒介与女性的研究和发展平台,推动教育和媒介在促进人文交流、实现性别平等、提升女性领导力上发挥切实作用。继发起世界大学女校长论坛后,2004 年,我校成立国内首家"媒介与女性研究中心";2005 年,联合国教科文组织在我校设立"媒介与女性"教席;2019 年,我校成立国内首家人类命运共同体研究院。在媒介与社会一体同构的今天,我们将继续用传媒的力量,促进国家间的人文交流、推动大学教育的形态创新和赋权赋能新女性。

志合者声相应,道同者气相求。期待与会的各位嘉宾和校长,就论坛主题深入研讨、充分交流,使论坛为促进各国人文交流合作、世界文明包容互鉴,开创新的局面;让论坛为实现中国国家主席习近平所倡导的"建设一个妇女免于被歧视的世界,打造一个包容发展的社会",贡献新的思想和力量。

最后,感谢西安工业大学刘卫国书记和雷亚萍校长,带领团队多次往返北京,沟通商定相关事宜,全力保障论坛的举办!祝愿各位嘉宾和校长平安康健、不虚此行;祝福论坛永续发展、品牌常青!

谢谢大家!

美中徜徉　穿行未来

——西安工业大学党委书记刘卫国在第九届世界大学女校长论坛开幕式上的欢迎辞

刘卫国　西安工业大学党委书记

尊敬的各位领导、同志们，

大家下午好！

按照组委会的安排，刚才廖书记用中文致辞，给我分配的是用英文致辞。

我想用一段诗开始我的致辞，既是对女性的赞美，也是对论坛衷心的祝福。

她在美中徜徉，

她在美中穿行；

像深邃的苍穹缀满繁星，

像皎洁的夜空万里无云……

这首诗是19世纪初期英国伟大的浪漫主义诗人乔治·戈登·拜伦写的，他早就把最优美的语言送给了在座的各位女士，今天我为大家朗诵这首诗，也想把这首诗送给所有美丽的女士。

尊敬的各位领导、各位来宾，女士们、先生们，很高兴在这样一个美丽的时节与大家相遇在古都西安。首先，请允许我代表西安工业大学向来自全球64个国家和地区的200余名尊贵的嘉宾表示热烈欢迎！

今天的盛会，是一个女性的盛会。

从社会发展变迁的视角来看，母系社会是人类社会的第一种形态。在那个时候，女性负责养育孩子和采摘食物，她们是整个族群的中心，而男性只负责在外狩猎。随着农耕社会的到来，男人们开始主动承担起种植的任务，社会也就逐渐过渡到了父系社会。

在漫长的历史长河中，男人之所以能够拥有社会的主导权，是因为在人类进化的过程中男人被赋予了体能的优势。可是今天，这一优势正被自动化、智能化所消解，大量的机器替代了人的劳动。

作为男性中的一员，我有深深的危机感。唯有多向你们学习，我才可以提高我的存在感，谁说未来不会又回到母系社会呢？关于这一点，我有着清醒的认识，因为我身边就有这样的女性，像尊敬的陈委员、夏主席，优雅的刘校长，美丽的雷校长，以及与会的各位优秀女校长们,当然也包括我挚爱的夫人。

今天的盛会,是一个全球的盛会。

我们相聚在此,旨在推进文明的交流互鉴。东方文明与西方文明有许多相似和共通之处,蕴含着共有的文化基因,比如坚强、刻苦、勤劳、善良等。就像丢卡利翁、皮拉丢石造人的故事以及女娲捏土造人的传说,我认为它们之间的相似性并不是一个偶然。

如果我们继续探究,就会发现:大约在2500年前,东西方文明都对世界的存在作出了高度相似的朴素的唯物主义的解释,西方认为"土、水、火、气、以太"组成了万物,而东方则认为万物是由"金、木、水、火、土"五种元素构成的。

还有一个故事:丹麦的量子力学大师尼尔斯·玻尔曾到访东方,受到中国太极思想的启发而解释了量子自旋的现象,并把太极阴阳鱼作为自己的族徽。

我们可以发现:东西方文明在发展过程中一直都有联系,相互取长补短,共同推动人类社会进步。

今天的盛会,也是一个高等教育界的盛会。

高等教育是人类社会进步的动力源泉,承担着人才培养、科学研究和社会服务的重要职能,引领着人类文明发展的方向。在当今的时代背景下,我想,高等教育在履行自身职能的时候,也要增强"人类命运共同体"的意识,关注来自自然界的各种潜在风险,聚焦社会发展中面临的各种挑战。

过去65年来,西安工业大学始终致力于工程技术创新和卓越工程师培养,为提升人类生活质量、促进社会发展贡献力量。时至今日,我们已在先进制造、高新材料、智能计算及文学艺术等领域积累了一定的优势,培养出了十余万名高级人才。

推动国际交流与合作是学校发展的基本战略。我们的工程教育加入了《华盛顿协议》,目前已有9个专业通过认证,5个专业正在认证之中。我们学校已经与全球62所高校建立了广泛联系,共同致力于解决教育和人类发展面临的问题。

推动人类发展,女性大有可为。纵观近现代科学发展史,打破僵局的恰恰是几位杰出而伟大的女性:发现天然放射性物质的居里夫人,发现人工放射现象的伊蕾娜·居里,解开核裂变之谜的莉泽·迈特纳,解开生命奥秘的罗莎琳德·富兰克林,还有发现青蒿素的人类生命卫士屠呦呦女士,以及今年的诺贝尔化学奖得主詹妮弗·道德纳,她们都是智慧与美貌的化身。

我坚信,按照这个趋势发展下去,一定会有更多伟大的、杰出的女性涌现出来,成为推动社会进步和文明发展的中坚力量,为我们带来无限的惊喜。

在这里,我想用一句话来概括今天的演讲,那就是:美中徜徉,穿行未来!

最后,再次欢迎各位嘉宾,也希望大家能够常来古都西安,我们美丽的雷校长定会热情地招待各位,我和我的夫人也无比欢迎大家。

祝本次论坛取得前所未有的成功!

谢谢大家!

第十一届全国人大常委会副委员长、第十届全国妇联主席陈至立在第九届世界大学女校长论坛开幕式上的致辞

陈至立　第十一届全国人大常委会副委员长、第十届全国妇联主席

尊敬的各位嘉宾、各位朋友，

女士们、先生们：

大家好！

很高兴来到美丽的古城西安参加第九届世界大学女校长论坛，这次会议非同寻常，在当前疫情防控常态化的形势下，本次论坛采取线下会议和线上视频会议相结合的方式进行。在此，我向莅临大会的嘉宾和同仁，向参与本次论坛的全体人员表示衷心的感谢和诚挚的问候！

世界大学女校长论坛历久而弥新。论坛前后历经 20 年，不仅在中国持续举办主论坛，也在世界各大洲举办分论坛；不仅在高等教育论题上卓有建树，而且持续关注女性成长、发展和领导力提升；论坛既是学术思想交流的平台，又促进了大学的国际和区域合作。可以说，世界大学女校长论坛是全球大学女校长毅力、智慧和情怀的体现与结晶。

前不久，中国国家主席习近平在联合国大会纪念北京世界妇女大会 25 周年高级别会议上指出，妇女是人类文明的开创者、社会进步的推动者，在各行各业书写着不平凡的成就；提出保障妇女权益必须上升为国家意志；要推动妇女走在时代前列，支持和帮助妇女享有出彩的人生。

习主席还深刻指出，在中国抗击新冠肺炎疫情最紧要的时刻，全国各地驰援湖北的 4 万多名医护人员中有三分之二是女性。正是成千上万的中国女性，白衣执甲，逆行而上，以勇气和辛劳诠释了医者仁心，用担当和奉献换来了山河无恙。习主席的高度赞扬和亲切关怀给了全国妇女巨大的鼓舞和激励。

本次论坛的主题是“全球共情・文明互鉴・大学创新”，论坛将大学创新置于文明互鉴的地平线上，立意高远。借此机会，我就本届论坛的主题分享三点看法，与大家交流。

一、呼唤全球共情，倡导文明互鉴，构筑人类命运共同体

面对日益严峻的国际纷争和区域冲突危险，面对日益严重的疫情等全球性危机，世界利益“一荣俱荣、一损俱损”，人类命运休戚与共。人与人比邻而居、国与国比邻而居，和平发展、包容性增长是我们的共同期待。如果国与国之间互相倾轧，互为寇仇，道路只会越走越窄，选择只会越来越少。全球共情，构筑人类命运共同体，是当前管控危机风险、维护全球治理体系的根基。

我们认为，单边主义、各行其是，归根到底是唯我独尊的价值观，更深处是文明的隔阂。实际上，文明蕴含了让人类开化、走出黑暗、朝向光明之义。全球化时代呼唤文明从隔阂走向互鉴。不同的文明应遵循著名人类学家费孝通先生提出的和谐相处之道，即“各美其美，美人之美，美美与共，天下大同”。

基于文明互鉴，全球治理才能真正建立彼此认同、联合行动的体系和机制；而逐步完善全球治理体系，文明互鉴才能真正实现。古丝绸之路被联合国教科文组织誉为“东西方文明交流对话之路”，今天这种交流对话得到了进一步发扬。2013 年以来中国倡议并推动“一带一路”合作，是区域治理和全球治理的积极尝试，友谊合作彰显文明互鉴，文明互鉴通向共生共荣。

二、大学应为文明互鉴和全球治理作出创新性贡献

为了促进文明互鉴，我们亟待构建“人是自然之子”和“人类命运一体”的教育价值观。确立“人是自然之子”的教育价值观，需要重新审视导致环境污染和生态危机日益深重的“人类中心主义”，需要重新审视导致环境和资源受到日益破坏的无节制的消费主义。确立“人类命运一体”的教育价值观，不但要以关切民族国家命运、为民族国家前途而奋斗为教导原则，还要在人类步入全球化时代进程中及时注入人类联合原则，以促进不同种族、民族、国家的和谐相处，促进多元文明、多样文化互相借鉴发展。

大学位于教育体系的顶端，不仅担负着弘扬全球治理、文明互鉴理念的重任，而且应该为全球治理、文明互鉴作出更卓越、更切实的贡献。破解全球化问题，不仅要靠全球政治家的远见卓识，也要仰仗大学探索并构建“全球治理知识体系”。这不仅是关乎全球治理的理论知识体系，也是促进全球治理行动的实践知识体系。这一体系的建立亟待多学科学者的共同努力，大学要以学科专业知识服务社会，通过厚重历史的汲取和复杂现实的洞察积极参与全球治理行动，并为之注入理性精神。

三、开拓创新，追求卓越，引领妇女砥砺前行

历届论坛的主题探讨最终都要回归大学校长的使命和行为，21 世纪的大学，身处前

所未有的、迅速变化着的世界和错综复杂的环境之中。一方面，科学技术迅猛发展，信息技术如互联网刚普及，云计算、大数据、人工智能又扑面而来。另一方面，人类面临着污染加重、贫富差距加大、疫情暴发等共同的严峻问题。这些都对大学的人才培养提出更高的要求。在这种新形势下，校长和书记教书育人的担子比以往任何时候都重，责任都大。

弘道崇德、知行合一，是教育的崇高境界。各位大学女校长和书记是中国女性乃至全世界女性的优秀代表，也是作出了杰出贡献和负有特殊责任的社会精英，你们胸怀大局、大度包容、埋头苦干、无私奉献，你们刻苦钻研、自强不息、勇于攀登、硕果累累，你们教书育人、甘当人梯、辛勤耕耘、为人师表，你们是学生、女性乃至全社会的学习榜样、崇高典范和精神力量！希望各位再接再厉，勇于改革创新，永远站在时代前列，引领教育改革和妇女运动的时代潮流。

近几年来，有篇叫《大数据下的中国女人，看完惊呆了》的文章在互联网上被多次传播并引起广泛关注，文章曰：前段时间，美国国家统计局发布了一组关于世界各国劳动参与率的数据，中国赫然位列世界第一，劳动总量世界第一，劳动参与率世界第一。数据表明，中国男性的劳动参与率一路领先，达到90%，和若干国家齐名；而中国女性的劳动参与率近70%，一骑绝尘，世界第一。世界上有的大国这个数据只有30%左右。文章还说，当中国男人和其他国家男人实力相当时，让中国实现弯道超越的关键因素是中国女人，这多么令人骄傲与自豪！设想一下，如果我们有更庞大的女性精英队伍，那么女性的贡献就一定会有更大的质的飞跃，女性对人类文明也将贡献更大的智慧和力量！

各位校长、书记，你们是论坛常青的主体，是把握未来教育航向、培育未来新型领导力的重要力量。我期待，作为大学女校长全体共同体聚合的平台——世界大学女校长论坛为推动全球治理、文明互鉴和大学创新作出新的贡献。

预祝第九届世界大学女校长论坛圆满成功！

谢谢大家！

联合国教科文组织原总干事伊琳娜·博科娃在第九届世界大学女校长论坛开幕式上的致辞

伊琳娜·博科娃(Irina Bokova) 联合国教科文组织原总干事
吴可欣 译

尊敬的刘继南教授,各位第九届世界大学女校长论坛的与会嘉宾:

大家好!

很荣幸受邀在本次论坛上致辞,本次论坛将围绕性别平等、女性领导力、大学创新、文明间对话与共情等一系列全球性重要话题展开。作为古代丝绸之路的起点,西安曾串联起中国、中亚、中东和欧洲,历史十分悠久,是举办本次论坛的极佳地点。

2015 年我曾到访西安,有幸参观了那里十分壮观的名胜古迹,其中很多古迹都在联合国教科文组织的世界遗产名录中。我参观了 20 世纪最重要的考古发现之一——秦始皇陵和兵马俑;参观了大雁塔,在那里了解了有关东亚佛教发源的故事;还参观了中国最大的博物馆之一——陕西历史博物馆,馆内展出的精美绝伦的唐代墓葬壁画让我惊叹不已,其中一幅壁画的复制版现在就挂在我身后的墙上。我还沿着西安的古城墙漫步,这是中国最古老、最大、保存最好的城墙之一。壮观的名胜古迹让我感受到文化和历史遗产的强大力量,也体会到传播文化与历史遗产以及回溯人类文化间交流互鉴历史的重要性。这正是 30 多年前联合国教科文组织设立"丝绸之路"项目的意义所在,这一意义在当下互联互通和全球化的大背景下变得尤为重要。

当今世界在政治、经济、社会以及人道主义方面所面临的危机相较第二次世界大战期间面临的危机更为棘手。已感染数百万人的新冠病毒仍在不断蔓延,给人类社会带来了巨大灾难。疫情带来的一系列不良后果,包括经济和就业机会的萎缩、不平等和贫困现象的加剧以及新出现的粮食安全问题等,严重影响了我们在气候变化和可持续发展道路上的努力,几十年来我们为达成《联合国 2030 年可持续发展议程》和《巴黎协定》等重要国际协定而付出的努力,正面临着付诸东流的危险。

在此背景下,我想提出三点想法。

第一,我们需要关注多边主义和联合国在广泛国际合作与交流方面的作用。新冠病毒的蔓延让人们深刻意识到,单边主义无法解决当今时代的挑战,当今世界需要更多的多边主义实践。实行多边主义既需要政府、科研机构、大学之间进行更多的共享与合作,又需要各国在卫生、科研和教育方面投入更多的资金与精力。

如果说当下的焦点不仅是重建社会,而是重建一个更好的社会,那我们就需要在人民、经济以及建设清洁、绿色、健康、安全、适应性强的社会等方面投入更多。与此同时,有必要重申一下我们对《联合国 2030 年可持续发展议程》的承诺。联合国可持续发展目标是雄心勃勃的尝试,其中一些目标或需要重新定义、或根本无法达到,但这些目标仍是各国间合作的重要基础。新冠肺炎疫情的出现也凸显了这些目标的重要性。

我们需要在科学、技术和创新方面开展新的国际合作范式,推动科学更好地造福人类、保护环境。新冠肺炎疫情加剧了社会各方面的不平等,如果我们所谓的"进步"只能惠及少数人,而无法消除贫困、减少不平等、保护我们所生存的世界,那么这"进步"就毫无意义。同时,我也认为多边主义可以实现全球合作,为世界各国提供平等的新冠病毒诊断、疫苗接种和治疗机会,从而尽早结束疫情,让可持续发展目标重回正轨。

第二,我要着重强调一下可持续发展议程第四项目标"确保包容和公平的优质教育,让全民终身享有学习机会"的重要性。本次论坛议程涉及大学教育、科学、研究和创新,它们在重建更好的社会中发挥着重要作用。

从经济增长与人类发展的角度出发,各国高校都肩负着很大的责任,它们有义务把全球可持续发展目标转化为本土化目标,并将其纳入教育课程体系。而且,作为联合国教科文组织的前任总干事,我可以很自豪地说,科学和高等教育既是总体议程的一部分,又是一个目标,这种范式上的转变已经发生。我们大力倡导发展广泛、全面的教育理念,并将其列入全球政治议程。这一倡议的实现,让可持续发展议程第四项目标"确保包容和公平的优质教育,让全民终身享有学习机会" 得以成功制定。

《联合国 2030 年可持续发展议程》首次承认了高等教育是终身学习的一部分,以及高等教育在新的全球发展议程中发挥着重要的、多方面的作用。该议程在努力消除贫困的同时,还尽力满足教育、卫生、性别平等、社会保障、就业机会、气候变化以及环境保护等方面的社会需求。高等教育和科学是社会变革的动力。在与政府、企业以及整个社会的合作中,科学和教育界的任务是制定更加可持续的社会发展对策、探索新的发展途径以及促进可持续技术与社会创新的实现。

如今,当有人谈到"技术融合模糊了身体、数字和生物领域之间的界线"时,我们需要通过高等教育寻找对策,既要充分利用技术发展对经济、社会和环境产生积极的影响,又要应对技术发展给我们带来的诸多挑战。

有效的教育策略还必须平等地考虑全人类的处境。新技术的出现和经济权力的转移以不同方式影响着社会上不同经济水平的人们,同时,世界的联系也日益紧密,有效的教育策略必须能够促进文化间的深度理解,以消解紧密联系可能带来的威胁。

第三,我的这一点想法有关妇女赋权和平等。2020 年是在北京召开第四届世界妇女大会的第 25 年,第四届世界妇女大会是全球性别平等议程的转折点,会议上提出的关键承诺和目标仍是我们当下衡量成果的标准。1995 年的大会上,由 189 个国家一致通过的《北京宣言》和《行动纲领》是促进妇女权利的最全面的全球性政策纲领。作为保加利亚代表团的一员,我对当时大会通过宣言和纲领的情景记忆犹新。行动纲领明确了 12 个重大关切的领域:妇女承受持续且日益沉重的贫穷负担;在接受教育和培训机会上的不平等;享受卫生保健及服务不平等;对妇女一切形式的暴力行为;武装冲突对妇女的影响;妇女不能平等参加制定经济结构和政策及参与生产进程本身;男女在所有各级分享权利和决策方面不平等;所有各级缺乏足够的机制促进妇女地位的提高;促进和保护妇女的人权;妇女与媒体;妇女与环境;女童问题。这些问题至今仍然存在。

2020 年 9 月,联合国大会通过了一项关于联合国成立 75 周年的决议。在 193 个成员国的承诺中,有一项承诺特别重要,即"我们将把妇女和女童置于疫情恢复行动的中心"。在这个重要的周年纪念日,联合国秘书长安东尼奥·古特雷斯呼吁大家马上采取行动,他说:"世界各国都在为应对当今时代的复杂挑战寻找解决方案,而重建平等、包容和适应性更强的社会的首要方案是加快实施《北京宣言》和《行动纲领》所明确的有关女性权利的倡议。目前为止,该愿景只实现了一部分,我们仍生活在一个以男性为主导的世界中,这是必须改变的。"

25 年来,没有一个国家完全履行《北京宣言》和《行动纲领》中的承诺。联合国妇女署 2020 年早些时候发表的一份重要报告显示,性别平等方面的进展正在衰退,来之不易的进步正在被逆转。新冠肺炎疫情的蔓延正在加剧先前存在的不平等现象,并可能终止或逆转数十年来各方共同努力取得的成果,贫困线以下将新增 4700 多万妇女和女童。

毫无疑问,我们有必要重申对《北京宣言》和《行动纲领》中所有目标作出的承诺。作为一个由世界各地学术、研究和科学机构的女性领导人组成的会议,我相信我们一定会带来巨大影响。多年来我一直关注着世界大学女校长论坛的工作,我对你们的工作深表敬意。在座各位在争取教育和知识平等赋予人类尊严、妇女平等与赋权、可持续发展等方面都有着十分重要的发言权。

最后预祝本次大会取得圆满成功。

谢谢大家!

教育部原副部长李卫红在第九届世界大学女校长论坛开幕式上的致辞

李卫红　教育部原副部长

尊敬的各位嘉宾、各位朋友，
女士们、先生们：

大家好！

非常荣幸应邀出席本届世界大学女校长论坛。今天，古都西安就像网络世界的一个结点，以线上线下的方式，将来自世界各地的大学女校长会聚在一起，探讨“全球共情·文明互鉴·大学创新”这一时代主题，具有强烈的现实性和前瞻性，体现了大学女校长群体在新时代的责任与担当。

突如其来的新冠肺炎疫情给各国带来严重冲击，面对前所未有的压力和挑战，全球各国携手应对，积极采取行动，共同加快药物、疫苗、检测等方面的科研攻关，提高突发公共卫生事件应急响应速度，共同维护国际公共卫生安全。

疫情发生以来，习近平主席和中国政府始终把人民生命安全与身体健康放在首位，采取了最严格的措施防控疫情并取得重大战略成果。中国高校积极开展大规模在线教育，迅速启动基础研究、疫苗攻关、智能防疫系统研发等相关科研项目并取得重大进展，全国高校附属医院也迅速集结选派医疗人员奔赴抗疫一线、支援抗疫。在这个过程中形成的中国智慧、中国经验、中国处方，我们希望与各国共享，共同推动高等教育发展。

当今世界正处于“百年未有之大变局”。在这一大变局的进程中，高等教育高质量发展不仅成为每个国家首选的发展战略，而且成为驱动发展转型升级的新动能。世界高等教育规模不断扩大，质量提升的任务更为迫切。

70 多年来，新中国高等教育走出了一条特色鲜明的发展道路。这是一条扎根中国大地办大学的发展之路，是以人民为中心、以服务中华民族伟大复兴为使命的发展之路，建立了完整的现代教育体系，建成了世界最大规模的高等教育体系，高等教育毛入学率达到 51.6%，已经跨入普及化阶段。中国高等教育事业的蓬勃发展，不仅为国家经济社会发展作出了卓越贡献，也为世界文明进步作出了巨大贡献。

“物有甘苦，尝之者识;道有夷险，履之者知。”在这个世界不确定性和不稳定性因新冠肺炎疫情加剧并叠加的年度，我们召开第九届世界大学校长论坛，旨在通过各位大学女校长的经验分享和深入交流，达成广泛共识，为高等教育发展及其人文交流，提供新的理念引领，为人类社会发展注入更多的确定性。

——希望我们共同交流疫情防控形势下创新教育形态的经验。疫情发生以来，各国积累了丰富的在线教育经验，“互联网＋”“智能＋”技术的在线教学已经成为世界高等教育教与学方面的重要发展方向。当前，疫情仍在全球蔓延，传统课堂与在线课堂将长期共存并深度融合，希望我们共同交流分享在线教育的做法和经验，促进高等教育改革创新与转型升级。

——希望我们共同交流推进高等教育高质量发展的经验。新一轮新科技和产业革命奔涌而至，社会对高等教育的核心需求发生了巨大变化，高等教育正处于深刻的变革之中。如何全面深化改革，坚持以人为本、提升人才培养质量，推动高等教育内涵式发展，需要我们交流互鉴、相互促进。

——希望我们共同交流提升高等教育治理能力和治理水平的经验。中国正在积极推进治理能力和治理体系现代化。世界是多样的，各国发展是多元的，文明因交流而多彩，文明因互鉴而丰富。任何一个国家，既要基于自身国情、彰显自身特色，又要兼收并蓄、开放包容，才能不断完善高等教育治理体系、提升治理能力。希望我们汇聚众智、取长补短，共同提升高等教育治理能力和治理水平。

各位嘉宾，朋友们，世界大学女校长论坛已历时 20 年，始终聚焦高等教育如何创新普惠发展、如何完善全球治理。面对全球大变局，促进世界互联互通、坚持开放包容，是实现高等教育高质量发展、贡献全球治理方案的必由之路。让我们以全球共情之心、文明互鉴之道、大学创新之志，为新时代教育人文交流作出新的更大的贡献!

谢谢大家!

反思人类价值观　共创美好未来

——欧洲大学女校长协会主席居尔松·萨拉莫在第九届世界大学女校长论坛开幕式上的致辞

居尔松·萨拉莫(Gülsün Sağlamer)　欧洲大学女校长协会主席

夏　琦　译

亲爱的同事们：

我很高兴也很荣幸受邀参加第九届世界大学女校长论坛并致开幕词。遗憾的是，由于新冠肺炎疫情限制了出行，我没能与杰出的同事们面对面交流，没能更多去了解中国这个美好的国家和它文明、善良、诚实、勤劳、热情好客的人民。

自 2001 年以来，中国传媒大学原校长、现名誉校长刘继南教授通过组织世界大学女校长论坛并致力于提高公众对性别平等和大学女性领导力的关注，为中国乃至全世界的高等教育作出了杰出贡献。我们感谢她在世界的东方发起这一活动，并使之成为全球性的盛事。从 2001 年开始，世界大学女校长论坛已经举办了八届，本次是在疫情的特殊情况下举办的第九届论坛。新冠肺炎疫情在世界各地蔓延，促使我们反思已有的生活方式，并在必要时作出调整，以适应不断变化的状况。

在过去的 20 年中，我们美丽的世界发生了巨大的变化。人类未能成功拯救这个星球，也未能为后代构建可持续的生活。我们正面临着诸如气候变化、自然资源枯竭、城市人口增加与农村人口减少、贫富人口收入差距日益扩大等严重问题，由于这些消极事态，人权和人类价值观正在遭受难以承受的“威胁”。联合国可持续发展目标包含 17 个主题，它们对我们的行为作出了规范，以便为后代留下一个更美好的世界。

在座的各位都是高等教育工作者。我们已经教育了成千上万的年轻人，我们尽力使他们变得足够强大，有能力创造更美好的未来。但我们是不是做到了最好？现实到底如何？

我很遗憾地看到世界上相当多的人变得越来越自私。他们不考虑和关怀他们的邻居或他们认识与不认识的其他人。无知的人们在肆无忌惮地消耗各种资源，根本不考虑还有下一代生活在地球上。

到底哪里出了错?这是我们需要叩问的首要问题。这个问题没有单一的答案,它包含了诸多因素以及这些因素之间错综复杂的相互作用。那么我们该如何处理这个复杂的问题?

一方面,即使有着以上种种问题,我们也不应该对未来感到悲观。通过建立能够共享生活价值观、权利与机会平等的文明社会,我们今天面临的问题就可以得到很好的解决。联合国《2019年全球可持续发展报告》指出,“最终,应本着努力使所有人都享有美好生活的精神,不让任何人掉队,同时秉持着为后代保护环境并确保资源合理利用的原则,来追求可持续发展”。

另一方面,“性别”仍是造成女性处于从属地位的主要原因之一,如果不为女性赋权和推进性别平等,“可持续发展”就无法实现。人权是“人类行为主体凭借其规范性行为而享有的权利”,其中“规范性行为”是“我们选择和追求有意义的生活的能力”。然而,至今,女性仍然没有享有与男性平等的权利,因此,我们应谨慎应对文化或组织上的行为,以防止女性由于性别而处于从属地位。

除此之外,我要特别提到人类价值观。价值观对于我们建设平等、健康和富裕的社会至关重要。如果我们能够形成人类共同价值观,那么我们应该努力保留它,并相应调整我们的生活方式。

“价值观”意味着什么?在这里,我想与大家分享一些“价值观”的定义。

“价值观是行为的准则或标准,人们按照它来判断人生中什么是重要的。”

“价值观指在一种文化中,人们长期认同的重要信念或标准:好与坏、是与非等。价值观对一个人的行为和态度有重要影响,并且在任何情况下,它都是广泛的指导原则。”

我们在组织环境中发现了四种类型的价值观:个人价值观、关系价值观、组织价值观和社会价值观。我想在这里重点谈谈关系价值观和社会价值观。关系价值观包括开放、信任、慷慨和关怀;社会价值观包括子孙后代、环境意识、生态观念和可持续性。

支撑我们教育机构使命的价值观往往随着时间的推移而发展,其中可能包括:诚信、公正;公平、机会均等、平等准入;完整性、整体性、开放性、透明度;创造性、创新性、卓越性;社会责任、社会服务;多样性、多元性、包容性;构建健康、幸福、充满关爱的社会。

人类共同价值观可以为我们创造机会,有助于我们采取必要的决定和行动来保护我们的后代,确保男女平等,拯救我们美好的世界。

因此,我要再次声明,确保平等的权利和机会对于全世界的人类价值观至关重要,而“性别平等不仅是一项基本人权,还是建立一个和平、繁荣与可持续世界的必要基础”。

最后,预祝世界大学女校长论坛取得圆满成功,也祝我亲爱的朋友和同事刘继南教授健康长寿。

谢谢大家!

全国妇联副主席、书记处书记夏杰在第九届世界大学女校长论坛开幕式上的致辞

夏杰　全国妇联副主席、书记处书记

尊敬的各位女校长，各位嘉宾，女士们、先生们：

大家好！

今天，第九届世界大学女校长论坛在美丽的古都西安隆重举行。我谨代表中华全国妇女联合会，向论坛的举行表示热烈的祝贺！向前来出席这次盛会的世界各地的女校长们及各位来宾表示热烈的欢迎！向身处世界各地的线上嘉宾表示诚挚的问候！

1300多年前，唐代大诗人王勃在长安写下"海内存知己，天涯若比邻"。本届论坛，共有来自64个国家和地区的近200名女校长、专家、学者和嘉宾代表共襄盛举。受全球疫情的影响，此时，身处世界各地的女校长们和嘉宾们正在通过网络、透过屏幕，和在中国西安的我们一起庆祝论坛的召开，一起感受相聚的快乐。这种"志合者，不以山海为远"的友谊，在今天更显难能可贵。同时，这也充分彰显了世界大学女校长论坛已发展成为国际高等教育界极具影响力的品牌论坛，在国际交流平台占有重要地位，发挥着独特作用。

世界大学女校长论坛，汇聚大学女校长智慧、聚焦高等教育发展。自2001年创办以来，20年间，论坛坚持开放包容，秉持文明互鉴，为世界大学女校长们搭建了交流对话的平台，为世界女性高等教育发展提供了智慧与力量。

本次论坛以"全球共情·文明互鉴·大学创新"为主题，聚焦全球共情与合作，秉持文明互鉴，契合人类共同发展的愿景。当今世界正经历百年未有之大变局，席卷全球的疫情以一种特殊方式告诫世人，在人类共同面对的重大危机与挑战面前，没有人是一座孤岛，没有人能独善其身，没有国家能置身事外。人类是一个命运共同体，全球问题的应对需要各国携手相助、同舟共济、共克时艰，这既是各国的责任担当，也是大学追求的共

同使命。在全球教育行业急剧变革、教育形态正在重塑的时代,各位女校长在古老的西安共话大学创新之径,共谋教育发展大计,相信论坛必将结出累累硕果。

在刚刚举办的联合国大会纪念北京世界妇女大会25周年高级别会议上,习近平主席发表重要讲话,提出帮助妇女摆脱疫情影响、让性别平等落到实处、推动妇女走在时代前列、加强全球妇女事业合作四点主张,将保护妇女权益上升为国家意志,为促进性别平等、开展国际合作指明了方向。

在中国,党和政府高度重视妇女事业发展,采取系列措施保障妇女权益,促进妇女全面发展。25年来,北京世妇会所宣示的精神在中国得到了全面而有力的落实。中国妇女社会地位显著提高,妇女生存发展环境不断改善,“半边天”作用不断凸显。中国建立了包括100多部法律法规在内的全面保障妇女权益法律体系,被世界卫生组织列为妇幼健康高绩效的10个国家之一,高等院校中女生占比超过50%,全社会就业人员女性占比超过四成,互联网领域创业者中女性占55%。特别是在抗击新冠肺炎疫情的斗争中,广大女性医务工作者白衣执甲,逆行而上,以勇气和辛劳诠释了医者仁心,以积极的行动贡献巾帼力量。

百年大计,教育为本,要在教育中播撒性别平等的种子,才能在未来的人生中结出性别平等的硕果。大学女校长是女性中的佼佼者,是高等教育的引领者,我期待各位女校长的真知灼见,期待大家能够携手同心,培养更多优秀的女性人才,为进一步推动性别平等和妇女全面发展作出贡献。

青山一道,同担风雨。我们所在的古都西安,曾在中国盛唐时期承载了人类文明交流的使命。今天,在构建人类命运共同体的全球愿景之下,女校长们即将展开的精彩对话将使古都焕发更加绚丽的教育之光、智慧之光、文明之光,也将有力推动各个国家和地区的交流互鉴与人类文明。

最后,预祝第九届世界大学女校长论坛圆满成功!祝愿各位嘉宾身体健康、工作顺利!

谢谢大家!

后疫情时代下的世界高等教育

——世界大学校长联合会主席、墨西哥赛提斯大学校长费尔南多·加西尔在第九届世界大学女校长论坛开幕式上的致辞

费尔南多·加西尔(Fernando León García)
世界大学校长联合会主席、墨西哥赛提斯大学校长
刘 洁 译

大家好！首先，我要感谢刘继南教授对我的邀请，让我有机会在此发言。在座的各位都是世界各地杰出的高等教育领导者，代表着未来潮水的方向。打造一个真正包容的世界是我们共同的愿景与目标。我谨代表世界大学校长联合会对世界大学女校长论坛成立 20 周年致以热烈的祝贺。

近年来，有关高等教育创新改革的呼声频现。其中，加速高等教育领域的技术应用更是成为这种呼声的核心。正如格尔蒂·布鲁门斯迪克(Goldie Blumenstyk)在《高等教育纪事》中所言，在经历了 2020 年新冠肺炎疫情这场"黑天鹅事件"之后，世界各地的高校才尽其可能地实施改革，发展应急远程教育。它与"在线教育"有所类似，但却不尽相同。高校不得不进行各项调整以确保教育工作的接续性，保护学生的生命健康，维护大学社区的安全稳定。

所有高等教育机构无论其属于什么性质、类型，无论它位于何地，都受到了新冠肺炎疫情的极大影响，其整体治理能力受到极大考验，我们必须及时应对、恢复、重建和再造，其中的核心是转向的能力，也就是调整和机动的能力。在此过程中，大多数高校的应对措施都取得了一定的成效，但是效果大小却各有不同，这取决于高校的使命定位及其改革创新能力。

管理委员协会主席亨利·斯托弗(Henry Stoever)建议，从领导和治理的角度来看，我们必须分阶段地看待这场全球性疫情：第一个阶段是突发期，主要是 2020 年上半年；第二阶段是过渡期，主要是 2020 年下半年；第三阶段是转折期，我们最终将在 2021 年或局势有望更加稳定的时候迎来转机。从突发期到转折期，高校必须特别关注学术质量以及长期的财务稳定，同时要开始着手制定战略方案。

在应对疫情挑战的过程中，高等教育中的一些议题如共情力、团结力、灵活性、韧性和机遇等得到了凸显。

在这种背景下，我们墨西哥赛提斯大学或许能够带来一些启示。赛提斯大学是一所

民办的、非营利性的高校,坐落在墨西哥西北部,与美国加州比邻,双方交流频繁。我们在 2010 年经历了一次区域性的大地震,从那以后,赛提斯大学便开始积极地应用技术并将其纳入 2020 年的年度战略,这为我们在疫情期间迅速进行调整,实施远程教育打下了基础。目前,我们又推出了 CETYS Flex 360 平台,通过同步在线形式开展教学活动,并且在条件允许的情况下,逐渐过渡到线上线下混合式或面对面教学形式。

在过去的几个月里,世界大学校长联合会进行了一项调查,旨在了解疫情之下世界各地高校所遇到的管理挑战。在桑坦德大学、世界大学女校长论坛和其他高等教育组织的帮助下,我们收集了覆盖 90 多个国家的 800 多份问卷。虽然执行摘要和报告全文仍在编写中,但在此,我还是想分享几个重要的研究发现:

• 只有 37%的受访者认为他们的机构为应对新冠肺炎做了充足准备,52%的受访者则表示他们还没准备好。

• 对各院校来说,最受关注的议程有:教职员培训、技术需求的满足、学术水平的维持、针对学生的紧急经济援助和心理健康支持。

• 受访者表示,在国际化方面,他们今年的重点放在了伙伴关系、虚拟流动性、在地国际化等概念之上。至少在目前看来,人们关于国际化的视野在一定程度上得到了延展。

• 大多数院校表示,它们的重点依旧放在解决临时需要上,而不是进行结构调整或创新。人们对于短期表层效益的追求似乎高于他们对于长期实质效果的关注,要改变这种普遍的心态,激发创新动力,还有很长的路要走。

• 很多院校指出,在未来的两至三年内,它们或许会提供线下授课、线上授课、混合式授课等各种课程选择组合。

已经有一些关键问题需要各教育主体提上议程,其中包括:疫情是否对学生的学习技能或其他能力提出了新的要求?高校和学生是否需要了解与接触一些社会性议题?我们该如何认识学生、教师和项目的国际化?该怎样促进国际化事务的开展?在线教育和混合教学模式作为课程组合的一部分,将扮演什么样的角色,覆盖面有多广?如何在创新的同时保持并提高教育质量水准?我们是否可能在关注传统的同时拓展教育的可能性?我们将如何与教师合作来应对这一挑战?我们将如何满足疫情期间学生们涌现出的包括心理健康在内的社会支持需求?

这些是世界各国的高等教育主体都需要面对的议题,现在我们还是在"小修小补",很快我们很可能会经历一场彻底的重塑。尽管很多人将此视作一场来也匆匆、去也匆匆的突发性事件,但亚利桑那州立大学的迈克尔·克劳(Michael Crow)认为,这场变革与气候变化问题一样漫长、棘手。作为高等教育的领导者,我们需要重新审视我们各自的使命、我们的学术和商业模式、我们对教育质量的永恒追求,同时吸取此次疫情带给我们的经验教训,以此确定在前进的道路上我们需要对哪些问题作出调整和重塑。

最后,愿各位阖家安康,美满幸福!

谢谢大家!

陕西省副省长赵刚在第九届世界大学女校长论坛开幕式上的致辞

赵刚　陕西省副省长

尊敬的陈至立副委员长，各位来宾、各位朋友：

大家下午好！

很高兴与大家相聚西安，共同迎来第九届世界大学女校长论坛隆重开幕。在此，我谨代表陕西省人民政府对论坛的举办表示热烈的祝贺，对出席论坛的各位领导、各位嘉宾表示诚挚的欢迎，向关心与支持陕西各项事业发展的朋友表示衷心的感谢。

本届论坛选择在古都西安举办，我们倍感荣幸，陕西作为高等教育大省，期待在推动教育合作交流和大学创新发展等方面有更大的作为，也希望得到更多的指导。陕西是中华文明的重要发祥地之一，科教资源富集，全省共有110所高等院校，在校大学生180万，聚集了68位中国科学院和工程院院士，每年毕业博士、硕士研究生约3万人，本专科毕业生近30万人，航空、航天、3D打印、5G移动通信等技术保持世界先进水平，神舟飞天、嫦娥探月、蛟龙潜海等都有陕西科技的坚强支撑。

作为古丝绸之路的起点，陕西自古就是中国与世界联系的窗口，目前陕西已和190多个国家和地区建立了经贸联系，长安号国际货运班列已成为陕西全面开放的龙头班列、贸易繁荣的黄金班列、美好生活的幸福班列。2014年以来，陕西连续举办六届丝绸之路教育合作交流会议，西安交通大学倡议设立的丝绸之路大学联盟已覆盖38个国家和地区的154所大学，陕西高等教育将努力提升文化传承创新能力、科技自立自强能力以及国际事务参与能力，肩负起新时代的历史使命。

妇女是人类文明的开创者、社会进步的推动者，在各行各业书写着不平凡的事迹。我省高等教育领域活跃着以张锦秋等六位院士为代表的女教师群体，30多位高校女领导在内的领导群体，她们用自己的知识、技能、勤奋为推动全省教育事业的蓬勃发展贡献智慧和力量,为陕西奋力谱写追赶超越新篇章注入了强劲的动力。

世界大学女校长论坛创办 20 年来,为推动世界高等教育发展、促进世界女性合作、提升女性领导力贡献了诸多宝贵思想,已发展成为国际高等教育界极具影响力的品牌论坛。本届论坛以"全球共情 · 文明互鉴 · 大学创新"为主题,给人无限的启迪和遐想。面对百年未有之大变局,我们应该顺应全球共情,增进人类命运共同体意识,推动政府、国际组织、商协会等组织开展政策和经验交流,培养多元化的伙伴关系;我们应当推动文明互鉴、充分发挥教育在人文交流方面的积极作用,建立完善教育合作交流新机制,让各种文明美人之美、各美其美、美美与共;我们应该致力于大学创新,努力把握第四次工业革命的时代机遇,发挥高校的创新源头作用,推动自然科学领域的新发现、技术领域的新成果、社会交流的新方式不断涌现。

最后,衷心祝愿世界大学女校长论坛越办越好,祝各位朋友身体健康,工作顺利。谢谢大家!

世界大学女校长论坛组委会主席刘继南在第九届世界大学女校长论坛闭幕式上的致辞

刘继南　世界大学女校长论坛组委会主席

尊敬的各位校长、各位同仁、各位嘉宾：

大家好！

我们共同举办了一届别开生面的论坛，以西安工业大学为主会场，线上线下相结合，在古丝绸之路的起点分享了对世界变局与文明演进的见解，探讨了智能社会与大学创新、大学治理与社会发展、性别平等与女性领导力等议题，白昼与黑夜共时，天涯与咫尺比邻。在论坛即将闭幕之际，我有三点感想与诸位分享。

一、互联网科技新成果，使论坛呈现新形态

自新冠肺炎疫情肆虐以来，国际会议不约而同地采用视频形态，进行云端交流。在2020年9月中旬举办的第75届联合国大会上，会员国政府首脑多采用云端对话方式参会。以互联网为平台的实时在线交流，契合传播形态视听化、传播语言网络化的新趋势，具有极大的灵活性和便捷性、极强的融合性和开放性，未来可能成为跨国、跨地区会议的主要形态之一，成为人类自由交流的新常态。当然，传统的人与人面对面的促膝相谈，仍将是人类沟通交流的根基。

本届论坛召开得益于科技新成果，线上线下交汇，直播录像共享，开创历届论坛之先河，令人耳目一新。我衷心期待，今后论坛与时俱进，进一步"做实人文对话、做深教育对话、做细心灵对话、做好精神对话"，推动世界文明交流互鉴。

二、后疫情时代的文明走向,赋予大学新使命

旷日持久的新冠肺炎疫情,极大地冲击了世界正常的社会生活秩序,也提供了人类反省文明走向的特定时空。文明之光指引人类的航向,是人与人相处之道,也是人与自然相处之道。认识与敬畏自然密不可分,自然是人类生存的家园,不受人类兴衰影响而客观存在。中国国家主席习近平2020年9月30日在联合国生物多样性峰会上提出,"人与自然是命运共同体""生态兴则文明兴"。疫情面前,全球命运一体相连,团结互助的共同体精神才是人类战胜疾病的法宝。

后疫情时代,我们将面对充满变化的文明转型。当前"逆全球化"的声音甚嚣尘上,如何参与建构多样开放的文明体系,更好地促进文明之间的对话,如何服务于全球治理的愿景,以国际理解、国际互助为核心凝聚全球共情、命运与共的整体意识,是后疫情时代赋予大学的新使命。大学是生产普遍知识、传道授业的学术殿堂,维护人类整体价值观的稳定性是高等教育的崇高理想。在充满不确定性、不稳定性的当今世界,大学更需要培养具有跨文化交流和全球治理能力的卓越人才,以期更好地开展国际合作,应对人类共同的危机和挑战。

三、论坛成功举办,显示出自身强大的生命力

在新冠肺炎疫情此起彼伏、全球流行的特殊时刻,第九届世界大学女校长论坛成功举办。来自64个国家和地区的近200位嘉宾共克时艰,踊跃参会,切磋交流,仁智互见,充分体现了开放包容、互学互鉴的丝路精神,彰显了女性领导者、教育者执着追求、坚韧不拔的优秀品格。

世界大学女校长论坛历时20年,已成为全球高等教育交流合作、世界多样文明对话互鉴的重要平台。论坛可持续发展,弦歌不辍,是各位校长、同仁和嘉宾守望相助、惺惺相惜的结果,凝结着我们共同的爱与智慧。特别是多位国家领导人对论坛关怀备至、鼎力支持,令人感佩不已。在这里我们还要向慷慨解囊的企业家致以诚挚的谢意,你们的义举厚谊、远见卓识,已在论坛史上留下浓墨重彩的一笔,我们将铭记在心。

各位校长、各位嘉宾,中国儒家经典《尚书》有言"功崇惟志,业广惟勤",今后论坛将抱定宗旨,矢志不渝,进一步提升研究力、传播力、影响力,让我们再接再厉,携手前行,迎接2022年长春第十届论坛的召开,续写世界大学女校长论坛的新篇章!

谢谢大家!

PART 02

第九届
世界大学女校长论坛
主题演讲

相关组织如何推动社会性别主流化？

——以联合国教科文组织为例

萨尼耶·居瑟尔·克拉特(Saniye Gülser Corat)
联合国教科文组织性别平等部原主任
刘　洁　译

联合国教科文组织是联合国的一个专门机构，也是一个结构复杂的政府间组织。它成功地将性别平等纳入其项目和实践当中，逐步在其方案中纳入性别平等视角，在其人员配置中实现性别比例均等，并将决策层中的女性比例从2004年的9%提高到2017年的51%。

全球其他组织、大学和企业能否借鉴教科文组织的经验教训，以改善当下存在的系统性的性别歧视问题呢？

本文梳理了2004年9月至2020年8月我担任联合国教科文组织性别平等部主任的历程，简要介绍了我是如何在一个大型国际官僚机构中进行改革，并通过性别平等改变整个教科文组织的。本文还将涉及如何通过建立联盟、进行宣传和监测结果，推进性别平等进程。此外，这些经验教训或许也能为提升其他成员构成多样性指标(如种族等)提供一些借鉴。

一、愿景和战略的提出

我于2020年8月底从联合国教科文组织退休。我离开时，许多同事都说，我应该为任期内我们所取得的成果而感到自豪。我们几乎从零开始，使教科文组织成为联合国内部在性别平等方面表现最好的机构，并且成为国际社会的榜样。

但是，从我自己的视角来看，我这16年的任职经历却要复杂和烦琐得多。

2004年9月1日，我到达巴黎联合国教科文组织总部时，发现有一个几乎名存实亡的单位——妇女部，设置在联合国教科文组织强势部门——战略规划局之下。当时，妇女部只有3位成员，两年的预算仅为4万美元，并且这4万美元已经被战略规划局用在规划下一个项目的差旅费上,而这些规划几乎和妇女部没什么关系。但在 2020 年 8 月 31 日我离开联合国教科文组织的时候,妇女部已经更名为性别平等部,设在联合国教科文组织总干事办公室内,由一个专业的团队组成,其背后是涵盖各部门和分支机构的 150 名社会性别课题联络员(Gender Focal Points)的网络。最重要的是,我们将性别平等部打造成了一个可靠的机构,在女性中学教育、女性 STEM 教育、女性技术素养、性别敏感的灾害风险管理、科学领域的女性参与等方面均发起了开创性的项目。在数字性别鸿沟和人工智能中的性别偏见等领域,我们也开展了前沿研究,并出版了一些成果。

在整理这 16 年来我为促进联合国教科文组织的性别平等并使之制度化而不断努力的相关文件时,太多回忆涌来——有些令人神伤,有些令人振奋。请允许我与你们分享我在加入联合国教科文组织之前就已经制定的多层次战略的主要内容,这些内容是我最近在笔记中发现的。这些笔记是我当时为参加联合国教科文组织的第二轮面试所准备的。正是在这次面试中,我从 2000 名候选人中脱颖而出,被正式任命为联合国教科文组织的一员。当时,我所制定的主要目标就是将性别平等视角纳入教科文组织的所有结构、程序和行动之中。

二、顶层设计

要想实现性别平等的制度化,顶层文化和基调是关键。也正因此,我们要做的第一步就是建立一个监管框架。在 2005 年首次得到联合国教科文组织总干事的支持后,经过我们的不懈宣传与倡议,联合国教科文组织 195 个成员国在 2007 年 11 月的一项决议中将性别平等列为组织两大全球优先事项之一。这项决议也因此具有了里程碑式的意义。

三、建立联盟和寻找代言人

一旦领导层接受了性别平等的目标,下一步就是建立广泛的联盟,在联合国教科文组织秘书处和 195 个成员国的代表中培养性别平等倡导者。

为了在联合国教科文组织秘书处和各地区办事处尽可能发挥影响,我制定了一个关于无意识偏见和性别平等的综合培训项目。虽然培训在 2008 年就可以转移到线上进行,但我依旧尽可能亲自开展培训,因为这能帮助我确定潜在的盟友和意见领袖。

联合国教科文组织秘书处有来自 120 多个国家的工作人员,他们对系统性的性别不平等问题有着不同的看法。我很快就发现,可以把他们对性别平等的态度大致分为三种类型:冷漠型、否认型和恐惧型。通过亲自培训,我的团队可以确定培训对象属于哪一类型,并有针对性地采取相应措施。持冷漠型态度的人认为性别平等与他们的工作无关,他们认为他们的工作是技术的/科学的或性别中立的。持否认型态度的人顾名思义就是否认性别问题的存在,他们不相信性别不平等的存在。持恐惧型态度的人则害怕讨论相关议题,包括一些存有善意的同事,他们担心做错事或说错话,所以宁愿置身事外。

在培训中,对持否认型态度的人,我只是"例行公事"地给他们培训一下,因为要想改变他们僵化的观点,需要付出太多的努力。我会把精力集中在"笼络"那些持冷漠型态度的人上。我用一些具体的例子向他们说明,只要留心观察,就会发现他们的工作中也存在很多性别不平等的现象。在加入联合国教科文组织之前,我曾在30多个国家工作,积累了丰富的实地经验,基于这些经验举出的具体案例,往往能够说服大多数原本对性别问题无动于衷的人,使他们最终认识到——联合国教科文组织任何领域的工作都需要用性别平等的视角加以审视。对于第三类持恐惧型态度的人,我用具体的语言、事实和数字,让他们成为有效的倡导者,分享相关信息。

除了培训和建立联盟以外,我的团队还协助启动了由成员国驻联合国教科文组织大使组成的"性别平等之友"(FGE)项目。我们深知在团队之外培养拥护者有多么重要,因此我们对谁能成为FGE的领导者不抱任何偏见。最后,出乎意料的是,FGE并没有像人们所期望的那样由北欧国家的代表担任组长,而是由一个穆斯林占多数的国家——毛里求斯的大使牵头。FGE的成员通过定期在午餐时间见面,交流进展情况,最终成为我们性别平等的"大使"。他们以事实为依据,围绕联合国教科文组织的教育、科学和文化任务,向高级管理层提出了尖锐的社会性别主流化的问题,从而推动了性别平等议程。

我还与我的团队一起,在联合国教科文组织内部那些位高权重的人中"物色"性别平等问题的"意见领袖"。这些高级官员往往不直接参与执行联合国教科文组织性别平等方案,他们提出支持性别平等的观点时,往往被视为是客观和公正的,而我们团队的发言则往往被视为一面之词。

四、使用数据、证据以及浅近的语言

现代社会内在的"自我满足"和进步史观(秉持这种史观的人没有根据地坚信社会总是在不断进步的)是我们需要解决的问题。我们广泛使用了在统计方面较为权威的联合国教科文组织统计研究所(UNESCO's Institute of Statistics)提供的数据,这些数据对人们认为世界总是在不断进步的刻板印象提出了质疑。

数据和证据是联合国教科文组织进行改革极为重要的推手,没有什么比可核实的事实和数据更能说明问题的严重性。当听众听到在过去的20年中,尽管人们实施了无数的扫盲计划,但成年女性的文盲率丝毫没有下降时,他们感到错愕。同样,当他们了解到按照目前的进展速度,要到2086年我们才能让所有非洲女孩都走进小学课堂时,他们更是震惊,这也促使他们重新从性别视角思考"发展"这一命题的具体路径。

光有事实和数据还不够,这些事实和数据的传播问题同样重要。因此,我不能太学术化或学院气。在介绍那些令人惊愕的事实时,应该让听众相信,你第一次看到这些统计数据时也一样感到惊讶。

我会避免使用技术术语,尽量选择那些非敌对性和非威胁性的语言。有些人对“培训”这个概念就有异议,他们认为:“我们做自己的工作,还要别人来‘培训’我们吗?”因此,在某些情况下,称其为“见面会”或“协商会”或许更加合适,以免引起成员的抗拒心理。最终归结为一点,那就是要尽可能地统一战线,共同研究平等问题,寻找可行的解决方案。

五、制定目标、时间表,对重要指标进行监测

在宣传中使用数据和证据的一个必然结果是我们在衡量结果时也同样重视事实和数据的作用。我所在的性别平等部就设有效果检测项目,当结果与目标不符时,我们便会对行动作出调整。联合国教科文组织每半年就会向执行局汇报一次决策层的性别比例均等进展情况。通过不断地监测,我们将联合国教科文组织决策层妇女任职比例从2004年的9%提高到2017年的51%。

我们也开发了各项指标,以评估相关项目和活动以及同僚们在这些指标上的表现。这些方法、指标和结果完全透明,并接受社会公众的监督。通过这些性别平等培训项目,我们鼓励联合国教科文组织的所有工作人员对这些指标提出质疑,并就其准确性和有效性展开对话。

结　论

我们通常认为,改革往往需要很高的时间成本和资源成本,凭借小型预算和团队是不可能改变现状的。尤其是有些改革,态度、规范和组织文化的变革缺一不可。但这种想法是自欺欺人的,只会让我们故步自封。大家可能会惊讶,整个联合国性别平等部就只有四位全职工作人员和一位行政助理,它每年的预算也只相当于财富500强企业里一名中层管理人员的年薪。然而,联合国教科文组织却取得了丰硕的成果,现在被认为是联合国系统内的最佳实践案例。

如果有高级领导层的支持,只要你有激情、有远见、有经过深思熟虑的可行战略,就可以利用有限的资源进行变革。建立广泛联盟、利用数据和证据、制定并监测目标等核心战略在联合国教科文组织改善性别平等方面发挥了重要作用。对其他组织而言,这些措施或许也具有借鉴意义,最终推动其性别平等进程。

以创业行动助推性别平等和女性赋权

努如·艾诺·摩德(Noorul Ainur Mohd. Nur)
马来西亚彭亨基金大学学院董事长

刘　洁　译

引　言:女性创业与经济赋权

有一天,我看到一个女人推着一辆车,车上堆满了水果,她不时地用搭在肩膀上的旧毛巾揩拭脸上的汗水,胸前还窝着一个大约六个月大的孩子。这个画面在我脑海中挥之不去。

这是2007年发生在非洲塞内加尔的一幕。我当时供职于世界银行,在那里参加世界银行和伊斯兰会议组织(OIC)的会议。从机场接我的车停在一个路口,我正是在那儿看到了这个女人。

眼前的这一幕让我意识到女性要求得生存需要面临多少艰辛。也正是在那一刻,我意识到,我必须尽最大努力推动女性创业的议程。

女性的适应能力很强,给她们一个世界,她们便能将其征服。恰如我看到的这位女性,她在生完孩子之后马上出去赚钱、谋生。她的处境非常艰难,但是她选择与不利的环境对抗。

我之所以对女性创业这个主题感兴趣,也是因为我参与并考察了其他国家的创业议程。此外,我也有幸能够参加联合国、联合国教科文组织和亚太经合组织等国际组织举办的创业会议,与成员国共享相关知识,学习其优秀的实践经验。

一、性别视角下的创业活动与经济发展

我认为“创业”这个概念本身是有歧义的,它应当包含所谓的“草根创业”。现在的“创业”都在“企业”的体系范围之内,仅仅囊括微型企业、中小型企业以及大型乃至跨国公司。但我认为还存在这一概念之外的创业种类,我将其称为“草根创业”。这些“草根

企业家”很少接触到创业生态体系的正式框架,但是他们在世界各国的农村和城市都有出现。

图1就展示了“草根企业家”的例子,她们通过自己的努力以非正式的方式销售产品。

图1　这位在街边卖水果的女性就可以被视作一位“草根企业家”

世界上有一半的人口都是女性,如果我们把女性排除在一个国家的经济发展活动之外,这其实是一种浪费。

我认为创业活动能够在多大程度上推动国家经济发展取决于很多因素,包括创业活动的质量、类型,也包括其性别构成状况。我们不能否认,性别平等和女性创业也是影响经济发展的关键因素。

二、草根创业的全球经验

1.越南——政府组织间的跨国合作

越南的各行各业都在蓬勃发展,其丰富的劳动力资源加上强劲的基础经济形势,促使越南的经济发展速度达到了前所未有的水平。

越南的纺织业较为发达,女性也直接参与其中。众所周知,越南是许多邻国,包括马来西亚的女性创业者的重要的纺织品货源地,尤其是服装产品的货源地。

我认为这是一个很好的合作模式,通过这种合作,多国女性可以从中获益,共同增进她们的社会福祉。考虑到东盟人口超过6亿,我们更应该通过性别视角,拓宽这种合作的领域。

目前，越南是东盟女性企业家联盟(AWEN)的首席成员国。在2013年其成立之初，我还是马来西亚女性、家庭和社区发展部秘书长。当时，我代表马来西亚政府参与了这一议程。

当时我们提出的战略包括：第一，加强东盟地区女企业家之间的合作；第二，共享女性创业战略的优秀实践经验。东盟女性企业家联盟达成了一项共识，即创业活动是女性特别是边缘化女性减贫的重要模式之一。

此外，我在马来西亚政府部门工作期间(2010—2014年)曾作为代表与东盟促进和保护妇女和儿童权利委员会(ACWC)达成了同样的认识。有关东盟妇女的创业议程得以再次受到重视，以真正实现东盟人民的社会福祉，而不仅仅是促进成员国的经济增长。

2.尼泊尔——非政府组织的大力支持

尼泊尔妇女努力工作谋生。她们在稻田里劳作，在加德满都城市里干活，在街上卖珠子，在市场上卖花(图2)……无论是在发达国家还是在发展中国家，赋予妇女经济权利都是同等重要的。尼泊尔妇女在参与国家经济方面得到了认可和机会，这一点令人感到欣喜。

图2 女人们一边卖花一边照顾孩子

我想知道当局是否会对图3中的这些经济活动收费。如果没有，这是一个值得称赞的决定，因为向“草根企业家”征收费用肯定会影响其收入。

图 3 尼泊尔女性积极参与经济活动

那些被边缘化的女性，如单亲妈妈、老年女性和残疾女性，也得到了妇女技能发展组织的帮助。这是一个非政府组织，总部设在博卡拉，活跃在各种公益创业活动中。我对该组织自 1975 年成立以来为提高妇女社会福利所做的努力表示赞赏。它为尼泊尔女性提供技能培训和产品推广扶助，帮助她们更好地谋生。

我参观了博卡拉一家专门销售边缘女性生产的产品的商店。这些产品由妇女技能发展组织统一运送过来，被整齐地陈列在货架上(图 4)。

图 4 妇女技能发展组织运送过来的产品正在博卡拉的商店里展销

这家商店经常有游客光顾，看到游客购买这些商品我感到十分欣慰。我在那儿买了一个包包，为此振奋不已，因为我知道那些被边缘化的群体可以从中受益。

3.中国——互联网技术带来的“电商红利”

互联网为男女两性提供了平等的参与条件，使得女性有机会参与到经济活动当中。中国电子商务的迅速发展为女性创业提供了黄金机遇，带来了中国女性创业的高潮。这一点可以从全球顶尖的电子商务平台——阿里巴巴的创始人马云那里得到验证。据马云说，天猫及淘宝平台上面一半的卖家都是女性。

2015 年，阿里巴巴在杭州举办“全球女性创业者大会”。会上，世界银行行长金墉(Jim Yong Kim)与阿里巴巴共同启动了一项针对女性的互联网金融计划，其目的是促进对女性的经济赋权。

阿里巴巴将根据女性线上交易和行为数据的评估结果，决定是否向女性申请者发放贷款。金墉称赞这一方案，认为其大有可为，并表示世界银行将与阿里巴巴开展有效合作，在中国和世界其他地区推广这一模式。

针对女性创业者的金融支持是一个非常重要的议题。统计数据表明，发展中国家70%的女性创业者都曾被金融机构“拒之门外”。也正因如此，阿里巴巴集团的这一行动是融资创新的积极举措。

在 2017 年我正式访问中国期间，阿里巴巴集团副总裁黄明威先生在杭州向我介绍了阿里巴巴的生态系统(图 5)。此后，我便确信阿里巴巴集团作为全球顶尖的电子商务平台实至名归。

图 5 2017 年马来西亚代表团与阿里巴巴集团副总裁黄明威及其团队在杭州阿里巴巴总部

阿里巴巴在保障和促进中国女性创业方面起到了积极作用,他们的产品和服务遍布世界各个角落。由阿里巴巴创造的高效便捷的快递系统,使其在整个东方世界家喻户晓。

中国还有一个创新平台——中关村创业大街(图6)。这个创新创业项目由中国政府着手组建,年轻的大学毕业生及女性创业者可以加入这个平台。中国政府提出这一新概念意在促进创业团队的孵化。

图6　中关村大街上竖起的巨大标志

简而言之,中关村创业大街是在中国中关村大街上集中开展的一项创新创业活动,很多高校学生及其他市场主体都会参与到活动中来。

这是一个2015年在杭州实施的试点项目,随后才逐渐扩展到中国的其他大型城市。除此之外,中国还成立了很多创新创业孵化器,为创业者们提供平台和空间。创新创业活动的"集约化"促进了整个创业生态系统的完善。

在这些孵化器中也时常能够见到来自其他国家的创业者们。有一次,来自韩国的创业者向我们介绍了他们的教育产品,他相信这些产品将在中国这个巨大的市场上获得成功。

我去了一个叫作"Garbage café"的创业孵化器。在那里,我看到了年轻而富有野心的创业者们为工作奔走,他们之间已经建构起了合作网络(图7)。他们以极低的价格租下了咖啡馆的桌子,有趣的是,如果他们的产品被咖啡馆老板相中,咖啡馆老板也会考虑对这些创业公司进行投资。

我对在"Garbage café"看到的一切印象深刻。这种专业化的创新创业环境为年轻的创业者们提供了一个能够进行低成本合作的高效创业系统。其动态性、经济性使得创业者们能够保有锐意进取的精神。

图 7　年轻的创业者们正聚集在“Garbage café”

4.马来西亚——乡村银行与非政府组织的双重助力

意识到中国电子商务技术和互联网行动的强大力量之后，我当时所在的原马来西亚高等教育部决定与阿里巴巴合作。当时这一举措是为了确保年青一代的大学生能够接触到这个全球领先的电子商务平台并从中获益。

2017 年，来自马来西亚彭亨基金大学学院、理工学院和社区学院的 30 名大学生在杭州参加了为期十天的青年企业家项目(图 8)。

图 8　30 名马来西亚的大学生在阿里巴巴商学院接受电商培训

我们的学生在阿里巴巴商学院接受电子商务专家的培训，学习如何在线上进行产品开发、产品推广、品牌打造和开展营销活动，我也有幸去到现场。他们进行了一次模拟练习,这让学生们真实地接触到了阿里巴巴以及包括淘宝和天猫在内的众多子公司。

为了进一步证明我们对创业议程的重视程度,马来西亚成立了 Siswapreneur 展销会。这是一个为公立大学理工学院和社区学院的学生打造的平台,以促进他们的产品在当地市场的销售(图 9、图 10)。

图 9 Siswapreneur 展销会上学生们正在销售其产品

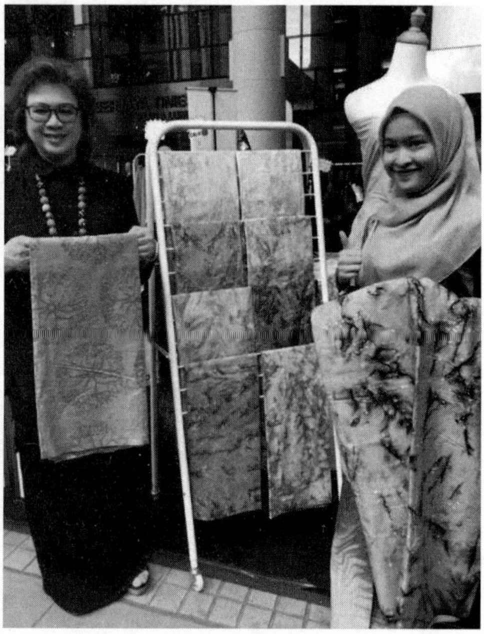

图 10 Siswapreneur 展销会上一位学生自己设计的蜡染工艺品

我参观了 Siswapreneur 展销会的现场,学生们的创新产品给我留下了深刻印象,这些产品大部分是由他们自己开发的。我意识到,有些学生在各自的业务领域内已经小有成就,他们中有些人的月收入已经达到 6,000 马克(1,400 美元)到 10,000 马克(2,400 美元)。

还有一个很好的给女性进行经济赋权的例子,就是 1976 年由孟加拉国吉大港大学教授穆罕默德·尤努斯(Muhammad Yunus)成立的一个创新平台——孟加拉乡村银行(Grameen bank of Bangladesh,又译作格莱珉银行)。其运行方式是组织小型的妇女团体,为其提供资金支持。此后,包括马来西亚在内的许多发展中国家和发达国家都学习了这一模式。

马来西亚于 1987 年建立了马来西亚妇女援助基金(AIM),向妇女提供小额资金支持。这个组织相当于孟加拉乡村银行,是对其模式和理念的模仿。

马来西亚那些边缘性的女性,如单亲妈妈、残疾女性和贫困女性都有机会成为注册成员。这一项目囊括了来自农村和城市地区符合要求的女性,包容性较强。

除了小额融资,该组织还会为注册妇女提供相应的技能培训。马来西亚妇女援助基金会的一份声明提到，自1987年以来，它已向262,000名借款人发放了23亿林吉特的贷款。与孟加拉乡村银行的做法类似，该基金会自称其还款率高达99.2%。

此外，马来西亚的非营利组织也在促进创业方面发挥着关键作用。近期，我发现了一个刚成立不久的组织——Innai Merah基金会，其致力于促进妇女公益创业，开展了一系列公益创业活动。

该基金会通过其Saymarket项目为创业活动打造生态系统。它设置了专门的工作人员帮助女性创业者们进行产品销售，从而为妇女展示其产品开辟了一个特殊的空间(图11)。这一战略为妇女，特别是以往被边缘化的妇女提供了更多参与创业活动的机会。

图11 Innai Merah基金会为女性创业者的产品设计的营销空间

结 论

在世界各地，从不同角度来看，赋予女性经济权利这一议程已经取得了很大进展。在这一历史节点上，没有哪个国家能够承受在经济参与中将妇女边缘化的代价。

研究一次又一次地证明，如果不将女性纳入经济发展进程，国家经济发展将蒙受打击。因此，关注并支持女性创业活动是必然的趋势，也是一项明智的经济选择。

用智慧和行动谱写构建人类命运共同体的大学篇章

陈　旭　清华大学党委书记

尊敬的陈至立副委员长、刘继南主席，
各位校长、朋友们：

大家好！

很高兴参加第九届世界大学女校长论坛，与来自世界各地的朋友通过云端相聚，共叙情谊，共谋发展，共话未来。在新冠肺炎疫情全球大流行的特殊形势下，论坛的举办正合其需、意义深远。在这里，我谨向主办方表示衷心的感谢，向朋友们致以真挚的问候！

当今世界正经历百年未有之大变局，疫情使大变局加速演进，人类社会走到了新的十字路口。习近平主席在致清华大学苏世民学者项目启动的贺信中指出："教育决定着人类的今天，也决定着人类的未来。""今天的世界是各国共同组成的命运共同体。战胜人类发展面临的各种挑战，需要各国人民同舟共济、携手努力。"大学肇始于 1088 年，其职能已由早期的人才培养，拓展到科学研究、社会服务、文化传承创新、国际交流合作等多个方面。大学的沧桑巨变极大地推动了人类文明的进步，也成为构建人类命运共同体的重要力量。站在世界发展的重要关口，面对各种风险挑战，大学理应肩负起更大的历史责任和时代使命，积极发挥桥梁纽带作用，为人类社会增添稳定性力量，为构建人类命运共同体注入更多正能量。今天，我想与朋友们分享四点思考。

第一，大学应拓展办学视野，大力培养具备全球胜任力的卓越人才。构建人类命运共同体，关键在于青年的选择和行动。作为人才摇篮，大学只有树立全球视野，主动置身世界高等教育坐标系，不断提高国际办学能力，才能源源不断地培养出具有世界眼光、专业素养和担当精神的新时代青年，为构建人类命运共同体提供强有力的人才保障。在疫情肆虐的背景下，大学更要站在全人类发展的高度来思考人才培养的目标，着力建立并完善全球胜任力培养体系，创新国际联合办学模式，完善国际化培养项目课程体系，整合海外访学、国际组织实习等资源，提升学生的跨文化交流能力和全球领导力。近年来，清华大学将全球胜任力培养全面融入学校人才培养体系，创建苏世民书院、全球创新学院、中意设计创新基地等一批标志性的国际化培养项目，专门成立学生全球胜任力发展指导中心，教育引导学生关爱他人、关心世界、关注未来，确立为全人类谋福祉的远大志向，努力成为构建人类命运共同体的倡导者和践行者。

第二，大学应强化科技创新，共同应对全球性问题和挑战。当前，世界正迎来新一轮科技和产业革命。尽管全球化遭遇逆流，一些国家单边主义、保护主义盛行，但跨学科交叉融合和跨国界合作仍然是世界科技发展的大趋势。面对环境污染、能源资源、人类健康等全球性问题，人类是一荣俱荣、一损俱损的命运共同体，唯有携手合作，才能有效应对。作为基础研究和原始创新的重镇，大学在应对全球性危机中责无旁贷，应当成为国际科技创新的先锋和引领者，为破解世界难题提供良方良策。近年来，清华大学积极拓展与世界一流大学和科研机构间的合作，搭建高水平国际科研合作平台。2019 年，清华大学倡议发起成立由麻省理工学院、剑桥大学、东京大学等 12 所大学共同参与的世界大学气候变化联盟，推动开展双边、多边联合研究和交流合作。2020 年，清华大学主动举办全球 14 所大学领导人参加的大学抗击新冠肺炎疫情特别工作会议，设立春风基金国际科研项目支持计划，推动大学开展抗疫国际联合科研攻关，努力为构建人类命运共同体提供科技支撑。

第三，大学应展现开放姿态，推动构建与各领域交流合作新格局。大学是经济社会发展的重要动力源和稳定器。随着全球化发展，大学已走出“象牙塔”，有力推动了思想与理念、知识与经验、人才与资源、信息与技术等基本要素在国际间的流动配置和互通共享。当前，第四次工业革命正以指数级速度展开，教育模式在新技术和疫情催动下正在发生深刻变革。大学应继续发挥优势、主动而为，促进先进教育理念和经验的分享，扩大优质教育资源的共建，形成互学互鉴的高等教育国际合作新局面，同时加强与政府、企业、社会组织等各领域的交流合作，成为国际社会网络中的关键连接点，为构建人类命运共同体奠定坚实基础。2017 年，清华大学发起成立了亚洲大学联盟，促进亚洲 15 所著名大学紧密合作，推动构建高等教育伙伴体系。近年来，清华大学与 10 个国际组织签署了合作协议。疫情期间，学校与联合国教科文组织联合发起全球大学特别对话，邀请 15 个国家 21 所大学的领导人和专家学者共商全球疫情蔓延下的在线教育挑战与变革，得到国际同行的支持与赞赏。

第四，大学应秉持理性精神，促进人类文明的传承发展与和谐共生。“文明因交流而多彩，文明因互鉴而丰富。”作为人类文明的重要载体，大学要积极推动不同文明的相互理解，主动搭建人类文明对话交流的平台，成为人文交流的先行者。中国崇尚和而不同、求同存异、相互尊重的价值文化，秉持“各美其美，美人之美，美美与共，天下大同”的思想。在抗击疫情过程中，中国坚守生命至上、人民至上的价值理念，举国同心、众志成城，很好地控制了国内疫情，为全球抗疫作出了贡献。这些理念对构建人类命运共同体具有重要启示，也应该成为大学的价值追求。清华大学有着深厚的人文传统，是中国近代史上最早沟通中外文化教育的重要桥梁之一。近年来，学校推动成立中英高等教育人文联盟，连续九年举办世界和平论坛，连续四年与国家发改委合作举办"一带一路"达沃斯论坛，对促进中外民心相通和文明互鉴作出了积极努力。

各位校长、各位朋友，"孤举者难起，众行者易趋"。面对全球变局带来的诸多问题，面对历史的浩荡潮流和时代的严峻考验，我们要解放思想、敞开胸怀，携手并肩、砥砺前行，齐心协力推动世界和平发展，促进人类文明进步，共建人类美好的地球家园，用智慧和行动谱写构建人类命运共同体的大学篇章！

最后，预祝本届论坛取得圆满成功！谢谢大家！

世界海事大学促进全球共情和文明互鉴的创新举措

邓雅莉(Cleopatra Doumbia-Henry) 瑞典世界海事大学校长
罗文利 译

尊敬的刘继南教授、第九届世界大学女校长论坛的组委会主席,尊敬的各位嘉宾,女士们、先生们:

我非常荣幸能够作为世界海事大学的校长在这次主题为"全球共情·文明互鉴·大学创新"的大会上进行视频发言,以表达我对世界大学女校长论坛所作出的努力及其倡议的感谢之情。

世界海事大学坐落于瑞典的马尔默市,由联合国的一个特别组织国际海事组织于1983年成立,学校的宗旨是成为海洋、海事领域的研究生教育、专业培训和科学研究方面的世界一流学府。我们的愿景是为海事及海洋事业的可持续发展培养具有领导力和创新力的人才。

世界海事大学被联合国以及国际海事组织认为是全球范围内海洋和海事教育与研究及能力建设的核心。我们已经证明了自身对于全球和平发展的影响力和贡献力,迄今为止已为来自170多个国家的5,272名学生提供了优质教育,其中大部分学生来自发展中国家。

海事行业是世界上最古老的行业之一,直到今天,它依然是以男性为主导的经济活动之一。目前女性海员的占比仍然很低,只有1%—2%。在过去的28年中,这种情况并没有太大的变化。法律、社会、文化以及结构方面的阻碍,依然存在于海事行业中,阻碍了女性的就业。

为了解决这种性别不平等问题,最有效也是最长期的方案之一就是在领导力和管理层面上培养出更多的女性,而在这方面世界海事大学已经做了很大的努力来增加女性研究生的数量。1983年,我们学校女性学生的比例仅为3%,而2021年在马尔默总部的新生中,女性学生的比例已跃至36%,占学生总数的三分之一。此外,在中国上海的项目当中,我们已经实现了学生性别比例均等,2020 年招募的学生有一半都是女性学生,这是不同寻常的。通过教育的力量,世界海事大学证明了我们可以在短期之内带来改变。

我是世界海事大学建校 37 年来唯一的女校长,在这之前,我曾在国际劳工组织工作了 30 年,也是国际劳工标准部门的第一位女性负责人。在我的职业生涯当中,我关注的重点一直都是人。

此次会议的主题"全球共情・文明互鉴・大学创新",是一个恰逢其时的主题。我们正面临着全球性的新冠肺炎疫情,在疫情当中很多学校和大学都不得不关闭,即便社会已经逐步开放,但第二轮的疫情又开始反扑,我们不得不用创新性的在线教育方式,来保证教育的持续进行。

全球共情就是说,我们作为世界公民,必须致力于培养理解和接受不同背景的人们并与之互动的能力,不论其种族、国籍、语言、肤色,这意味着我们必须致力于成为全球公民。那么,如何使我们的学生成为全球公民呢?这是我们都应该问自己的一个问题。2010 年有一篇文章将此问题总结为三点,我认为这三点对于现在的我们来说非常重要。第一点就是利用科技加强世界各地学生的互联互通;第二点就是把人权问题的讨论当成会聚大家的枢纽;第三点就是使用学习—思考—行动的模式,在教室内外培养全球公民意识。

在我们为期 14 个月的理学硕士项目当中,学生们一起学习,共同居住。他们学会了相互理解,建立了深厚友谊,他们在完成学业回国时,不仅学业有成,还建立了关系网络。他们互相学习,并通过自己学到的技能和知识帮助我们应对全球考验,比如全球气候变化、海洋资源的可持续利用、海事的安全运输等,他们也了解了数字化、自动化等技术发展对未来的影响。我们每年差不多有来自 50 个国家的 120 名学生,他们通过共同学习、共同居住,已然发展了全球共情的能力。此外,学校学生和老师的多样性构成使得"文明互鉴"成为可能,学生从中大受裨益。

我们处于一个数字化、快速变化的时代,现在又面临着疫情的冲击,作为世界海事大学的校长,我要保障学生学到应对当下及未来重重问题与挑战的专业知识和技能。为实现我校的愿景——成为海洋、海事领域的研究生教育、专业培训和科学研究方面的世界一流学府,大学创新势在必行。对于大学领导来说,我们必须要教育学生去创新,要强调科学、技术、工程、数学,以保证经济竞争力。

最后,我祝愿大会圆满成功,期待在下一届论坛能和大家面对面交流。

团结一心　共克时艰

——携手推动世界高等教育的创新发展

樊丽明　山东大学校长

2020 年,新冠肺炎疫情的暴发给人类带来了前所未有的挑战,同时也进一步推动了高等教育“教”与“学”的双重革命。据统计,全球约有 190 个国家因疫情暂停线下授课,超过 15 亿学生受到影响。学习终端设备缺乏、信息化基础设施不足、网络流量受限,特别是在线教学资源不足还加剧了教育的不平衡,这些都成为摆在世界高等教育面前的巨大挑战。

山东大学作为中国在校生最多的综合性大学之一,为减小疫情带来的不利影响,在推动信息技术与教育教学深度融合、提升教育信息化水平上进行了一系列尝试与探索(比如,学校按照“一地一策、一院一策、一课一策”的原则,详细制订在线教学实施方案,系统组织大规模在线教学培训,在春季学期共开设 5,000 多门在线课程,累计 9,000 多个门次,在线学习学生达 6.6 万人,参与在线教学培训的教师超过 2.8 万人次),确保了学生时时、处处、人人皆可在线学习,实现了“停课不停教、停课不停学”的目标,并收获了一些经验和启示,具体来说要注重提升“四个能力”:

一是学校要切实提升顶层设计能力。通过这次疫情,我们深刻认识到,高校应准确把握高等教育基本规律和人才成长规律,从学校发展战略的高度重视并加强教育信息化的统筹谋划和顶层设计,尤其是线上线下教育教学的融合要基于育人目标、教学目标来进行思考谋划、改革创新,不断提高人才培养质量。

二是学院要切实提升主体办学能力。学院是办学和育人的主体,推动线上线下教育教学融合的关键是调动学院的积极性、主动性和创造性。疫情期间,我校各学院在课程设置、教学组织、学风营造、学生管理等方面做了大量卓有成效的工作,为完成线上教学工作任务提供了有力保障。下一步,要进一步落实学院的人才培养主体责任,加大引导支持考核力度,使其成为推进融合式教学、提升教育信息化水平的主力军。

三是教师要切实提升在线教学能力。这次疫情也暴露出教师的在线教学能力存在一些不足和短板。教师要回归“教书育人”这一天职,持续深化对在线学习的特点、规律、效果的认识,不断提升应用信息技术改造学习、改造课堂的能力,更好担当起学生健康成长指导者和引路人的责任。

四是学生要切实提升自主学习能力。教育目标的实现从根本上说是通过被教育者的学习来实现的。教师“教”得再多,如果学生不去“学”或者不会“学”,实际上都是空的。学生的自主学习能力是开展高质量在线学习的重要条件。在信息化教学环境下,学生作为学习者要注重养成良好的学习习惯,不断强化自我监管意识,持续激发学习动机,逐步形成具有个性化特征的自主学习策略,促进自主学习能力的提升。

教育信息化是教育现代化的基本内涵和显著特征。信息技术赋能教育是在规模化教育的前提下实现教育多样性、个性化最重要、最有效的手段。面对后疫情时代,围绕推动线上线下教育教学的融合创新,更好地培养智能时代所需要的人才,我认为高等教育应着力实现“三个转变”:

一是教育理念的转变。教育现代化的本质是实现人的现代化,核心是教育思想和教育理念的现代化。高等教育要加快从“以教师为中心”转变为“以学生为中心”,从“以教为中心”转变为“以学为中心”,从“以资源供给为中心”转变为“以发展需求为中心”,进一步确立学生在教育教学关系中的主体地位,充分释放和激发学生的自主性,真正实现人人能学、随时随地可学的理想愿景。

二是育人模式的转变。随着教育改革的深化,传统教学方法已无法满足学习者的需求,各种新的教育模式应运而生。高等教育要以凝聚人心、完善人格、开发人力、培育人才、造福人民为目标,把过去的工程思维转化成发展思维,把简单生产模式转化为创造模式,将信息技术和智能技术深度融入教育全过程,推动改进教学、优化管理、提升绩效,构建人本、开放、平等、可持续的育人新模式。

三是发展机制的转变。未来的教育必然是基于互联网的更加开放的教育。世界高校应保持开放进取的姿态,从教学环境、课程内容、教学方法、评价方式、教师角色等多角度入手,探索运用市场优化配置教育资源的新机制,从各自为政、相互封闭转为协同互动、资源共享,从分散式、粗放型建设转为集约化、精细化发展,共同推进世界高等教育优质资源的共建共享。

当前,中国不仅通过输出抗疫物资支援世界抗疫,还正在与联合国紧密合作,利用中国的在线教育平台为世界学习者提供更加丰富的线上教学资源。除了之前在 Edx、Coursera、Udacity 等平台上建设的国际化慕课外,2020 年 4 月 28 日我们又建设了“爱课程国际平台”,首发上线了 60 所院校的 193 门课程,其中山东大学有 8 门课程入选。面向未来,山东大学将秉持人类命运共同体和开放、共建、共享理念,努力为全世界的学习者提供更多的好老师、好课程、好资源,与全球高校一起齐心战疫,携手开创更加美好的明天!

面向世界的西安　遍开文明交流互鉴的英华

雷亚萍　西安工业大学校长

各位来宾：

大家好！

2020，是如此特殊的一年。由于新冠肺炎疫情的缘故，我们从“水边多丽人”的长安三月等到“层林已尽染”的古城深秋，第九届世界大学女校长论坛终于姗姗来迟。作为东道主，我谨代表西安工业大学热烈欢迎国内外的朋友们通过线上与线下的方式相聚本届论坛！

今天，我的发言将围绕“西安”这样一个雄深雅健的命题，与各位畅谈她始终连接着世界的过去、现在与未来。

西安是中国历史上建都时间最长、建都朝代最多的都城，是中华民族的摇篮、中华文明的发祥地、中华文化的代表。从礼乐兴邦，到张骞出使、玄奘西行，从西周礼治，到汉家雄风、盛唐壮丽，历史脉络中的西安传播给世界的，不仅有华美的丝绸、精致的瓷器、雅致的诗韵，更有关于中国的博雅文明。

一、千年瑰丽：丰镐的清平雅乐到长安的盛世之巅

西安的美学起源于三千年前的沣河水畔，“关关雎鸠，在河之洲”的吟唱拉开了她的千年建都史。

延续着夏商近似神话的历史传说，公元前 1046 年建立的周王朝将中国历史的缘起一笔一画、真真切切地记录在了西安这片土地上。伴随岁月更迭的周文化，形成了中华民族独特的精神气质和心态结构。

公元前 138 年，张骞领取汉武帝旨意出使西域，开始凿空之旅。丝绸之路将中国、西亚与阿拉伯、波斯湾地区紧密联系在了一起，是中西文明交流的鸿蒙初始。在这条超过 7,000 千米的长路上，驼铃阵阵，丝绸款款，香料袭人，瓜果盈车。正是这条路唤醒了中华

民族的文化自觉。

“东有罗马,西有长安。”时间再跃 8 个世纪,唐代的长安城,曾是人类历史上规模最大的城市,也是首个容纳百万人口的大都市。世界各国的居民、风俗、文化、宗教汇集在鼎盛的锦绣长安,她是亚洲各国留学生聚集的中心和中华文明向四方传布的中心,尽显盛唐海纳百川的气象。

穿越时光变迁,西安历史与世界发展交相辉映,这样的故事还有很多很多。历史长河中的长安,将身影化为世界的文明情怀和精神家园。

二、人文精粹:奔跑在“一带一路”的新起点上

遥想当年,还看今朝。今天的西安,在历经千年岁月洗礼而愈发古朴的亭台楼阁间,高耸挺立的楼宇广厦拔地而起,遥远的“蒹葭苍苍”颂唱声里融入了汽车与飞机的和鸣。古老而年轻的西安,跑出了面向世界发展的“西安速度”。

从文化教育的角度而言,西安在中国乃至世界都占据着举足轻重的地位。从周朝博览“礼、乐、射、御、书、数”六艺的贵族教育体系,到汉代设立五经博士专授儒家经学,再到影响中国政治文化与思想统一 1,300 余年的隋唐科举制度,西安,在人类教育史上留下了浓墨重彩的一笔。站在丝绸之路新起点的西安,正不断激发教育创新的深层动能,成为无数青年人创新创业的梦想放飞之地。

西安工业大学作为西安高等教育行列中的重要成员,多年来孜孜不倦,迈着国际化的步伐奋力前行。学校目前已与全球 20 多个国家和地区的 40 余所高校建立合作关系,每年输送百余名学生前往世界各国交流学习,同时也有越来越多来自全球各地的留学生加入西安工业大学的“大家庭”。

三、比肩前行:在共商共建、共情共融中拥抱多彩文明

文明因多样而交流,因交流而互鉴,因互鉴而发展。本届世界大学女校长论坛的主旨是“全球共情·文明互鉴·大学创新”,这些都基于人类命运共同体,基于全球共商、共建、共享,基于在追求本国利益时兼顾他国合理关切,在谋求本国发展中促进各国共同发展等基本原则。

“休戚与共、风雨同舟”是中国优秀文化中最能产生共情的理念之一。它来源于周朝与民同乐的“小康”理念,来源于汉代丝绸之路的民族共识,来源于唐代兼收并蓄的天下同心。从古至今,中华文明从不自囿于一族一地,而是以“天下”为思考单位,憧憬“大道之行,天下为公”的美好世界。中华文明以海纳百川、开放包容的广阔胸襟,不断吸收借鉴域外优秀文明成果,造就了独具特色的华夏文明。

今天的中国正在为世界和平与发展不断贡献智慧和力量。历史视野中的西安,浸染

着一袭正统的中国红踏歌而来，发扬“和平合作、开放包容、互学互鉴、互利共赢”的丝路精神，融合悠久与朝气，汇通传统与现代，用自己的频率，在世界面前讲好中国故事，用自己的速度，向着朝阳而行。站在新的历史发展起点上，西安正焕发出全新的活力。

花径缘客扫，蓬门为君开。

再次感谢各位嘉宾，期待本届论坛绽放的文明之花、智慧之花和创新之花遍开世界。

谢谢各位！

PART 03

第九届
世界大学女校长论坛
专题圆桌会议

—— 论坛 20 周年：历史与未来

女性领导力发展的历史、现在与未来

成嘉玲(Chia-lin Cheng)　台湾世新大学原董事长
陶明辉　译

亲爱的朋友们：

大家好！我是成嘉玲。我很高兴也很荣幸能在屏幕前与大家共襄盛会。此次相聚意味着：在全球新冠肺炎疫情肆虐的情况下，我们的集体创新精神仍生生不息，我们仍能齐聚一堂参加这一特殊的庆祝活动——世界大学女校长论坛成立20周年。非常感谢论坛组委会，感谢西安工业大学和中国传媒大学共同携手，成功举办了第九届世界大学女校长论坛。

在我的挚友刘继南女士的热情鼓舞下，我很荣幸于世界大学女校长论坛成立之际就参与了论坛的活动。我曾担任台湾世新大学的校长、校董事长，现在是荣誉董事长。世新大学与世界大学女校长论坛渊源颇深，学校于2016年主办了第七届世界大学女校长论坛，我也一直积极参加两年一届的论坛活动，真的很高兴能再次与新老朋友们会面。

最近，我的女儿——我们家的非官方档案管理员，偶然发现了我读研究生时系里的一张合影。在获得台湾大学的经济学学士学位后，我申请并获得了夏威夷大学东西方研究中心的全额博士奖学金，继续出国深造。

当时，我的女儿被这张合影惊呆了。她惊讶的是我是合影里唯一的女研究生。对于你们来说，她如此惊讶的原因也许是显而易见的，但对这一教育中男女学生人数差异显著的状况，我并不感到奇怪或陌生。事实上，我在台湾大学读本科时，我所在的经济学专业也只有九名女生。

我还向女儿讲述了我的第一位导师是如何告诫我不要结婚的。他表示，结婚对我的学业发展非常不利。随后，我毅然更换了导师。毫无疑问，当代社会，在高等教育领域中，性别不平等的问题依然存在，但更值得我们关注和铭记的是历史长河中的伟大女性们为性别平等作出的积极贡献，我们不应对此习以为常。

经过我们几十年如一日的不懈努力，女学生、女学者和大学女校长不再一枝独秀，不再被冠上“第一”“唯一”“例外”“榜样”等字眼。这些改变都得益于高等教育领域中日益壮大的女性群体。

在座的许多人都是这项事业的先驱者。我们中的许多人都遇到过这样一种情况，即被要求在最基础的层面上证明我们可以胜任这份工作。然而，我们的男性同行却鲜有类似的、被质疑的经历。

然而此刻，世界各地的女性学者相聚于此，我们必须认识到，在座的各位将自己的远见卓识、才华学问用于指导和引领世界各地的高等学府，女性在高等教育领域发挥才能不再是唯一的、例外的情况了。

所以，我们能从上述现象中得出什么结论呢？我们是否已经实现了某种平等？论坛是否也应多鼓励男性领导者参会？我想强调的是，女性领导力没有所谓的“特质”。就生理方面而言，我并不认为女性能自然而然地成为一个更有同理心、更能给予支持、更有合作精神的领导者，但许多担任领导职务的女性的确拥有作为局外人的经历。

作为这张合影中唯一的女性，我聆听过这种似褒实贬的“赞扬”：“尽管是个女人，你非常优秀。”当然，这也是许多人的经历——他们生活在一个不适合他们的世界。这些人或许是有色人种、残疾人或学习方式不同的人，或许是母语并非主流语言或文化不属于国际学术圈公认文化的人，或许是一个家庭中的第一位大学生。所以，女性领导力与女性的生物特质无关，而是由女性的阅历和背景所决定的。在座各位，或者说世界上每个人被边缘化的经历都是一种独有的优势。打个比方，如果你曾经收到过一件并不合身的衣服，却被要求“穿上它”，从那以后，你知道如何裁剪也就不足为奇了。

今年，我毫不惊讶地看到，这些教师、学生和大学领导——其中大多数是女性——是最有能力应对2020年危机的人。在此，我想提出一些关于未来女性领导力的个人所想：第一，局外人视角是女性的秘密武器，并非劣势，而是一种非凡的力量。尤其是在危机时刻，局外人视角有助于发展同理心、发展解决未知问题的创新能力。第二，女性领导力无关女性的生物特质，而是个人阅历和经验的产物。我们可以从中获得启发，更好地教导他人。第三，全球肆虐的新冠肺炎疫情在许多方面加剧了社会现有的不平等，我们被迫回归传统的女性角色。许多人失去了工作，许多女性发现自己在职场中被动出局，扮演起照顾孩子和老人以及承担家务劳动的多重角色。作为大学的领导者，我们该如何在这一刻为这些女性提供支持，并作为灯塔，引领她们前进呢？第四，机会平等并不意味着结果平等。如今，越来越多的女性接受过高等教育，有些甚至身居要职，但这并不意味着那些身处高位者会主动提携他人。作为领导者，我们需要慧眼识珠，选贤举能，并为下一代的女性和男性提供平等合理的资源与途径。第五，我们不应追求一体适用的价值体现。女性领导力应是多元的，希望大家都能发挥适合自身的女性领导力！谢谢！

谢谢组委会送我的这套校长服，现在，我也是你们中的一员。

追忆我与世界大学女校长论坛的 20 载

朱迪斯·甘丽雅(Judith Kinnear) 新西兰梅西大学原校长
陶明辉 译

一、秦始皇兵马俑之乡——西安

我很荣幸能多次参加世界大学女校长论坛，2001 年 8 月世界大学女校长论坛在北京举行首届会议时，我就参与其中。如今，论坛已走过 20 载岁月，相继在南京、厦门和武汉等中国其他城市成功举办。2020 年，第九届世界大学女校长论坛落地陕西省省会西安，我很高兴此届论坛能在这个我曾于 1978 年和 2013 年两次到访的城市举办，但非常遗憾的是，因为新冠肺炎疫情，我没有办法来到现场。

虽然无法在 2020 年第三次重访西安让我感到失望，但科技的力量让我可以通过 Zoom 参与其中。首先，我想先谈谈我以前的西安之行。

前两次到访西安给我留下了十分美好的回忆。1978 年 5 月，我作为澳大利亚墨尔本乐卓博大学访问团的一员，获准出访中国。途径西安，我们参观了兵马俑的挖掘现场，看到了出土修复的一具士兵俑和一匹马俑(图 1)。我十分荣幸能在挖掘修复后不久见到它们，要知道，兵马俑直到 1979 年 10 月才对公众开放。

图 1　士兵俑和马俑，西安，1978 年

很久以后，我才意识到我所看到的这个士兵俑只是中国第一个封建皇帝——秦始皇庞大殉葬军队的一员，整个秦俑军队由约 8000 名士兵和数百匹马组成。

2013 年，我在刘继南教授的邀请下，第二次访问西安。通过参观秦始皇兵马俑博物馆，我欣赏到了令人叹为观止的秦俑展览(图 2)。秦始皇兵马俑是 20 世纪最重大的考古发现之一,被列入世界文化遗产保护名录。这次参观与我在 1978 年看到单个的士兵俑和马俑有不一样的体验。

最近,我有幸于 2019 年 6 月在我的家乡澳大利亚墨尔本参观兵马俑(图 3)。远道而来的八尊兵马俑在维多利亚国家美术馆举办的中国古代珍宝临时展览会上展出。

图 2 秦始皇兵马俑,西安,2013 年

图 3 一尊立射俑,墨尔本,2019 月

二、我与世界大学女校长论坛的 20 载回忆

我想起了 2001 年 8 月在北京首届世界大学女校长论坛上与刘继南教授的初次会面。刘继南教授是当时北京广播学院(现中国传媒大学)的校长。如今,中国传媒大学是中国教育部直属重点高校之一。在创始人刘继南教授的悉心指导下,世界大学女校长论坛已经发展成为一个有影响力的国际组织。

刘继南教授以其远见卓识创建的论坛汇集了数百位来自中国和世界各地的大学女校长,以及中国各高校的新兴学术领袖。虽然 2001 年第一届论坛仅有来自 8 个国家的约 100 名与会者,但在 10 年内,已有共计来自 50 多个国家的代表出席论坛,一大批女校长前来参会,在这里,她们可以在正式会议和非正式场合讨论高等教育领域中的关键议题。

就我个人而言,在 2001 年参加第一届世界大学女校长论坛时(图 4),我还是澳大利亚悉尼大学的副校长。论坛给予了我与各地大学校长见面交流的机会,就其职能和管理方式等进行非正式讨论。这些会议交流都为我后来就任新西兰梅西大学校长提供了宝贵经验。

参加世界大学女校长论坛在我的学术生涯中也有着极其重大的意义,原因如下。

图 4　2001 年与刘教授首次会面

1.为女性而办的论坛

在我的学术生涯中，大学的理事会和高级管理层、学术委员会，甚至连专业会议都是由男性主导的，几乎没有例外。

刘继南教授领导的世界大学女校长论坛令人兴奋的创新性在于，它将来自世界各地的女性凝聚在一起。她们不是因为处于共同的学术领域而共聚一堂，而是因为渴望去分享大学如何为经济、文化和社会发展作出贡献，去讨论高等教育如何积极应对技术的迅猛进步，以及如何培养下一代学术领袖。每届论坛都有一个主题，围绕这一主题进行正式发言和非正式讨论，例如，2001 年第一届论坛的主题是“新世纪高等教育发展战略”，而第六届论坛的主题是“女性・教育・领导力”。

2.参会者的多元性

大多数参加世界大学女校长论坛的女性领导者都担任着相似的职务，例如大学校长或副校长，面临着类似的挑战。然而，她们背后的历史文化与人口结构却各不相同，其多元化的背景让人耳目一新。

来自不同国家的女校长齐聚论坛，可谓是独具一格(图 5)。在论坛上，大家能够自由地交流分享高等教育的职能转变以及如何应对众多挑战。世界大学女校长论坛参会者的多样性极大地提升了论坛的价值。这种多样性源于参会者不同的社会、文化和历史以及个人经历，因此大家各抒己见，畅所欲言。

- 通过世界大学女校长论坛，我有幸与芬兰大学校长、日本大学校长交流，与土耳其大学校长共享早茶。
- 通过世界大学女校长论坛，我得以与中国各个大学的学术精英见面，包括一些具有专门学科特色的大学，如北京外国语大学和全国妇联直属的中华女子学院。

图 5　来自不同国家的女校长:中国 2 位,美国 2 位,日本 1 位,澳大利亚 1 位

- 通过 2012 年津巴布韦非洲分论坛,我能够与来自非洲大陆的众多女校长进行交流。我回想起了她们谈及高等教育在各自国家未来发展中所扮演的重要角色时所展现的活力和热情。
- 在我的学术生涯中,我从未想到会遇到来自朝鲜的同僚,因为朝鲜对于我来说,似乎是个遥不可及的国家。但是在第 5 届世界大学女校长论坛中,我有幸结识了 3 位来自朝鲜的参会者。

能够结识不同学术背景、来自不同国家或是中国不同省份的资深女性学者,对我来说是非常宝贵的机会。我很感谢论坛提供这样的机会,让我能够与来自不同领域的参会者讨论交流。参会者在过去 20 年间的付出为论坛营造了积极的氛围。

3.感知更广阔的世界

我的小学、中学和大学教育都是在澳大利亚接受的。我的第一次海外旅行是去往与澳大利亚有很多共同点的新西兰,还有为澳大利亚提供了政治、法律和教育框架体系的英国。我认为,在一个熟悉的环境中,人们往往会感到悠游自在,而这种舒适感往往会阻碍人们超越自己。

世界大学女校长论坛为我们提供了与世界不同国家和地区的女校长见面和交流的机会,这不仅有助于我们开阔视野,更是一个令人愉快且值得珍惜的学习经历。与论坛参会者们的交流让我意识到,每个社会和文化的当务之急都不尽相同,以及一种文化背景下行之有效的方法或策略在另一种文化背景下可能如水投石。通过参加世界大学女校长论坛的活动,我明白了条条大路通罗马的道理。

4.信息交流:正式和非正式

正式会议是论坛活动的焦点。主题演讲、圆桌会议等正式发言能够提供颇有价值的比较信息。正式发言可以让经验丰富的女校长充分表达和分享自己的观点,论坛参会者提出的问题和对问题的回答使议题得到进一步探讨。

参会者在休息或休会期间进行的非正式会议和交流也同样重要。正是在这些时候,大家才有可能在轻松友好的氛围下,面对面地深入探讨共同感兴趣的议题。

5.构建交流网络

图6 交换名片,构建交流网络

女性担任大学校长的情况仍然相对少见。许多大学高级管理层的性别失衡意味着女校长可能没有机会与其他资深女性学者进行讨论。

世界大学女校长论坛为上述问题提供了解决方案。通过论坛,全球不同国家和地区的现任或前任女校长能够互联互通,构建起女性交流网络。同一国家、地区或城市的机构或有竞争关系,因此阻碍了不同机构同事间展开坦诚开放的交流。论坛提供了与国际上不同国家和地区的同事建立交流网络的机会,在这里孕育的同伴关系使得较坦诚开放的交流讨论成为可能(图6)。

6.优秀榜样

在我看来,无论职位高低,学习应贯穿每个人的学术生涯。通过世界大学女校长论坛会见杰出的学术领袖,目睹她们的实际行动,这对我来说是一段十分珍贵的学习经历。这些学术领袖是周围人的榜样。刘继南教授和陈乃芳教授是我和其他世界大学女校长论坛参会者的优秀榜样,同时,她们也是我们的挚友。

7.领略博大精深的中国文化

参加世界大学女校长论坛给了我十分宝贵的机会去体验丰富多彩的中国文化,去了解中国悠久恒远的历史,去感受中国大好河山的旖旎风光。

论坛结束后,我参加了一些短途旅行,包括参观著名的联合国教科文组织世界遗产——福建客家土楼群。一栋栋客家土楼层层堆叠,作为公共空间容纳了许多家庭。我参观了一些博物馆,如扬州的中国丝绸博物馆和中国雕版印刷术博物馆,后者重现了中国的印刷史,这些都让人联想起古时中国劳动人民的伟大发明。还有一次游学令我十分难忘,是参观云南泸沽湖一带以"走婚"为代表的摩梭母系文化(图7)。除了上述景点,我还去过山东泰山,参观过广西壮族自治区漓江周围的喀斯特地貌等。中国的自然之美在九州大地展现得淋漓尽致。

图7 摩梭族的女族长

结 语

总而言之,就我个人而言,多次参加世界大学女校长论坛和分论坛的经历让我受益匪浅。在这些论坛上,与许多鼓舞人心的女校长交流经验是值得我珍藏的经历。

我十分感谢刘继南教授所做的一切。她是一名能够振奋人心的领导者,创立了世界大学女校长论坛并使其蓬勃发展。通过论坛这样一个友好便捷的平台,大学女校长们能够相聚、交流、分享和探讨高等教育的重要议题,提出解决方法,分享优秀的实践策略。参与世界大学女校长论坛和分论坛使我收获了经验,建立了友谊,对我的个人发展和职业生涯大有裨益。所有的这些收获,我都要感谢刘继南教授(图8)。

图8 我与刘继南教授

开阔眼界　激励前行

米兰娜·德拉吉维奇·舍西奇(Milena Dragicevic Sesic)
塞尔维亚贝尔格莱德艺术大学原校长
陶明辉　译

2000 年,我成为贝尔格莱德艺术大学首位来自文化政策和管理领域的校长。在我就任前,学校已经有两任女校长了,她们均是艺术领域的佼佼者。然而,2000 年的社会变化不仅使我能够成为校长,而且使另外两位来自贝尔格莱德大学和诺维萨德大学的女性同事也能分别担任各自大学的校长。

大多数时候,在参加本地区和欧洲"校长会议"时,我们是这些会议上为数不多的女性,特别是在地中海地区(即在拉文那举行的亚得里亚—爱奥尼亚地区校长会议)。因此,应邀参加 2001 年 8 月在北京召开的首届世界大学女校长论坛,女性大学校长们第一次共聚一堂,讨论高等教育领域中性别平等的相关议题,对我们所有人来说都意义非凡。

我们受到了刘继南教授和中国传媒大学的盛情款待,他们不仅为我们提供了极好的参会体验,还带我们参观了中国的长城和紫禁城,游览了著名的皇家园林承德避暑山庄,那里曾经是中国清朝皇帝的行宫。刘教授热烈欢迎了来自塞尔维亚(当时的南斯拉夫)的我们,给予了塞尔维亚及其前驻华大使积极的评价。

首届论坛的主题是"新世纪高等教育发展战略",它为我们提供了一个展示塞尔维亚大学当时面临的问题与挑战的机会。我们的报告提到了战略性发展问题,同时也重点讨论了本国的性别平等问题,当时的南斯拉夫作为一个社会主义国家,在处理性别问题上已经领先于许多欧洲发达国家。因为在那些欧洲发达国家,大学一直是男性至上主义的忠实拥趸。

第二届论坛于 2004 年 9 月举行,邀请了来自美国、北欧和澳大利亚的代表参加会议。此次论坛围绕着"沟通·合作·发展"的主题展开,与大学在建设知识社会时的职能及其重要性有关。正好我们手头上的事告一段落,因此能够参会,在世界舞台上展示我们在塞尔维亚大学现代化和一体化方面的进程。虽然第一届论坛仅有来自 8 个国家的

106位大学女校长参会,但是第二届论坛却吸引了来自19个国家的125位大学女校长。这种多样性使人们能够真正交流经验,也使我们能够重新思考高等教育领域中的女性领导力,这是公共利益的最重要领域之一。

第三届论坛于2006年8月在北京和南京两地举行,并正式更名为"世界大学女校长论坛"(World Women University Presidents Forum,简称WWUPF),邀请了来自世界各地的大学女校长和学者,以及来自中国媒体领域的女性领袖,共118人。本届论坛主题终于聚焦于"教育·女性·发展",共有29个国家的女性领导者参会。第三届论坛首次设立了专门讨论媒体和广播领域领导力议题的分会场。尽管论坛把这两个领域相联系看着很奇怪,但它完全符合中国主办方的诉求,那时主办方刚刚由"北京广播学院"更名为"中国传媒大学"。这项成就是由中国传媒大学校长、世界大学女校长论坛的创始人兼负责人——刘继南教授完成的。

她不仅仅积极举办论坛,还在论坛会议期间开展了一项研究项目,并最终出版了系列丛书"世界大学女校长——女子大学丛书",书中介绍了众多国家的大学女校长。中国传媒大学出版社给不同国家与文化的女校长撰写了传记,这是世界上独一无二的努力。在2014年出版的《塞尔维亚大学女校长》一书中,共有5位塞尔维亚大学女校长的精彩人生被记录和书写。据我所知,这些传记的素材都是女校长本人和家人以及身边的同事、朋友提供的,并以一种非常特殊的叙述方式撰写,后面还附有女校长从孩童时期至今的大量照片。

中国传媒大学相关专业的师生制作了关于论坛的报道以及关于女校长的纪录片。其中一部纪录片是关于贝尔格莱德大学校长玛利亚·博格达诺维奇和我的。据我所知,这是第一部在国外创作的关于大学女校长的纪录片。这表明,刘继南教授可以将她所在大学的资源与支持大学女性领导力的需求紧密联系起来。这种跨媒介的方法不仅丰富了我们的沟通手段,而且丰富了我们对女性领导力的作用和影响的理解。

值得强调的是,当选为中国传媒大学南广学院名誉教授的刘继南校长继续执教,并帮助南广学院发展国际关系。因此,第三届论坛的成果之一就是创建了南广校区的校长林。当时,在场的每一位女校长都栽下了一棵树苗。我希望校长林可以激发当今学生去探索世界各地的大学。除此之外,刘继南教授还有另一个想法:收集女校长撰写的书籍,在南广学院建立一个特别的图书馆。虽然这个图书基金没有一以贯之的主题,但对于所有探索女性的学术贡献的研究人员来说,它是一个宝贵的工具。我相信,我们所有参加第九届论坛的人都愿意为南广学院图书馆基金捐赠我们的图书,使其薪火相传。

作为一名领导,刘继南教授宽厚待人。她不仅邀请我们来到中国,而且还想与世界其他大学分享论坛上的想法,以使论坛更具传播性,从而吸引更多来自世界不同地区的女性领导人。因此,2012年5月,第一届欧亚分论坛在土耳其伊斯坦布尔举行,主题为"超越玻璃天花板,超越大洲"。

会议结束后,刘继南教授率领中国代表团立即访问了我们贝尔格莱德艺术大学。双方的合作始于论坛，并通过上述书籍和影片项目得以加强，刘教授此行的目的为通过中国传媒大学的学生到贝尔格莱德艺术大学的教科文组织文化政策和管理讲座学习，进一步深化两校合作。首位项目毕业生 Danny Tian（研究方向为中塞文化关系）已经创立了自己的机构，以进一步促进双边文化和教育合作，鼓励中国学生每年到贝尔格莱德学习课程或参加短期暑期讲习班和暑期学校。两所大学于 2015 年正式签署合作协议。2015 年深秋，Danny Tian 组织了双方大学领导人的再次会面。在莱斯科瓦茨的一期暑期学校，我们收到了两百多份来自中国传媒大学的学生申请，很遗憾，不同研讨会只能接受至多十名学生。其中两位学生参加了我指导的关于城市记忆和视觉叙事的研讨会，这对摄影和纪录片贡献很大。

所有这些小故事都表明了与世界大学女校长论坛合作可以为所有参与的大学带来丰硕的成果。刘继南教授超越了女性的“玻璃天花板”。她是一个有着无穷能量、无尽动力和无限热情的女性，引领着我们对女性领导力的主张，激励着全球大学女校长为这个崇高的目标贡献自己的力量。谢谢您，刘继南教授！

思想流动的盛宴　历久弥新的记忆

克里斯塔·薇兰托拉(Krista Varantola)　芬兰坦佩雷大学原校长、原董事长
陶明辉　译

2004年,我首次参加了第二届世界大学女校长论坛,恰逢中国传媒大学建校50周年,更为论坛增添了庆典气氛。当时我刚担任坦佩雷大学校长一个月,换句话说,在大学女性领导者的国际大家庭中,我完全是个初出茅庐的新人。我能够在任期初始就参与此次论坛,真是幸运的巧合!我自从加入世界大学女校长论坛这个大家庭后,参加了后续举办的所有论坛,从中总能学有所得,博采众长。

我是坦佩雷大学的第一位女校长,任期是2004—2009年。自我任期结束以来,这所大学先后上任了三位校长,皆为女性。坦佩雷大学和坦佩雷技术大学于几年前合并,并与坦佩雷应用科学大学一起组成了芬兰境内的一所大型高等教育机构。这意味着,现任女校长要负责领导一个多学科、综合性的大学。在这个大学中,社会科学和自然科学及技术正在寻找新的合作方式。

我的所有继任者都与我一样对世界大学女校长论坛充满兴趣,这令我十分高兴。而且,我们与中国传媒大学等其他中国大学的合作也未曾间断。

我一直坚信世界大学女校长论坛能使参会者大开眼界。世界各地的女校长们,带着自己的观点和议题来参会,收获新颖广泛的观点,帮助我们以全新视角看待自己的议题。

在这些会议上,我们与旧友定期相聚,听取她们对性别平等在学术和社会层面发展的看法。另外,在每届论坛上,我们也能结交新友。令人欣慰的是,虽然我们的出发点不尽相同,但女性学术领袖仍有许多共同关注的议题。对于我们来说,世界大学女校长论坛已成为不容错过的盛事,活动内容包括引人深思的讨论交流及丰富多彩的文化活动。

我想,参会者虽然会抱怨天一亮就得起床,或者没有休闲娱乐的时间就得带着行李匆匆赶往火车站或机场,但当我们意识到在中国不同地区举办这种令人惊叹的活动需要多少考量和心血时,这些抱怨也都烟消云散了。参会者曾在首都北京与省会南京相会,

走在厦门的海边，行于武夷山的小径上，在中国台湾和武汉重逢。我曾有幸参加了一个策划会议，我们去了四季如春的云南，领略了当地少数民族迷人的风俗文化。此外，一些优秀的学生担任了我们的专属向导。他们确保即使在会议日程排得满满的情况下，我们的一些生活需求比如购买日用品等也都能得到及时的满足。

活动结束后，令我印象深刻的既有参会者的演讲、论坛所传达的信息和愿景，也有当地宛如画卷的历史文化以及令人惊叹的艺术表演。我相信刘继南教授一定桃李满天下，由于中国传媒大学这些学生向导的辛勤付出，我们回到家乡后，仍保留着许多难忘的回忆，仍有许多故事同他人分享。

一、最重要的长期影响

世界大学女校长论坛最重要的长期影响其实是论坛本身的核心概念。论坛已走过20年，即使如今外部环境非常艰难，论坛仍坚持举办两年一届的会议并举办了20周年庆典。新冠肺炎疫情席卷了整个世界，迫使我们重新考虑事情的优先级。一些人甚至表示，为确保社会恢复正常运转，我们必须把重点放在健康和经济问题上，性别和机会平等的问题在目前只能退居次位。

然而，众所周知，普及教育以及促进教育公平是一项共同责任，在确保全世界可持续发展方面发挥着重要作用。这就是为什么我们不用担心性别议题在目前不是人们关注和讨论的焦点。我们知道世界大学女校长论坛的宗旨不会消失。我们的职责仍然是鼓励女性学者承担高等教育的责任，培养青年学者，使她们对自己的能力感到自信。换言之，我们需要在潜在的女性学术领袖中培养“是的！我可以！”的思维模式，在论坛这个交流平台上，女性学术领袖可以通过交流讨论，成为榜样，以身作则。

我想，大家都同意，有必要尽早开始鼓励青年学者在职业生涯中承担新的责任。我们必须牢记，学术领袖不是一夜间产生的，我们要为女性组织领导力培训，最好是与男性一起组织。在我们的会议上，我们还了解到，家庭和孩子并不妨碍妇女拥有成功的职业生涯，我们还可以从社会其他行业的女性领导者那里学到很多东西。

二、论坛的连锁反应

在我看来，论坛有两种连锁反应：国际的和本地的。来自土耳其的居尔松教授开展了一个项目，在伊斯坦布尔举办了一系列题为“超越玻璃天花板”的论坛。这个论坛逐步发展成为欧洲大学女校长协会（EWORA）。我非常幸运，成为联系世界大学女校长论坛和欧洲大学女校长协会两个组织的一个纽带，并将它们的主要力量汇集在一起。两个协会进行了密切的思想交流和定期互访。我们需要像刘继南教授和居尔松教授这样的领航者，永不疲倦地推动她们坚信的事业。

世界大学女校长论坛还举办了区域性活动,在坦佩雷举行的北欧分论坛就是其中之一。该区域性论坛深化了中国传媒大学和坦佩雷大学的多层次合作。通过主论坛、分论坛以及与国际组织的合作,世界大学女校长论坛创建了一个让人引以为豪的女性学术领袖的全球网络。

论坛举办的会议还能促进不同国家大学之间的合作。我第一次参加论坛是在2004年,这帮助开启了中国传媒大学和我所在大学之间的合作。多年来,两所大学建立了密切的联系,先后推出了学生交换项目、本科生联合培养项目、教师交换和联合研究项目。一切的一切都始于大学女校长们在论坛上令人振奋的融洽会面。

然而,这种影响并不仅仅局限于女学生或女教职工,而是为整个大学提供了新的机会。至少对于我来说,最主要的启示之一是,尽管社会制度不同、规模不同、组织和管理方式不同,但我们都在追求解决问题的新方式,追求永无止境的创造。有志者,事竟成,这无疑是刘继南教授最突出的特点。

初次参加论坛产生的另一个连锁反应是:它鼓励我承担起促进北欧大学与上海复旦大学合作的责任。我同意担任为期六年的复旦大学北欧中心主任,北欧中心是复旦大学和一些北欧大学之间积极合作的枢纽。它成立于1995年,成员包括丹麦、芬兰、冰岛、挪威和瑞典的20多所大学。

不言而喻,仅靠女性是不能促进学术界的平权和机会均等的,我们需要广大男性同事的参与。我们可以为实现一个共同目标而努力,确保男性和女性在大学的决策层中都有一席之地。性别平等使我们的机构更强大,使机构能够更好地应对它所面临的本身和社会的复杂问题。我预祝世界大学女校长论坛再创辉煌!世界大学女校长论坛肩负着十分重要的使命。最后,我要感谢刘继南教授,是她的远见卓识和不懈努力使论坛的理念成为现实,成为学术界实现权利平等和性别平等的驱动力。

同心同行　共创未来

——世界大学女校长论坛与欧洲大学女校长协会的交流合作

居尔松·萨拉莫(Gülsün Sağlamer)　欧洲大学女校长协会主席

陶明辉　译

亲爱的同事们,尊敬的来宾们:

我很高兴也很荣幸能参加此次圆桌会议,并对世界大学女校长论坛及论坛主席刘继南教授所取得的成就表示祝贺。

自 2001 年以来,在高等教育领域,刘继南教授一直致力于为性别平等和女性领导力议题发声,同时,为世界大学女校长论坛的建立和发展作出了卓越贡献,我想简单谈谈刘继南教授与我的合作之旅。

伊斯坦布尔科技大学一直是欧盟资助项目“大学女性科学家职业发展项目”(UNICAFE)的长期合作伙伴,该项目聚焦伊斯坦布尔地区的性别平等问题。第一届欧洲大学女校长会议是 2008 年 UNICAFE 传播论坛“超越玻璃天花板:欧洲大学女校长”的会前会议。时任芬兰坦佩雷大学校长克里斯塔·薇兰托拉参加了这次会议,她作为世界大学女校长论坛创始成员之一,继而与刘继南教授分享了这次会议的信息。

几个月后,我收到了刘继南教授的邀约,邀请我在第四届世界大学女校长论坛上致辞,该论坛于 2009 年在南京举办。我欣然接受了邀请,那是一次很棒的经历。我很开心能够来到中国,中国是一个有着深厚文化底蕴和历史背景的大国。

欧洲大学女校长平台自 2008 年以来一直积极组织两年一次的欧洲大学女校长会议。该平台在 2012 年 5 月 21 日于伊斯坦布尔举行了第三次会议,并承办了世界大学女校长论坛欧亚分论坛。我们于 2016 年 5 月在伊斯坦布尔举办了第四届欧洲女校长会议,同一时段,世界大学女校长北欧分论坛在芬兰举行。欧洲大学女校长平台与后来的欧洲大学女校长协会曾派出主席和科学委员会成员参加了第四、第五、第六、第七和第八届世界大学女校长论坛。

从 2009 年开始,我几乎应邀参加了世界大学女校长论坛组织的所有主论坛和分论坛。论坛为世界各地的许多女校长撰写、出版了传记。我非常高兴和荣幸地获悉,论坛出版的第一本书是我的传记。

第五届世界大学女校长论坛结束后,我和刘继南教授决定与联合国教科文组织总干事伊琳娜·博科娃女士取得联系,希望联合国教科文组织能够支持我们两方组织的工作。随后,我们收到博科娃女士的邀请,终于在 2014 年 4 月 9 日见到了博科娃女士。在巴黎,我们讨论了教科文组织协助论坛和平台理事会的相关事宜。

在会上,我们就教科文组织可能为我们提供的支持进行了交流。首先,我们讨论了两方组织与联合国教科文组织的合作以及在教科文组织的支持下开发新项目的计划;其次,我们就联合国教科文组织支持我们两方组织于 2014 年在伊斯坦布尔和北京举行会议的相关事宜进行了洽谈。欧洲大学女校长平台在 2014 年第四届欧洲大学女校长平台会议上决定成立专门的协会——欧洲大学女校长协会(EWORA), EWORA 于 2015 年 12 月在布鲁塞尔严格遵循比利时法律成立,是个体系完善的非营利国际组织。

EWORA 的创始成员有 Carman Fenoll、Kristín Ingólfsdóttir、Helena Nazaré、Ursula Nelles、Christina Ullenius、Krista Varantola 和我本人。

各位同事,自 2009 年我在南京见到刘继南教授后,世界大学女校长论坛、欧洲大学女校长平台以及欧洲大学女校长协会之间的联系就日益密切。我们共同努力,携手推动女性在高等教育领域担任领导职务的进程。

我想再次强调一下,自 2001 年以来,中国传媒大学的刘继南教授为世界作出了卓越贡献,她创立组织了世界大学女校长论坛,并在欧洲举办分论坛,为世界各地的女校长提供了一个交流的国际平台,也为女性学者在高等教育中担任领导职务提供平等的机会。

各位同事、各位来宾,让我们一起预祝第九届世界大学女校长论坛圆满成功! 祝我的挚友刘继南教授健康长寿。谢谢!

世界大学女校长论坛与女性的勇气

曼珠·米舍尔(**Manju Mishra**) 尼泊尔新闻与大众传播学院院长
陶明辉 译

女士们、先生们,各位贵宾们:

早上好!

在世界大学女校长论坛举办20周年之际,我很高兴能够发表致辞。非常感谢各位嘉宾在百忙之中参加此次会议,我对此致以热烈的欢迎与诚挚的问候,希望与大家共同交流。

世界大学女校长论坛的宗旨是汇集世界大学女校长的力量,聚焦高等教育发展、提升女性领导力,搭建交流合作、分享智慧的国际舞台。20年来,论坛不断集思广益、拓展讨论主题、交流传播理念,以推动高等教育中的女性领导力发展和促进社会公平为己任。迄今为止,已有百余个国家和地区的1000多名女校长出席了会议。自成立以来,论坛已在中国各地举办了九届,这是一件非常值得骄傲的事情。参与论坛给了我亲自带领尼泊尔新闻与大众传播学院这所独一无二的新闻学院的勇气,我十分幸运能够代表我的学校、我的国家破旧立新,打破僵局。当然,论坛也让来自亚洲、非洲、欧洲、美洲各地的女校长建立起广泛的联盟。

一、关于在尼泊尔的亚洲分论坛

尼泊尔新闻与大众传播学院和世界大学女校长论坛于2015年4月25日在尼泊尔合作举办了世界大学女校长亚洲分论坛,引进南亚各国的教授以期未来合作,为在尼泊尔建立传媒大学做准备。该论坛由尼泊尔新闻与大众传播学院与世界大学女校长论坛组委会、江苏省中外大学女校长教育发展基金会共同组织,有幸邀请到了中国顶尖大学的校长和教授,就"一带一路"和媒体教育的合作拓展展开深入交流,强调了发展的必要性和战略性。

本次亚洲分论坛取得了圆满成功。对于我们来说,在尼泊尔举办这样一个高级别论坛是一项艰巨的任务,因为它需要签订协议、财政支持与政府援助。在我们苦于如何能成功地举办论坛时,论坛组委会毫不犹豫地给予了有力指导和支持。

举办本次亚洲分论坛的主要目的是支持妇女维权,促进学院强化其使命。尼泊尔新闻与大众传播学院因此得到了大量的援助设备与资助项目,包括捐赠笔记本电脑、修建多媒体实验室以及视频录制实验室等。世界大学女校长论坛组委会主席、中国传媒大学原校长、现代女性领导力研究院院长刘继南教授和现代女性领导力研究院副院长、江苏省中外大学女校长、教育发展基金会理事长王温凤一同参加了实验室资助项目的揭幕仪式。

现代女性领导力研究院与中国传媒大学赠予我校大量教学设备,供我校学生进行实践研究和实地考察。中国传媒大学的王波教授不仅检修了我校的所有设备,还向我校人员教授了摄像机的操作步骤。我们就建立一家播放教育节目的独立电视频道的可能性展开了进一步讨论,尼泊尔十分需要此类电视频道给本国偏远地区的文盲与贫困学生传授知识。此外,论坛还重点讨论了在尼泊尔建立传媒大学的重要性及其未来与中国等国家的传媒类大学的合作关系。我和许多尼泊尔学者都认为,尼泊尔必须有一所专门研究新闻和大众传播的大学,以培养本国的优秀记者。作为整个宏伟项目的创始人与规划者,我坚信"梦想有多大,舞台就有多大"。我们需要一所专业的大学来保持传媒教育的质量,在新闻传播领域树立一个新的标杆。

亚洲分论坛是尼泊尔新闻与大众传播学院的一项杰出成就,来自中国不同顶尖大学的各位教授和校长对本次亚洲论坛给予了高度重视,我们也得以向各界国际组织传播我们的愿景和价值观。

世界大学女校长论坛在帮助尼泊尔新闻与大众传播学院建立自信的同时,也在女性领导人之间建立了强大的交流网络。作为新闻与大众传播学院院长,我与吉林外国语大学的黄际英教授,河北传媒学院的李锦云教授以及中国传媒大学国际学院的张莉莉教授一同签署了合作备忘录。

不幸的是,在那次论坛的开幕式结束后和午餐前,强震中断了我们所有的计划,时断时续的余震更是让我不知所措。当时,刘继南教授和其他嘉宾都在花园里,部分旅馆建筑也发生了倒塌。为完成论坛剩下的议程,我们坐在酒店的花园里继续讨论交流。第二天,负责机票预订和酒店住宿的旅行社为来自中国的15位客人购买了回国机票。经过毁灭性的地震,城里的交通发生瘫痪,但我还是设法去机场为参会代表们送行。大家都很害怕,也很失望,匆忙地离开了尼泊尔。我觉得,大学校长们和教授们回国时一定大失所望。

经历了这次突发事件,我深感与中国大学的合作关系走到了尽头,因为学院没有能力掌控全局,事实上,我们无法这样做。我想和中国传媒大学合作的愿望也破灭了。

在地震中,我的小儿子从阳台上跳了下来,住进了医院,我很担心,也想尽快陪伴他。在为儿子担惊受怕的时候,我注意到那些远道而来的教授都对学院的不足之处表示了理解。我收到了一封刘继南教授的邮件，她表达了对我和儿子的关切，这让我倍感温暖。尽管有地震等极其复杂的情况，我们仍然能够重建伙伴关系。我认为，正是因为遭遇了强烈的地震，尼泊尔组织的亚洲分论坛或许是十届分论坛中最特别的一个。

二、未来的世界大学女校长论坛

中国国家主席习近平在联合国峰会上发表了有关性别平等和妇女赋权的讲话，表示追求男女平等的事业是伟大的。纵观历史，没有妇女解放和进步，就没有人类解放和进步。世界大学女校长论坛应为全球女性创建一个平台，积极努力支持世界各地的女性学者和女企业家，对女性高等教育议题进行探讨，并真正允许更多女性加入传播领域的管理层中。

进入新千年，团队合作更是刻不容缓，作为学院院长，我会竭尽所能结合教学工作中的要点和多元化的教学方法，迎难而上，竭诚贡献，坚守岗位，完成挑战。

乐观积极的思考方式帮助我克服了生活中的许多障碍。我希望自己能够给世界大学女校长论坛带来一股力量，也期待自己能得到论坛姐妹们的支持。最后，希望我们所有人都能在这里畅所欲言，认真地倾听别人的发言，相互鼓舞，给予彼此勇气。

再次感谢大家！

世界大学女校长论坛
为高等教育的未来提升女性领导力

朴东顺(Park Dong Soon) 韩国东西大学董事长
陶明辉 译

2018年,我出版了一本名为《我的心充满了爱》的自传,以纪念我的八十岁和五十四年的从教生涯。我写这本书的目的是与想成为领导者的年青一代分享经验。我经常告诉人们,当屹立于成功之巅时,我们需要回头看看脚下的路——艰难困苦,玉汝于成。成功从不是过去完成时,而是现在进行时。

回忆往昔,世界大学女校长论坛一直是我自身领导力发展的重要助力。我曾于2004年第二届论坛和2006年第三届论坛发言,论坛主题分别为"全球化时代的新教育范式"和"高等教育和多媒体的使用",均与我担任校长期间强调的观点相吻合。

我与论坛结缘于刘继南教授的邀请,我与她相识于2001年,当时我们分别作为东西大学与中国传媒大学(原北京广播学院)的校长签署了两校的合作备忘录。刘教授的敬业精神与领袖气质深深打动了我。虽然组织论坛是一项巨大的挑战,但她成功将其打造成一个聚焦大学女性领导力的全球性论坛。更令我惊讶的是,在刘教授的坚守下,世界大学女校长论坛已经度过了20载的岁月。我认为,论坛之所以能够经久不衰,是因为刘继南教授在论坛成立之际就确立了合理的目标。

在这次演讲中,我将回顾过去的20年,概述论坛如何为与会者提供培养全球领导力的机会,以及它与我作为韩国东南地区第一位女性大学校长在大学实施全球化战略的关系。在结束我的演讲前,我将对论坛未来的20年提出一些建议。

一、世界大学女校长论坛的过去20载

2001年,在刘继南教授的悉心指导下,世界大学女校长论坛得以成立。更为重要的

是，论坛的可持续性发展在过去的20年得到了充分印证，迄今已成功举办了九届主论坛和十届分论坛，这些论坛吸引了世界各地的众多女校长参与。设立论坛是为了给高等教育领域中的女性领导者提供一个交流合作和分享想法的国际平台。如今，我相信这些目标都已达成。就本人而言，论坛为我提供了机会，让我与刘教授等女领导分享本人愿景以及自我奉献和始终如一的领导力经验。我发现许多女性领导者都具有感性与母性的品质。我也是这样，一直待大学如家庭，关怀每一名教职员工和学生。我与参会的女性领导者分享了共通的经历，交流了不同的想法，构建了信任的桥梁，我相信这些都是论坛的参与者会不断增加的原因。

通过论坛，我与刘教授保持了20年的友谊。我相信，作为领导者，我们有些相似的特质，互相“见贤思齐”，最终令双方大学也建立了互信关系。我注意到，在刘教授的领导下，许多女性积极参与了中国传媒大学的建设。作为校长，我也一直鼓励更多的女性学者加入大学，并担任领导职务。因此，东西大学和中国传媒大学一直共享信息，合作交流。双方大学开展了多个师生交流合作项目，例如，双方音乐系就合作了联合学位项目。

二、世界大学女校长论坛的未来20年

我一直相信世界大学女校长论坛未来可期。然而，随着第四次工业革命的到来，为了应对全球大学教育的相应变革，我想对论坛未来20年提出三点建议。

第一，扩大世界大学女校长论坛的范围，促进世界各地大学女性领导者参与其中。

世界大学女校长论坛已成为国际合作的平台。越来越多来自亚洲、欧洲和非洲的女性领导者参加了论坛。论坛与联合国教科文组织和欧洲大学女校长协会（EWORA）的合作是引人注目的。我认为，我们应将女性领导者这一群体网络系统化，以便为高等教育领域中的女性领导者分配资金和项目。

第二，在未来的教育中，走在气候变化和可持续发展问题的前沿。

作为女性领导者，我们需要时刻关注气候变化和可持续发展议题，为我们的后代保护好自然环境。我一直积极参与“釜山母亲绿色运动”，这项活动卓有成效。我建议论坛持续讨论相关议题。

第三，设立青年领导者部门，指导青年女性担任教育机构未来的领导者。

高等教育的未来需要充满活力的年轻领导者，需要她们拥有多元化的背景和经验。论坛可以为来自世界各地的年轻女学者提供发展领导力的平台。我建议论坛邀请年轻女学者参加论坛，并为她们定期举办分论坛。

我向世界大学女校长论坛以及年轻的女性领导者致以最美好的祝愿。

凝聚合力 共创未来

赵雪梅 武汉大学党委副书记

尊敬的各位校长、各位嘉宾，
女士们、先生们：

大家好！

很高兴受邀在本届论坛圆桌会议上发言。作为来自武汉地区高校的代表，首先请允许我向全世界众多高校表示诚挚的谢意，在新冠肺炎疫情期间，在武汉最困难的时候，大家以各种形式向武汉大学师生表达真诚问候、提供宝贵支持，让我们备受感动和鼓舞，我们会始终铭记并珍视这份友谊。

自 2001 年创办以来，世界大学女校长论坛已经在中国北京、南京、厦门、台北、武汉、西安等地举办了九届主论坛，其间，又在奥克兰、东京、夏威夷、伊斯坦布尔、哈拉雷、蒙特雷、加德满都、坦佩雷、布加勒斯特、叶卡捷琳堡等城市举办过十次分论坛。2018 年 4 月，武汉大学承办了第八届主论坛，来自 51 个国家和地区的 150 余位大学女校长、专家、学者出席，联合国教科文组织原总干事伊琳娜·博科娃和性别平等部主任克拉特不远万里来到论坛并发表演讲，中国第十一届全国人大常委会副委员长陈至立、第十二届全国政协副主席林文漪以及教育部、科技部、湖北省的相关领导莅会指导。在两天的时间里，与会代表通过分论坛、圆桌会议、专题报告会、沙龙等形式，围绕未来教育、新型领导力以及人类命运共同体等主题进行了充分的研讨和交流，取得了丰硕成果。此外，论坛还首次设置了“大学女校长终身荣誉奖”，颁发给 12 位年龄在 70 岁以上、长期在高等教育领域工作、对论坛发展作出积极贡献的大学女校长。

在承办第八届论坛的过程中，我们强烈地感受到，论坛越办越好，并呈现出四个方面的显著特点。一是主题鲜明。论坛始终聚焦教育、关注女性、面向世界，通过汇聚全世界大学女校长的智慧和力量，致力于促进性别平等、提升女性领导力，推动世界高等教育更公平地发展。二是呼应时代。论坛坚持以开放的心态拥抱世界，顺应全球化发展趋势，积极推动国际教育交流与合作，回应了全世界对教育发展乃至人类命运共同体的关切。

例如，第八届论坛设置了"'一带一路'倡议与大学交流合作"专题论坛。三是平等对话。论坛坚持以超越性别界限、超越民族国家的胸襟和眼界，通过平等的交流和对话来启迪智慧、碰撞思想、凝聚共识，"沟通""包容""合作""使命""责任"等成为历届论坛的高频词汇。四是影响深远。论坛以纪录片、论文集、丛书等多种形式，向世界传递了性别平等、妇女赋权的强烈信号，在深化国际教育合作、推动文明交流互鉴、促进世界和平发展、优化全球治理体系等方面作出了积极贡献。我们可以自豪地说，经过 20 年的积淀，世界大学女校长论坛已经发展成为具有国际影响力的品牌论坛。

2020 年 10 月 1 日，习近平主席在联合国大会纪念北京世界妇女大会 25 周年高级别会议上的讲话中，提出了"帮助妇女摆脱疫情影响""让性别平等落到实处""推动妇女走在时代前列""加强全球妇女事业合作"等主张，为促进妇女事业全面发展提供了实践路径。借此机会，我对论坛的未来工作提几点思考和建议，供大家参考。

一是在推动疫后妇女事业发展上做更多的工作。突如其来的新冠肺炎疫情对全球经济产生了深远影响，特别是对女性就业造成了巨大冲击。根据国际劳工组织 2020 年 6 月发布的报告，全球共有 5.1 亿妇女（占受雇妇女的 40%）在受到危机重创的行业中工作，比例最高的是中美洲 58.9%，东南亚为 48.5%。我倡议论坛可以重点围绕疫后妇女就业、健康医疗、疫情防控与女性参与等设置大会议题，组织参会代表开展集中调研研讨，形成质量高、可行性强的咨询报告等，为政府提供决策依据和参考，帮助女性更好地走出疫情困境；可以牵头加强与妇女儿童发展基金会、母婴平安基金等公益组织的合作，搭建类似于湖北省正在进行的"金凤工程—女大学新生助学项目""关怀山里妈妈""心灵灯台计划—困境妇女关爱计划"等覆盖各领域女性的教育、资助合作平台，推动更多公益项目惠及妇女。

二是在推动教育融合交流上更好地发挥作用。论坛走过的 20 年，既是全球妇女事业发展的 20 年，也是全球教育事业深化交流合作的 20 年。面向未来，教育信息化、智能化技术的迅猛发展，让开放共享变为现实。在这次疫情期间，中国有 1454 所高校、103 万教师在钉钉、智慧树、腾讯会议、腾讯课堂等网络平台上以多种形式开展了线上教学活动，合计开展 1226 万门次课程。同时，为了帮助学生学习，教育部门在网络平台上推广了许多精品课程，包括 1291 门国家精品在线开放课程、401 门国家虚拟仿真实验课程和 4.1 万各门在线课程。截止到 2020 年 5 月，全国高校学生在线学习人数为 1775 亿，合计 23 亿人次。我倡议参与论坛的各位代表要持续推动高等教育领域的合作，开放教育资源，联合建立更多知识教育、职业发展、权益保护等共享课程，让教育资源惠及更多妇女；加强协同研究，提出合理路径，联合推动世界各国高校将"性别平等"意识贯穿到教育教学的全过程；把性别平等教育纳入高等教育通识课程体系之中，如武汉大学从 2007 年开始，连续 13 年开设"社会性别与妇女发展"通识课，深受学生喜爱，我们还将不断创新，持续打造金课。

三是在全面提升国际影响力上做更多的尝试。20 年来，来自全世界 100 多个国家和地区的 1200 余人次代表莅临论坛,论坛的足迹已经走遍全球和中国的很多地方,在全球范围内享有了一定的声誉。当今世界面临着百年未有之大变局,人类社会是一个相互依存的共同体已经成为共识。我倡议可以牵头加强与周边国家、发展中国家妇女组织的交流合作,邀请更多国家和地区的女性大学校长、杰出代表参与论坛,构建更大范围的对话机制,让论坛的力量、资源、成果辐射更广,能在更大舞台、更深层次、更多地区有声音、有影响。更加积极参与"一带一路"等全球合作倡议,发挥好桥梁纽带作用,推动沿线高校深度开展共建、合作,为倡导全球价值观、构建人类命运共同体作出新的贡献。

"志合者,不以山海为远。"让我们以论坛为纽带,更加紧密地携起手来,共同为促进全球妇女事业发展作出更大贡献!

也欢迎大家有机会时再到武汉大学去看一看。谢谢大家!

见证世界大学女校长论坛的成长与收获

山红红　中国石油大学(北京)原党委书记

世界大学女校长论坛2001年8月由中国传媒大学(原北京广播学院)发起创办,至今已成功举办九届主论坛。该论坛旨在聚焦高等教育发展、提升女性领导力、汇聚世界大学女校长力量,合力搭建交流合作、分享智慧的国际平台。

我是2004年担任大学副校长、2005年担任大学校长的,而且在2005年到2012年这7年中,我是教育部75所部属院校中唯一的一位大学女校长(正职)。以上九届主论坛,我作为大学女校长共参加了4届,即2006年8月的第三届、2009年9月的第四届、2011年11月的第五届、2014年9月的第六届;这是我第一次作为大学党委书记参加论坛。除此之外,从2005年至今我还参加了多次论坛的筹备工作会。所以可以说,这十几年中我也见证了论坛的发展与成效,同时我也收获了很多。

这是一个具有战略意义的平台。论坛首先聚焦高等教育发展。对于国家、对于世界来说,教育是基础,教育关乎未来,其中高等教育是人才培养、科学研究、社会服务、文化传承的制高点,决定着国家的实力与水平。论坛虽由中国发起,但是面向国际,习近平主席提出,要建设人类命运共同体。所以世界大学女校长论坛在教育和国际方面具有战略意义。

这是一个具有特殊价值的平台。女性本身就是世界各国必须重视的群体,而论坛聚焦女性领导力,则是在更高层面来关注女性的发展。当下,在世界组织、国家政要中出色的女性领导为数不多,还需大家的共同努力。

这是一个颇具收获的平台。论坛意味着交流、互鉴。每届论坛都有主题,女校长们围绕主题进行充分的讨论,各自的发言中除了包含办学理念、办学特色以外,还夹带着个人的特质、不同的文化、不同的习俗等。我相信,作为一个有追求、有责任的人,参加这样高级别的论坛,一定会有多样的收获。就拿我个人来说,通过参加之前几届的论坛,我开阔了视野,提高了境界,坚定了理念,增进了校际交流合作,同时也学到了很多东西。

这是一个持续发展的平台。大学要一直存在下去,国家也会不断发展,女性的作用会越来越大。基于如上所说的意义和收获,更基于我们之前近20年的基础以及大家的参与和共同努力,我们有理由相信,世界大学女校长论坛是一个可持续发展的平台,一定会越办越好,在高等教育发展、国际交流合作中发挥更加突出的作用!

第十届世界大学女校长论坛承办学校吉林外国语大学的诚挚邀请

秦　和　吉林外国语大学校长

尊敬的陈至立副委员长、刘继南主席，各位校长：

大家好！

我是吉林外国语大学校长秦和。很高兴参加本届世界大学女校长论坛。受新冠肺炎疫情的影响，高等教育国际交流与合作受到一定影响。当前，从全球范围看，新冠肺炎疫情仍在持续。在这样的背景下，以视频连线的方式举办本届论坛，充分表达了世界大学女校长渴望加强交流合作的迫切愿望，彰显了守望相助、战胜疫情的信心和决心，也为我们更新教育理念、转变交流合作方式带来新的启示。在西安工业大学的精心筹划和积极努力下，本届论坛取得圆满成功，在此我要表示衷心的感谢！

刚才，聆听了大家的真知灼见，分享了许多办学治校的先进理念和成功做法，深刻感受了广大校长对教育的情怀和担当。这次论坛以“全球共情·文明互鉴·大学创新”为主题，很有意义。大学具有文化传承的功能，同时也肩负着推动科技创新的重大使命。继承传统文化，要回溯历史，也要面向未来；推动科技创新，要立足长远、着眼未来，也要植根于文化的厚重土壤。从这个意义上讲，文化传承与科技创新是统一的，是现代大学肩负的双重使命。继承好传统文化，大学就有了根；做好科技创新这篇大文章，大学就充满了活力与希望。

各位同人，世界大学女校长论坛契合了世界高等教育发展的趋势，搭建了提升世界女性领导力的交流合作平台。中国对此高度重视，各相关国家也给予了密切关注和支持。论坛自 2001 年举办，至今已走过整整 20 个年头，成功举办了九届。围绕世界高等教育发展趋势，每届论坛设置不同主题，开展了丰富多彩的学术研讨与文化交流活动，在推动高等教育国际交流合作、促进世界高等教育发展、提升女性领导力、增进世界大学女校长友谊等方面发挥了重要作用。自首届论坛起，我已先后参加 5 次论坛。通过这个论坛,我与许多世界大学女校长结下深厚的友谊,我校与世界上许多大学开展了密切的交流与合作。我认为,论坛已经成为世界大学沟通交流的重要桥梁、高等教育国际交流合作的重要纽带、汇聚世界大学女校长智慧的重要平台。我相信“We can hold up half of the sky!”我祝愿:论坛越办越好!

我感到十分荣幸的是,组委会正式宣布第十届世界大学女校长论坛在我们吉林外国语大学举办。在此,我要代表全校师生,对大家的支持和信任表示衷心感谢! 借此机会,我诚挚地发出邀请,欢迎各位尊敬的校长到美丽的中国长春参加第十届世界大学女校长论坛。吉林外国语大学欢迎您!

吉林外国语大学是伴随中国 20 世纪 90 年代改革开放的春风诞生的一所民办大学。学校自 1995 年创建以来,始终秉承“会通中外,砺志敦材”的校训,始终坚持“一切为了学生成人、成才、成功,使学校成为中华儿女走向世界之桥梁,中外文化合璧之桥梁”的办学理念,始终坚持“以学生为中心,办最负责任教育”的教育理念,坚持以推动构建人类命运共同体、服务“一带一路”倡议和服务经济社会发展为己任,着力培养具有家国情怀和国际视野,综合素质高的应用型、复合型、外向型高级外语外事人才。我们始终坚持非营利性办学,致力于办一所百年名校;始终坚持应用型办学,致力于办一所面向市场、特色鲜明的大学;始终坚持开放办学,致力于办一所国际化、走向世界的大学;始终坚持精品办学,致力于办一所有内涵、有特色的高水平大学。

经过 25 年的建设发展,吉林外国语大学已经成为吉林省重点大学,积累了良好的办学声誉,得到了社会的认可,成为中国民办高校的一面旗帜。在 2020 软科中国大学排名中,学校位居中国民办高校排行榜首位。可以说,吉林外国语大学的跨越式发展历程,已经成为改革开放以来中国民办高等教育快速发展的见证和缩影。当前,学校站在新的历史起点上,正凝心聚力,朝着建设精品、非营利、应用型、国际化、特色鲜明的高水平外国语大学的目标砥砺奋进。

各位领导、各位同人,多年来,我校持续推进国际化发展战略,先后与 30 多个国家和地区的近 200 所大学开展了形式多样的交流与合作,先后举办或承办了世界翻译教育联盟国际研讨会、全球妇女经济论坛中国专场分会等大型国际会议。2019 年 5 月,我校成功举办了 100 多位中外大学校长出席的 2019 中外大学校长论坛,围绕“‘一带一路’建设与大学责任”这一主题,分享各自的成功做法,确立了打造教育共同体、大力推进教育领域国际合作、共建“一带一路”的奋斗目标与历史责任,取得了丰硕的成果。第十届世界大学女校长论坛在吉林外国语大学举办,是一次难得的机遇。我们有信心、有决心、有能力以“精心的设计、严密的组织、一流的标准”做好论坛筹备工作,学习借鉴历届论坛的成功经验,确保论坛取得圆满成功,为推动世界高等教育和女性事业发展作出新的贡献!

最后,我再一次向大家发出邀请,吉林外国语大学全体师生热切期待着大家的光临。2022 年中国长春再会!

谢谢大家!

PART 04

第九届
世界大学女校长论坛
平行论坛论文

- 智能社会与大学创新
- 世界变局与文明互鉴
- 性别平等与女性领导力
- 大学治理与可持续发展

人工智能时代大学的创新发展之路

——以华中科技大学为例

周建波　华中科技大学党委副书记、纪委书记

自1956年“人工智能”这一概念被首次提出以来，人工智能技术不断发展，特别是随着互联网、大数据、云计算和物联网等技术的进步，人工智能的应用日益深入到制造业、农业、交通运输、教育、医疗、金融、服务、家居等领域。随着2016年谷歌研制的人工智能系统阿尔法围棋（AlphaGo）以4∶1战胜围棋世界冠军李世石、特斯拉自动驾驶汽车（Autopilot）安全性能事件的出现频率逐年提升、阿里巴巴智能客服阿里小蜜在“双11”期间应用到各个商家等，人工智能再次引发极大关注，人工智能产品正在逐步从“精英”走向“大众”，深度融入日常生活场景之中，帮助人类在一定程度上从体力和脑力劳动中解放出来。不可否认，智能时代已悄然来临，人类已经加速步入智能社会。智能社会带给人们更多便利、更自由的时间，加速信息交流沟通、提升工作学习效率，并将持续给生产和生活方式带来革命性变化。

当前，人工智能领域已经成为国际竞争的前沿阵地，社会智能化成为一个国家、地区发展水平的标志。[①] 中国高度重视科技创新，习近平主席多次谈及，“人工智能是新一轮科技革命和产业变革的重要驱动力量，加快发展新一代人工智能是事关我国能否抓住新一轮科技革命和产业变革机遇的战略问题。要深刻认识加快发展新一代人工智能的重大意义，加强领导，做好规划，明确任务，夯实基础，促进其同经济社会发展深度融合，推动我国新一代人工智能健康发展”。因此，大学应该尽快适应人工智能催生的教育变革，瞄准科技前沿，积极主动作为，发挥学科和科研优势，找到创新发展之路。

一、人工智能时代大学教育的变革

1.思想理念的变革

人工智能作为新一轮产业革命的引擎，已成为包括中国在内许多国家的发展战略。为加快人工智能领域发展，2015年，国务院发布了《关于积极推进“互联网＋”行动的指导

① 孙伟平.关于人工智能的价值反思[J].哲学研究，2017(10)：120-126.

意见》,将“互联网+人工智能”列为11项重点行动之一。2016年,国家发展改革委、科技部、工业和信息化部、中央网信办制定了《“互联网+”人工智能三年行动实施方案》,首次单独提出人工智能发展的具体战略。2017年,国务院发布《新一代人工智能发展规划》,制定了到2030年我国人工智能“三步走”的战略目标。2018年,教育部发布《高等学校人工智能创新行动计划》,对高校进一步提出要求。2019年,国务院发布《中国教育现代化2025》,再次强调必须加快推进信息化时代的教育变革。

大学以培养人才、科学研究和服务社会为己任,应当从思想上高度重视发展人工智能的重大战略意义,瞄准科技前沿,推动人工智能学科建设、人才培养、理论创新、技术突破和应用示范全方位发展,实现大学教育和人工智能深度融合和创新发展。①

2.教育方式的变革

人工智能不仅仅属于信息学科的研究范畴,物理学、化学、生物学、生理学、心理学、语言学、计算机科学等学科的规律都可以成为智能算法的基础,人工智能还与医学、城市、交通、海洋、制造、设计等应用学科密切相关。同时人工智能也会渗透到各类学科建设中,促进相关学科的快速创新和知识发现,加速不同学科间的交叉融合,衍生出新的学科增长点,可以说,人工智能是一个具有高度综合性和交叉性的学科领域。因此,人工智能研究的本质要求其必须跨越学科界限,在学科交叉与融合中实现进一步突破。另外,由于人工智能技术的应用冲击传统教和学的方式,科学研究以及知识生产的过程也会发生相应变化。②

大学处于科技第一生产力、人才第一资源、创新第一动力的结合点,在人工智能基础理论和自然语言理解、计算机视觉、多媒体、机器人等关键技术研究及应用方面具有鲜明特色,在人才培养和学科发展等方面具有坚实基础③,可以发挥自身学科和科研优势,打破传统学科界限,推动学科深度交叉融合、协同创新发展。同时,大学还可以利用智能技术更好地支撑人才培养模式的创新、教学方法的改革、教育治理能力的提升。

3.培养目标的变革

人工智能具有技术属性和社会属性高度融合的特点④,更偏向于应用场景的需求驱动,以解决问题为导向,而传统的科研和教学方式不再适用人工智能专业人才的培养目标。

大学要以培养跨学科、复合型、高层次、创新型人才为目标,主动与前沿趋势、社会需

① 教育部.教育部印发《高等学校人工智能创新行动计划》[J].河南科技,2018(11):6.

② 蔡三发,王倩,沈阳.人工智能赋能:高校学科建设的创新与发展:访中国工程院院士陈杰教授[J].电化教育研究,2020,41(2):5-9.

③ 教育部.教育部印发《高等学校人工智能创新行动计划》[J].河南科技,2018(11):6.

④ 教育部.教育部印发《高等学校人工智能创新行动计划》[J].河南科技,2018(11):6.

求相结合，在重视基础研究的同时，更加关注科研成果与应用场景的结合，深化产学合作协同育人，鼓励学生积极参与创新创业活动，不断推动人才培养改革。

二、华中科技大学以人工智能推动创新发展的教育实践

华中科技大学始终立足国家创新驱动发展战略和“大众创业、万众创新”的战略部署，把创新创业教育贯穿人才培养全过程，为学生植入创新的基因、播下创造的种子。近年来，学校打造创新创业教育新名片，取得了令人瞩目的成就。

1.高度重视创新人才培养，打造全方位培养体系

学校坚持“育人为本、创新是魂、责任以行”的办学理念，致力于培养拔尖创新人才，主要表现在以下三个方面：

(1)构建创新平台。学校发挥在人工智能研究领域的历史积淀和学科优势，整合研究力量，成立了人工智能与自动化学院、人工智能研究院，设置人工智能本科专业。组建一批人工智能研究中心和校企合作中心，建设政产学研一体化的创新链条，搭建协同开放共享的创新平台，为学生提供从理论到技术到应用的一站式培养基地。

(2)激发创新活力。学校组织开展各类创新创业竞赛，推动学生创新创业精神和实践能力培养。以“AI 赋能、创新引领”为主题，举行研究生人工智能大赛，促进人工智能与创新创业深度融合，培养人工智能创新型人才。2019 年，华中科技大学学生参加首届中国高校“人工智能＋”大学生创新创业创造大赛，获得特等奖 1 项、一等奖 1 项、二等奖 1 项，获奖总数居全国高校之首。学校启明学院突出学生创新能力、创业精神和领导能力的培养，为我国高等教育改革提供了示范。

(3)打造智慧校园。学校建设智慧教室，采用智能集中控制系统，实现多种预置教学操作模式和远程控制模式，开展交互式讨论和互动教学。开发门禁管理系统，并与教学系统对接，实现教学数据分析客观化、智能化，避免主观因素对教学评价和管理的影响。搭建网络教学平台，推进信息化教学，在疫情期间最大限度减轻对学生学业的影响。学校深刻认识到在线教学是未来教育改革的方向，将继续推动数字化教学资源建设，把在线教学发展成为学校新特色。

2.深化产学研结合，促进科研成果转化

学校充分发挥工科、医科等学科特色，通过与地方合作建设工业技术研究院、与企业合作共建实验室等方式，在科学研究、人才培养、成果转化等方面开展深度合作，在智能医疗、智能交通、智能机器人、智能制造、智能电网等领域，实现了成果转化与示范应用。

学校于 2018 年成立“电信学院—协和医院人工智能医学交叉研究平台”，利用人工智能技术进行疾病诊断、肿瘤预测，减轻医生的工作强度，提高诊断准确率，取得了良好

效果。疫情期间，学校国家数控系统工程技术研究中心研发新一代智能化红外热像仪，通过人脸识别技术解决误报问题，利用互联网技术实现远程监控报警并建立大数据中心，有效缓解了疫情期间测温仪器紧缺的问题。学校电信学院联合企业团队，研发出新冠肺炎人工智能辅助医学影像量化分析系统，对患者的CT影像出具智能分析结果，将以往医生肉眼阅片所需的5—15分钟的诊断时间缩短为1分钟，并努力实现5G远程自动化阅片，助力全球抗疫。通过与产业结合，学校科研成果迅速转化为生产力。

3.关注人工智能挑战，加强伦理学研究

人工智能虽然在很多领域展示出巨大的应用前景，但是人们对人工智能的关注在很大程度上仍集中于技术和经济层面，对其可能会带来的挑战还缺少预测，对于可能引发的伦理争议也缺少讨论。尽管有少数哲学和社科领域的学者开始关注人工智能带来的伦理问题和社会挑战，但是这些讨论并未进入公共政策视界。①

2019年，《自然》杂志发表了华中科技大学人文学院哲学系生命伦理学研究中心雷瑞鹏教授的长篇科技伦理与治理政策分析和评论文章《在中国重建伦理治理》(*Reboot ethics governance in China*)。作为国内人文学科领域首篇在《自然》发表的政策性评论文章，它分析了中国科技创新、研究和应用领域存在的典型伦理治理问题，论述了重建当前中国科技治理和监管体系的迫切性和必要性，并提出了政策建议。学校开展相关伦理学研究致力于为决策提供一个参考标准，同时也为标准发生冲突时提供一套解决方案，帮助人工智能的未来发展行稳致远。

三、人工智能时代大学创新发展的机遇和挑战

未来已来，唯变不变。人工智能带来了深刻变革，提供了重大的发展机遇，为解决一些人类社会面临的长期性挑战提供了可能，大学应该主动担当、把握机遇、迎接挑战。

1.改革传统教育教学方式

人工智能和教育的融合是未来教育的趋势，一方面通过大数据分析和模型预测，可以及时掌握学生学习效果，通过对学生的独特性、个性化分析，让教师因材施教，更好地提升学习效果。另一方面在线教育和虚拟现实可以弥补远程教学条件的不足，为学生提供一种沉浸式交互环境，足不出户即可做各种实验，收获真实环境的视、听感受和体验②，进而为贫困和弱势群体提供高质量教育服务，促进教育公平。

面向未来，学校教育不会消失，但是学校教育的内容、方式、组织和结构等都将可能

① 袁勇.人工智能伦理三问[N/OL].经济日报，2018-07-13[2021-05-15].http://www.ce.cn/xwzx/gqpd/201807/13/t20180713_29735638.shtml.

② 程文超.虚拟现实技术对高等教育的影响探究[J].教学考试，2017(20):40.

被重构。[①] 在任何信息都可以被检索的信息时代，发现和提出问题的能力比分析和解决问题的能力更加重要，大学要着力培养“创新型”和“能力型”人才[②]，提升学生创新实践和终身学习的能力，使其更好地适应智能时代。

2.加强基础核心理论研究

人工智能科技前沿仍有许多“无人区”，大学应发挥学科门类齐全、科研条件得天独厚的优势，聚焦人工智能重大科学前沿问题，推动各学科之间的交流和研讨，加强人工智能基础理论研究，实现人工智能共性技术和应用技术的突破。比如，计算机和信息学科可以加强大数据智能与先进计算、智能感知与机器学习、类脑智能计算芯片与系统等方面基础理论研究，提供理论支撑；机械、光学、电子、电信等学科可以在芯片、传感器、操作系统、存储系统、高端服务器、关键网络设备等基础软硬件技术等方面研究不断突破，强化服务支撑；推动理科、工科、医科、文科交叉融合，在计算机视听觉、生物特征识别、复杂环境识别、新型人机交互、自然语言理解、机器翻译、智能决策控制、网络安全等方面取得更加深入的应用。

大学应从源头加以创新，开设更多基础课程，开展核心技术攻关，在人工智能发展方向和理论、方法、工具、系统等方面取得变革性、颠覆性突破。

3.推动科技成果转化应用

人工智能的成果可以深度融入经济社会各领域之中，提升全社会创新力和生产力，因此人工智能发展要紧紧围绕经济社会发展需求，积极培育人工智能创新产品和服务，推进人工智能技术产业化，推动科技创新和产业应用互相促进、良好发展。[③]

目前最受关注的人工智能＋医疗领域，通过搭建拥有丰富临床数据库的专家系统，模拟人类专家处理复杂问题的推理、判断和决策过程，提供诊断和治疗方案，大大提高了临床效率和准确率。智慧养老、婴幼儿照护等人工智能临床实践也是未来的发展趋势，有利于帮助解决一些医疗资源相对匮乏和服务能力不足等问题。基于同样的专家系统，只要拥有足够丰富的数据，人工智能就可以广泛应用于工业设计、翻译、金融、法律、交通、安防等领域。

大学可以通过工业研究院、校企合作等方式，在智能教育、智能制造、智能医疗、智能城市、智能农业、智能金融、智能司法和国防安全等领域开展技术转移和成果转化[④]，将先进的理论技术运用到实践当中去，促进人工智能技术更好地造福社会。

---

① 钟秉林，王新凤，方芳.信息科技驱动下的教育变革：机遇、挑战与反思[J].南京师大学报(社会科学版)，2019(5)：5-12.

② 张纯然，马倩，彭辉.人工智能技术对教学的变革及思考[J].办公自动化，2019，24(10)：35-37.

③ 工业和信息化部.解读《促进新一代人工智能产业发展三年行动计划(2018—2020年)》[J].机器人产业，2018(1)：80-82.

④ 教育部.教育部印发《高等学校人工智能创新行动计划》[J].河南科技，2018(11)：6.

4.警惕人工智能伦理风险

在发展人工智能的同时,也要积极预测可能发生的伦理风险,如人权风险、经济风险、安全风险等。具体而言,人和机器的边界越来越模糊,如何处理人和机器人的感情问题,是否有可能出现科幻电影中人工智能主宰世界的情况;人工智能替代一部分传统的机械性、重复性劳动之后引发的失业问题,可能会造成更多不公平现象;智能武器的出现正在对人类生存安全产生极大威胁。[①]

人工智能研发和应用应该将人置于核心,满足人全面发展的需求,促进社会的公平和可持续发展。[②] 因此,大学首先应当在学生入学时开设伦理课程,让未来工程师建立正确的道德标准、养成伦理意识;同时开展前瞻性的科技伦理研究,制定预警机制,为相关规范和制度的建立提供理论支撑,积极参与人工智能领域立法研究,促进全社会共同提升伦理素养,防范人工智能风险,为人工智能的健康发展奠定基础。

---

① 余婷.人工智能的伦理问题及对策研究[D].武汉:武汉理工大学,2016.

② 袁勇.人工智能伦理三问[N/OL].经济日报,2018-07-13[2021-05-15].http://www.ce.cn/xwzx/gqpd/201807/13/t20180713_29735638.shtml.

创新和创业精神:香港中文大学研究文化的嬗变

张妙清(Fanny M. Cheung) 香港中文大学原副校长
古再丽奴尔·卡的尔 译

香港中文大学是一所研究型综合大学,在人文科学与STEM领域的研究实力突出。在传统的研究型大学中,创新活动局限于科研基金与高影响力的出版物。创业在过去多指管理归档被批准的专利之类的事务,只有工程学与医学领域的少数研究人员会涉足学术活动以外的创新创业活动。

在过去的20年里,全球范围内的大学的格局一直在发生变化。社会对学术研究发挥其影响力的需求日益增长。香港特别行政区政府也为高校学生与教职员工发展创新与创业提供了更多支持。然而,由于在学术文化中研究活动各自孤立,它们之间存在着根深蒂固的壁垒,且研究管理结构老旧僵化,资源分散在不同单位,因而这些支持并没有形成策略重点。

2013年,我成为香港中文大学的首位女性副校长,主管研究与教学工作。我的专业是心理学,这门学科被认为是非STEM领域的,而实际上它则跨越了不同学科的多元领域。我看到了在研究与创业中促进跨学科合作的需求与机会。因此,我积极主动地推动研究社区的发展,以支持不同学科间的协同与合作,弥合基础研究与应用之间的缺口。

在为大学制订五年计划、规划研究领域的过程中,我拆除传统学术文化中的学科孤岛,围绕中国研究、转化生物医学、信息与自动化技术以及环境可持续性这四大跨学科策略性研究建立研究群体,以应对全球性挑战和社会需求。归入这四个领域的研究群体在本质上应该是跨学科的,并在知识成果转化与社会影响方面具有潜力。在这个策略指导下,香港中文大学的研究活动涵盖了该校开设的所有科目,整合了研究调查、教学与社区参与,包含了从研究到开发的各个阶段。

为打造促进协同与合作的生态系统,我将之前分别负责科研基金管理与知识成果转化的独立办公室合并为一个办公室,称之为研究及知识转移服务处(The Office of Research and Knowledge Transfer Services,简称ORKTS)①。随着传统的管理单位划分方式和官僚主义心态的破除,我强调了一个统一管理部门的服务角色,其主要职能为促进

① 研究及知识转移服务处:https://www.orkts.cuhk.edu.hk/。

从研究创新到社会影响的产出。不同办公室的整合促进了各服务单位之间的交流，并有助于识别早期创新研发项目中潜在的创新转化机会。现在研究人员能够一站式得到支持并解决问题，而不需要为此在校园里四处奔波。

借力香港特别行政区促进高校创新创业的政策，我们在香港中文大学创建了一个全新的研究—转化生态系统，制定了包含政策、资源与基础设施的整体策略计划①。研究及知识转移服务处之下的知识转化部门扩大了职能，积极主动地接触研究人员和学生，以促进创新创业。2014 年，学校成立了预孵化中心，以促进来自不同学科的学生团队创业，并通过开展工作坊、研讨会、网络会议、训练营及黑客松等指导和培养由本科生和研究生发起的初创企业项目。2017 年，预孵化中心模式扩展至香港中文大学深圳研究院的众创中心，为教职员工、学生和校友的初创企业项目提供接近粤港澳大湾区工业基地的孵化空间。2019 年，为加强对所有校内人员创业活动的支持，香港中文大学在校园里建立了一个创新港。这些地方也为团队之间互动以及与工商业界的交流提供了空间。

为加强创新创业文化的建设，我们鼓励全校教职员工与学生培养创业心态。2017 年，学校给所有本科生提供香港首个包括商业、工程学、社会科学与法律课程的跨学科创业与创新辅修计划，以促进学生创业心态的培养。我们强调，创业精神并不局限于 STEM 领域的技术转化，还适用于社会企业和政策。香港中文大学引领社会创新，并启动专项基金协助校内研究人员将他们的项目发展成为能够产生持久影响的社会企业。一些非 STEM 领域的教职员工设立了公司，基于他们有关心理健康、数字化疾病筛查、语言学习的研究来开发产品和服务。

在过去，社会科学与人文学科的研究人员往往不屑于创业，认为创业是唯利是图的。通过促进社会创业和跨学科合作，我们设法使怀疑者放下偏见，转而支持和认可创业。研究人员变得更愿意与不同专业领域的同事切磋合作，用自己的学术研究开创具有社会影响、能够持续发展的企业。

在新冠肺炎疫情期间，我们调动跨学科研究文化，使研究为社会政策提供信息。我们提醒同行，疫情并不局限于医学与公共健康范畴，而是涉及当地和国际的各个领域，我们通过分享研究思路和成果推动了跨学科合作。事实证明，在线会议和旅行限制为同行安排聚会提供了便利机会，否则他们会忙于不同的事务而疏于交流。我们鼓励研究人员，特别是非 STEM 领域的研究人员，展示他们的各种课题研究，包括生物伦理学、经济学、物流以及供应链、健康不平等、社会污名化和歧视等。通过"政策研究@HKIAPS"②——我于 2018 年为提升研究的社会影响而建立的跨学科政策研究平台，我们召集了来自各个学院的 40 多位研究人员来提交合作研究资助申请，并在公共线上研讨会上传播他们的研究成果。这些线上研讨会也会被政策制定者与国际社会所了解。

---

① 香港中文大学策略计划 2016—2020：http://www.cuhk.edu.hk/strategicplan/2016/en/strategic-themes02.html。

② 政策研究@HKIAPS：http://www.cuhk.edu.hk/hkiaps/policy_research/welcome.html。

在高校保持创业精神与影响活动的关键障碍之一是在绩效评估中,研究人员在这些领域所付出的努力未获得肯定。对教职员工的传统评价是根据他们的教学与学术研究进行的,并倾向于通过科研基金和经同行评议的学术出版物来评判他们的学术水准。因此,教职员工缺少在新创企业上投入时间的动力。我们必须改变研究与人事政策,以突出创业精神及其社会影响力的价值。我们说服学院院长和系主任在他们的教师评价机制中增加具体明确的标准,使其包含一个更全面的体系,以认可创新创业影响力形成的不同阶段。由于该体系是最近才推出的,我们仍需对其进行评估,思索促进其实施的策略。

总之,在高校促进创新与创业需要一场对研究文化与生态系统的策略性的、全面的改革。仅仅提供资源是不够的,还需要完善基础设施和相关政策,以提供相应支持。最重要的是,我们需要创造一个有利于创业创新的环境,并消除培养潜在人才的障碍。

数字社会与虚拟教育:拉丁美洲高等教育变革的历史与未来

朱迪思·弗吉尼亚·门多萨·迪亚兹(Judith Virginia Mendoza de Diaz)
萨尔瓦多阿比尔塔大学校长
李心怡 译

一、信息与通信技术对当今及未来教育的影响

世界瞬息万变,未来虽难以预测,但却可以被建构,特别是现如今信息与通信技术的崛起正引领着世界走向自动化和新时代。在第四次工业革命的影响下,生产和服务形式都产生了巨大的变化,影响着生产者和消费者之间的关系。消费者能够决定自己想要得到怎样的产品和服务,以及决定想要得到多少。因此,为了满足顾客的需求,生产方必须时刻保持与顾客的偏好和变化相适应。在这种情况下,作为为国家的繁荣富强而培养卫生、经济、社会、文化、政治、环境等不同领域专业人才的各级教育机构,特别是高等教育机构,亟须进行实质性的结构变革。

第四次工业革命大胆挑战了传统的生产模式。拥有变革世界能力的信息与通信技术的科技进步不仅影响着商业活动和工作环境,还影响着物流、服务、通信和运输等领域。有人认为在未来的十年里,从生产和商业到我们的生活方式、人与人之间的交往方式和经商方式都将发生重大变化。克劳迪奥·M. 德·罗萨(Claudio M. De Rosa)是萨尔瓦多杰出的经济学家,也是当地一家主流报刊的撰稿人,他预测了未来十年世界将发生的八个伟大的变化:

(1)智能制造商通过更高效的生产实现规模化,从线性生产转向循环经济。

(2)更常用网络物理和网络安全系统处理大数据。

(3)机器人将能轻松地执行许多重复性任务,从而取代人工。

(4)机器和家用电器将能够联网。

(5)药物将具有预防效果并且是可以定制的,有助于提高人们的生活质量。

(6)人工智能将得到进一步发展,机器将学习人类的行为并有可能根据它们自己的意愿采取行动。

(7)为了保护环境,在生产过程中将要求使用清洁能源。

(8)太空探索计划将取得重大进展。

以上所有变化都是以改善人类生活为出发点的,而教育在人类的世界发展宏图中扮

演着至关重要的角色。出于这个原因,我们必须致力于消除文盲,特别是功能性文盲,即人们学习识字却不实际运用。对女性来说尤为如此,在父权制度中女性有时不得不成为家庭事务的核心,导致她们错失接受教育的机会。所以说,如果性别平等不能实现,可持续发展也就不可能实现。在拉丁美洲,女性入学率正不断下降,特别是年轻女性群体,因为她们很年轻就成为母亲而不得不在上学几年后辍学。在高中这一学段,最脆弱的群体仍然是女性。出于许多原因(其中部分原因上文已经提及),她们无法继续接受高等教育。

目前在萨尔瓦多,高校男女生比例正在变化,女生人数在不断增多。另外,考虑到 24 所大学(1 所公立大学和 23 所私立大学)中只有 3 名女校长, 17 所专业学院和技术学院中也只有 3 名女校长,这意味着要实现教育领域的性别平等还有很多工作要做。如今萨尔瓦多的大学生人数已上升到 18 万,其中 52%是女性,48%是男性。但由于与上述相同的原因,男性和女性完成学业的情况有时是非常不同的,时不时也会出现女性被迫放弃学业去养家糊口的情况。如果她们能够接触到提供虚拟教育项目的双模式机构,辍学在某种程度上可以避免。因此,萨尔瓦多和其他拉丁美洲国家已经开始提供这种双模式远程教育方案。

二、在未来科技社会,教育是否会受到数字化进程的影响?

传统教育制度必须不断进行检验和更新,以适应 21 世纪不断变化的新要求。当今社会是一个信息更丰富、联系更紧密且各年龄人群都能接触到技术媒体的社会。因此,教育革命必须从幼儿园开始一直贯彻到大学。

教育系统未能紧跟时代进步是一个世界性的问题。世界范围内各个社会都需要进行一次打破传统教育范式的变革:设计创新的教育项目,培育学生的综合实力,并让学生更积极地参与教学。换句话说,教育革命需要意识到人类可以在任何地方通过不同的活动进行学习,进而创造一种新的课程设置。

此外,重新审视新千禧时代所需要的新教师的角色是至关重要的。教师的角色从知识的传播者转变为知识的促进者。技术正在影响每个人的生活方式,手机使用者从基本知识水平人群一直覆盖到大学生群体,且数量正在不断上升。在萨尔瓦多,10 岁以上的儿童和年轻人使用着大约 400 万部手机。他们中的大多数人拥有自己的电子设备,通过社交网络和应用程序,如 WhatsApp、Instagram 和 Twitter 与同学交流。"技术时代已经到来"并且在我们的生活中扮演着越来越重要的角色,对于年轻人、千禧一代、Z 世代和百岁一代来说尤为如此。联合国儿童基金会(UNICEF)的一项研究显示,51%的年轻人整天都与外界保持联系,因此教育改革面临的挑战在于重新评估所有的学习项目,寻找新的教学方法,以及应用信息技术为学习过程提供支持。

21 世纪伴随着数字革命的扩张,教育不能脱离技术进步,因为只有教育才能培育年轻人生活所必需的能力。文化和教育的变革迫在眉睫,这是为了打破陈旧的结构,从而使年青一代成为未来的专业人才。在这个不断变化的世界里,年青一代将不得不面对新的要求。这个社会的未来与就业市场直接相关,就业市场需要专业人才,以及更多关于人工智能、大数据和互联网等方面的知识。公共、私人和教育部门面临的挑战是寻找一种平衡,目标是使所有人都能融入这个数字时代,并缩小社会的技术鸿沟。

三、远程教育在拉丁美洲地区的影响

自20世纪50年代以来,拉丁美洲的远程教育就一直存在于非正式教育中。远程教育参与了为培训教师而设立的项目,目的是减少成人文盲并增加对土著居民的双语教育。在这一时期,远程教育并未被正规部门认定为一种正式的教育手段。但由于它重点覆盖了正规部门无法满足人们需求的具体项目,因此被认为是一种补充教育手段。

该地区的远程教育培训是为了教师的发展而设立的,通过测试来衡量他们的表现,力图使教师习得并掌握这些技能。在基层教师的远程教育技能培训中应被纳入考虑的基本因素是:教师的地理分布、财政资源缺乏、转移费用不足、基层和中层教师覆盖面的扩大。

对于成年人而言,参与课程是强制性的并与工资提高挂钩。这些通过广播和电视节目授课的课程,仅被视为终端教育服务,而不是能够获得有效学分认证的继续高等教育。这种教育形式不被认为是正规教育的一部分,因此也缺乏与传统教育模式相同的监管程序。

这种情况在20世纪60年代发生了重大变化,在应用远程教育的国家中,许多政府教育组织都认可了远程教育是一种教育方式。有了美国的一些大学所取得的经验和英国伦敦开放大学(Open University of London)的诞生,以及随后西班牙的国立远程教育大学(Universidad Nacional de Educación a Distancia)的诞生,远程教育作为一种新的高等教育模式开始在世界范围内得到认可。

到了20世纪90年代,高等教育界发生了多种变革,其中之一就是远程教育应用的显著扩展,这种扩展最初集中在混合学习。混合学习的开展得到了技术平台和虚拟教室的支持,也得到了一些拥有远程教育导师和最低程度线下活动的特殊中心的支持。

2010年初,混合学习模式成为具有主导地位的教育模式,与此同时,虚拟高等教育在拉丁美洲地区开始实践,并被视为一种全球性趋势。① 远程教育模式经历了几次转变,最终作为一种教育选择得到了国家和国际上的认可。

这些转变可以分为以下几个步骤:

第一步:需要教科书、实际上课场所、指南和其他印刷材料。

---

① TÜNNERMANN C. La universidad del futuro[M]. Managua:Editorial Hispamer,2011.

第二步：在电视和广播的支持下，转向混合学习。

第三步：网络和互联网影响了远程教育的转型，并已成为我们当今时代信息和内容交流以及互动的主要渠道。

远程教育的转变发生在虚拟技术的基础上，如技术平台（webCT、Blackboard、Caroline、Moodle）、多媒体和超媒体学习资源以及虚拟导师。

四、远程教育的新兴学习模式：虚拟教育和混合学习

拉丁美洲的一些大学可以提供以虚拟、在线或混合方式进行远程教育的服务，这些教育服务越来越被认为是用来培育根本不适合传统学习模式的专业人才的方法。

虚拟教育只不过是远程教育的一个新阶段，它在信息与通信技术的支持下，将教育资源的覆盖范围扩大到以前被排除在大学之外的人口。这种虚拟教育的形式促进了学习需求的增长并使人们受益。因为距离、家庭、经济或劳工问题，一些人不可能进入高等教育机构继续深造，除非这些机构提供可选择的教育模式，例如混合学习或虚拟远程教育。目前，虚拟教育在拉丁美洲高等教育系统中呈现出良好的发展态势。[①] 大学虚拟教育部门的发展受到国家与国际支持，在保证其教育质量的前提下，促使大学虚拟教育基于具体标准发展。

五、未来社会与虚拟教育

教育过程的虚拟化使得传统面授与远程教育之间的差距缩短成为可能。传统大学将这种由信息和通信技术支持的模式视为一种辅助教学过程，且可以在大学层面应用的替代方案。

在拉丁美洲地区，由于人们对高等教育的需求前所未有地增加，因此不得不考虑采用远程教育模式满足这一需求。这种需求尤其来自那些因经济困难而被排斥在大学门外的区域，以及那些无力提供不同教学模式的大学。由于公立大学入学门槛高，公众的教育需求不能被满足。对此，私立大学决定提供不同的教学模式来满足学生的需求。这种教学方式是一种混合教育模式，包括了书面材料、导师辅导和学习评估机构。教学课程是免费的，学生只要满足基本条件就不需要进行筛选测试。虚拟教育的目标人群是被传统教育制度排斥在外的成年人，特别是受到经济影响的成年人。

1981年，萨尔瓦多创建了阿比尔塔大学（Universidad Modular Abierta）。该校推出为期六周的模块化教学制度，以混合教学制度和灵活的教学时间为支撑，用密集的学习

① RAMA C. La universidad latinoamericana en la encrucijada de sustendencias[M]. Santa cruz de la sierra：Editorial universidad catolica boliviana，2015.

安排将工作量压缩到单个模块或科目,以此完成整个学期所需的学业。学习时间安排在每周六、日,采用面对面的方式,学生必须到场上课。这两天学生参加实践、讨论和小组学习等活动,最终考核也是面对面进行的。该项目至今仍在本校继续运行,并适用于本科生、研究生和专业人才的教育,以信息和通信技术为支撑,扩展了本校提供的教育服务。目前,阿比尔塔大学正在发展混合教育,并为提供第一个面向经济科学的虚拟职业作出必要的安排。

拉美国家作出的最显著的努力之一就是建立新的公立大学以在混合教育制度下提供远程教育模式。在私立大学制度的建设上则借鉴了伦敦开放大学的经验,考虑在保持学习过程的高质量标准的前提下移除入学限制。非预科教育的新需求也由远程教育机构来满足,采用双模式教育(远程教育:混合和虚拟)来构建高校的教育服务,在其组织系统和技术方面力求提供与传统预科教育相同的质量标准。

在教育领域的新动态中,远程教育系统的合法化已经被认证,而在过去远程教育系统被认为是不可靠的。因为它在教学过程中是以教师为中心来定义学生的:学到什么?如何去学习的?什么时候学会?现如今,每一个国家的规章制度都进行了修改,正式认可了关于远程教育的学习。许多受人尊敬的国际机构也正在开发在线或虚拟课程,并从传统的单一教育模式转换为远程教育模式,向差异化的多模式教育(包括面对面模式、混合模式和虚拟模式)转变。提供虚拟教育项目的拉美国家有:墨西哥、哥斯达黎加、哥伦比亚、萨尔瓦多、巴拉圭、厄瓜多尔、巴拿马、阿根廷和波多黎各。虚拟项目的提供在增加大学招生数量和拓展教育在拉美国家领土的覆盖范围方面有相当大的作用。

虚拟教育不仅在公共领域发展,而且在有优秀项目的私立领域发展。在公立大学发展虚拟教育的一个例子是墨西哥自治大学(Universidad Nacional Autonoma de México),这所学校有15%的学生注册了虚拟课程。在过去的十年里,墨西哥创建了远程国立大学,有大约8万名学生。2006年,巴西成立了阿伯塔巴西大学,这是一个公共组织,它将这种模式推广到大学以外,使其接近市政当局和政府机构等其他领域。在私立领域,厄瓜多尔洛亚特技术大学的虚拟教育具有高度代表性。

在拉丁美洲,无论是在公共机构还是在私营机构中,远程、混合、虚拟和在线教育的增长,都与提供这种模式的国家公共政治有关,包括规范质量保证体系,成本降低,连通性增加,对这种教育模式需求的增加,对远程、混合和虚拟教育的接受与新视野以及对这些教育策略信度的增加。

六、日益增长的虚拟化教育服务

随着技术的变革发展,虚拟教育服务已经扩展到全世界,并随着虚拟平台、多媒体内容、视频会议、云服务和移动电话的使用不断更新。虚拟教育和新制定的培训项目出现,随之而来的是虚拟教育与传统远程教育的概念出现细微的差别。在虚拟模式下,学校和学生之间可以进行直接互动。新教学资源的使用省略了中介等。这样在以传统的方式进行评估的同时,也可以实现平台的使用频率与强度的提高和学习动态的监测。

远程教育从以导师为基础、辅以教科书与指导的教学模式,转向了在平台上使用虚拟逻辑系统和配置了数字学习资源的互动教室的数字模式,并以此提高教学质量。这种虚拟教育方式的特点是教育覆盖面增加、灵活性强和成本低廉,虚拟教育对于书籍、网页、数据库、图像、动画、视频、平台和云服务的使用都有利于学习。

现如今的虚拟教育技术功能较为强大,能够在教育过程中实现实时互动,能够使用大量视频、图像、音频等交互式材料创造同步交互学习的机会,最重要的是为学生提供了实时提问的机会。而所有的这些,都为其提升教育质量提供了可能。同时有必要认识到,在虚拟远程教育中学习是可以不同步的。虚拟远程教育考虑到数字模式的优势和自定义个人学习环境的可能性,让每个学生都能以自己的节奏学习。

视觉媒体、音频、人机交互和实验等的运用提升了虚拟远程教育的教育质量,有助于提高学生的记忆力和学习能力。[①] 虚拟教育为行动受限、残疾或身陷囹圄的国际学生提供了机会。社会对这些学生的偏见使他们回归社会的过程变得更加困难,这个问题被传统高等教育系统所忽略。

谈及教育成本,因自主学习本身就降低了成本,就教育质量和覆盖面而言,虚拟教育比面对面教育成本更低。

拉丁美洲地区的混合教育系统和支持中心的基本规范已经得到了修订,现在虚拟化教育已经获得了合法性和可信度,在大学中已存在各种多模式的远程教育、混合教育、虚拟教育、线下教育。

表 1 拉丁美洲虚拟教育覆盖率较高的国家

国家	虚拟教育覆盖率
巴西	18%
墨西哥	14%
哥斯达黎加	13%
厄瓜多尔	11.3%
秘鲁	7%
阿根廷	6%—8%

不论是在提供多模式课程的传统教育机构中,还是在提供不同课程(虚拟课程、混合课程)的远程教育机构中,虚拟课程占主导的课程都在不断增加。拉丁美洲远程教育覆

① RAMA C. La universidad latinoamericana en la encrucijada de sustendencias[M]. Santa cruz de la sierra: Editorial universidad catolica boliviana, 2015.

盖量在250万到300万名学生之间,其中约有160万名学生来自巴西。① 远程教育模式的采用可以被定义为是基于技术包容程度和由直接中介替代教师的学习过程。②

每个模式都根据其采用传统教育程度、学习动态和同步与非同步学习进度而不同,这意味着不同的呈现水平③,其他差异还体现在内容、互动层次和协作水平上。随着虚拟化的出现,机构和监管组织面临着与教育模式相关的困境,并有以下选择:

(1)保持单模态的远程教育模式;

(2)采用一种可以纳入不同新型远程教育模式的多模态教学结构。

每一种选择都有自己独有的复杂性、理论概念、管理制度、教师和学生。机构和监管组织必须在不同层面克服变革的阻力,力求保证整个教育过程的规范和质量。

七、拉丁美洲教育的国际化与虚拟化

传统的拉美高等教育是被设计为在本土发展的,基于本国的要求和需要为当地发展服务的。其学术项目、教学模式、资源、师资和质量标准符合当地愿景。而全球化和知识社会开启了一个新的维度——发展新的教育,追求教育全球性和区域教育系统一体化。在经济全球化背景下,高等教育正在调整结构以承担更大的国际性变革。④ 教育日趋国际化,其组成部分和动态正在全球化层面上进行细化和表达。

无论是对学生、教师,还是其他想要专攻某一人类知识领域的专业人才而言,学术流动性都在成为学习过程中的一项质量指标。学习资源、教育从业者、大学机构和学术项目日益国际化,高校的学术质量与其国际化等级和水平成正比,国际化影响着大学的职责、愿景和传统功能。从本地大学教育过渡到无国界国际教育是21世纪高等教育发展的趋势。国际化与高等教育服务的虚拟化和非现实性教育过程相关联。

无论是从教育角度还是从经济角度,我们都可以看到目前高等教育的国际化进程在不断加快,我们正从国民教育走向国际教育。这种教育上的变革使国民教育转变为国内教育与国际教育相结合的模式。国际教育的地位不断被增强,成为教育结构的动态组成部分,使区域教育从二元体系(公立—私立)变为多元体系(公立—私立—国际),在高等教育中这些体系具有不同的强度和特征。⑤ 国际教育最重要的目标是"引进来"和"走出去"。自2000年起,欧洲就开始推行博洛尼亚模式,这种模式注重融合自身的各个教育

① RAMA C. La universidad latinoamericana en la encrucijada de sustendencias[M]. Santa cruz de la sierra: Editorial universidad catolica boliviana, 2015.

② RAMA C. La universidad latinoamericana en la encrucijada de sustendencias[M]. Santa cruz de la sierra: Editorial universidad catolica boliviana, 2015.

③ L GARCÍA ARETIO. De la educación a distancia a la educación virtual[M]. Barcelona: Editorial ariel, 2009.

④ L GARCÍA ARETIO. De la educación a distancia a la educación virtual[M]. Barcelona: Editorial ariel, 2009.

⑤ ADIDRIKSSON. Universidad del futuro[M]. México: Universidad autónoma de méxico plaza y valdés editores, 2000.

体系，计划到 2020 年有 20％的学生的 20％的学习在海外完成。

在 21 世纪，拉丁美洲地区正在制定两项远程教育发展方针：虚拟化和国际化。虚拟化有助于国际化，并促进了远程教育过程的碎片化、国际规模的达成、教育资源的传递和第三方教育的供应。教育国际化和虚拟化互相影响、互相促进，形成了教育新形态。

虚拟教育始于 1990 年，与全球经济和社会的数字化有关，借助技术进步提高了学习质量和学生数量，改善了数字化学习资源，并提升了教育参与者在虚拟环境中的互动和体验。促进虚拟教育的因素有：更低的学习资源使用成本、不断增加的能够灵活接入虚拟教育的覆盖范围和进一步细分的学术课程。跨国界教育支持下的虚拟教育，是一种超越国家的虚拟远程教育方式。其推动的教学活动通过虚拟化特征提高了教学服务质量。其中一些活动是：在国外创建节点、在国际范围内交换学习资源、教育项目国际化、教育公司国际化、教师国际化、学习项目国际化、学生国际化、在地区建立国际远程大学。

实施面向国际化的虚拟教育方案的另一个重要因素是它便于吸引其他国家的学生。因为，现行教育制度缺乏灵活性，导致学生倾向于选择虚拟远程教育。此外，因不断迁移居住地而无法进入传统教育系统的学生也能有机会使用虚拟远程教育系统接受教育。虚拟教育模式十分高效，极具优势，通过不断扩大以技术为中介的网络学习，使线上教育成为潮流。①

由此，我们可以得出结论：在 21 世纪的头 20 年里，虚拟教育已然成为一种促进专业人才形成的教育方式。

---

① L GARCÍA ARETIO. De la educación a distancia a la educación virtual[M]. Barcelona：Editorial ariel，2009.

未来社会与地方高等院校的发展

黄雅丽　内蒙古师范大学党委书记

党的十九大报告指出,“建设教育强国是中华民族伟大复兴的基础工程”,而高等教育强国是教育强国的应有之义。根据“双一流”建设的总体目标,到21世纪中叶,我国将“基本建成高等教育强国”。作为基本建成高等教育强国的重要时间节点,2035年中国高等教育的发展状况对最终实现中华民族伟大复兴的中国梦至关重要。中国首先需要建成一个高质量普及化的现代高等教育体系,为21世纪中叶实现基本建成高等教育强国的目标奠定基础。

一、未来社会与地方院校

1.未来社会

“未来”一词,是指从现在往后的时间,是相对于我们现在所处的这个时刻而言的未来时间,它是一个时刻,也可以是一个时间段。其意义在于不曾被过去所经历,在于不断地被更新。“未来社会”是指随着世界发展而不断更新的社会形态。

著名学者张文显在其《“未来社会”将会是什么样子》一文中用“智能社会”“共享社会”“风险社会”三个最具有共识性的概念来表征和描述未来社会:现代科学技术的进步带领人类进入了智能社会,万物智能、万物互联互通;科技的进步也创造了数字经济,共享经济就是其中最具代表性的存在,共享经济使得社会资源利用率最大化,社会生活更加多元、便捷;与社会高度发展同步出现的便是更多的社会风险,科技发展带来的负面影响已经初见形态,如何应对社会风险成为未来社会发展的重要议题。[①]

2.未来社会与地方院校

高等教育现代化始终与国家的未来发展同向同行。面对世界“新科技革命”和“新工业革命”竞争态势,信息获取渠道的多元化、知识的快速更迭、信息的有效时间缩短、“互

① 张文显.“未来社会”将会是什么样子[N].北京日报,2019-01-21.

联网+”的教育模式的出现等科技化发展，都对教育产生了巨大冲击。2035 年国家经济社会发展目标在创新型国家建设、产业布局、区域发展等战略方面对高等教育提出了新任务、新要求，各地院校亟须聚焦这些任务、要求，精心“下好”高等教育的结构布局这盘“棋”，打造中国高等教育的升级版，实现中国高等教育“全面支撑”作用向“率先引领”作用的转变。在 2020—2035 年从全面建成小康社会到基本实现现代化的历史进程中，优化调整高等教育的结构布局，是实现高等教育现代化的战略选择。

二、找准发展方向

未来社会需要高校找准自身发展方向、挖掘自身特色、评估发展风险、完成自己的差异化发展，而“地方性”优势正是地方院校的天然优势之一。

1.扎根地方办大学

2018 年 9 月，习近平总书记在全国教育大会上发表重要讲话指出，要坚持扎根中国大地办教育、要扎根中国大地办大学。[①] 对于地方院校，那便是扎根地方办大学。

扎根地方办大学，必须强力提升优势特色学科的核心竞争力，形成服务区域经济社会发展的强大动力。内蒙古师范大学作为一所区域性高水平大学，以其较大的学术贡献对内蒙古区域经济与社会发展产生了有力地支撑作用，并由此形成若干与当地发展密切相关的一流学科。其特征是学术发展与区域发展紧密结合，形成具有区域特色的高水平学科团队，成为区域文化中心和社会思想文化创新的重要源泉；以区域性的国际合作交流为教育国际化的主要方向和内容，成为区域教育国际化的主要推动力。内蒙古师范大学定位于建设区域性高水平大学的目标是符合发展实际的。通过彰显人才培养、科学研究、服务区域发展、中华优秀传统文化特别是区域优秀文化传承创新，内蒙古师范大学发挥了对国家“一带一路”等倡议的重要支撑作用，使学校真正成为凝聚地方文化特质的现代大学，为实现更高层次的发展夯实基础。

扎根地方办大学，必须立足于地方。地方高校的性质决定了其必须根植于地方历史和现实的土壤中，坚持以服务地方政治、经济、文化为主的办学理念，根据地方的历史发展与现实需求不断调整自身办学方向，适时、适当地与地方政府、企业及其他社会机构共同合作，形成合力，共同推进地方政治、经济、文化及高等教育事业等领域的全面发展，达成共赢。

2.注重内涵式发展，加快“双一流”建设

习近平总书记在党的十九大报告中强调，“加快一流大学和一流学科建设，实现高等

---

① 坚持扎根中国大地办教育：五论学习贯彻习近平总书记全国教育大会重要讲话精神[EB/OL].(2018-09-17)[2021-04-15].http://www.qstheory.cn/science/2018-09/17/c_1123439944.htm.

教育内涵式发展”。加快我国高等教育“双一流”建设旨在较短的时间内缩小我国与世界高等教育强国在创新型人才培养及知识创新方面的差距,而实现高等教育内涵式发展则旨在全面提高我国高等教育质量。这两者有着极其密切的关系,对改善我国高等教育发展的模式、增强我国高等教育核心竞争力具有深远意义。①

梅贻琦先生在清华大学就职演说中曾提道:“所谓大学者,非谓有大楼之谓也,有大师之谓也。”校园大、高楼高、学生多并不代表高校就是一所一流学校,学校硬件的建设固然重要,但单纯靠外在的建设提高竞争力是行不通的。相对而言,地方院校更应该注重学校整体质量与效益的提高,立足于地方政治、经济、社会现状,发挥地方院校人才培养、科学研究、社会服务、文化传承与创新及国际交流与合作的职能,走以提高质量为核心的内涵式发展道路。以更为优化的学校治理结构、独具特色的办学方针、高水准的人才引进与培养,完成自身的跨越与发展。

“双一流”建设的提出打破了我国高校“985 工程”“211 工程”建设的原有局面,为地方院校的建设与发展提供了契机。2020—2035 年是我国全面建成小康社会的关键时期,也是基本实现教育现代化的决定性阶段。随着经济发展进入新常态,高等教育领域也呈现出以质量提升为核心的内涵式发展、在改革创新中释放办学活力、以法治思维推进大学治理现代化、大学深度开放与服务社会等新常态,而贯穿这几个新常态的一条主线就是全面深化教育综合改革。国家出台的《国务院办公厅关于深化高等学校创新创业教育改革的实施意见》《教育部、国家发展和改革委、财政部关于引导部分地方普通本科高校向应用型转变的意见》《统筹推进世界一流大学和一流学科建设总体方案》等一系列文件,为高等教育改革发展指明了前进方向,为高水平大学建设创造了有利环境和良好条件。此外,我国在免费教育师范生、乡村教师等方面的相关政策,对学校如何在高等教育改革的新形势下,对接国家战略需求、实现新发展提出了新挑战。

三、突出自身特色

与部属院校相比,地方院校无论是在资金投入、师资队伍建设上,还是在办学历史积淀、学科专业发展水平上都处于弱势。因此,地方院校只要应对社会人才需求,彰显地方院校办学特色,在学科建设和人才培养方面集中有限资源,瞄准地方经济建设和社会发展的特殊需求,不断增强办学实力,将地方优势转化为竞争优势,其就可以以全新的姿态面对未来社会的种种挑战。

1.利用地方特色,培育符合自身实际的优势学科

办学特色是指学校在长期的办学过程当中所表现出来的有别于其他学校的独特的

① 毛智辉,睦依凡.内涵式发展:高等教育改革的方向[N].中国社会科学报,2018-06-07(4).

办学风格、独到的办学理念以及在人才培养、教学研究、校园文化等方面的特色。《国家中长期教育改革和发展规划纲要(2010—2020年)》也一再强调，各高校要树立以提高质量为核心的教育发展观，注重教育内涵式发展，充分发挥自己特色。地方院校与部属院校相比，学科建设总体水平差距较大，但从世界高等教育发展历程来看，任何大学都不可能在每个学科领域都做到最好。正如美国教育家田长霖所说："任何一所大学要想成为世界知名大学，不可能在所有的学科上有所发展，而必须集中力量先在一两个学科上有突破。"所以地方院校在"双一流"的大环境下要想提升自身实力，稳步发展，就应该先把眼光聚焦于某一学科，利用地方特色，培育符合自身实际的优势学科，再利用优势学科带动整体学科水平的提升。

地方院校在制定学科建设规划的时候，要根植于地方文化特色、历史积淀，要依托学校的区域优势和资源禀赋，突出学科建设重点，以差异和特色为突破口，在办学过程中培育出优势学科和学校特色，进而形成比较优势，实现学校特色发展。内蒙古师范大学经过几十年的学术积淀，部分学科如科学技术史，已建成了以国家级、省部级重点科技平台及一级学科博士点、博士后流动站为支撑的、区域特色鲜明的高水平学科，在一定程度上可以认为这些学科进入了全国高校先进行列，"双一流"建设就是使这些学科加快进入全国一流，乃至世界一流的过程。在"十三五"学科建设规划中，内蒙古师范大学找准自己的优势学科，制定了具体任务：到2020年，科学技术史进入国内一流学科前列，心理学进入国内一流学科行列；加强协同创新中心和新型智库的建设和发展，突出学科平台建设的地域和民族特色。

2.应对社会人才需求，彰显地方院校办学特色

我国的高等教育已经进入大众化阶段，社会对人才的需求是多样的，人才类型结构也日趋复杂化，不同类型、不同层次的人才就需要相应的高等教育机构来承担教育任务，各级各类高等学校也应该培养出各种层次、各种类型的人才。相对于部属院校，地方院校的办学条件、师资力量、地域环境等条件都决定了其应以培养地方经济建设和社会需要的应用型、技能型人才为主。在这一点上，地方院校甚至比部属院校更有优势。

新的发展时期要求学校改变陈旧的人才培养模式，适时调整并以动态发展的过程适应动态发展的社会需求。首先，学校依据自身发展特点，以及自治区地方经济社会的发展需要，准确定位学校发展目标为"建设特色鲜明的创新型高水平综合性师范大学"，进而明确以教师教育为办学优势和核心竞争力，制定了《内蒙古师范大学一流本科教育行动计划(2019—2022年)》，将建设重点落实到师范专业，力争于2022年使师范专业学生占学生总数70%以上。其次，学校提出卓越教师培养计划，重新构建师范生培养体系，从而逐步改善师范专业生源质量。

作为一所坐落于内蒙古自治区的地方高师院校，内蒙古师范大学高度重视民族高等教育工作，并将其作为突出办学特色的主要内容加以重点建设。因而大力建设蒙古语授

课专业,突出民族教育特色是学校基础的、值得继承和加强的发展模式。具体发展策略包括:第一,落实《内蒙古师范大学关于加快发展民族高等教育的实施意见》,完善蒙古语授课班、蒙生汉授、蒙汉同班、民族预科等培养模式,优化蒙古语授课专业课程体系和实践教学体系,提升蒙汉兼通复合型人才培养质量。第二,完善少数民族预科生和八省区交换生管理条例,修订预科生人才培养方案。第三,加大对蒙古文教材建设的支持力度,完善激励机制,支持新增蒙古语授课专业基础课程教材的编写,规范蒙古文教材使用。第四,制定并出台系列规章制度,使民族教育各项管理工作更加规范化、制度化。第五,加强蒙汉双语授课师资队伍建设,积极引进和培养蒙古语授课教师。

四、发挥“地方性”优势

地方院校要想在未来社会激烈的院校竞争中占有一席之地,就要充分挖掘自己的优势。走特色化的道路,尤其要发挥地方区域优势,也就是发挥“地方性”优势。所以,地方院校的生命力就在于与地方产业优势或地理环境资源相结合,在此基础上创办专业和建设学科。一所地方院校建设优势学科,只有选择与区域经济社会发展联系最紧密、最能弘扬和传承地域文化、最能充分吸收和利用当地自然资源、最能满足地方诉求和服务地方的学科,才可能在众多学科中形成优势,成为无可替代的“地方性”优势。

在寻找地方院校“地方性”优势时,内蒙古师范大学主要从两方面入手,一是人文优势,二是产业优势。内蒙古的人文优势用“十大文化符号”表示为:内蒙古大草原、马头琴、那达慕、蒙古包、成吉思汗、草原英雄小姐妹、蒙古文、敖包、蒙古马和红山玉龙。文化符号是在历史上形成的凝结和表达一定文化内涵的象征形式。除此以外,内蒙古还具有丰富的资源以及独特的产业结构,例如农牧业产品、具有蒙古族特色的艺术品等都是内蒙古的产业优势。这些优势都是内蒙古院校创办学科和专业的最好资源。例如内蒙古师范大学国际设计艺术学院在做产品设计的时候,充分结合蒙古族元素做出了自己的特色品牌,相对于部属院校来说,此时的地方院校就拥有了极大的人文优势。又如,在 2019 年,内蒙古师范大学与呼和浩特市政府重点打造了集幼儿园、小学、初中、高中为一体的“十五年一贯制的内蒙古师范大学附属蒙古族学校”,具有鲜明的民族特色。这所学校对于解决地方教育资源短缺问题、助力地方教育均衡发展具有积极的推动作用。该校秉持规范办学、特色发展、质量立校的建校理念,坚持以先进的教育思想引领自身发展,注重国际化交流合作,深化新时代特色发展路径探索,努力将自身打造成为具有示范性、引领性的学前与义务教育模范学校。

机遇总是垂青那些有准备者。地方院校要想在未来社会取得长久可持续的发展,就要充分分析与利用“地方性”优势,实现学生培养与社会需求的有效衔接,面向未来,发奋图强,在“一带一路”倡议中从边缘走向前沿和中心。

全球共情:
国际组织对人类命运共同体理念的认同

李怀亮　中国传媒大学人类命运共同体研究院院长
李　菡　中国传媒大学经济与管理学院博士研究生

构建人类命运共同体是习近平新时代中国特色社会主义思想的重要内容,是中国特色大国外交的努力方向,也是全人类的共同事业。2017年1月18日,习近平主席在联合国日内瓦总部发表《共同构建人类命运共同体》的主旨演讲,提出构建人类命运共同体就是要建设持久和平、普遍安全、共同繁荣、开放包容、清洁美丽的世界。在中国共产党与世界政党高层对话会开幕式演讲中,习主席说:"人类命运共同体,顾名思义,就是每个民族、每个国家的前途命运都紧紧联系在一起,应该风雨同舟,荣辱与共,努力把我们生于斯、长于斯的这个星球建成一个和睦的大家庭,把世界各国人民对美好生活的向往变成现实。"在人类历史的长河中,各国各民族的命运从来都是相互关联、相互依赖的。近现代以来,随着信息科技的迅猛发展,人类面临的挑战越来越具有全局性和长远性。各国各民族比以往任何时候都要更加紧密地联系在一起。人类已然休戚相关、命运与共。习近平总书记讲的未来的人类命运共同体,是人类社会的努力方向,是人类以理性为基础,不断探索人类自身命运,历经几千年的文明淬炼而提出的关于人类命运之"应然"状态的理念。推动构建人类命运共同体,已经写进了联合国决议,得到了越来越多国家的响应。

一、联合国和世界卫生组织高度认同人类命运共同体理念

在全球抗疫的背景下,联合国和世界卫生组织在多个传播场合中呼吁多边主义和"共同未来"主基调,这与中国提出的人类命运共同体理念下的全球治理、国际秩序高度契合。联合国、世界卫生组织对于中国在此次新冠肺炎疫情中的表现报道也较为正面。联合国秘书长 António Guterres 在呼吁全球应对新型冠状病毒时,表达了"抛开分歧""将人类的共同价值观转化为具体行动责任""团结"等观点。他强调说,"人们因他们的种族、民族和宗教而受到诋毁,而移民、难民和外国人被指责传播病毒"。他在"国际反思日"提出"必须对仇恨言论和仇外心理说不,抵制两极分化、民族主义和保护主义势力"。这印证了为世界提出"中国方案"的"休戚与共、和而不同的命运共同体"意识中有关全球联合面对健康危机的抗疫进程中应"加强团结、同舟共济"的"四个倡议"之一。

联合国副秘书长 Amina Mohamed 在一次联合国新闻的采访中也十分明确地表示“当下的世界在疫情暴发前就已经偏离了完成 2030 议程的轨道”。她认为，全球抗疫时代国际社会必须“有意识地、协同地、合作地做这一切，我们就能建设一个更美好的世界，这是我们共同的目标”。而在全球抗疫的一场虚拟线上音乐会中，副秘书长在发言中多次强调“全球共同体”“团结”的联合国核心主张，与习总书记将世界形容成“地球村”“大家庭”“命运相连”的论述相符合。

联合国高级卫生官员 Tedros Adhanom Ghebreyesus 认为世界各国领导人承诺提供 74 亿欧元用于研发抗击 COVID-19 的药物便是“全球团结最有力的展示”，并认同相近于“命运共同体”理念中的“共同未来”(Common Future)概念。联合国日内瓦办事处总干事 Tatiana Valovaya 也同样支持这一概念。联合国经济及社会理事会(经社理事会)主席 Mona Juul 与联合国经济和社会事务负责人 Zhenmin Liu 在一次关于疫情可能带来的负面影响的采访中表示“应对这一流行病需要加强国际合作、团结和多边主义”。

最后，也是最为关键的，联合国针对包括气候变化、性别平等、全球妇女事业发展、扶贫、生物多样性等 17 个可持续性发展目标(Sustainable Development Goals，SDGs)，通过“2030 议程”(2030 Agenda)的事件做出了详尽的报道。其中，大面积传播报道的联合国核心价值观例如“多边主义”“团结”“共同命运”“共同人性”与中国所提出来的人类命运共同体这一国际关系新理念不谋而合。联合国也是众多国际组织中对“命运共同体”具体理念、“五位一体”总体路径、“五个世界”总体布局，进行不同层面、人物、事件、时间的正面传播的国际平台之一。

二、构建人类卫生健康共同体成为重要共识

2020 年 5 月 18 日，中国国家主席习近平在第 73 届世界卫生大会视频会议开幕式上发表题为《团结合作战胜疫情 共同构建人类卫生健康共同体》的致辞。习近平强调，面对新冠肺炎疫情这一第二次世界大战结束以来最严重的全球公共卫生突发事件，各国人民应勇敢前行，守望相助、风雨同舟。本文通过对世界卫生组织官网进行检索，发现大量相关性高并且报道角度正面的新闻。

比较具有代表性的新闻报道主要以 2020 年 1 月开始全球暴发和传播蔓延的“新型冠状病毒”(COVID-19)为背景，较为集中地凸显了一系列与中国在人类命运共同体(Community with a Shared Future for Mankind)理念中提到的有关多边主义、合作团结、共同体、共享、全球治理等契合或相近的关键词，如“全球共同体”(Global Community)、“全球数字化健康共同体”(Global Digital Health Community)、“全球健康安全”(Global Health Security)、“多边主义”(Multilateralism)、“全球治理”(Global Governance)、“健康作为共同利益”(Health as a Common Good)、“全球健康预备机制”(Global Health Preparedness)、“团结”(Solidarity)、“全球致力”(Global Efforts)、“共享

空间”(Shared Space)等。按照时间发展的顺序,以下部分将世卫组织于2020年1月至10月期间包含以上关键词且具有代表性的新闻报道进行整理,以例证中国人类命运共同体与全球卫生健康发展方向的共同之处。

2020年1月,新冠肺炎疫情暴发初期,世卫组织总干事Tedros Adhanom Ghebreyesus与习总书记进行了会晤,他对“中国应对”的整体治理、认真态度、信息透明和共享表达了高度赞赏。

2020年2月,总干事Tedros Adhanom Ghebreyesus在与来自世界各地的300名健康专家和全球传染病防范研究协作组织(GloPID-R, the Global Research Collaboration for Infectious Disease Preparedness)的见面中表示“这次疫情是在政治、金融和科学方面对‘团结’(Solidarity)的整体考验”。同月,他认为中国在这次抗疫过程中为世界争取到了难能可贵的“机会之窗”(A Window of Opportunity),并呼吁成员国立即投入到抗疫中,防止疫情进一步扩散。世卫组织驻中国联合任务(WHO-China Joint Mission)就此启动。

2020年4月,由“COVID-19团结应对基金”(the COVID-19 Solidarity Response Fund)发起的支持抗疫的全球电视和流媒体特别节目《同一个世界:团结在家》(*One World: Together At Home*)大获成功,通过无国界文化交流彰显了全球共同抗疫的决心。

2020年5月,世卫组织总干事Tedros Adhanom Ghebreyesus在第73届世界卫生大会上发言,主题为“让我们共同的人性(Shared Humanity),成为我们共同威胁(Shared Threats)的解毒剂”。他认为,此次全球健康危机告诉人类“尽管我们有不同之处,但我们皆属于人类,只有团结在一起才会更强大”。这与人类命运共同体理念中的“和而不同,休戚与共”形成了强烈共鸣。他说,“我们只有团结一致,才能遏制这一病毒的传播”。而联合国经济及社会理事会主席Marie Chatardová认为,这次新冠肺炎疫情“使人们注意到加强多边合作、治理以及全球团结的必要性。在国际层面,我们通过多边主义团结一致,共同努力,利用自身优势,为更有弹性的未来提供解决方案”。

通过大量分析从2020年1月至10月期间世卫组织发布的新闻、报告等文件,我们发现世卫组织重要领导代表在众多国际公开场合和文字性报告中多次使用这些词汇呼吁各国团结,实行多边主义,建立有效的全球治理模式,集合全球之力,完成“全球健康共同体”和“健康预备机制”的搭建,让全球健康方面的“共享未来”和“共享空间”能更好地应对危机和病毒的侵入。这与人类命运共同体建设中有关中国以实际行动推动构建人类卫生健康共同体的决心的强调遥相辉映,更与此次疫情带来的“四点倡议”和“四大启示”的总结不谋而合。

三、多边主义与国际合作:两大国际组织基本主张与人类命运共同体理念相互呼应

拓宽关键词库与时间期限的范围,以“习总书记”(President Xi)、“国际社会”(International Community)、“全球共同体”(Global Community) 、“共同未来”(Common Future) 为关键词进行文章抓取,我们获得了数量可观的新闻报道。比如 2020 年第 75 届联合国大会一般性辩论的核心主题“我们想要的未来,我们需要的联合国:重申我们对多边主义的集体承诺——通过有效的多边行动应对 COVID-19”便与中国在国际外交场合反复强调的人类命运共同体理念中的“建立平等相待、互商互谅的伙伴关系”有关全球多边主义的提倡遥相呼应。联合国新闻是这样描述习总书记在此次大会上关于构建人类命运共同体的倡导的:“我们应该把彼此视为一个大家庭,追求合作共赢,超越意识形态分歧……更重要的是尊重各国自主选择的发展道路和发展模式。”联合国最具分量的、每五年汇总的“秘书长关于联合国工作的报告”(Report of the Secretary-General on the Work of the Organization)中多次出现“共同未来”(Common Future)、“多边主义”(Multilateralism)、“团结”(Solidarity)等关键词,充分印证了联合国主张与中国所提出的构建人类命运共同体的“四个启示”的一致性。

2020 年 6 月,世卫组织关于“建立网络的网络、全球数字化共同体”的圆桌会议,召集了政府、学术界、民间社会和私营部门的专家与负责人,以确保开展有效的全球协调,促进团结。

2020 年 8 月,世卫组织总干事 Tedros Adhanom Ghebreyesus 在《2020 年健康生活和福祉——全球行动计划进展报告》发布的现场,再次重申关于多边主义、共同理念的核心观点。

2020 年 9 月,世卫组织在第 75 届联合国大会高级别会议上指出,全球为应对 COVID-19 疫情需要对多边主义作出新的承诺。世卫组织还从五个方面对“共同未来”(Collective Future)进行了描述,其中便包括“稳健的全球防范治理”(Robust Global Governance of Preparedness)。另外,在一项由世卫组织和众多国际机构有关回击“错误信息和虚假信息”(Misinformation and Disinformation) 的项目“确认”(Verified)中,联合国开发计划署署长 Achim Steiner、联合国教科文组织总干事 Audrey Azoulay 等参会机构官员纷纷表示“由于信息的不准确导致的失信,会严重影响全球团结抗疫的氛围”。

在这一过程中,世界贸易组织(WTO)、联合国儿童基金会(UNICEF)、欧洲投资银行(EIB)纷纷与世卫组织签署合作协议,共同抗疫。

四、狭隘“民族主义”和“民粹主义”受到两大国际组织的批评

世卫组织全球预备监测委员会(Global Preparedness Monitoring Board)发布的 2020

年度报告《一个混乱的世界》(*A World in Disorder*)总结到,此次疫情利用了这个混乱的世界。“民族主义”和“民粹主义”(Nationalism and Populism)让原本共享的“和平、繁荣、稳定”(Shared Peace、Prosperity、Security)变得不复存在。报告再次呼吁多边主义(Multilateralism)和多边体制(Multilateral System)的回归。报告以“在所有人都安全之前,没有人是安全的”(No one is safe until all are safe)作为主题,阐述“大流行病需要的是巩固(Consolidation),而不是分裂(Fragmentation)”。报告再次申明“我们面前有两种未来:一种是各国退回民族主义(Retreat into nationalism),跨国紧张局势和冲突日益加剧,多边组织受到削弱;另一种是各国领导人共同作出大胆决定,改革、加强和支持多边体系(Multilateral System)……这场大流行病是对国家团结(National unity)和全球团结(Global solidarity)的压力考验”。该报告还进一步表示“预防大流行是一项共同的利益(Pandemic preparedness is a common good)……一个强大的多边体系是全球大流行病防范的基础(A strong multilateral system is the foundation of global pandemic preparedness)”。

2020年3月,世卫组织、联合国基金会和有关合作伙伴发起了“COVID-19团结应对基金”(the COVID-19 Solidarity Response Fund)。世卫组织总干事在二十国集团(G20)新冠肺炎特别峰会上发表讲话,他强调“任何国家都无法单独应对危机,并呼吁所有国家在危机引发的团结基础上继续努力”。同时期,联合国基金会主席兼首席执行官Elizabeth Cousens认为“开展全球合作(Global cooperation)的理由再清楚不过了,我们不能忽视这一真正的全球性问题(A truly global problem),需要找到真正的全球性解决方案(Truly global solutions)”。

国际教育交流机制下中国文化的媒体传播：来华非洲留学生涉华信息的获取与传播研究

张艳秋　中国传媒大学人类命运共同体研究院副院长
郭昕璇　山西省太原市晋源区晋祠镇人民政府工作人员

引　言

在中非教育交流机制下，来华留学生是我国开展公共外交的重要对象群体，了解他们对涉华信息的获取与传播行为，对于提升这一群体对中国文化和国家形象的积极认知及传播具有现实意义。本研究选取来华非洲留学生群体作为研究对象，以媒介信息的获取、评价及传播三个层面作为分析框架，运用问卷调查法和深度访谈法，对其获取与传播涉华信息的行为展开实证分析。

研究发现，非洲留学生来华后，获取及传播涉华信息的积极性大大提高；学习知识、融入生活是其信息获取的主要诉求；他们期望通过自己的见闻来传递正确的中国信息；来华后，借助中国媒体获取涉华信息的频率增加，发布动态、转发信息、线上人际交流是他们传播涉华信息的主要形式。在对涉华信息的评价上，多数非洲留学生认为中国媒体中的涉华内容偏正面，对西方媒体有更强的认同。因此，中国应广泛利用社交媒体、自媒体构建中国话语的传播渠道；此外，国内高校应有意识地开展相应的媒介素养教育，引导留学生对比分析中西涉华信息，从而做好以留学生为对象的主场公共外交。

一、来华留学生的媒体使用与中国文化传播及国家形象塑造

1.留学生是传播中国故事的重要群体

随着中非合作的日益密切，非洲社会公众正确认知与理解中国及中非关系至关重要。然而长期以来，非洲媒体传播领域的话语体系为西方所主导，多数非洲国家涉华报道虽然以积极正向为主，但关于中国在非的负面话语往往会形成长尾效应，二者交叉重构的情况对中国在非国家形象形成负面影响。鉴于此，我们需要在公共外交实践中寻找

新突破,开展更有说服力的针对性传播。

中非建交半个多世纪,双方合作不断加深。作为丝路经济带主要合作伙伴,中非在政治、经济、文化领域展开了主动、积极的合作。其中,中非之间的国际教育交流是我国对非人文合作的重要领域。近年来,中国不断加大对非洲来华留学教育的投入力度,推动中非教育交流与合作。在2018年"中非合作论坛"北京峰会上通过的《中非合作论坛——北京行动计划(2019—2021年)》提出:中方将实施头雁计划,为非洲培训1000名精英人才,提供5万个中国政府奖学金名额,提供5万个研修培训名额,为非洲培养更多各领域专业人才。继续实施"中非高校20+20合作计划",搭建中非高校交流合作平台。继续支持"中非联合研究中心"实施科教融合,中方愿结合科研合作,向非洲国家提供150个硕士和博士留学名额。

随着我国综合国力的增长,留学环境的日益优化以及政府政策的支持,中国对非洲国家的留学吸引力增强。越来越多的非洲学生来华接受高等教育,非洲国家的留学生数目增长显著。教育部发布的来华留学生统计数据显示,近年来,来自非洲的留学生数量保持着最高幅度的增长,增速持续高于其他洲别,稳居各大洲之首。非洲来华留学生规模持续扩大表明了中国对非洲国家的留学吸引力增强。

中非国际教育交流是公共外交活动的重要形式,通过留学生开展面对面跨文化交流形式的公共外交直接、有效、影响深远。作为当地的"精英阶层"及富有发展潜力的来华非洲留学生群体可谓是未来非洲意见领袖的摇篮,他们在华参与中国的生活,真正深入理解中国,对中国信息的"对外传播"更具客观性与说服力,他们已然成为中国国家形象塑造的重要群体。

2.中国媒体正在成为在华外国人获取涉华资讯的重要途径之一

一项考察在浙江的外国人媒介使用习惯的研究发现,在浙江的外国人以使用母国媒体为主,但他们也在积极使用中国的中文在线媒体。① 另一项关于在穗外国留学生媒介使用的调查显示,75.3%的留学生表示来广州之后,获取广州信息的渠道基本没有任何改变,但对中国媒体的使用频率越高,对广州的总体印象和评价也就越好。这说明,我们还是需要不断加强对外国留学生中国媒体使用的引导。② 然而,一项分析在华留学生对央视新闻频道内容接收的研究发现,CGTN并不是留学生群体获取涉华新闻的第一选择。这一方面是因为留学生群体无论是出于语言障碍、习惯性行为还是对媒体的信任程度,都更加依赖已经熟悉的西方媒体或母国媒体来了解中国的动态;另一方面在当下这个仍

---

① 赵莉.新媒体时代区域形象对外传播路径与效果:以外国人媒介使用习惯及浙江省国际形象问卷调查为例[J].新闻前哨,2014(10):30-33.

② 昌敬惠,关颖.跨文化传播语境下城市国际形象的传播策略研究[J].新闻世界,2018(11):89-93.

然由西方话语权来引导的国际新闻场域中,中国媒体容易被国外受众忽视。[①]

在了解涉华信息方面,来华外国人更多依赖使用中国媒体。赵云泽对北京的外国人进行了一项调查,考察他们对中国媒体的接触状况及其对中国媒体公信力的评价,调查结果显示:中国媒体是在华外国人了解中国的重要渠道,在京外国人整体上对中国媒体的接触比较频繁,且在华时间越长,接触中国媒体的频率越高。[②] 有研究发现,外国公众在中国以外的其他国家和地区获知有关广州的信息最多是通过人际传播,其次通过母国媒体,而当他们身处广州时,使用最多的则是中国媒体。[③] 在获取"中国新闻"时,他们对母国媒体和全球性社交媒体的使用频率下降,对中国本土的中文媒体、英文媒体、社交媒体使用频率提高,即在在华外国人对"中国新闻"的获取上,中国本土媒体表现抢眼;社交媒体对留学生跨文化适应的积极影响明显;微信使用在留学生跨文化适应中的作用较为凸显,在微信群聊中或者在微信公众号中获得的信息对外国留学生的跨文化适应产生了积极影响。[④]

就个体因素而言,性别、来华时间、中文水平、来华目的和期望等对留学生的跨文化适应及其对中国故事的传播有显著影响;非洲留学生跨文化适应障碍主要表现为社会文化适应和沟通障碍;[⑤]而汉语学习、种族歧视问题、法律事务、行政手续和饮食问题都会对非洲留学生的跨文化适应造成一定程度的障碍。[⑥]

身处中国媒介大环境中,来华非洲留学生不可避免地在各种媒介使用中接触到涉华信息或是产生主动传播行为。这些行为流露出他们对中国的认知态度,并在潜移默化中塑造着他们对中国的形象感知。来华非洲留学生能否通过媒体合理有效地获取并利用涉华信息,直接影响了他们对中国形象的客观认知,并在一定程度上影响着他们是否能通过自己的亲身见闻与生活体验,综合性地讲述中国故事,更有说服力地改善西方媒体中被污名化的中国形象。了解来华非洲留学生通过媒体获取和传播涉华信息的情况,是帮助留学生更好认知中国,并在此基础上对外传播中国形象的先决条件。

---

① 相雨,廖鳅尔.发展中国家外宣媒体的全球传播探究:以在华留学生群体对 CCTV-News 的内容接收分析为例[J].电视研究,2017(1):27-30.

② 赵云泽.在华外国人对中国媒体的接触状况及公信力评价:基于对在京外国人调查的一个探索性研究[J].国际新闻界,2009(12):49-56;赵云泽."对内传播"的"对外传播"效应:基于对在京外国人媒介接触状况的调查[J].新闻与写作,2010(10):19-21.

③ 杨凯.城市形象对外传播的新思路:基于外国人对广州城市印象及媒介使用习惯调查[J].南京社会科学,2010(7):117-122.

④ 奥莉亚.天津青年留学生的微信使用与跨文化适应调研[D].天津:天津师范大学,2015.

⑤ 刘祥.武汉理工大学非洲留学生跨文化适应研究[D].武汉:武汉理工大学,2012.

⑥ 云嘉妮.在华非洲留学生的文化适应调查[D].长春:吉林大学,2013.

二、来华非洲留学生涉华信息的获取与传播研究

1.研究问题与研究设计

目前国内学界对留学生媒体使用的调查集中在“媒体使用行为”“对中国媒体的信任度”“媒体对留学生跨文化适应的影响”这几个方面，虽然在数量上较为丰富，但多停留在媒介选择、接触频率这样单一的考察维度，并且缺乏将“涉华信息”作为一个单独的分类进行考察。另外从研究时间范围来看，大多数研究考察的是“今日问题”，未将来华留学生的媒体使用作为一个动态发展过程进行考察与对比，也并未将归国后的这部分留学生作为研究对象进行探讨。从研究视角上来看，多数研究仍然从“受众”的角度出发，尚未将他们作为真正的“传播者”考察他们的媒介生产行为。因此，了解来华非洲留学生如何通过媒体获取与传播涉华信息，以及这些行为是否在他们来华留学前、在华留学期间、离华后产生变化，对于我们有针对性地开展好来华留学生的自媒体宣传工作意义深远。

具体来说，本研究主要围绕以下几个问题展开：来华非洲留学生获取与传播涉华信息的主动程度、目的诉求、媒体渠道、信息内容有哪些。来华非洲留学生怎样评估媒体中涉华信息的重要性、真实性、对自身的影响，以及这些行为是否产生阶段性变化。本研究选取在读及已毕业的来华非洲留学生群体作为研究对象，运用问卷调查法和深度访谈法进行分析研究。研究共收集到有效访谈样本 24 人；有效问卷样本 115 份，涵盖北非、东非、西非、南非、中非地区共 26 个国家，其中毕业生占 30%，在读留学生占 70%。

2.来华非洲留学生涉华信息的获取现状分析

从来华非洲留学生获取涉华信息的主动性、目的、渠道、内容等几个方面来对其涉华信息的获取现状进行分析，研究发现：第一，在获取积极性上，来华非洲留学生来华后，对中国信息的获取积极性大大提高，并在毕业之后仍保持较高的积极程度。第二，在获取目的上，方便生活、便于社交、娱乐消遣、满足兴趣、方便学习是其接触涉华信息的主要目的。第三，在获取渠道上，网络媒体是涉华信息获取的主要来源；此外，在华期间，人际传播和组织传播的重要性凸显。第四，从具体媒体上看，非洲留学生来华后，借助中国媒体获取涉华信息的频率显著提高，但中国媒体并非完全替代非洲留学生业已熟悉与习惯的西方媒体，而是与其互为补充。第五，在信息类型上，教育、文化、经济、科学技术、社会领域的信息最受关注。

(1)来华后获取涉华信息的积极性明显提高，学习、生活需求占主导

非洲留学生来华前、中、后在获取中国信息主动程度方面存在明显差别，显示了涉华信息对其重要程度的变化。非洲留学生对自身获取涉华信息主动性的自我评估显示，来华前，他们对中国信息的获取主动性为中等偏消极；来华后，他们对中国信息的获取主动

程度普遍提升,呈现偏积极状态(图 1)。

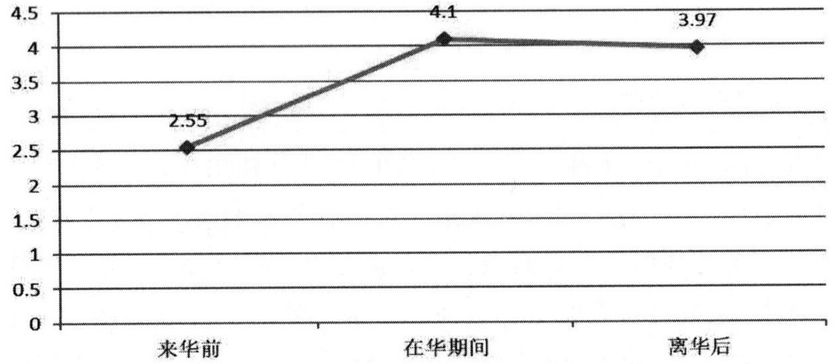

图 1　来华非洲留学生获取涉华信息的积极程度

统计数据显示,超过 30%的已毕业非洲留学生在华期间以及毕业后对涉华信息"十分积极地关注",这意味着涉华信息对来华非洲留学生的重要程度增加,他们对涉及中国的相关信息兴趣度增加,需求程度增加。在离开中国后,他们对涉及中国各领域信息的兴趣程度仍未明显减弱,保持一种较高的关注度。在离开中国的媒介环境之后,涉华信息数量必然比在华期间有所减少,这种主动的关注与获取更加凸显了非洲留学生对涉华信息的旺盛兴趣与多样化需求。

研究发现,方便日常生活是来华非洲留学生在华期间获取涉华信息的首要目的,这也是跨文化适应的现实需要。来华非洲留学生尽可能地在更多领域获得更多的涉华信息,以弥补文化差异带来的跨文化适应障碍,更多地了解周围环境,更好地融入当前生活。当然,除了拥有明确的信息获取目的,采取积极的态度主动获取涉华信息之外,也存在被动型的、无意识的获得中国信息的情况。

来华非洲留学生身处中国生活环境与媒介环境中,被各种中国元素、中国信息所包围,无意识的信息接触必然存在于每日的日常生活中。但是同时确实存在少数留学生对涉华信息存在主观上被动的心理,部分留学生除了课堂上老师所讲授的信息,与同学聊天时偶然听到的信息,日常生活中随意接触到的信息之外,自己很少浏览媒体中关于中国的报道(除非与自己国家有关),也很少主动去查询、搜索、求证等。

(2)网络媒体是获取涉华信息主渠道,在华期间组织传播渠道重要性凸显

网络媒体是来华留学生在来华前、中、后所有阶段中最重要的涉华信息获取来源。较之来华前,人际传播和组织传播的重要性在其在华期间得到了大幅度的提升,跃升为除网络之外的最主要的涉华信息来源。广播、电影、音乐、游戏等在非洲留学生涉华信息的获取中始终为补充性媒介。

网络媒体是来华非洲留学生获取涉华信息的主要渠道,人际交流渠道处于次要位置。人际交流包括面对面的日常人际交流,通过微信等社交媒体进行的人际交流,通过

组织化的课堂、讲座形式的一对多交流等。统计数据显示，非洲留学生在来华后通过人际传播渠道获取的涉华信息比来之前有所增加，在离开中国后也并未明显下降。通过深度访谈了解到，来华非洲留学生主要通过与非洲同胞的日常人际交流获得涉华信息，从华人方面获取的涉华信息较少，究其原因除语言障碍之外，也有部分人际交友方面的难题。另外，课堂上的讲授以及各种讲座的开展也是非洲留学生们获得关于中国信息的重要来源之一，但这种通过有计划的组织传播获得涉华信息的形式，只在非洲留学生在华期间凸显出重要作用。

(3)来华后非洲留学生在涉华信息获取上对中国媒体的依赖性增强

对于来华非洲留学生来说，依赖中国媒体获取涉华信息的必要程度在来华后显著增强。分阶段来看，来华前，非洲留学生获得中国信息所依赖的媒体按照使用频率依次是西方媒体、母国地方媒体、中国媒体。非洲留学生得到的大部分的涉华信息(77%)源自西方媒体和母国地方媒体，只有不到33%的留学生使用中国媒体。

在华期间，这种媒体的排序变成了中国媒体、西方媒体、母国地方媒体。在这一阶段，中国媒体在非洲留学生涉华信息的获取中表现抢眼，置身于中国媒介环境中，非洲留学生对中国媒体使用的依赖性普遍增强。有90%的毕业留学生表示自己在中国期间主要通过中国媒体来获取关于中国的新闻。与此同时，非洲留学生依然保持着对国际媒体的使用习惯，仍有超过50%的留学生将其列为获取涉华信息的重要渠道之一。与之相比，在他们获取中国信息的媒介选择中，母国地方媒体明显下降。

非洲留学生毕业离华后，在涉华信息的获取上，虽然西方媒体重回使用频率最高的位置，但中国媒体并未缺位，仍然占据着66.7%的重要比例，几乎同西方媒体(70%)持平。我们可以看出，尽管面临语言障碍、文化鸿沟，以及对西方媒体的熟悉了解与使用习惯的保持，非洲留学生在离开中国，回到由西方媒体占主导地位的舆论场中后，仍然选择中国媒体作为了解中国动态、获取中国知识的重要渠道。

(4)来华非洲留学生对教育、文化、经济、科技、社会领域涉华信息关注度高

研究发现，来华非洲留学生最感兴趣的涉华信息类型包括：教育、文化、经济、科学技术、社会。这五类信息是他们来华之前、在华期间、离华后最感兴趣的信息。他们对娱乐信息的感兴趣程度始终不温不热，旅游信息的获取在来华后得到较大的提升。具体来看，非洲留学生在来华前、在华时、离华后对中国政治以及经济领域信息的获取不断增加。对文化、社会、娱乐、旅游、教育这几个领域的信息获取在来华前、在华期间、离华后均呈现先升后降的趋势。此外，在离开中国后，除对娱乐、体育、生活实用类信息的获取下降到低于来华前的水平之外，非洲留学生对其余各领域中国信息的关注度均高于来华前。

3.来华非洲留学生对涉华信息的评价

在来华非洲留学生对涉华信息的评价层面，本研究从非洲留学生对涉华信息的客观

性评价、涉华信息对其自身影响程度的评价两个方面进行考察分析。研究发现:第一,在真实性上,多数人认为相较于中国媒体,西方媒体中的涉华报道更加贴合实际情况、更加全面;第二,超过半数的非洲留学生表示自己所获得的涉华信息改善了其原有的中国印象。

(1)来华非洲留学生更加认同西方媒体,对中国媒体的信任度不足

大部分来华非洲留学生都会同时保持着对西方媒体、中国媒体、母国地方媒体的使用习惯。来华非洲留学生对各类媒体所报道的中国同自己观察到的实际中国的相符度的研究数据显示,更多留学生认为媒体呈现的中国形象同实际中国几乎相同或是更加积极,只有极少数的被调查者认为媒体中的报道比真实的中国形象消极。

来华非洲留学生对不同媒体报道的真实性认知呈现略微的差别:认为西方媒体的报道更负面的留学生比例远高于认为中国媒体和母国地方媒体报道更负面的留学生比例,对中国媒体中的中国报道评价为"更加正面"与"几乎相符"的比例大致持平,认为中国媒体报道偏负面的人数最少。

从以往的同类研究发现,整体来看来华留学生对中国媒体的信任度不高。一项调查890名在京外国人对中国媒体信任度的结果显示,在京外国人对中国媒体的绝对信任度总体上处于中性稍偏消极;另外,这种新热度存在地区上的差别,来自发达地区的外国人的信任度较低。由于海外留学生认为我国媒体受到政府的严格把控,对我国媒体发出的声音产生了质疑,不利于国际影响力的提升。① 此外,在穗日本人对中国的媒体信任度普遍偏低,具体表现为中国社交媒体>中国主流媒体>中国英文媒体。这与一直以来我国传统主流媒体在国际社会的刻板印象有关。另外,中国的英文媒体信受任度最低,对外传播的效果并不理想。②

从与西方媒体的对比来看,中国媒体在赢得留学生的信任度上仍有差距。留学生认为中国媒体的涉华报道和客观事实仍存在距离,大多数留学生更多地信任西方媒体。③

(2)涉华信息提升了留学生的原有中国印象

统计数据显示,超过半数的留学生表示自己所获得的涉华信息使得自己对中国的总体评价更加积极,有四成的留学生表示这种影响很小,只有极少数人认为接触到的涉华信息会使自己对中国的认识更加消极。媒体中的中国信息在一定程度上会影响他们对中国形象的评价,但单纯的媒介信息作用不大,他们的中国形象认知多为媒介中的涉华信息同他们对中国的实际观察共同作用的结果。媒体中塑造的中国形象有时会同他们实际观察到的中国产生一定程度的偏差。比如某位受访留学生提到来到中国后,他们的

---

① 姬德强,吕玉洁.中国反腐的国际传播:困境与出路——基于对在华外国留学生的实证研究[J].对外传播,2016(12):24-26.

② 谢卓芳.旅居者媒介使用与跨文化适应:以在穗日本人为例[D].广州:暨南大学,2017.

③ 蒋卉.中国媒介公信力之云南高校学生受众调查研究[D].昆明:云南师范大学,2014.

见闻修正了媒体给他们造成的“中国人很擅长武术功夫”的刻板印象。对来华非洲留学生中的大多数人来说，他们脑海中对中国形象的构建不仅通过媒介中的涉华新闻，更通过自己亲眼所见、亲耳所闻、亲身经历。

4.来华非洲留学生对涉华信息的传播现状

在来华非洲留学生对涉华信息的传播方面，本研究主要从他们对涉华信息的传播积极性、传播目的、传播形式、传播渠道、传播内容等几个角度进行了剖析。研究发现：第一，在传播积极性上，非洲留学生来华后对涉华信息的传播积极程度得到显著提升。第二，在传播目的上，非洲留学生普遍具有改变中国在非刻板印象，用自己的亲身经历传递正确的中国信息的行动意识。第三，在传播形式上，发布社交动态、转发信息、线上人际传播是非洲留学生传播中国信息的主要形式。第四，在传播渠道上，社交媒体在传播涉华信息方面扮演着至关重要的角色。第五，在传播内容上，同其对涉华信息的获取类型几乎保持一致。

(1)来华后传播涉华信息积极性明显提高，离华后传播意识更高

根据来华非洲留学生对自己传播中国信息积极性的自我评估，发现他们来华后对涉华信息的传播主动性得到显著提升。虽然有过半的人表示自己在来华前对传播涉华信息的积极性不高，但在中国期间以及离开中国后，采取这种消极态度的人数比例呈现锐减趋势。对于已毕业的来华非洲留学生来说，他们在离华之后，传播涉华信息的积极性仍在上升，有超过80%的留学生在传播中国信息方面选择了“比较主动”与“十分主动”这样的选项。也就是说，在毕业离华之后，更多的非洲留学生仍然以十分积极的姿态传播中国信息，并且这种积极性要高于他们在华留学期间的程度(图2)。

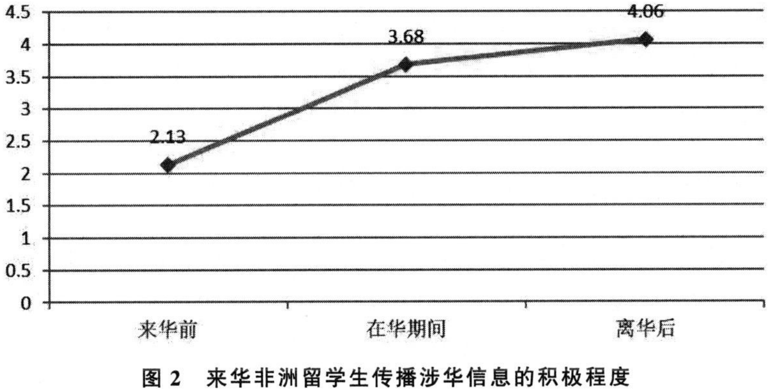

图2 来华非洲留学生传播涉华信息的积极程度

调查发现，来到中国后，从未参与过任何传播中国信息行为的非洲留学生人数占比明显减少，毕业留学生在华期间的这种不参与行为的减少更为显著，只有3%的人表示自己在华期间没有传播过涉华信息，而毕业离华后所有留学生都以各种形式传播中国

信息。

(2)社交动态是来华非洲留学生传播涉华信息的主要载体

在传播中国信息的过程中,社交媒体扮演着至关重要的角色。无论是发布动态、转发新闻、参与群组讨论还是人际互动,都离不开社交媒体平台。我们发现,同样是通过人际传播来传递中国信息,在线形式的人际交流频率远远高于线下的人际交流频率。同获取涉华信息不同,媒体使用者通过传统媒体可以轻易接触到各种各样的中国新闻、涉华报道,但想要以传播者身份通过传统媒体传播中国信息难以轻易实现,这时候社交媒体的优越性就充分显现出来,留学生由被动接受中国信息的受众转变为中国信息的主动传播者、分享者和创建者。

发表社交动态是来华非洲留学生传播中国信息、讲述中国故事的最常见形式。来华非洲留学生普遍有在社交媒体上分享生活日常的习惯,受访的留学生表示自己经常在推特、脸书、微信上分享自己在华期间的生活动态。这种日常生活信息大多都涉及中国元素,主要内容包括中国课堂、旅游风景、社会见闻、文化现象、城市形象等。其中,旅游方面的信息是在提到涉及中国元素的分享主题时出现频率最高的词汇。当然也有许多留学生表示自己在社交媒体上发布关于中国的内容,主要是为了维系朋友圈,而不是为了传播什么。但从这个层面来看,无论是有意传递中国信息,还是无意涉及中国元素,留学生在华留学期间通过社交平台分享日常在很大程度上对身处非洲大陆上的人来说都是一种有别于西方主流媒体的中国信息传达。

三、促进来华非洲留学生群体对中国文化传播的策略建议

来华非洲留学生作为高可信度信源与舆论领袖,扮演着公共外交民间大使的角色,促进这部分群体对中国信息与文化的了解,至关重要。在了解来华非洲留学生对于涉华信息的获取与传播现状的基础上,我们可以更加有的放矢地做好这部分群体的传播工作,赢得更多非洲留学生对中国形象的正确认知与理解。

1.依托留学生群体讲述中国故事的意愿来纠偏中国印象

传递正向的中国信息是来华非洲留学生分享中国见闻的主要目的之一。非洲留学生有意愿向母国的亲朋及公众分享其在华生活见闻,包括中国发生了什么,什么是真正的中国,真实的中国故事是怎样的。我们应该积极引导并有重点地依托该群体讲述中国故事。

受访的来华非洲留学生表示,在他们自己的国家,虽然很多中国人在那边工作,而且经常能看到许多中国元素,但本国人对中国的了解大部分都是通过占主导地位的西方媒体报道,而在当地关于中国的报道是完全不同的叙事。在这种较为单一的信息来源下,很多人对中国形成的印象是不客观的,信息是不完整不全面的、甚至是完全错误的。非

洲留学生提道:“我应该给他们介绍真正的中国,需要给他们传达正确的信息。”在访谈中我们了解到,来华非洲留学生认为目前中国经济发达,科学技术先进,并且中非合作日益密切,在中国有很多的工作学习机会,他们希望自己身在这里能为祖国同胞带来更多的、正确的中国知识,他们也能抓住机会,来中国学习、做生意等。这说明来华非洲留学生传递中国信息的自主意识较强烈,他们有改变非洲看待中国方式的强烈使命意识。

在传播内容上,经济、教育、文化、科学方面的内容是非洲留学生在传播中国信息时最常涉及的领域。另外,相较于中国国内新闻,非洲留学生对于涉及中非合作的信息的传播主动性、积极性更高,传播量更大。因此,在留学生教育中,要有策略性地引导他们更加积极主动地传递中国信息,讲述中国故事。包括利用一些短视频大赛,如北京周报社主办的针对非洲留学生组织的 2019“我眼中的中国”短视频大赛以及 CGTN 组织的“一带一路”短文征集大赛等,以生动活泼的形式为非洲留学生提供发声讲故事的平台,鼓励他们讲好中国故事。

2.利用新媒体平台构建留学生群体独立话语力量

我们应充分认识到新媒体之于来华非洲留学生在涉华信息获取与传播中的作用,广泛利用社交媒体、自媒体构建中国话语的传播渠道,提高来华留学生在华的媒体融入与使用程度。新媒体所提供的强大的信息交互平台已成为一个外交的“公共阵地”。以新媒体开展的公共外交不但淡化了以往单一的官方色彩,所形成的舆论也有助于辅助本国的官方外交,服务于国家利益。同时,作为一支独立的话语力量,新媒体传播对西方主流媒体的话语霸权也能起到一定的制衡作用。在自媒体时代,需要充分发挥和利用广大自媒体用户的力量,积极利用自媒体开展主场公共外交,提升中国国家形象。例如,打造一批以来华留学生为主要受众的自媒体“大 V”,以来华留学生主要活跃的社交平台为传播阵地,开展有针对性的涉华内容传播,利用新媒体“讲好中国故事,传播好中国声音”。除此之外,鉴于来华留学生始终保留对西方媒体的使用与依赖,还可以借助国外既有渠道传递涉华信息内容,从而更容易地接触到国际受众。如通过社交媒体、自媒体等形式,上传有传播影响力的视频内容。借助对方既有路径,有利于锁定受众,进行有效传播。

3.中国高校在提升非洲留学生群体媒介素养上发力

来华非洲留学生在获取与传播涉华信息过程中的媒介使用行为反映出其整体媒介素养水平还有很大的提升空间,作为留学生的素质培养阵地,高校在提升来华非洲留学生获取与传播涉华信息的媒介素养方面也应有所作为。高校应有意识地为非洲留学生获取与传播涉华信息提供电视机、网络流量等信息配套硬件设施及服务;同时,通过讲座、授课等形式开展相应的媒介素养教育,引导留学生对比分析中西涉华信息传播,从而更加积极主动地认知中国,持续关注更加多元正面的涉华信息,并在此基础上传递正确的中国信息。另外,高校也应树立中国学生对非洲留学生的正确认知,通过设立帮带机制等形成校内人际传播格局,提升人际传播在非洲留学生获取涉华信息中的重要性,这样也有利于非洲留学生更多元、更深入地理解中国。通过这些方法,让留学生群体成为非洲大陆的普通民众认识中国的重要信源,为我国在非舆论环境打开新局面。

在未来的留学生工作中,应对来华非洲留学生获取和传播涉华信息上的行为进行具体的剖析和动态过程考察,找出进一步培养与建设来华非洲留学生公共外交能力的着力点,为在华非洲留学生更好地发挥公共外交作用提供理论基础和实际借鉴。我们应更好地掌握其信息诉求,丰富传播渠道、拓展传播内容,在"主场"中国营造更有利的传播环境,牢牢掌握传播主动权,培育知华精英群体,提升中国形象与文化传播影响力。

对于技术革命背景下青少年文化变迁的思考

苗　棣　中国传媒大学艺术研究院电影所所长
毕啸南　北京师范大学博士后，中国传媒大学博士

2019 年年底，新冠肺炎疫情迅速在世界各地暴发。彼时无论是各国政治精英、意见领袖或社会大众，都尚未意识到，这场疫情将成为全人类历史性的重要拐点之一。无论是在公共卫生、社会治理、经济危机还是在政治改革、文化观念等诸多领域，新冠肺炎疫情作为 2020 年最大的"黑天鹅"，都深刻地改变着人类的命运和文明走向。

各国教育行业也迎来巨大挑战。得益于互联网、人工智能等计算机技术的不断迭代，线上教育、大学网络授课、AI 互动学习等教育形式不断创新拓展，成为全球教育行业应对新冠肺炎疫情的重要方式。但技术革命的社会负向效应也逐渐浮出水面，尤其是对于中国的互联网原住民一代而言，技术革命与全球化—逆全球化、中国城镇化、中美大国竞争等系列变局的相互纠缠，使他们面临着前所未有的文化变迁与挑战。

一、互联网与人工智能——技术革命是一把双刃剑

事实上，这场新变局早已发声。

在以家庭为基本生产单位、以手工为主要生产方式的自给自足的小农经济时代，生产主要是为了满足家庭生活需要而不是为了交换。由于社会分工不发达以及社会分化程度低下等原因，农业时代社会流动性较弱，各阶级之间壁垒森严，社会管理原则是家长制，人治是政治系统运行的基本方式。这种生产结构和社会组织形式，使得农耕文明带有极强的保守性特征，人们迷信权威，对新生进步事物多怀有质疑态度与野蛮否定的倾向。但同时，由于人类生产力低下，人力开发自然的能力不强，人与自然交融相处，实现了原始意义上的"天人合一"状态，因而农耕文明表现出对自然的敬畏心，缓慢的生活节奏不易产生心理紧张与精神压抑；集体主义生活方式使得日常生活中人情关系浓厚，伦理文明是中国农耕社会最重要的文化规范。

当人类跨步到以机器取代人力，以大规模工厂化生产取代个体工场手工生产为标志的工业革命时期，专业化社会大生产占据了社会经济的主导地位，此时科学技术高度发达，社会生产效率极大提高，社会分化剧烈，阶层流动性增强，业缘关系取代了血缘和地

缘关系而成为人们社会关系的主要形式,法治取代人治成为政治系统运行的基本方式,社会的民主化程度提高。城镇化建设改变了这一时期人类普遍的生存面貌。反映在文化领域,人们思想逐步开放,创新意识、竞争意识和科学意识成为主流思想。但与此同时,快节奏的生活也导致了人类身体与心理的双重压力,人与人因事本主义冷漠隔离,人与自然的关系也面临极大挑战。

以知识经济为主导的后工业社会在工业社会的基础上进一步发展,其核心就是世界范围内始于20世纪80年代的信息技术的广泛应用。我国是在20世纪80年代末90年代初开始互联网探索的,1994年4月20日,凭借NCFC工程①通过美国Sprint公司连入Internet的64K国际专线开通,实现了与Internet的全功能连接。

2010年左右,凭借广阔的人均手机基数、消费市场规模与互联网技术的迭代更新,移动互联网浪潮喷涌而起,美团、滴滴、美图秀秀、抖音等衣食住行娱乐各领域全方位地开启了移动互联网革命,互联网已成为人们生活密不可分的一部分。2016年被称为中国人工智能元年,以人工智能、物联网、大数据、5G等为核心的第四次工业革命到来,让世界与中国再一次站在了历史的十字路口。

随着生产力的加速发展,技术革命作为双刃剑所带来的负面效应开始凸显,人类不仅没有从技术革新中得到身心解脱,反而日益沦为资本与技术的奴隶。以工作时长为例,以微信等为代表的各类移动通信App的出现不断延长着人们的工作时间,朝九晚五的传统工作作息已成为奢侈,线上办公的普及也侵蚀着人们的周末,劳动力并没有真正在技术进步中得到解放。

科技本应该带来进步,本应该让人们有更多的时间去实现自身发展。但恰恰相反,科技的进步让人们变得更加忙碌。

技术革命带来的另一重危机是一代人文化思想的平庸化与浅薄化。

中国互联网一代从诞生起,就享受着人类信息技术进步的超额红利,他们中的大多数往往从懂事起就开始与信息科技打交道,几岁时就可以轻松地玩耍父母的手机,学习工具也由上代人的纸张笔记本变成了电脑笔记本或iPad,他们在享受着高度信息化带来的便利的同时也承受着信息技术发达所带来的一系列问题——虚拟性与快速的变化感。作为网络世界的原住民,他们被深深打上了互联网的烙印,互联网的虚拟性特征影响着这一代人的心理和生理成长。更何况,他们每隔几年就能领略到人类技术进步所带来的全新体验,这种速度是他们的父母一辈所不敢想象的。从诺基亚、三星以及不断更迭换代的苹果到华为及主打各种美拍、续航功能的国产品牌,单单近十年来手机品牌的发展

---

① 1989年9月,国家计委组织对世界银行贷款项目中关村地区教育与科研示范网络(NCFC)工程承担单位的招标。NCFC是由世界银行贷款"重点学科发展项目"中的一个高技术信息基础设施项目,由国家计委、国家科委、中国科学院、国家自然科学基金会、国家教委配套投资和支持。项目由中国科学院主持,联合北京大学、清华大学共同实施。当时立项的主要目标就是在北京大学、清华大学和中科院三个单位间建设高速互联网络,以及建立一个超级计算中心。

史也足以构成一幅关于中国青少年文化消费与审美取向的生动画卷，其带来科技新快感的同时，也带来了人类历史上最鱼龙混杂、浅薄化、快节奏、碎片化的文化内容生产，而这样的文化生态，给价值观形塑关键期的年青一代带来了相当多的干扰。

很多科学家寄希望于人工智能革命，期望通过智能机器替代人类进行枯燥无味的劳动，进而实现人的全面解放。他们希望人工智能是整个人类自我意识的一个颠覆。但事实却很可能会走向理想的反面，人工智能革命除造成商业利益分配不平等之外，也极大地加剧了社会的不平等性。当数据被少数人或者少数企业掌握时，头部用户就会得到巨大的利益，尾部用户则处在被动地位。生产资料的分布越不平均、门槛越高，不平等也会越明显。所以人工智能作为一个新技术，很可能会加剧社会的不平等。

技术革命带来的另外一个社会文化影响便是增强社会的焦虑感。随着信息基础设施的逐步完善，人工智能正在加速落地，重构商业、企业和个人的关系。人工智能带来的新一轮工业革命与以往不同，以往的技术只是取代了人的身体，而富有智慧的人工智能却对脑力劳动者构成了威胁，这也成为全民焦虑的一个重要原因。在未来五到十年，人工智能一定会淘汰相当一批简单重复易操作的工作种类，对于没有接受过高等教育的未来一代而言，其生存将更加艰难，竞争也更加激烈，他们这一代人面临的精神压力与心理压力也将大大增加，成为社会的显性问题。

二、青少年的文化困境

互联网技术革命在中国的兴起、发展是与中国的全球化进程同步的。

以 2008 年北京奥运会为象征性结点，中国第一批人口统计学意义上的“90 后”，即公元 1990 年出生的人口正好满 18 周岁，这是我国历史上第一批与世界完全接轨的一代人。他们借助互联网和全球一体化进程“开眼看世界”，大量汲取人类文明，以往普通人需要十年累积的世界文化，可能被他们用两至三年甚至更短的时间吸纳、更迭，因而社会普遍认为他们是真正意义上的中国第一代“全球公民”，这不仅仅是互联网技术意义上的，政治意义上的，更是文化意义上的。他们中的大多数一方面拥有宽广的世界观、进步的人类价值取向，怀有人文情怀与悲悯的理想，另一方面又在全球化所带来的弊端中产生迷茫、困惑和反思。

2008 年北京奥运会，中国以大国崛起之姿亮相世界的同时，金融危机再度袭来，且造成了深远的影响。2008 年金融危机正是本轮全球化—逆全球化进程的关键转折点。2008 年金融危机以后，全球经济进入新常态，经济增速呈下降趋势。全球化的退潮，根本原因正是利益的分配不公。

从宏观来看，全球化显然对人类社会发展起到了巨大的推动作用，它提供资源的有效配置，改善、加快各个国家的经济发展水平。但是在发展过程中，全球化必然会推动更多的结构调整，而目前的问题就在于世界范围内的结构调整失衡，中国国内也是如此。

举一个浅显的例子,比如某东南亚或中东地区的一家牛奶生产商,本来在本土地域中的生存、盈利相对稳定,但全球化冲击来临后,由于自身在生产效率、工资水准、品牌宣传等方面都缺乏竞争力,市场就会逐渐萎缩,员工也会流失,厂家就面临关门倒闭的危机。这种现象就是全球化所带来的优胜劣汰的另一方面,即对弱势群体的不公。在全球化过程中,资源和资本被极少数人垄断,虽然从总体而言全球经济得到较好发展,但因为配套制度、政策的缺失,相当一部分人尤其是大多数底层人的利益都受到了伤害。在经济增长态势良好时期,即便全球化红利大部分被精英阶层拿走,中产阶层以及底层群众多少也可以分一杯羹,但随着经济增长回落,尤其是全球经济一起萧条,中产和底层群体受到的伤害就变得更加明显。从英国脱欧到特朗普当选再到荷兰、法国极右翼政党的快速崛起,背后其实都是利益受损的中产和底层群体对全球化结构失衡的强烈不满。恐怖主义、民粹主义的根源也在于此。

1978年以前,中国城市化进程缓慢,形成了城乡之间相互隔离和相互封闭的“二元社会”。这里所说的二元社会结构,是指政府对城市和市民实行“统包”,而对农村和农民则实行“统制”,即由财产制度、户籍制度、住宅制度、粮食供给制度、副食品和燃料供给制度、教育制度、医疗制度、就业制度、养老制度、劳动保险制度、劳动保护制度甚至婚姻制度等具体制度所造成的城乡之间的巨大差异,构成了城乡之间的壁垒,阻止了农村人口向城市的自由流动。

1978年改革开放以后,城市化在国民经济高速增长的条件下迅速推进,城乡之间的壁垒逐渐松动并被打破。特别是乡镇企业的发展,使得中国的城市化呈现出以小城镇迅速扩张、人口就地城市化为主的特点。城镇化进程为中国社会发展带来了持久动力,并大大提高了人民生活水平、增加了工作就业机会等,但相伴相生的人口问题,如劳动就业人口总量、老龄人口总量高峰相继来临,由此产生的城市的生存保障问题,解决劳动力的就业机会问题,全国社会保障体系的完善问题,老龄化社会引发的一系列问题等,都是城市化进程面临的巨大挑战。此外,能源和自然资源、城市基础设施建设等问题也随之而来。

但是,最为重要的是,城镇化进程中的文化问题远远没有得到应有的重视。随着经济的发展、温饱问题的解决以及人民物质生活水平的不断提高,人们对文化的渴求再一次浮出水面并愈发强烈。然而这时候大众才恍然大悟,一旦为温饱而奔波的忙碌停歇,离开故土的新城镇人并没有在真正意义上融入城市文明,而是仍旧以边缘者的角色在城市文化的角落里游荡。他们既进入不了主流城市为中产阶层和私有财产权而设置的文明结构,又不愿意回到原有的因为物质匮乏而形成的文化故土,成为城镇化进程中的“文化夹缝者”与“文化孤离者”。

作为中国互联网一代中的大多数,他们恰恰是在这样大的时代潮流和社会图景中成长的,他们原生家庭中的很多样本就是如此:父母是由农村或小乡镇来大城市务工或者定居的“移民”,他们从父母那里接受的就是孤立的、彷徨的,甚至是撕裂的价值观。他们在钢铁和水泥铸造的城市里既孤独又无助，网络是他们唯一可以获得认同感和存在感的空间，这使得他们过早得熟又一直很幼稚。更为痛苦的是，如果是进城务工子女的孩子，他们当中的大多数往往并不能永远待在城市里，而半途归乡的群体更是在城市—乡镇的文化反迁徙中动荡不安，他们已然融入不了故土文化，成为远离者，但不得不接受再一次的挑战。

即便是大都市的原生一代，尽管不必遭受“异乡文化”的洗礼，但现代住宅、社区的结构也依然让他们习惯了远离人群以及与自我相处，“80后”一代恐怕是中国城镇化进程记忆中最后一代拥有童年群居生活经验的群体。中国互联网一代缺乏可以交流的共同生命历程体，只能自己与自己进行交流，这正是大都市带给人们的天然冷漠与孤独。这种违背人的群居性和集体无意识的现代都市生活方式，表面上让人更独立，实际上只会让人更缺爱、更需要关注，这也是网络社群、宅文化、巨婴文化能够迅速发展的关键原因。

在改革开放初期，中国经历了一次整体性的社会结构大变动，“发财靠胆子”“谁先谁致富”等民间俗语为这一时期的社会流动性提供了最真实的注解，社会涌现出无数的机会，只要肯拼肯干，大多数人都能分一杯羹。但经过40多年的高速发展，改革红利期所预留的发展空间已经被“50后”“60后”“70后”三代人基本占满。即便退休、离世等自然进程可以让渡出一部分机遇，也无法满足“80后”“90后”“00后”一代又一代的需要。更为严重的是，在上一代甚至是两代人的积累之下，年青一代人之间的差异越来越明显，“富二代”“官二代”等现象层出不穷，实现社会阶层自由流动的通道越来越狭窄，靠胆量、努力、奋斗的可能性被依靠资源、关系、资本等取代，且有关这类群体的大量极端的负面案例正日益撕裂着社会的公平性与信心。

童年时期整体生存环境相对宽松甚至是被称为在“蜜罐儿”里长大的互联网一代，在成年以后面对异常激烈的社会竞争和残酷的生存现实时所形成的强烈的心理反差，是这一代人十分独特且需要被重视的文化现象。当他们在全球化视野中自以为“掌握天下”的文化自信面临办公室竞争危机时，远大的抱负会逐渐被对社会的怀疑所取代。需要注意的是，他们怀疑的不是自我，而是社会，他们中的一部分人选择屈从于社会规则，甚至以更极端的方式去寻找捷径。

但这一部分人并非这一代人的主流。他们当中大多数的主流景象反而是这样的：在试图通过自身努力与残酷现实进行沟通被宣判无效后，选择妥协，退回到虚拟的、可供自我安全存在且被认可的互联网空间里，并且在长期被现实打压又无力反抗后，他们选择了以自我嘲讽的方式与世界“和解”，这里的潜台词是：“你看，我也觉得我很挫，你又能拿我怎样？”他们成为“积极意淫的一代”，既沉溺在自我封闭的情感空间里不能自拔，又活跃在这个虚拟世界里开疆辟土，把所有的热情、勇敢和想象都注入这方天地里。他们在外向的现实中是安静的、礼貌的、小清新的；但在内向世界里则是热烈的、浪漫的、勇敢的，这些都十分明了地指向一个现实：不断加剧的阶层固化现象产生了新一代的内向型文化。内向型文化的本质就是对社会阶层流动可能性的挫败感，以及由社会内卷而产生的颓废、自我麻痹、自嘲等,丧文化就是这一现实的生动写照。

人类技术的革新与发展如滔滔江水,奔涌向前,并不以任何人的意志为转移。在带来更高效、更快速、更丰富的社会物质进步的同时,其社会文化的多重负面效应已愈发明显,对青少年一代的影响尤为突出。如何防止人类最终沦为技术与资本的附庸,如何平衡物质与精神、心灵的生命空间,如何在社会进步与社会公平间取舍自洽,这些都是人文学者和教育工作者应该认真思考的时代问题。

学生国际交流对文明互鉴的影响

巴兰诺娃·娜塔莉亚·彼得罗夫娜(Baranova Natalia Petrovna)
白俄罗斯国立明斯克语言大学校长
吴可欣 译

当今世界的深远变化与信息社会的快速发展深刻揭示了高等教育在克服当下社会挑战以及保障国际合作方面的重要作用。高等教育需要扩大自身职责,积极响应社会发展与个人发展的需求。因此,有关高等教育是否准备好履行新职责的问题引发人们关注。正如1998年在巴黎召开的第一届世界高等教育大会指出的,高等教育必须进行根本性改革,以实现机构间的灵活协作与学院、课程设置及教学体系的多样化。在原有传统教学与科研的基础上,高等教育还应致力于解决全球性的重大问题以及地方性难题,提出新的见解与研究成果,努力促进知识的发展与共享。在高等教育的发展过程中,其文化职能与道德职能格外突出,因此高等教育进一步国际化十分必要。学术交流是促进高等教育发展的有效方法,也是高等教育取得成功的重要前提。

白俄罗斯是积极开展学术交流(尤其是学生国际交流)的国家之一。当下,受经济与文化的全球化、科研知识的指数增长以及信息通信技术快速发展的影响,白俄罗斯迫切需要参与全球性的学术交流。我国一直以来奉行多元外交政策,十分需要跨文化交流领域的专家,高等教育正是保障国际化任务全面顺利实施的必要条件。

现实生活中各个方面(包括高等教育)的变革增加了学术交流的可能性。这些变革带来了重大的政治、经济以及社会变迁,也影响了我们理解世界的方式。在这种情况下,我们迫切需要进一步加强高等教育的核心使命,即培养高素质的毕业生和负责任的公民,向社会提供接受高等教育与终身学习的机会。为回应这一使命,白俄罗斯需借鉴其他国家的优秀经验与方法,以调整自身高等教育体系的组织架构。

此外,高等教育机构自身发展的前进性和帮助学生与其所处世界互相理解的使命也是推动学术交流发展的重要力量。白俄罗斯人意识到,人类面临的一系列难题(包括教育)是无法在孤立的政策框架中得到解决的,高等教育迫切需要一个新的环境以便更好地发挥作用。因此,国际化学术交流的重要性不言而喻。当下,学术交流情况是评估一个国家高等教育质量的重要参数之一。联合培养学位、科研合作、学生交流交换、教职人员奖学金、学术假期与国外培训等一系列流动性指标都是我们评估高校教学服务质量的参考依据。总体来说,白俄罗斯人普遍认同学术交流对高等教育政策实施的促进作用。

同时,白俄罗斯一直以来的教育传统对学术交流政策的制定有着重要作用。我们不断平衡全球经验与本地经验,从中汲取适合自身发展的养料。这一方法受到了白俄罗斯各高校的重视,也得到了教育部的大力支持。

众所周知,学生学术交流包括教育培养、合作研究或是以教学、文化交流为目的的活动,是保障高等教育质量的重要基础。需要强调一下,目前学界对"学术交流"这一概念并未形成明确统一的定义,但对"学生学术交流"的概念有一个较为通用的解释。2006年出版的博洛尼亚词汇表指出,"流动性"是"学生获得学习、培训以及相关服务的机会"。学术合作协会(ACA)在2006年发布的欧洲高等教育学生学术流动报告(EURODATA)中也明确了"国际学生"的定义,即"为了学习或与学习相关的活动而在非本国国家暂时居住的学生"。白俄罗斯正是参考上述定义,开展本国的学生学术交流活动的。

我们制定了个性化的国际交流实施战略,将培养一批能够帮助白俄罗斯更好地融入现代文明进程的高水平专家作为主要目标。

我校的学术交流项目建立在联合国教科文组织的人道主义、和平与宽容文化的基础上,遵循欧洲理事会在欧盟语言政策方面的主张,即"语言教育政策应促进人们学习多种语言,使之成为掌握多种语言并且能够与他国人民交流日常生活的跨文化公民"。为实现这一战略目标,我们的任务主要包括:在外语教学过程中培养学生的对其他文化和民族的包容度、整合其他文化价值观的认知能力以及跨文化沟通交流能力。

我将以国立明斯克语言大学(MSLU)的学生学术交流情况为例,向大家展示我国国际交流战略的实施情况。

MSLU致力于为外语教师、口笔译人员以及跨文化传播领域的专家提供高质量教育,是白俄罗斯公认的、负责制定和推行国家语言教育政策的机构。作为制定白俄罗斯外语教学标准的权威机构,MSLU汇集优秀师资力量共同编写国家"外语教学"计划书,详细制定了我国的外语教学细则。同时,MSLU还负责协调白俄罗斯其他大学和学院的外语教学工作,为白俄罗斯的各类学校和教育机构开发了不同的课程、项目以及教学标准,探索新的外语教学技巧。

自1948年成立以来,MSLU一直是白俄罗斯领先的外语教育机构,设有九大学院,致力于培养教师、口笔译人员以及针对24种外语的跨文化传播专家,先后培养了5万多名教师和1万多名口笔译人员。

MSLU的学生在主修的两门外语之外,还可从以下专业中任选一个作为辅修:外国文学、白俄罗斯语言文学、对外俄语、国际关系、国际经济关系、经济管理学、现代信息技术、计算语言学、修辞学、正声学(向听力受损的儿童教授外语)、外国研究、小说翻译、科技翻译、同声传译。

MSLU广泛的专业设置极大地满足了青年群体在人文学科、语文学、语言学以及教育学方面的学习需求。同时,我校优秀的教师队伍也为学校的蓬勃发展作出了巨大贡献,来自白俄罗斯教育、科学等各领域的杰出专业人士分别在我校40多个院系中担任教学工作。显而易见,学生的国际流动是促进教学水平进一步提高的关键途径,各大高校都需要与国外的教育机构开展常规的国际学术交流项目，进行学生交流交换。

MSLU 还积极参与欧盟组织的联合教学项目，如伊拉斯谟(Erasmus)项目、围绕东部伙伴关系的项目以及和其他大学签署的双边与多边协议的项目，想要通过多种多样的学术交流活动来激发本国教学的创新潜力，提高大学教育与研究的管理水平，根据国际实践经验进行教学大纲改革与调整。

2010 年以来，我们一直在分析 MSLU 的学生学术交流情况。从已有的数据可以看出，学术交流在保证教育质量上发挥的作用越来越重要。得益于已有的学术交流，我们的学术课程质量有所提高，具体体现在：广泛应用信息技术和创新性教学方法；开展新的教育项目；推进线上课程与远程学习的开展；课程内容与结构的更新；开设中国语言文化学院；推出芬兰语和瑞典语的教学课程；组织学生联合研究项目与国际学生会议。

MSLU 的学生能够选择欧洲与亚洲高等院校提供的大量交流项目，如学术研究、科学研究及文化交流。目前，MSLU 与 12 个国家的 16 所大学建立了学术交流关系。德国、俄罗斯和西班牙是 MSLU 学生去欧洲交换的首选地。至于亚洲地区，MSLU 与中国高校的学术交流成果十分显著，与韩国大学的学术交流情况也令人满意。

根据以往经验，我们发现开展学术交流项目不仅能帮助学生掌握外语知识和技能，还能增强学生对外国文化的了解，向外国友人介绍本国文化。因此，学术交流的开展逐渐成为我国国家语言教育政策的重要组成部分。

学生国际交流是加强国际学术联结、促进文明互鉴的关键因素之一。因此，我们认为全面分析当下学术交流发展所处的环境十分重要，财政紧缺、国家间学术课程设置差异、学术交流成果认定标准不统一等都是学术交流发展面临的难题。尽管白俄罗斯已经采取了一些措施，但这些方法无法彻底解决上述问题。因此，我们十分欢迎各种形式的合作研究，让我们共同克服阻碍，使学术交流得到进一步发展。

“一带一路”倡议的贸易引力模型分析

玛加·丽莎·田纽芬(Marja-Liisa Tenhunen) 芬兰中博腾应用科技大学原校长
丁 冬 译

引 言

“一带一路”以15世纪古丝绸之路为基础,是中国国家主席习近平在2013年提出的发展倡议,致力于推进亚欧大陆国家间的互联互通和务实合作。中国国家主席习近平访问哈萨克斯坦时,提出共建丝绸之路经济带和21世纪海上丝绸之路的重大倡议。从本质上讲,经济带囊括古丝绸之路途径的中亚、西亚、中东和欧洲国家。倡议呼吁通过基础设施建设、基础设施投资、工程物资、铁路公路、汽车以及增加文化交流和拓展贸易的手段推进区域经济融合发展。倡议强调,在全球网络中,中国努力对国际事务发挥更积极的影响。在倡议计划下,“一带一路”将从地理空间上打造出包含海路的六大经济走廊。在中美贸易争端的背景下,中国与欧盟的合作得到加强,这就是“一带一路”倡议的实际应用。

一、研究目标

目前有60多个国家加入了“一带一路”倡议,其中主要是亚欧国家,也有部分大洋洲和非洲国家。“一带一路”倡议有望弥合“基础设施缺口”,从而带动亚太地区以及中欧和东欧的经济增长。倡议项目包括有形投资和无形投资。对倡议来说,教育产业实际上是一项很有前途的服务产业,已经成为进口贸易和商品交易的基础。海外教育产业在文化交流中发挥着重要作用,为“一带一路”倡议的成功实施奠定了基础。

倡议目标是:通过文化交流和融合,构建统一的大市场,充分利用国内外市场,增进成员国之间的相互了解和信任,最终形成资金流、人才池、技术数据库的创新格局。“一带一路”倡议最初的重点是基建投资、教育、建材、铁路公路、汽车、房地产、电网和钢铁。早在2018年,“一带一路”倡议就实现惠及超过68个国家,覆盖当年65%的全球人口及40%的全球GDP,被列为史上最大的基建和投资规划之一。

“一带一路”倡议为欧洲提供了大量应用创新、建立和发展新产业的机会。对于高校来说,"一带一路"倡议带来了新的科研项目,对西方和中国的高校间合作非常重要。出版活动需要学术界的协同努力,也需要参加国际科学会议的机会。最重要的是,倡议为高校提供了广泛的国际国内合作项目。倡议还促进了高校与现有企业和组织的合作,为高校提供了创业项目。研究的重要议题之一是参与各种国际项目,与国际上的高校开展各种合作。本次问卷调查对象是商业经济学的学生,他们似乎对"一带一路"倡议的潜力,尤其是在欧洲的发展潜力,知之甚少。因此,有必要进行相关研究。

二、研究问题

根据经典的国际贸易理论,我们发现可以用贸易引力模型来解释"一带一路"倡议下不同地区之间的关系。我们需要找出影响这种地区关系的关键因素,然后将研究范围缩小到欧盟、非洲、亚洲和南美洲国家。最后,我们提出以下问题:

影响"一带一路"倡议下不同地区之间关系的关键因素是什么?

三、文献综述

1.贸易引力模型应用

随机前沿引力模型被广泛应用于衡量双边贸易潜力和贸易效率。为弥补传统引力模型的不足,本文采用随机前沿分析方法对引力模型进行探究。根据随机前沿引力模型,国家或地区 n 的跨境电子商务的出口规模 Tin 可以表示为:

$$Tin = f(xin, \beta)exp(vin)$$

xin 代表贸易引力模型中影响贸易额的核心因素,包括人口规模、经济规模、地理距离等;β 为未知参数,有待估计;vin 是一个随机干扰项。

建模:

本文根据跨境电子商务贸易的特点,基于随机前沿引力模型,建立中国跨境电子商务出口规模测度模型。具体方程式如下:

$$lnEXi = \beta0 + \beta1lnGDPi + \beta2lnGNIi + \beta3lnPOPi + \beta4lnDisi + \beta5lnTariffi + \beta6lnNeti + \beta7lnACi + \beta8lnEASi + \beta9lnLSCi + \beta10lnESSi + \beta11lnAttitudei + \beta12lnFTAi + ui$$

(1)EX 代表对不同贸易国的出口。

(2)GDP 代表基于购买力平价学说主要贸易伙伴国的人均国内生产总值。

(3)GNI 代表基于购买力平价学说主要贸易伙伴国的人均国民总收入。人均国民总收入越高,购买力水平就越高。

(4)POP 代表主要贸易伙伴国的总人口,在一定程度上可以表示出口国的市场规模和消费潜力。

(5)Dis 代表中国与主要贸易伙伴国的地理距离。

(6) Tariff 表示主要贸易伙伴的关税水平。

(7) Net 代表主要贸易伙伴国的互联网普及率,即网民人口占总人口的比例。

(8)AC 即机场连通性,表示主要贸易伙伴国的机场连通指数。指数越大,出口国就越接近全球航空运输网络。

(9)EAS 即航空运输服务效率,表示主要贸易伙伴国的航空系统负担指数。该指数是通过对机场进出口贸易的处理效率进行评分得出的。指数越大,意味着效率就越高。

(10)LSC 即主要贸易伙伴国的海运连通指数。指数越大,出口国就越接近全球航运网络。

(11)ESS 即海港服务效率,表示主要贸易伙伴国的海关手续负担指数。该指数是通过对各国进出口贸易的海关处理效率进行评分得出的。指数越大,效率越高。

(12) Attitude 即企业风险态度,指主要贸易伙伴国的贸易风险态度指数。指数越大,代表更多人对贸易持风险态度,更少人有意愿从事贸易活动。

(13)FTA 表示自由贸易协定,如果贸易伙伴国与中国有自由贸易协定备注 1,否则为 0。

2.国际贸易理论综述

经过对大量文献的回顾梳理,我们发现大多数文献都集中在传统的国际贸易理论上,如绝对优势理论、比较优势理论、赫克歇尔—俄林理论以及产品生命周期理论。只有新贸易理论和波特钻石理论适用于对“一带一路”倡议的研究。其中,波特钻石理论解释了影响“一带一路”倡议的关键因素,如要素禀赋、需求状况、相关及支持产业、企业战略、结构和竞争。

3.全渠道理论

全渠道理论认为,为了满足消费者不同渠道的购买需求,企业应该整合各种渠道为顾客提供服务。Ansari 等人发现,顾客利用零售商的多种渠道购买更多产品提高了自身的顾客满意度。① 现有的国际贸易相关文献大多围绕传统模式进行研究。Sharma 等人发现,产业结构、出口市场和产业专业化等潜在因素对有形产品的销售有显著影响。② 业界对于跨境电子商务建设的相关研究多采用定性分析的方法。Feizollahi 等人运用灰色关联熵分析法计算了不同因素与跨境电子商务之间的灰色关联熵系数,发现物流效率对

① ANSARI A,MELA C F,NESLIN S A. Customer channel migration[J]. Journal of Marketing Research,2008,45(1):60-76.

② SHARMA B K,KUNDU N D. China's one belt one road:Initiative,challenges and prospects[M]. New Delhi:Vij Books India Pvt Ltd,2016.

销售有显著影响。①

本研究旨在为相关理论与目前中国的经济研究和电商研究成果之间构建一座桥梁。我们发现在新的电子商务时代，可以拓展波特的理论。阿里巴巴和京东这两家品牌独立经销商采用了创新渠道，是迈克尔·波特5C模式的延伸。此外，服务行业将电子商务视作国际经济学的一部分，为电子商务教育建立了一种创新模式。

四、研究方法

本研究采用定性的结构化问卷调查法和定量分析方法，问卷调查基于对“一带一路”倡议影响因素的研究现状。研究工具包括不同量表。研究样本力求具有代表性。

2018年和2019年，我们对与上海大学有关的四所大学进行调研，包括西班牙ESIC商学院、德国不来梅大学、泰国国王大学和位于罗马尼亚布加勒斯特的迪米特里埃·坎特米尔基督大学。在每所大学中选取20名商科研究生作为研究对象。本问卷与2017年发放给上海大学学生的问卷相似，目的是便于对比。根据假设，在学习和生活经验的基础上，他们应该对经济形势以及包括中国发起的欧洲项目在内的对外合作有很好的了解。

本研究将结构化问卷在课堂上同时发给研究对象。问卷包括五个问题，受访者还有机会在问卷最后的开放框中写下自己的想法。根据问题内容，问卷将问题分为五类，并标出五个标题。研究使用分类研究法研究定性数据，此方法要求按照相似类型的原则对数据进行分组。据此，研究对问卷答案进行精确分析，为每一类问题寻找相似性，并对报告数据分类。研究将匹配每个问题答案的因素进行分类，据此得出结果。

1.样本和数据来源

研究选取中国的10个主要贸易伙伴国(美国、俄罗斯、法国、英国、巴西、加拿大、德国、日本、韩国、印度)与中国在2018年的贸易数据作为研究样本，并基于随机前沿引力模型对数据进行分析。

中国对各贸易伙伴的出口数据来自联合国数据库。各国2018年的人均国内生产总值、人均国民总收入和总人口数据来源于世界银行发展数据库的官方数据(世界发展指标)；地理距离是指首都或地区的经济中心与北京之间的距离，单位为千米，数据来自距离计算器。

世界经济论坛发布的《2017—2018年全球竞争力报告》提供了以下数据：平均关税水平、互联网普及率、机场连通指数、航空系统负担指数、海运连通指数、海关手续负担指

① FEIZOLLAHI S, SHIRMOHAMMADI A, KAHREH Z S, et al. Investigation the effect of internet technology on performance of services organizations with e-commerce orientations[J]. Procedia-Social and Behavioral Sciences, 2014(109): 605-609.

数、贸易风险态度指数。

表 1 变量数据 1

	EX	GDP	GNI	POP	Dis
America	1.2425E+13	62,641,000.00	63,390,000	327,167,430,000,000.00	8710
Brazil	3.976E+12	16,068,000.00	15,820,000	209,469,330,000,000.00	17598
Canada	3.195E+12	48,106,900.00	47,490,000	37,058,860,000,000.00	10615
France	9.372E+12	45,342,400.00	46,360,000	66,987,240,000,000.00	8237
Germany	2.627E+12	53,735,200.00	54,890,000	82,927,920,000,000.00	7377
India	1.704E+12	7,761,600.00	7,680,000	1,352,617,330,000,000.00	4759
Japan	2.414E+12	4,279,400.00	44,420,000	126,529,100,000,000.00	2099
Korea	1.775E+12	40,111,800.00	40,090,000	51,635,260,000,000.00	956
Russia	8.023E+12	27,147,300.00	26,470,000	144,478,050,000,000.00	5807
UK	5.964E+12	45,489,100.00	44,930,000	6,648,899,000,000.00	8161

表 2 变量数据 2

	Tariff	NET	AC	EAS	LSC	ESS	ATER	FTA
America	76.7	64.3	33.2	56.6	NA	27.1	54.3	0
Brazil	17	60.9	89.7	57.3	35.6	34.3	51.6	0
Canada	82.3	91.2	96.3	73.8	45.4	68.4	56.7	0
France	92.4	79.3	95.8	75	72.2	66.3	46.2	0
Germany	92.4	89.6	100	77	85.9	72.4	67.5	0
India	0.8	29.5	100	64.1	52.9	60.4	62	0
Japan	86.4	93.2	100	85	66.4	77.3	53.6	0
Korea	39.7	92.8	91.7	80.6	100	72.8	47.5	1
Russia	69.5	73.1	89.2	65.3	32.2	59.7	54.8	0
UK	92.4	94.8	100	77.8	82.8	72.6	68.5	0

2.模型回归结果

使用 STATA 软件对构建模型进行最小二乘估计。结果如下：

表 3 回归结果

Coefficient	
GDP	*0.1783995****
GNI	*4.252137****
POP	*0.0010838****
Dis	*0.07432465***
Tariff	*- 1.513123***
AC	*0.2942017**
EAS	*0.9551777***
LSC	*1.207404***
ESS	*3.193537***
Attitude	*- 2.619449**
FTA	*1.044429***

(1)人均GDP与GNI的系数均为正且在统计上高度显著。这意味着,人均GDP越高,贸易伙伴国的人均国民总收入就越高,也就是说,经济越发达,购买力越强,中国在跨境电子商务中的出口规模就越大。

(2)人口的系数为正,且在统计上显著。这表明,贸易伙伴越多,消费潜力越大,中国跨境电子商务的出口规模就越大。

(3)地理距离的系数为正。与贸易伙伴的地理距离每增加1%,跨境电子商务在中国的出口规模就随之增加约7.43%。这说明,与贸易伙伴的地理距离越远,跨境电商对中国的出口交易规模就越大。值得注意的是,在传统的贸易引力模型下,地理距离是阻碍国际贸易的重要因素。

(4)关税水平的系数为负,说明关税是阻碍跨境电子商务交易的重要因素。贸易伙伴国的关税水平越高,中国对该国的跨境电子商务出口规模就越小。

(5)机场连通指数与海运连通指数的系数为正,说明贸易伙伴在全球海航运输网络中的通达性有利于中国对其跨境电子商务出口规模的扩大。

(6)航空系统负担指数和海关手续负担指数的系数为正,表明贸易伙伴的海关、机场处理进出口贸易的效率越高,中国对其跨境电子商务出口规模越大。

(7)贸易风险态度指数的系数为负,表明贸易伙伴对贸易风险评估越高,中国对其跨境电子商务的出口交易规模越小。

(8)自由贸易协定的系数为正,符合预期假设。自由贸易协定的签订极大提高了跨境电子商务在中国的出口规模。

五、问卷调查结果总结

1."一带一路"倡议面临的最大挑战

(1)基础设施

"一带一路"倡议将为基础设施建设提供巨大的可能性。基础设施建设是经济发展的基础,目前很多国家为发展基建加入"一带一路"倡议。

"一带一路"倡议将会促进自然资源开发与农业发展,推动全球贸易发展。该项目是工业革命的新阶段,为消费市场提供了更优的进入路径。

许多国家,特别是发展中国家,可以更好地从最新创新、新型工业和新产品中获益。作为基础设施的一部分,银行系统也获得了更好的机遇,实现了便捷业务的发展。

倡议促进了国家之间的贸易往来,实现了互利共赢。在此背景下,欧洲和中国应该在新业务和新基建方面展开卓有成效的合作。倡议提高了产业效率,降低了产业成本,为区域及国家带来了经济效益。

综上所述,我们认为,"一带一路"倡议一定会改善国家福利。

(2)劳动力、交通、新兴市场以及国际教育机会

“一带一路”倡议提供了大量新的就业岗位,使世界各地的劳动资源在全球流动。“一带一路”倡议缩短了货物在东方与欧洲之间的运输时间,提供了更好的进入消费市场的渠道。

“一带一路”倡议的一个重要挑战就是国际教育,因为该倡议惠及超过68个国家,覆盖65%的全球人口,是史上最大的投资项目之一。

2.“一带一路”倡议在商业领域面临的最主要的风险

(1)经济增长

第一个挑战是资金,这也是最大的挑战。截至2018年,中国在“一带一路”沿线项目上至少投资了9000亿美元,主要是在基础设施、交通和能源方面。

第二个挑战是,中国的国产原材料销售额正在下降。区域农产品将在更大的市场上出售。更多交易与业务带来了不断增多的业务量、更快的运输和高利润率,当然还有很多挑战。

值得考虑的挑战还包括:不同国家之间的文化差异、更便宜的产品及其在交易市场上所占据的份额、不控制资金来源的资本影响、多样性导致线上产品的择优选择变得困难。

(2)贸易

“一带一路”缩短了运输时间,从中国东海岸到欧洲最大港口鹿特丹的物流链有效地带动了经济走廊的发展。在对有价值的不断更新的物流链的使用下,贸易伙伴关系得到加强,经济走廊的领域不断拓宽。这些效果对于发展中国家来说尤为显著,但效果影响不止于此。

3.学生开始自主创业

大多数学生没有自己的生意。一名在网上只销售中国产品的学生说:“我和一些卖家建立了很好的关系,我对我们之间的合作非常满意。大多数学生都没有自己的生意,我国还没有处理这个问题。我不确定这是不是我的机遇。”

4.“一带一路”倡议下的赢家与输家

关于“一带一路”倡议下是否有赢家和输家这一问题,大约有一半的同学回答“没有”;其他一部分同学回答“有”;只有一小部分同学没有回答这个问题,或者说他们并不确定。

以下是一些学生的回答:

· 我不认为有输家。

- 我们都有希望找到工作。
- 这取决于每个人在这个阶段的个人目标。
- 所有人都会依靠自己的能力取得最终的胜利。
- 也许会有双赢的策略。

结 论

本文建立了随机前沿引力模型，使用的数据包括2018年中国对10个主要贸易伙伴国的跨境电子商务出口规模，不同贸易国的经济规模、人口规模、关税水平、互联网普及率、海航连通指数以及贸易风险态度指数等数据指标。分析量化了距离因素对中国跨境电子商务出口的影响，并确定了影响中国跨境电商出口规模的其他重要因素以及这些影响的方向和规模。

研究发现，传统的贸易引力模型不能很好地解释中国跨境电商出口规模的变化，因为地理距离对中国跨境电商的出口规模有正向影响。中国与贸易伙伴的地理距离每增加1%，跨境电子商务出口量就随之增加约7.43%。

这一方面是因为跨境电子商务的新型贸易模式大大简化了传统物流流程，一些非实物跨境电子商务贸易依托现代物流运输。另一方面，跨境网购者更注重产品的价格和质量，而不太注重物流时间。互联网系统缩短了跨境电子商务交易在国家之间的运输距离，在一定程度上克服了距离的负面影响。

与传统模型的结论一致，贸易伙伴的经济发展水平、购买力和人口仍然是拉动跨境电商出口贸易规模增长的重要因素。此外，与全球空运和海运网络的联系越紧密，进口清关效率就越高。跨境电子商务在中国的出口份额要大得多，但关税水平和贸易风险态度阻碍了跨境电子商务出口贸易。与之相反，自由贸易协定的签署对跨境出口有着积极的影响。

政府部门在制定跨境电子商务发展重点领域的相关政策时，应评估经济发展水平、购买力水平、消费潜力、海空运输连通程度和效率、贸易风险态度等。与其把距离因素放在第一位，不如优先发展周边国家市场。同时，我们必须积极推动中国其他贸易伙伴之间建立自由贸易区。这不仅为中国跨境电商出口创造了良好的外部环境，也能更好地促进人才和信息资源的流通，促进各国的共同繁荣。此外，中国的贸易伙伴应该共同努力，通过缩短进口清关时间和简化手续，提高海运和空运的效率。实现中国对主要贸易伙伴出口效率的显著提升，有利于促进中国跨境电子商务的发展。

受访的这几所大学的商科学生似乎对“一带一路”倡议非常了解。他们提到的最大机会是基础设施创造了新的就业机会和运输机会，以及商品和服务生产的新市场，还提到了培训机会。“一带一路”倡议为学生国际化提供了新的途径。

调查结果清楚地表明，学生们认同“一带一路”倡议的理念，但对于最终可能发生的风险持谨慎态度。然而,如果他们能得到更准确和更新的信息,他们肯定会更加意识到这个倡议的重要性和范围,从长远来看,他们可能会参与到这个全球化进程中来。

调查显示了一些有趣的事情,美国南部和非洲国家的学生愿意他们的国家加入"一带一路"倡议,因为他们认为有必要停止依赖美国和欧洲来发展。鉴于倡议在中国的历史文化发展中发挥的作用,他们认为加入倡议会成为一个不容忽视的竞争优势,还认为这确实是一个令人兴奋和雄心勃勃的项目,值得参与其中。

在可靠性评估方面,值得注意的是,该调查可以在同一小组内重复进行,但根据时间、被调查者的年龄、学习进度、获得的工作经验和随机因素的不同,回答可能会不同。有效性指的是一种方法能够准确地评估要测量的内容。要注意的是,这项研究的样本较小。我们的目标群体是从四所高校中分别抽取 20 名学生以组成 80 人小群体,所以我们不能概括最终的结果。最终验证需要扩大研究对象群体,并在多个国家进行更深入的研究。尽管有诸多不足,但本文为许多国家高等教育机构的开启以及提升与"一带一路"倡议相关的研究、开发和创新提供了一个视角。

附录:问卷

调查邀请信

敬爱的先生:

我是上海大学 MBA 中心的兼职教授,对"一带一路"倡议很感兴趣。"一带一路"倡议在中国是众所周知的,但在欧洲却鲜为人知。在 2017 年,我们的教授 Marja-LiisaTen-hunen 曾就这个话题和她的学生们做了一项调查。现在我们想继续这项研究,因此诚挚地请求您的帮助。

我们需要您在以下方面提供意见:

(1)收集学生组的反馈。

(2)您在进行调查之前最好对潜在的候选人进行一些相关方面的培训。

(3)小组人数不少于 20 人,他们应该像一个接受不同意见的群体一样认真回答这些问题。

(4)我们要求您保留这些学生反馈的来源。

(5)我们承诺在科研过程中对所有信息保密。

如果您能提供反馈,我们将不胜感激。

2019 年 6 月

附录:调查

"一带一路"是一个基于"丝绸之路"的巨大项目,现在正以一个新倡议的形式展开。这项工程将关系到全世界。现邀请您就"一带一路"这个重要话题回答以下几个问题,这些答案将用于论文研究。

1."一带一路"项目给你的国家和欧洲带来的五个最主要的挑战是什么?

1.1.

1.2.

1.3.

1.4.

1.5.

2."一带一路"项目可能给你的国家或欧洲带来的五大风险是什么? 如果没有风险,请告诉我。

2.1.

2.2.

2.3.

2.4.

2.5.

没有风险,因为:

从你的角度来看,如何降低风险?

3."一带一路"项目给你的商业领域带来的三个最主要的挑战是什么?

3.1.

3.2.

3.3.

4.为了实现"一带一路"项目的效益,你已经开始了以下项目:

4.1.

4.2.

4.3.

4.4.你目前还没有启动任何项目,以受益于"一带一路"项目,因为:

5.你认为"一带一路"项目最后会是多赢局面吗?

6.公开意见和评论:

时代变革语境中的色彩意象

——中国与哈萨克斯坦诗歌鉴赏分析

布利布利·马塔依(Bulbul Matay) 哈萨克斯坦国立女子师范大学汉语高级讲师

意象是诗歌传递情感与精神的工具,是走进诗歌意义的必经之路。通过诗歌的色彩意象,读者能够有效地进入作者的内心世界,发掘诗歌的内涵与意义。本文的关键在于对“色彩意象”进行解读,也就是通过意象探讨诗歌的色彩词在中哈两国的文化含义、象征意义、民族心理、审美观点,对色彩意象主要从语言学、文化学与文艺学的角度进行阐释。就语言学的角度而言,基于公共语言与交往,色彩词对于表达某种特定的内涵有着重要的作用,透过词汇能够领会其中所传达的情感、意义。

一、色彩词研究概况

叶水林认为,色彩词在修饰中具有夸张、移情和象征等功能①;刘云泉认为色彩具有感情的价值,据此他研究了色彩词在转移情感时的运用,也就是用色彩词所表达的情感对没有色彩的事物、行为等进行描述②,以上研究主要指出了色彩词的修饰功能。此外,叶军指出色彩词还具有语用功能,包括表情功能和敷彩功能。③ 哈萨克斯坦学者也进行了相关研究,如劳兰别科娃通过研究色彩词关于名称认知的复杂性,认为色彩词在哈萨克斯坦具有表达复杂名称、区分不同名称的重要作用④;穆列波夫认为色彩词是表达作者情绪的重要方式,具有隐喻和象征的作用⑤。

在中国,对色彩词的特点与分类进行的研究及学者有:孙建军指出色彩在不同民族的文化和语言之中会被赋予某种特定的含义,而这一特定的含义与民族的文化背景密切相关,色彩词是民族文化和民族心理的折射⑥,据此可知,色彩词具有民族心理意义。于海飞提出色彩词具有模糊性和系统性的特征,指出色彩多样性与词汇的有限性、主观认

---

① 叶水林.文学作品色彩词初探[J].杭州师范学院学报(社会科学版),1982(1):86-92.

② 刘云泉.色彩词在移就格中的修辞功能[J].当代修辞学,1984(4):49-50.

③ 叶军.现代汉语色彩词研究[M].呼和浩特:内蒙古人民出版社,2001.

④ Лауланбекова Р. Түр-түс компонентті күрделі аталымдардың танымдык сипаты(сын есім + зат есім үлгісі бойынша)[J]. Алматы,2010.

⑤ Мүсірепов Г. Түстердің аясы[N]. казак әдебиеті газеті,1966.

⑥ 孙建军.古代尚色文化与汉语色彩词[J].中国青年政治学院学报,2006(3):128-133.

识是色彩词模糊性的原因,系统性体现在不同色彩词之间的聚合关系,语义结构上分为“向心性色彩词族”和“离心性色彩词族”等①。黄有卿以汉语中的红、黄、绿、白、黑五种颜色词为分析对象,对不同颜色词所产生的历史背景和特定含义进行了阐释,也对不同颜色所具有的文化象征意义进行了分析②,该研究表明色彩词具有民族文化意义。

在哈萨克斯坦,致力于研究色彩具有的语义学特点的学者要数院士阿·纳·阔诺夫,该学者就此问题的研究发表过《哈萨克语言中色彩标记的语义》《定义哈萨克语各部色彩现象的方法和术语》《论词语“白”和“黑”在哈萨克地理术语中的语义》等专著。

二、海子的诗歌创作历程

海子是20世纪80年代中国具有独特魅力与才情的抒情诗人,其突出的特点就在于通过乡村生活,结合相关大师的写作,创作了“麦地”这一独特意象。海子从小在农村长大,农村生活的烙印一直影响着海子的创作。1979年,海子考上了北京大学法律系,并在大学期间开始了诗歌创作。1984年,海子发表的《亚洲铜》和《阿尔的太阳》两篇诗歌使自己一炮而红,这也是他第一次使用“海子”作为笔名进行创作。

海子一生中创作了近200万字的作品,多次获奖,包括“五四”文学大奖赛特别奖、第三届人民文学奖诗歌奖等。其作品被收入近20种诗歌选集,主要作品有长诗《但是水,水》、长诗《土地》、诗剧《太阳》(未完成)等约200首抒情诗。海子出版的诗集有《土地》《海子、骆一禾作品集》《海子的诗》《海子诗全编》,曾与西川合印过诗集《麦地之瓮》。

在海子的诗歌中,麦地这个独特的意象充分呈现了广阔的空间与幽深的情感,这一特点主要来自他将自我的一种神性体验渗入到生命与生活之中,展现了一种浪漫而又现实的深沉境界。在其诗歌中,麦地这一意象不仅仅是麦地本身,也包括延伸的内涵——阳光、村民、村庄、镰刀、河流、汗水等,向我们展现了美丽的乡情与乡土情结。对于海子而言,麦地是他的精神家园,饱含着他个人复杂的体验。海子将个人体验与诗歌意象本身的内涵进行结合与延伸,于是其诗歌被赋予了新的内涵,意象冲破了传统的束缚,产生了具有现代意义的联系与内涵。

对于海子的诗歌,不同的人有不同的看法,但他对深远文化背景的把握以及其所架构的艺术框架、曼妙鲜活的语言,都让人们感受到了一个具有诗情与思想的海子。透过这些作品,海子的浪漫主义蓬勃而出,成为他的一个重要标签。然而,真正受到广大读者欢迎的是他的短诗。通过短诗进行抒情,展现了海子式的风格。这些抒情短诗涉及的范围极为广泛,海子最大的特点是把生命存在的那种体验借由描述麦地、太阳、河流、草原等意象而表达出来。

---

① 于海飞.色彩词的模糊性与系统性探析[J].广西社会科学,2006(1):163-164,168.

② 黄有卿.汉语颜色词的文化含义[D].天津:天津师范大学,2006.

总体来说，海子在其短暂的一生中创造了灿烂的文学成果，给中国诗歌历史增添了浓墨重彩的一笔。他以其自身的体验和对生命的感悟抒写着自己的内心，将自我与他人、时代变革相结合，给予人一种难得的审美体验。

三、巴合提·别蒂里汗·艾迪里别克的诗歌创作历程

哈萨克斯坦青年诗人巴合提·别蒂里汗·艾迪里别克，在20世纪90年代初的哈萨克斯坦诗歌界里有较高声望。他于1975年出生在阿拉木图州维乌尔县双志村，从小生活在乡下，骏马伴随着他度过了童年。巴合提受母亲的影响，6岁时带着哈萨克民族的乐器“冬不拉”踏入了学校的大门，奏响了开学的第一个铃声。可以说能歌善舞、精通6种语言的母亲是巴合提的启蒙老师，正是母亲引导他走上了文学之路。

1996年，巴合提就读于哈萨克斯坦阿拜国立师范大学哈萨克语言文学本科。2000年，他又在该校的哲学专业读研究生。毕业之后，巴合提在特·居里甘诺夫艺术学院戏剧系导演专业继续深造。1999至2004年间，他在首都阿斯塔纳市的国家出版社担任编辑职务，以及在库·阔瓦尼西拜耶夫哈萨克音乐—话剧剧院担任文学部主任职务。2004至2007年间，他在哈萨克斯坦国家电视台主持《祖国》和《鹰猎》节目。自2008年起，巴合提任哈萨克斯坦作家协会“文学家之家”主任。

巴合提曾多次在各种纪念哈萨克斯坦著名诗人的诗歌比赛中获奖，其诗歌作品收录于作品选集《浪打浪》《喜鹊》《青年诗人文集》《双弦》中。他出版的诗集有《广阔世界》《芳香草》《时间的心》。巴合提还积极活动于戏剧界和电视界，是诗歌话剧《马哈姆别克》和电影剧本《含特大嫂》的作者。

巴合提从学生时代就开始创作诗歌，酷爱文艺，在诗歌上深有造诣，在色彩的运用方面也具有自己突出的特点。

四、海子诗歌与巴合提诗歌中的色彩意象

1.麦地闪耀的黄色象征海子对故乡的眷念

海子是中国新时代诗人的杰出代表，他的诗不是简单的抒情诗，而是直抵生命的元素，进入了一个更高的形而上的层面。以往对海子诗歌的研究多局限于其诗的艺术特征、精神及美学价值，对其丰富的诗歌意象较少有人从认知的角度进行分析。我们将海子诗歌中的色彩意象进行分析之后，可以发现不同的颜色对于海子而言有着独特的意涵。

基于海子自身的创作理念以及他所具有的家乡情结，麦地在其诗歌中具有独特的意涵，而这也使得海子之所以为海子，乃至成为他诗歌的象征。在海子笔下，麦地这一意象延伸到了村庄、人民、阳光、月光、镰刀、树木、河流、汗水等，对于海子而言，麦地不仅仅是

百姓的生活之地,更是他的精神家园。他像是守卫者一般,不断地为麦地歌唱,表达着对工业文明充斥下的农业文明、乡村生活的向往。他渴望如麦地般纯净、质朴、祥和,那是他心灵深处的牵绊,也是他理想中的归宿。海子每一次用到麦地的意象,也必然心生一种憧憬与庄重。

在诗歌《麦地》中,海子将那随处可见而又十分平凡的麦地赋予了生命与情感,展现了一个和谐美妙的乡村图景。他歌颂着麦子和麦地,因为它们养育了人类,他也歌颂父亲——这个朴素的农民形象。海子既描写了美丽的乡村图景,回忆着麦地的成长与收获,也在表达自己的思念与忧虑。他对麦地有着无限的崇敬,哪怕是收割,他也认为是一种伤害,因为那不仅仅是一片麦地,还是他心中的家园,是充满浪漫气息的精神乐土。麦地在海子心中具有重要的地位,然而在工业文明的冲击之下,麦地却又在不断地萎缩,乡村的宁静不断地被打破,周遭的生存环境也变得恶劣。麦地对于海子而言也只能是一种思念与向往了,那养育了他生命的麦地,也成为其精神的重要支柱。

2.大地闪烁的黄色代表巴合提对故乡的热爱

在哈萨克斯坦,黄色也常被用于描写自然。巴合提在其题为《未尽的思念》的诗中用黄色意象写出了自己对童年时光的回忆和思念,描写了故乡的自然美景。诗句如下(大意):

我思念我那“Сарыторгай”(地名:黄雀)的微风,
请把我带回故乡吧!
多想亲眼看到故乡,
和旧时伙伴热烈相拥。
让我在金黄的村庄旁,
听到我幼年的欢笑声,
告诉童年的我,
我是多么怀念,
却只能在一旁重温,
我那欢乐的童年。
让我再次回到黄色的群山脚下,
我是一只在那里出生的狼。

我们可以看到,巴合提在诗句中用黄色勾勒出一幅乡村美景。黄色作为太阳和黄金具有的色彩,象征喜悦、丰收、富足。哈萨克语中有“像黄金般的”“像黄油般的”等说法,多用于展现富足、祥和等画面,而黄色的草原、黄色的大地、黄色的山峦等意象常用于描绘哈萨克斯坦广阔土地的美丽富饶。于是,巴合提在诗中用黄色修饰地名、村庄和山峰抒发自己对故乡的眷念与热爱之情。

五、海子诗歌与巴合提诗歌中大地色彩意象的运用

海子与巴合提虽生活于不同的社会、文化与时代背景中，有着迥异的个人风格，但他们在诗歌里都不约而同地运用了“黄色”来摹写自然，以黄色代表故乡的大地，象征自己的精神家园。

1.社会、文化与时代背景不同，都展现出对自然的热爱

从两位诗人所处的时代背景来看，海子所处的时代是中国发生巨大变革的改革开放时期，巴合提所处的则是哈萨克斯坦刚刚独立走向自主建设的时代。虽然社会、文化与时代背景不同，但他们都处在经济建设阶段，在经济发展的同时，生态环境遭受了一定程度的破坏。于是，海子和巴合提在诗歌创作中都以黄色的大地等色彩意象来表达自己对自然的热爱之情。其中，海子出于对工业文明的忧思及童年乡村田园生活的执念，在诗歌写作中往往批判工业文明与向往逝去的乡村美景。同样，巴合提面对自己国家建设时期毁坏生态环境的现实之景，也用诗歌展现了对破坏自然的批判和忧虑，以及对美好未来的向往之情。

2.个人风格迥异，都传达出对故乡的眷念

从个体的差异来看，两位诗人均有着属于自己的独特风格。海子的诗歌具有较强烈的个人色彩，浪漫而深邃，其一方面渴望理想生活，另一方面却又在现实中挣扎，不得不面对被工业文明破坏的乡村生活。因此，海子多运用黄色的麦地等色彩意象来表达对故乡的怀念之情。与海子不同的是，巴合提的风格现实而狂放。但在诗歌创作中，巴合提也多以黄色来修饰家乡的自然景物，表达了他对家乡故土的思念和对童年生活的追忆。可以说，两人都以黄色来描摹故乡的大地等自然景物，传达出对故乡的眷念，以及希望重回自己美好精神家园的感情。

通过对中哈两国变革时代的两位诗人海子与巴合提的诗歌进行色彩意象的分析，可以总结出两位诗人在各自的社会、文化与时代背景下运用色彩意象的共同之处。中国诗人海子是在中国变革年代中具有独特魅力与才情的诗人，他多用“黄土”等意象传达出一种对工业文明的忧思以及对童年乡村生活的眷念。哈萨克斯坦诗人巴合提是身处哈萨克斯坦变革年代中的狂放诗人，他多次运用“金黄的村庄”和“黄色的群山”等意象，同样表达了自己对故乡生态环境遭遇破坏的批判和对乡村生活的向往。两位诗人在艺术中对色彩意象的相似运用，说明了尽管文化不同、社会不同，但人们面临着相似的问题、有着相似的精神追求，反映在诗歌中，能产生超越文化与语言差异的魅力。

中国世界一流大学建设中女性领导力的特点与发展现状

叶美兰 南京邮电大学校长

一、问题提出与研究背景

2015年11月,国务院发布《统筹推进世界一流大学和一流学科建设总体方案》,首次对我国如何建设世界一流大学和学科进行了具体规划。在党的十九大报告中,习近平总书记再次强调加快一流大学和一流学科建设,实现高等教育内涵式发展的目标。按照三步走的战略,到21世纪中叶,我国一流大学和一流学科的数量和实力要进入世界前列,基本建成高等教育强国。英国学者 Michael Shattock 在《成功大学的管理之道》一书中指出,"大学成功的决定因素之一是'强有力的引导核心'的特征和组成,这种领导力更有可能促进可持续的高质量的大学业绩"。在我国世界一流大学和一流学科建设的过程中,许多女性体现出杰出的领导力,取得了卓越的工作成就。概括来讲,这些女性由三个群体组成:一是一流大学的女性校长;二是从事教学、科研管理工作的女性中层干部;三是专业领域的女性教授。她们扮演领导者角色,参与管理和决策,发挥女性领导独特的管理才能,已经成为世界一流大学和一流学科建设中不可或缺的力量之一。本文将世界一流大学建设中的女性领导力作为专门的研究对象,分析其特点、现状和发展困境,进而提出相应的提升策略。这对于进一步提高世界一流大学的治校水平和管理效能,推动世界一流大学女性领导的专业化进程,加快推动我国世界一流大学和一流学科建设都具有十分重要的意义。

二、女性领导力理论与大学女性领导力的特点

1.女性领导力理论的内涵

国外对领导力的科学研究始于20世纪初,而对女性领导力的研究是在20世纪70年代性别主题进入领导力研究领域后才逐渐为人们所关注的。Kanter 首先提出当时组织

分析中的“盲区”,引起了关于性别因素在组织生活中对领导力及权利影响的讨论。① 20世纪70年代以来,随着女权运动在世界范围内的高涨,女性独立自主的意识不断觉醒,领导力理论开始关注女性,对男性领导权构成挑战。在应对社会危机中,女性领导的卓越表现和其独特的领导风格逐渐对男性领导权形成挑战,女性领导力成为学术界所共同关心的一个议题。

美国女性职业顾问 Helgesen 在1990年出版的《女性优势》一书中提出了女性领导风格(Feminist Leadership Style)的理论,这种领导风格注重沟通、协调、良好的人际关系以及集体的成功。Judy B.Rosener 在《哈佛商业评论》上发表《女性领导方式》一文,支持了 Helgesen 的观点,她提出男性多采用的是一种“交易式”的领导方式,且更倾向于使用组织所赋予的职位权力;女性则多采用“变革式”的领导方式,更倾向于认为自己的权力来自个人魅力、勤奋工作以及与下属之间的个人关系,而不是来源于组织中的地位。Brenner 等人也指出,选择在传统意义上适合男性的岗位上工作的女性,更有可能破除社会大众对于性别角色的刻板印象,有助于改变人们对于职场中女性价值的认知。② 华尔街日报记者在1986年首次提出玻璃天花板理论(Glass Ceiling),指女性在晋升高层主管职务时常易受到某些向上移动的阻碍,这些阻碍通常不易被察觉且无明文规范,就像无色玻璃天花板一样,该理论指出了女性职业发展的潜在障碍。③ 而社会性别理论认为性别差异并不是造成两性角色差异的决定性因素,制度和文化因素是造成男女角色和行为差异的原因,人们现有的性别观念是社会化的产物,因而是可以改变的,该理论为女性领导力的开发和提升提供了社会学视角的理论支持。近年来,一些研究开始关注女性与男性领导力差异的比较分析,他们发现女性比较喜欢采用更为民主、参与型的领导形式,并倾向于转化型领导模式,以激励下属把自我的利益转换为组织的目标。在女性化领导风格的研究过程中,有学者提出了“母性管理”的观点,台湾学者廖志德认为女性本质优于男性之处在于女性具有母性,即包容、谅解、和平、温柔、比较会替别人着想等,这些都是女性较突出的特征。国际妇女论坛组织(IWF)研究表明,女性领导者具有“变革型领导”的领导力,即让上下属了解公司的大目标,积极地与下属互动,并喜欢运用与个人特征有关的权力,如领袖气质、勤奋工作的态度等。④

2.女性领导力的特点

通过文献综述,我们发现女性领导力与男性领导力的差异具体表现在领导能力、领导风格、领导方式和领导特质四个方面(表1):

---

① KANTER R M. Men and women of the corporation: New edition[M]. New York:Basic Books,2008.

② BRENNER O C,TOMKIEWICZ J,SCHEIN V E. The relationship between sex role stereotypes and requisite management characteristics revisited[J]. Academy of Management Journal,1989,32(3):662-669.

③ HYMOWITZ C,SCHELLHARDT T D. The glass ceiling:Why woman can't seem to break the invisible barrier that blocks them from the top jobs[J]. The Wall Street Journal,1986,24(1):1573-1592.

④ 许一. 女性领导理论述评[J]. 当代经济管理,2007(4):18-23.

表1　女性领导力与男性领导力之差异

	领导能力	领导风格	领导方式	领导特质
女性领导力	直觉力、协调力	社会导向	柔性管理	互动民主型
男性领导力	决策力、执行力	任务导向	刚性策略	开拓进取型

(1)领导能力。很多研究者认为,由于性别、社会历史、社会大环境、社会习惯、思维差别等因素的影响,男女干部的行政领导能力还存在一些不同之处。与男性领导人才相比,女性领导擅长调查研究、知人善任、指导基层等。① 朱斯琴认为,女性领导力主要表现在较强的亲和力、较强的协调能力、较高的忍耐力和责任感,善于进行共情式领导以及刚柔相济的领导风格等六个方面。② 而男性化强的企业崇尚自信和竞争,决策果断、目标性强。美国国家女性商业主基金会在1994年进行了调查研究,有53%的女性十分重视直觉式思考,这种方式具有创造力和敏锐的感知力;而71%的男性却推崇逻辑式思考,即用分析、系统地处理信息等手段完成任务。

(2)领导风格。国内学者宇长春以政府部门为例,从领导者个性和动机角度,通过实证分析的方法,解释了两性领导风格的差异性,进一步支持了两性领导风格存在差异的观点。男性更偏向于自主、独立、竞争,趋向于任务导向型;而女性更注重人际交流、相互依存、合作共事,趋向于社会导向型。③ 台湾学者黄丽蓉认为女性领导力特征体现为互动型的领导风格,组织关系呈包容性的蛛网状,全面而多元的思考方式,授权与团队建立,重视员工的教育与成长。④

(3)领导方式。董晓艳提出女性领导的特质主要表现为具有较强的沟通能力、敏锐的直觉力、严谨细致的性格特征,倾向于柔性、民主的领导方式。⑤ 女性领导者更重视非权力性影响力的运用,更善于通过激励、沟通、协调、引导、认同等柔性、隐性的手段,来创造良好的氛围和环境,有利于工作的开展与任务的完成。女性特有的亲和力能够满足追随者得到尊重和认可的需求,善于化繁为简的领导能力能够满足追随者自我领导的需求,较强的沟通能力能够符合柔性领导的需求。⑥ 相反男性领导者善于采用"硬领导力",强调领导的科学化、制度化和标准化,在实践中缺少人格化、个性化和情感化等软性因子。⑦

(4)领导特质。王雷松认为女性领导具有的特殊的魅力特征为领导活动创造了无限的可能,这种魅力表现为女性领导的品格特质,如善于沟通、情商和智商高等特质。⑧

---

① 段火海. 妇女学原理[M]. 北京:中国妇女出版社,1989.

② 朱斯琴. 论女性心理与柔性化领导方式[J]. 内蒙古大学学报(哲学社会科学版),2010,42(4):64-67.

③ 范黎波,杨金海,史洁慧. 女性领导力特质对员工绩效的影响研究——基于团队氛围的中介效应[J]. 南京审计大学学报,2017,14(4):34-43.

④ 黄丽蓉. 组织中的女性领导[D]. 台北:台湾政治大学,1996.

⑤ 董晓艳. 女性领导的特质及其领导能力的提升[J]. 领导科学,2009(24):52-53.

⑥ 蒋莱. 女性领导力研究综述[J]. 中华女子学院学报,2011,23(2):66-72.

⑦ 刘良忠. 女性"软领导"风格浅谈[J]. 人才开发,2004(11):11-12.

⑧ 王雷松. 女性领导的魅力特质研究[J]. 领导科学,2010(20):37-38.

Willemsen 研究发现，与男性相比，女性在细心度、敏锐性与情感表达等方面具有优势，这些独特的性格特征为企业创新增添了活力。[①] Kenter、Rosabeth 和 Moss 在女性特质与领导力的研究报告中指出女性领导的特质在于较强的沟通能力、敏锐的直觉力和倾向于民主的领导方式。此外，在女性领导力的开发过程中，女性领导者所特有的形象魅力、品格魅力、情感魅力发挥着重要的作用，形象魅力主要体现在女性领导者的体貌形象、言谈形象和举止形象上。[②]

3.世界一流大学建设中女性领导力的特点

韩国淑明女子大学校长黄善蕙认为，女性是改变世界的温柔力量，女性接受高等教育给社会职业期待带来巨大变化。自 1994 年 Judith Rodin 就任宾夕法尼亚大学校长并成为美国常春藤大学联盟中的第一位女校长，21 世纪后，常春藤大学联盟中已有一半的前任或现任校长为女性，在美国掀起了一股由女性担任大学校长的浪潮。[③] 整体而言，高校女性领导者除了具有女性管理者本身特有的优势外，还拥有高等教育环境下女性管理者的独特魅力。

(1)具备高超的专业素养。高等教育环境下的文化底蕴赋予女性领导者更开阔的理论视野和思想境界，奋发进取、独立自主的女性精神为其事业走向成功起到了潜移默化的作用。她们之所以能担任高校中的重要岗位，一是因为这些女性在知识领域的特长、卓越的专业技能和高超的专业素养是她们走向高校管理层的基石；二是因为杰出的高校女性领导群体普遍是高学历、高学术水平、高职称，即典型的“三高”知识群体。知识女性独有的丰厚学识、高雅气质、文化修养以及自身成长的内在驱动过程，对于追随者的选择行为有着不言而喻的号召力和影响力。有研究者基于 2012 年发布的第六次《全美大学校长年度报告》的统计数据发现，具有博士学位已成为美国研究型大学遴选女性校长的基本条件，名校背景有可能会帮助女性获得校长遴选委员会的额外加分。[④] 过硬的学术成就加上丰富的管理经验，使得这些精英女性具备了担任任何一所世界一流大学校长的基本素质。

(2)富有满腔的教育情怀。美国研究型大学的女性校长大多出身名校，学科背景以人文社科为主且较多元化，人文社科的学科背景生发出她们柔性的人文情怀。[⑤] 德国教育家雅斯贝尔斯曾说：“教育的本质意味着一棵树摇动另一棵树，一朵云推动另一朵云，一个灵魂唤醒另一个灵魂。”大学女性领导者内心深处拥有一名教育家难以割舍的教育情怀，她们更懂得从多角度看待现实工作中的教育现象，总结形成系统的教育思想，对教育事业抱有满腔的热情和执着。她们热爱教育事业，勤恳工作，善于用自己的爱感化别

---

① WILLEMSEN T M. Gender typing of the successful manager—a stereotype reconsidered[J]. Sex Roles，2002，46(11)：385-391.

② 王伟华. 女性领导力研究评述[J]. 领导科学，2010(26)：30-32.

③ 喻恺，王饮寒. 迎接“她时代”：女性担任高校领导的挑战与机遇[J]. 高等教育研究，2014，35(10)：16-22.

④ 牛蒙刚. 掌舵的女性：美国大学女性校长研究[D]. 天津：天津师范大学，2018.

⑤ 牛蒙刚. 掌舵的女性：美国大学女性校长研究[D]. 天津：天津师范大学，2018.

人、用自己的奉献去关注和追求人性与亲情。面对学生群体,她们如关爱子女一般,及时为学生排忧解难,关注每个学生的健康成长和全面发展;面对教职工群体,她们善于运用先进的教育理念和现代化管理方法处理工作中的问题,创造条件为教师实现自身价值,与员工同心同行。她们深知大学教育的意义和责任,敢于用实际行动践行教育事业,用奉献精神为师生构筑精神家园。

(3)拥有鲜明的人格魅力。高校女性领导的吸引力,主要来自其个人具有的人格魅力和成长经历。一般而言,女性的性格特征使得她们在人际交往过程中总是温柔智慧、仪态端庄、自信大方,在行为规范和个人修养方面容易获得人们的好感、受到人们的拥戴。同时,她们有着与身份吻合、能够引起共鸣并得到人们尊重的价值观,具有影响深远的示范和引导效果,从她们身上人们能看到理想、信念这种精神力量。女校长要成就一番事业,需要克服传统文化观念及社会多重身份所造成的重重压力,培育"自信、自尊、自强"的品质。[①] 女校长们在任内都不约而同地关注消除人们对女性的传统偏见,打破性别壁垒,赋予女性更多的教育、工作权利和为女性创造更多施展才华的机会。[②] 女性校长身上与生俱来的亲和力和细腻的母亲特征使她更愿意培育与帮助他人,后天良好的教育水平和女性自身的觉醒努力形成了令人信服的鲜明的个人魅力。

三、中国世界一流大学建设中女性领导力的发展现状及困境

1.中国世界一流大学建设中女性领导力的发展现状

现阶段,我国从业人口有45.4%为女性,高校中的女性教职工更是占有较大比例。作为最高水平的人才,领导者在高校的发展中起着决定性的作用,而作为领导人才的一部分,女性领导者也已成为高校建设和发展的重要力量。高等教育和性别平等事业的发展,使我国高校女性领导者的发展进入了一个新的历史阶段,我国高校以空前规模配备了女领导人,她们在中国高等教育的发展中发挥了令人瞩目的作用。[③] 对这一群体的研究随之而起,成为中国女性高等教育发展和研究中不可或缺的内容。本文将从两个方面对中国世界一流大学建设中女性领导力的发展现状进行分析。一是对北京、天津、上海、重庆四个直辖市2015年10月至2016年5月这一时段的272所高校的1524位男领导和349位女领导进行分类统计和比较分析;二是对南京邮电大学截止到2020年上半年校领导、中层领导和女教师的数量和占比进行数据分析。

---

① 陈雅芳.论成功女校长的素质特征[J].教育研究,2007(2):89-91.

② 李素敏,骆微微,牛蒙刚.欧美世界一流大学女性校长群体领导素质特征透视[J].现代大学教育,2016(3):59-66+113.

③ 黄勋敬.领导力模型与领导力开发[M].北京:北京邮电大学出版社,2008.

(1)四地高校女领导任职情况

四地高校女领导总体数量增长。对北京、天津、上海、重庆四个直辖市272所高校的调查统计发现,四地高校实际共有女领导349名,占高校领导总数的18.63%。在教育部75所直属高校中,有女领导97名,占部属高校领导总数的12.39%;在38所原"985工程"高校中,有女领导53名,占领导总数的11.86%;在114所原"211工程"高校中,有女领导125人,占领导总数的10.59%。尽管还存在"金字塔"现象,但在重点高校领导人中,女领导也达两位数的比例。

四地高校担任正职的女领导比例增长,结构在优化。在四地351人次(有领导兼任书记和校长,故以人次统计)的高校女领导中,有40人次女性担任正书记,占四地高校书记总数的15.50%;有18人次女性担任正校(院)长,占四地高校校(院)长总数的7.00%。女领导逐渐改写仅仅担任"副职"的历史,任职结构不断优化,特别是在女书记的岗位上。统计还显示,女领导出现在高校领导班子的各个岗位上,在四地351人次的女领导中,女副书记有115位,女副校长有178位,分别占该领导职务总数的26.81%和18.78%,女副书记的比例最高,这在一定意义上反映了我国高校女领导进入领导层的主要路径。[①]

四地高校领导班子中女性数量不断增加。在272所高校中,领导班子中有3个以上女领导的高校有38所,以北京的高校最多,达23所;重庆的最少,仅有2所。从38所高校的情况看,北京戏曲艺术职业学院、北京财贸职业学院领导班子中女性分别占到57%和56%,是北京高校领导班子中女领导人数占比最高的;天津交通职业学院、天津城市职业学院是天津高校领导班子中女领导人数占比最高的,分别为71%和67%;上海交通职业技术学院、上海健康医学院是上海高校领导班子中女领导人数占比最高的,分别为60%和57%。从学校的类别看,艺术学院、财经学院、医学院有可能是女领导数量较多的高校,这与两性在学科专业领域的角色分工有一定关系。[②]

(2)南京邮电大学女领导任职情况

在南京邮电大学,截止到2020年上半年,校内校领导共11位,其中女领导3位,占比27.27%,超过四分之一的比例,说明我校女领导的配备率处于较高水平;中层领导共217人,其中女性61人,占比28.11%。全校所有部门中有14个部门的女性领导者不低于2人,其中海外教育学院与继续教育学院女性领导者高达3人,说明女性在教育相关领域中发挥了较好的作用。南京邮电大学教授共225人,其中女教授共55人,占比24.44%。根据女教授年入校数量分布(图1),可以得出随着时间的增长,女教授数量整体呈上升趋势,说明学校正逐渐消除在教学科研岗位中对女性的偏见。根据女教授部门分布(图2),可以得出女教授最多的五个学院分别是材料科学与工程学院、电子与光学工程学院、通

① 石庆华.全球化时代女性领导力的新范式[J].延边大学学报(社会科学版),2008(6):129-133.

② 刘伯红.大学女校长及女性领导者之发展现状:基于京津沪渝四地272所高校的调查[N].中国妇女报,2018-09-11(5).

信与信息工程学院、管理学院和自动化学院，这五个学院中有四个为偏工科的学院，仅有管理学院偏文科，说明在学科分布中，女性与男性的差距正逐渐缩小。

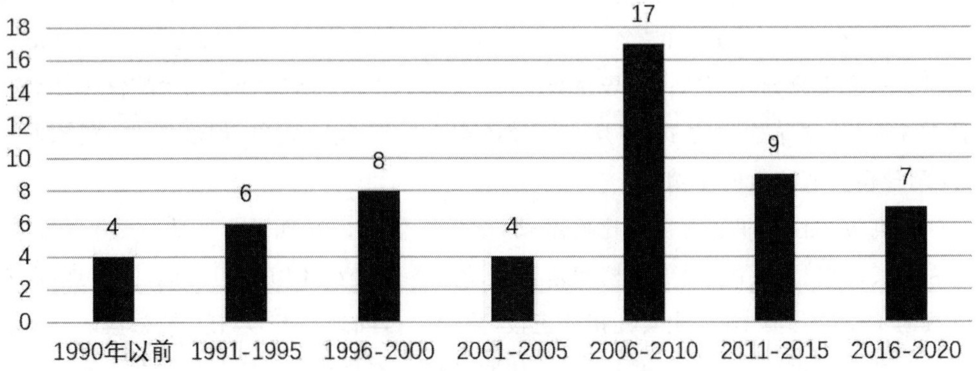

图 1　女教授年入校数量分布

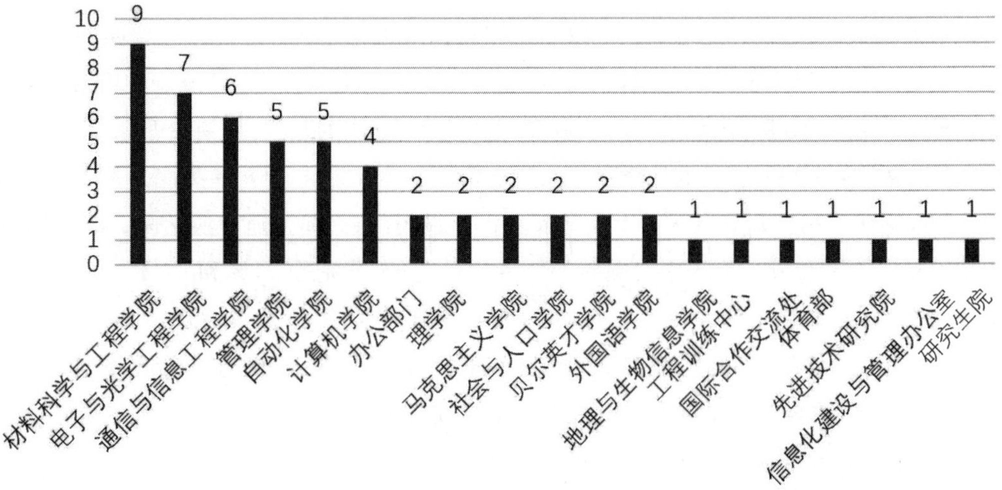

图 2　女教授部门分布

由以上两个案例可以得出，与中国各历史阶段相比，当下高校女性领导的数量和规模，成为“中国史上之最”。据史料记载，我国历史上第一位高校女校长出现在 1924 年，是国立北京女子师范大学的杨荫榆；1949 年前中国的高校女校长均任职于女子大学，屈指可数。改革开放后，我国高校女校长突破女子大学任职的“限制”，出现在重点高校或综合性高校等各类高校领导岗位上。德高望重的女物理学家谢希德，于 1983 年出任复旦大学校长，成为中华人民共和国成立后第一位女校长。21 世纪，越来越多的女性出现在各类高校的领导岗位上，成为中国历史上高校女领导数量和规模发展最快的时期。[①]

① 刘伯红. 大学女校长及女性领导者之发展现状：基于京津沪渝四地 272 所高校的调查[N]. 中国妇女报，2018-09-11(5).

尽管高校女领导的发展数量和规模取得了长足的进步，但是与中国妇女参政的整体状况、《中国妇女发展纲要》的指标以及中国政府承诺的国际指标相比，还面临不少问题。①

第一，相对于党政部门女领导的发展而言，高校女领导的人数偏少，比例偏低，没有达到女职工比较集中的单位女领导“多配”的要求。

第二，高校女领导的任职和分工还存在传统角色定型和边缘化的现象。担任党务工作的女领导明显多于担任行政工作的女领导；在高校领导分管工作的分工上，也存在明显的传统角色分工的情况。

第三，高校女领导发展的路径偏窄、空间不足。统计显示，几乎一半（49%）的女领导都是由本校提升发展起来的，“其他高校调入的”和“其他非高校单位调入的”女领导比例，都明显低于男领导。说明男领导在高校之间调动和流动的机会明显多于女领导，女领导发展机会有限。

第四，高校女领导发展的支持性环境不足。高校女领导的不足与女性担当专业学科领军者的不足相关，更与女性在高校专业技术领域中发展的支持性环境不足相关。

2.中国世界一流大学建设中女性领导力的发展困境

虽然我国世界一流大学建设中女领导的数量逐年上升，规模空前，但仍然存在较多的问题，究其原因，主要有以下几点。

(1)社会刻板印象

此处的社会刻板印象即社会性别观念，让女性被捆绑在女性的角色里，阻碍女性成为高校中的“职场领袖”，成为高校女性教师晋升的“职业天花板”。性别偏见下的女性领导力发展，很容易陷入性别刻板与固化模式的困境，这也是女性群体在领导力开发中无法享有和男性均等机会的主要原因。当女性在组织机构中担任领导职务时，即使有着较高的领导才能和岗位胜任力，也会被认为是特殊的个例，不具有普遍性和代表性；而那些没有担任领导职务的女性，即使为此做了充分的前期准备并能满足领导岗位的任职要求，在未能如愿以偿时，也被认为是正常现象，不会令人感到惊讶和疑惑。从现实情况来看，即使现代女性有逐步从组织边缘走向中心的意愿，但高校女性打破玻璃天花板担任高层领导职务甚至是正职一把手职务的，依然是凤毛麟角，大部分女性参与高校管理的决策权得不到有效的支持。② 另外，“副职升迁”现象的扩大化，在某种程度上也打击了女性向上发展的积极性。总体上来说，高校女性群体人数基数偏低，且参与决策管理的兴趣不大。应该说这与高校干部选拔和在培育女性后备干部上的主观保守有关。前者的表现是“三少、两低、一窄”；后者的表现是：选拔为副处级以上职务的女性干部年龄偏大，错过了继续升迁的最佳时机。由此看来，改变这种性别的社会刻板印象，是鼓励和支持女性参与高校管理、提升女性领导力

---

① 陆梅芳. 关于高校女干部提高领导能力的思考[J]. 文教资料，2015(7)：103-105.

② 陈仕伟. 提升女科学家在科研领域的地位[J]. 科技导报，2011，29(18)：11.

的第一步。

(2)自我认知偏差

如果说性别社会刻板印象是影响高校管理女性走上领导岗位的外部软环境的话,那么,女性职业发展自我角色期待错位则是高校女性领导干部缺乏自身建设的内在原因。在国人的观念中,女性必须先扮演好贤妻良母的角色、孝顺女儿的角色,最后才是工作当中的角色。尤其是女性领导,一旦在社会生活中有所成就,就会遭到各方面的排斥和质疑,这些社会固有的观念都给现代职业女性带上了沉重的思想枷锁,也影响了女性对自身角色的期待和定位。[①] 一般来说,进入高校工作的女性,由于接受教育和学术训练的关系,她们在做个人决策时,并不完全是感性判断,理性推理的成分也非常大,她们会根据实际情况进行个人职业生涯的自我发展规划。从职业发展的角度来讲,她们既要高质量地完成教学科研任务,又要花费大量时间进行日常事务管理,常常会力不从心、顾此失彼,这也迫使她们不去选择双肩挑的重担;从家庭生活的角度来讲,由于女性的生理特性,也确实在生育子女方面付出很大的辛劳,承担着比男性更多的照顾和教育孩子的事务,似乎选择专职从事教学科研工作更符合她们的职业意愿。这两个方面的原因影响着女性的自我认知和职业定位。因此,如何平衡工作和家庭生活的关系,是高校女性走上领导管理岗位后必须要考虑的难题。

(3)工作与家庭关系

社会普遍希望女性可以用更多的时间来照看家庭,因此女性如何在事业和家庭中间达到良好的平衡关系是长久以来讨论的话题。首先,生育负担对女性领导成长的阻碍。传宗接代对于任何一个传统中国家庭来说都是首要任务,而女性则是生育责任的首要承担者;在很多时候当事业发展黄金期与生育黄金期碰撞时,女性不得不面临两难的选择,如果选择事业的发展,她们将面临来自双方父母的巨大压力。其次,家庭方面的压力对女性领导成长的阻碍。如何平衡家庭与事业的发展是每一个职业女性面临的难题。因为在大多数国人的心目中,照顾家庭、抚育子女是女性的主要职责,“男主外、女主内”是大多数中国传统家庭的固有模式,所以男性在照顾家庭方面压力小得多,这为男性事业的发展赢得了很多机会。而与之相反,面对事业与家庭,女性领导者要么全力以赴投入事业,要么放弃事业专注于家庭,这一点与男性领导相比,女性领导有着很大的劣势,这种劣势显然不利于她们事业与仕途的发展。[②] 此外,在工作与家庭中寻求平衡点,也一直考验着女性的处事智慧,更是检验其领导力的一个标准。一旦处理不慎,其失误就会被放大,由此被戴上不宜继续升迁的帽子。从长远来看,这无形中为女性领导力的开发制造了一道难以逾越的障碍。

(4)政策原因

高校女性走上领导干部岗位有一定的政策依据,那为什么还会出现高校女性干部比例低的情况呢?原因在于:第一,对政策理解的差异造成政策执行出现偏差。在政策执行中,

---

① 吴琼.浅谈高校女职工的人文素养[J].长江丛刊,2016(12):141.

② 胡滨.从性别角度看高校女性领导人才选拔培养[J].长沙铁道学院学报(社会科学版),2009,10(1):251-252.

如果对法律形式的政策理解不透，对一般条款与特别条款的关系、对法律形式与非法律形式的政策关系把握不准，政策执行就会走样。第二，政策制定和执行的制度环境、文化环境等因素也相应地会造成在某种程度上的自由裁量权过大或者权力运用不当。比如，政策制定中如果没有考虑到高校女性求学过程较长以及女性生育的时间成本对高校女性干部选拔的影响因素，那就会使女性干部的升迁受到严重的制约，导致"男女平等"陷入实践的困局。第三，政策空隙必然会导致在政策执行中出现"上有政策、下有对策"的现象。从目前社会的现实情况来看，如果没有严格的规章制度和法律条文作为保障，那社会成员一时间很难扭转性别社会刻板印象所形成的心态，同样也会造成高校女性干部成长缓慢。

四、改善中国世界一流大学女性领导力发展现状的几点建议

根据我国高校女性领导者在工作岗位中存在的问题，本文给出以下几点建议。

1.识别并清除产生性别偏见的观念元素

性别偏见是制约女性领导力发展的重要因素。针对性别偏见的隐蔽性、无形性，应善于识别并清除负面的社会舆论及传统封建的观念元素，增强社会对女性领导及女性领导力的认识和了解。同时，及时引入能够提升女性领导力的观点，营造公正、开放的社会舆论氛围，给予女性领导更多的关爱和鼓励。[①] 在组织内部环境中，不论是上级领导还是普通员工，都要摒弃对女性领导的刻板认识和偏见，从内心接受女性领导及其领导模式。在工作实践上，要支持、认同女性领导的工作理念与指挥安排，营造包容、和谐的组织文化和价值标准，倡导人人关心女性领导力的开发、人人支持女性领导力的提升，使得女性领导在职业发展上获得更合理的规划与安排。

2.高校女性领导者应从自身维度提升领导力

首先，女性领导者应发挥女性"柔"的优势，提高领导水平。调查发现，男性和女性领导者在领导风格上存在很大差异。科学研究表明，女性领导者在对事物的观察上更加细微，情感更加细腻，对下属情绪的感知能力、与下属"共情"的能力更强，因此女性领导者更偏向于民主式、团队式的领导风格，也更容易获得下属的爱戴和拥护，在组织中营造出和谐的氛围，更好地激励员工，发挥出女性领导者的优势。其次，女性领导者要积极利用专长，提升女性领导力。有句话说"业以技术立，人亦以技术立"，技术在一定程度上决定生产力的水平。女性领导者要想在激烈的竞争中脱颖而出，特别是在某些男性占优势的行业、领域里面获得一席之地，就必须拥有一技之长，成为这个专业领域里的专家，在专业上拥有发言权，用自己的专业能力赢得机遇和尊重。

---

① 高耀明，黄思平，夏君. 高校女教师的生存状态分析：以上海市为例[J]. 高等教育研究，2008(8)：75-80.

3.构建友好型家庭文化服务体系

在肩负工作与家庭的双重责任重担时,女性往往不易做出及时有效的平衡,容易顾此失彼,难以两全其美。因此,构建友好型家庭文化服务体系,实施弹性灵活的管理策略,把女性从繁重的家庭事务中解脱出来,并释放其在领导活动中的潜能,不断开发女性领导力,是社会对新时代女性领导的期盼。[①] 基于此,可以从两方面构建友好型家庭文化服务体系:一方面,尊重女性的价值观、职业观及家庭观。让女性领导理解组织构建的文化服务体系是有助于个人职业发展的,不会由此产生负面影响。构建友好型家庭文化服务体系,定期开展相应的活动,既能传达组织的理念和价值,也容易获得女性领导家属的理解和支持,保证女性领导家庭和睦。另一方面,积极采取更加人性化的方式,使女性领导在婚育与工作之间保持平衡。具体而言,可通过提供子女托管服务、远程办公、家庭办公、弹性工作等形式,为女性领导力的开发提供充裕的时间和更多的机遇,避免女性领导力的开发受到外在因素的干扰和阻隔。

4.加大女领导选拔政策支持力度

新修订的《党政领导干部选拔任用条例》明确指出,"特别优秀或者工作特殊需要的干部"可以破格提拔,但是"必须从严掌握"。高校女性领导的选拔获得政策支持,是指在政策原则的范围内,保证政策空隙区域的政策执行客观和公正;如果条件符合的话,可以采取向女性干部倾斜的政策,如在年龄、职称、年限等方面,将政策优势转化为制度优势,为女性干部的培育和形成合理的女性干部梯队提供政策保证;在同等条件下,高校领导干部的选拔,可以采取女性优先的办法,吸纳更多的女性参与高校的管理与决策,提高政策效率。当然,对于提升高校女性领导力,如果能适时调整和出台更具针对性的政策措施,将更有利于进一步挖掘和提升高校女性领导力。[②]

---

① 刘丽华.浅论高校女校长的新领导观[J].江苏高教,2007(1):26-27.

② 赵红梅.当代美国女子高校的领导力教育:对15所女子学院的研究[D].北京:首都师范大学,2005.

巴基斯坦高校 女性领导力发展现状及主要障碍

——以法蒂玛真娜女子大学为例

尤再若·拉菲可(Uzaira Rafique) 巴基斯坦法蒂玛真娜女子大学科技学院院长
任兴悦 译

近年来,女性在全球社会的地位有所提高,这提升了人们对女性担任领导职务、为社会带来福祉的关注度。

全球范围内,女性已经在各个公共行政部门担任领导职务,然而在巴基斯坦,领导岗位的性别鸿沟仍然巨大。《2017 年全球性别差距报告》显示,巴基斯坦在性别平等方面位居全球倒数第二。巴基斯坦政府于 2019 年在国会和参议院专门为女性设立了配额制度。在这两个机构中,担任最高决策职务的女性领导人分别占到 20.8%和 18%,从而填补了女性的空缺。然而,整个国民议会有 272 个席位,女性依旧只占其中的 5%。对此,2010—2014 年的世界价值观调查或许可以提供部分解释,即 73%的人认为男性比女性更适合当政治领袖。巴基斯坦旁遮普女性地位委员会 2017 年的报告称,2016 年,政府向议会提交了 26 项法案,其中只有一项是由女性提出的。巴基斯坦本质上是父权制社会,它迫使女性遵守某些社会文化规范,导致女性难以发挥潜力和在决策中展示领导才能。本文将试图探讨巴基斯坦女性担任领导职务所受到的阻碍。

一、文献综述

领导力是一个广义的概念,包括一定的理论、行为、风格以及文化在领导风格形成中所起的作用。领导力包含一些因素,包括以某种领导风格影响人们来实现组织目标。相关研究表明,不同社会关于领导力的观念不同,下属对管理者领导风格中性别差异的看法也存在不同。[①] 但人们普遍认为,有效的领导力包括领导者作为团队一员、价值导向的

① PARIS L D, HOWELL J P, DORFMAN P W, et al. Preferred leadership prototypes of male and female leaders in 27 countries[J]. Journal of International Business Studies, 2009, 40(8): 1396-1405; DORFMAN P W, HANGES P J, BRODBECK F C. Leadership and cultural variation: the identification of culturally endorsed leadership profiles [J]. Culture, leadership, and organizations: The GLOBE study of, 2004, 62(1): 669-719; ARDICHVILI A, KUCHINKE K P. Leadership styles and cultural values among managers and subordinates: a comparative study of four countries of the former Soviet Union, Germany, and the US[J]. Human Resource Development International, 2002, 5(1): 99-117; BASS B M, STOGDILL R M. Bass & Stogdill's handbook of leadership: theory, research, and managerial applications[M]. New York: Simon and Schuster, 1990.

参与、摒弃盲目竞争与自我中心。①

在各文化中,男性化依旧是领导者的一个主要特征。② 招聘者在招聘和评价具有相似学位和同等经验的女性求职者时,会明显表现出他们的偏见。③ 薪资酬劳方面也存在性别不平等的现象。研究表明,与资历相同的男性相比,女性的工资较低,且晋升速度较慢。④ 并且,男性新员工可通过私人关系和非正式的权力途径快速获得领导职位。⑤

此外,还有学者对领导风格的性别差异比较进行了广泛研究。⑥ 领导风格可能受到不同文化中性别规范的影响,这些规范会基于性别角色理论,分别告知男/女性领导者何为适当/不适当的行为。Juliusdottir 和 Rafnsdottir 强调,文化是导致女性领导地位低下的原因之一,女性仍受到性别规范的影响。Gibson 提到,男性领导风格具有工具性、个人性和交易性等特征,而女性领导风格则具有公共性、关怀性、参与性和包容性等特征,女性领导被称为变革型领导。⑦ 这些性别差异是儿童时期社会化的结果,家庭对男孩和女孩的培养方式不同,鼓励男孩追求事业,教导女孩安分守己、按部就班。这种儿童时期的社会化进一步对个人职业生涯产生影响,譬如与同职位的男性相比,女性不敢要求更高的薪水。⑧ 不出所料,这种性别角色的社会化也会影响到负责招聘的领导者对员工、管理和组织的态度,进而强化职场中的性别分化。⑨

Alvesson 和 Billing 指出,企业组织和劳动力市场是基于性别划分的。⑩ 正如 Eagly 和 Johnson 所说的那样,人们对领导行为的看法确实存在着性别差异,这更多的是一种

---

① HOUSE R J, HANGES P J, JAVIDAN M, et al. Culture, leadership, and organizations: The GLOBE Study of 62 Societies[M]. London: Sage Publications, 2004.

② OTTSEN C L. Lucky to reach the top?: Gendered perspectives on leadership acquisition across Qatar and Denmark[J]. Gender in Management: An International Journal, 2019(34): 541-553.

③ OTTSEN C L. Lucky to reach the top?: Gendered perspectives on leadership acquisition across Qatar and Denmark[J]. Gender in Management: An International Journal, 2019(34): 541-553; ISAAC C, LEE B, CARNES M. Interventions that affect gender bias in hiring: A systematic review[J]. Academic medicine: journal of the Association of American Medical Colleges, 2009, 84(10): 1440.

④ EAGLY A H, JOHANNESEN-SCHMIDT M C, VAN ENGEN M L. Transformational, transactional, and laissez-faire leadership styles: a meta-analysis comparing women and men[J]. Psychological Bulletin, 2003, 129(4): 569.

⑤ O'BRIEN K E, BIGA A, KESSLER S R, et al. A meta-analytic investigation ofgender differences in mentoring[J]. Journal of Management, 2010, 36(2): 537-554; IBARRA H, CARTER N M, SILVA C. Why men still get more promotions than women[J]. Harvard Business Review, 2010, 88(9): 80-85.

⑥ CARLESS S A. Assessing the discriminant validity of transformational leader behaviour as measured by the MLQ 1[J]. Journal of occupational and organizational psychology, 1998, 71(4): 353-358; EAGLY A H. Sex Differences in Social Behavior: A Social-Role Interpretation[M]. Psychology Press, 2013.

⑦ EAGLY A H, CARLI L L. The female leadership advantage: an evaluation of the evidence[J]. The leadership quarterly, 2003, 14(6): 807-834; BASS B M, AVOLIO B J. Transformational leadership and organizational culture [J]. Public administration quarterly, 1993: 112-121; EAGLY A H, JOHNSON B T. Gender and leadership style: a meta-analysis[J]. Psychological Bulletin, 1990, 108(2): 233.

⑧ BLAU F D, KAHN L M. The gender wage gap: Extent, trends, and explanations[J]. Journal of economic literature, 2017, 55(3): 789-865.

⑨ HARRISON R T, LEITCH C M, MCADAM M. Breaking glass: Toward a gendered analysis of entrepreneurial leadership[M]//Research Handbook on Entrepreneurship and Leadership. Edward Elgar Publishing, 2018.

⑩ ALVESSON M, BILLING Y D. Understanding gender and organizations[M]. London: Sage Publications, 2009.

文化上的差异。[①] 然而，就领导力的有效性和领导风格而言，这种差异并不存在。[②] 但是，这些关于性别和领导行为的看法却影响着女性的职业发展，包括管理人员的选择、晋升、人员配置和培训决策等。[③] 女性往往会受到对自身不利或带有偏见的评价。[④]

Agars 与其他一些学者一致认为，性别差异或是对此类差异的认知，维持了“玻璃天花板”的存在，无形中阻碍了女性的职务升迁，同时也是导致职场中女性领导者较少的原因之一。[⑤] 然而，Nielsen 最近的一项招聘研究（2015）显示，招聘的实际运作方式往往与任人唯贤的原则相左。除了与工作有关的技能之外，领导力的获得还与许多因素有关，其中一些因素依旧受到性别规范的影响。

女性领导地位方面存在的主要问题仍然是担任领导职务的女性人数过少。[⑥] 而导致这一问题的因素尚待阐释。[⑦] 联合国开发计划署 2019 年发布的一份题为《公共行政中的性别平等》的报告称，目前，全球范围内的女性在公务员行列中的占比为 43.9%，在决策岗位上的占比为 29.7%。另一份题为《公职领域中的女性》（2019）的报告也强调称，女性在公职领导职位中仅占 22%，同时希望到 2050 年，这一比例能够达到 50%。

二、研究设计及方法

1.理论框架及研究目的

对文献的系统综述表明，领导职位中的性别歧视，以及领导风格上存在的性别差异，阻碍了女性在职场中的晋升。Eagly 和 Carli 将女性在领导岗位上面临的五重障碍总结为“领导力迷宫”理论，其中包括：残留的偏见；对女性领导的抗拒；领导风格问题；家庭需要；社会资本投资不足。[⑧] Hyrniewicz 和 Vianna 在他们的研究中发现了另外三个影响因

---

① EAGLY A H, JOHNSON B T. Gender and leadership style: a meta-analysis[J]. Psychological Bulletin, 1990, 108(2): 233.

② PRIME J, JONSEN K, CARTER N, et al. Does culture matter, cross-cultural perceptions of women and men leaders[J]. International Journal of Cross-Cultural Management, 2008, 8(2): 171-210.

③ SCHEIN V E. Women in management: reflections and projections[J]. Women in Management Review, 2007, 22(1): 6-18.

④ POWELL G N. Handbook of Gender and Work[M]. London: Sage Publications, 1999.

⑤ BARRETO M E, RYAN M K, SCHMITT M T. The glass ceiling in the 21st century: Understanding barriers to gender equality [M]. American Psychological Association, 2009; WELLINGTON S, KROPF M B, GERKOVICH P R. What's holding women back? [J]. Harvard Business Review, 2003, 81(6): 18-19.

⑥ ROSSER V J. Faculty and staff members' perceptions of effective leadership: are there differences between women and men leaders? [J]. Equity & Excellence in Education, 2003, 36(1): 71-81.

⑦ LAMMERS J, GAST A. Stressing the advantage of female leadership can place women at a disadvantage[J]. Social Psychology, 2017(48): 28-39.

⑧ EAGLY A H, CARLI L L. Women and the labyrinth of leadership[M]. New York: Routledge, 2018.

素:母亲身份;个人形象;童年期的社会化。①

本研究将基于以上理论,以法蒂玛真娜女子大学为例,探讨巴基斯坦的女性领导者在职业生涯中所面临的障碍及其对领导力的看法。

2.研究方法

本研究采用目的抽样法,选取法蒂玛真娜女子大学社会科学学院、科学技术学院和管理科学学院的九位领导人(Laiba、Rida、Nashmia、Shukria、Natalia、Natasha、Farva、Nimra、Sadia)进行半结构式深度访谈,以此进行数据收集,探讨她们对学术领导人所面临的障碍/问题的理解。

随后对所得数据按以下步骤进行分析:(1)初步筛选及分析数据;(2)进一步熟悉数据,对数据进行编码;(3)对数据进行概念分类,通过划分不同的理论范畴,对其进行进一步分析,再分别对这些理论范畴进行命名,明确范畴之间的联系;(4)从数据中总结研究结论。在整个研究过程中,本人都严格遵循研究伦理,按要求对数据收集、分析和报告过程中的参与者进行匿名处理,改用编号代替。

三、研究发现

1.职场偏见与女性领导力

女性在社会中遭遇偏见是普遍现象,这种偏见在职场中也随处可见,并且,随着女性事业的发展,还有愈发复杂的趋势。调查结果显示,由于法蒂玛真娜女子大学是一所公立大学,所以在收入上并不存在性别差异。但在设施方面,男性往往能够分配到比女性更好的房间、购入更佳的实验室设备。同一工作岗位上具备同等经验的男性要比女性更容易晋升,更容易获得领导职位。

2.外貌与女性领导力

女性的外表与升职息息相关,因为人们会根据她们的着装、发型进行评判。女性在工作场合往往会被要求改变自己的着装和发型,反观男性,则不会被人评判外表。调查结果显示,女性经常会受到穿着打扮方面的评论:

"衣服颜色不错。""很漂亮。""你真美。""头发颜色很适合你。"(Laiba、Rida、Nashmia、Shukria)

研究结果进一步显示出一些偏见,即年轻女性总会面对体重相关的评论。此外,即

---

① HRYNIEWICZ L G C, VIANNA M A. Mulheres em posição de liderança: obstáculos e expectativas de gênero em cargos gerenciais[J]. Cadernos EBAPE. BR, 2018, 16(3): 331-344.

便女性再怎么拼命工作,还是要化妆。如果她们不在乎自己的外表,就会面临如下评论:

“穿点时髦的衣服吧。”(Laiba)

这些评论不仅贬低了女性在工作中的贡献,还阻碍了她们在领导岗位上的职业发展。正如 Heilman 提到的那样,对外表而非内在能力和品质的强调对女性不利,是她们在职业发展中遇到的严重问题,而男性在职场上则不会面临这些问题。①

3.刻板印象与女性领导力

通常来讲,人们会认为男性和女性分别具备某些特征,比如男性较为自信、具有上进心和自主性,而女性则表现为善良、富有同理心,这些心理联想也和领导角色有关。Eagly 和 Carli 称,这些看法在女性步入职业生涯时就已事先造成了歧视。② 调查结果进一步印证了此类刻板印象,当涉及较为普遍的领导特征时,结果显示,人们更多地将“实力”“雄心”“自信”归为男性特征,而将具有“奉献精神”“团队合作精神”等归为女性特征。人们普遍认为,女性比男性长得更好看、更富有同情心、更加积极乐观、更乐于奉献并给予他人关心。Eagly 和 Carli 提到,人们总是会强调男性的细心行为,而具有相同行为的女性则往往被忽略。人们对男性举止不当更加包容,对待女性则不然。③ Bennett 报告称,男性往往高估自己的能力,而女性往往低估自己的能力。④ 这种观念可以增强男性在决策方面的自信,使其更加客观实际。我们的深度访谈也部分验证了以上结论:

“女人总是谈论和思考人际关系,男人则探讨政治和体育。”(Natalia)

“女人都很情绪化,很好打交道,因为(我)和她们的竞争完全不在同一水平。”(Shukria)

“我觉得男性更客观,因为他们的生活就是如此,而女性的生活囿于家庭。”(Rida)

事实上,女性的领导力在职业生涯中不断受到质疑、评判及偏见。女性管理男性本身就是一种挑战,因为这并不常见,且男性会认为这是在挑战自己的阳刚之气,于是就会举止奇怪、不愿服从。比如:

“我的一名男下属拒绝给客人沏茶,他表示自己在家从来没有沏过茶,而他在男性领导手下时却会沏茶。”(Natasha)

这与 Eagly 的观点相一致,其认为传统的领导者形象与男性有关,男性被认为是天生的领导者。⑤ 女性则被视为非领导角色,即使是身处领导岗位的女性也只会被视作在

---

① HEILMAN M E. Description and prescription: how gender stereotypes prevent women's ascent up the organizational ladder[J]. Journal of Social Issues, 2001, 57(4): 657-674.

② EAGLY A H, CARLI L L. Women and the labyrinth of leadership[M]. New York: Routledge, 2018.

③ EAGLY A H, CARLI L L. Women and the labyrinth of leadership[M]. New York: Routledge, 2018.

④ BENNETT M. Self-estimates of ability in men and women[J]. The Journal of Social Psychology, 1997(137): 540-541.

⑤ EAGLY A H, CARLI L L. Women and the labyrinth of leadership[M]. New York: Routledge, 2018.

管理岗位上脱颖而出的象征,她们的一举一动都要受到男性的凝视和分析。[①]

"在我的观念世界里,女人不能作为领导者存在。"(Shukria)

"人们存在一种固有观念,那就是认为男性是天生的领导者,以为他们能够妥善管理一切。"(Natalia)

"女人无法承受压力,因为她们总在作出最终决定前寻求别人的帮助。"(Rida)

调查结果显示,压力是领导职位的必要组成部分,女性在工作场所承受着非必要言论,无论是骚扰性言论还是人身攻击,大多都与刻板印象有关。人们会将其视为笑话或恭维,却看不到其中对女性的潜在偏见。一位被访者表示,这些言论与能力无关,而是在谈话中对其进行个人羞辱,例如:

"女士,你还是胖点好,不然肤色会变黑的。"(Rida)

此外,当女性充满自信、底气十足、说话声音响亮时,就会被认为是歇斯底里,而同样的情况很少出现在男性身上。这恰好印证了 Heilman 的观点,即相较于歪曲一个人的成就,人们更容易作出个人判断。[②]

4.性别与领导风格

Eagly 在其研究中提到,传统的领导力与男性行为相关。[③] 性别与领导力的有关文献发现了多种领导风格的混合,研究表明男性领导风格具有个人性、工具性和交易性等特征,而女性领导风格则具有公共性、关怀性、移情性和人文方面的品质。[④] 领导行为中的性别差异并不是固定不变的,它会随着社会环境一起变化。社会角色理论阐释道,社会关于男性和女性领导风格的观念可能会受到不同文化的影响。然而,本研究的调查结果显示,人们并不认为男性和女性具有不同的领导风格。正如受访者提到的那样:

"这取决于男人和女人在特定情况下的表现。与其说是性别问题,不如说是个人问题。"(Farva)

"我认为作为领导者,无论是女性还是男性,都没有区别。女人比男人更能证明自己。"(Rabia)

其中一些人的观点还相互矛盾,如:

"人们说的和想的是两码事,所以男人和女人在领导风格上也有所不同;男人比女人更自信,可以花更多的时间在工作上,因此也更加专注。"(Natlia&Nimra)

当需要激励团队成员、明确目标和传递价值观时,女性表现出更具变革性的领导风

---

① OAKLEY J G. Gender-based barriers to senior management positions: understanding the scarcity of female CEOs [J]. Journal of Business Ethics, 2000, 27(4): 321-334.

② HEILMAN M E. Description and prescription: how gender stereotypes prevent women's ascent up the organizational ladder[J]. Journal of Social Issues, 2001, 57(4): 657-674.

③ EAGLY A H, CARLI L L. Women and the labyrinth of leadership[M]. New York: Routledge, 2018.

④ GIBSON C B. An investigation of gender differences in leadership across four countries[J]. Journal of International Business Studies, 1995, 26(2): 255-279.

格，总能不负组织期望。[1] 一位被访者提出：

“她将自己的领导风格转变为男性化风格，以证明自己是一个优秀的领导者，从而能够继续留在这个岗位上。”(Nimra)

5.“工作—家庭”平衡与女性领导力

几乎每位女性在职业生涯中都要同时面临来自家庭生活的压力，承受双重负担，而男性则不然。Eagly 和 Carli 提到，女性每周花在家务上的时间要比男性多。[2] 调查结果显示，家务和育儿在巴基斯坦主要由女性承担，有孩子的已婚妇女要做两倍甚至三倍的育儿工作及家务活。女性雇用来的家庭帮手也都是女性。一位被访者称：

“即便女人外出工作，丈夫不得不照顾孩子，一旦孩子生病，他们也会让孩子给母亲打电话，征求她的意见。”(Sadia)

显然这并不平等，大多数人，不论是男性还是女性，都认为照顾孩子和家庭是女性的责任。现代女性不仅要提供经济支持，而且还必须照顾家庭，这为女性带来了两倍或三倍的负担，Hochschild 将其称为“第二轮班”。

“当我女儿向我寻求写作或阅读方面的帮助时，我不得不停止手头上的活，而我丈夫却从不会这样。”(Natalia)

“做家务是女性的义务。”(Farva)

“我丈夫的工作时间非常灵活，但他却从不做任何与清洁或其他家务有关的事。”(Farva)

一位被访者指出：

“如果女性工作到很晚才回家，就会被家人们指责，要求其减轻工作负担，多陪陪家人；而男性则不然，他们工作到很晚似乎是理所当然的。”(Sadia)

这正是因为人们期望女性把重心放在家庭上而非事业上。当她们有了孩子之后，就会尽量减少工作量，更多时间都待在家里。正如另一位被访者提到的那样：

“由于孩子和家庭事务挤占了我的日程安排，我没法参加任何活动，也不能晚回家。”(Farva)

女性领导人，尤其是担任管理职务、部门主管或是中心主任的女性领导人，面临着工作—家庭的严重不平衡问题。这些都是机构中耗时耗力且较为重要的职务，而担任这些职务的女性仍然需要照顾她们的家庭。Halpern 和 Cheung 认为，担任领导职务的母亲身负多重任务，她们无法将工作和家庭分开。如果男女双方能够承担不同责任，共同分担家务，那么就能为女性追求自己的事业提供可能。

---

① EAGLY A H, JOHANNESEN-SCHMIDT M C, VAN ENGEN M L. Transformational, transactional, and laissez-faire leadership styles: a meta-analysis comparing women and men[J]. Psychological Bulletin, 2003, 129(4): 569.

② EAGLY A H, CARLI L L. Women and the labyrinth of leadership[M]. New York: Routledge, 2018.

6.童年期社会化与职业母亲

儿童会通过观察并模仿示范者的行为来习得行为,而在童年时期,他们的主要模仿对象就是他们的父母。观察工作中的母亲让孩子们意识到女性可以兼顾工作和家庭,而带有性别歧视的教育则会让女孩们对未来的生活感到困惑。有被访者说:

"当我看到母亲在工作时,我也渴望从事一份工作。"(Nashmia)

"我意识到我在婚后也要做这些工作,但我认为我父亲同样有责任做这些事,可我从未见过他帮忙。事实上,我们所受的教育并没有训练男人做家务,也没有教授他们帮助职业女性分担责任。"(Natalia)

一些被访者分享了与其童年时期所见相反的经历,她们希望通过独立来改变自己的生活,在经济上不再依赖男性。而男性却很难改变,因为他们并没有准备好分担家务劳动。

"我母亲是一个家庭主妇,她鼓励我自立自强,做到经济独立;看到经济不独立的女性,我想当一个独立的女人。"(Nimra)

"我不想依赖男人,虽然我的父母过得很快乐,但我想要属于自己的独立生活。"(Farva)

调查结果显示,大部分参与者都把母亲视为家庭主妇,但她们的母亲总是鼓励她们独立生活,拥有自己的小金库,这促使她们将外出工作视为一件好事;然而在家务劳动上,她们却得不到丈夫的帮助。

7.社交网络与女性领导职位

由于受到工作和家庭的双重压力,女性很难投入时间建立人际关系,只能在下班后花时间与同事进行社交。正如 Eagly 和 Carli 所说,提升工作、证明地位和能力对于女性来说并不是一种公共行为,而是不寻常、不普遍的。① 另外,女性还需做到谦虚,男性则不需要。由于大多数老板均为男性,女性很难同他们建立亲密关系,于是在大多数情况下,女性会错失工作或晋升机会。一位参与者提出:

"我不喜欢在老板面前展示自我,因为我不喜欢和老板一直说话,这让我觉得是在拍马屁。"(Sadia)

此次研究还指出了一些女性在家庭或职业生涯中面临的其他障碍,如女性主动选择退出职场、总是低估自身能力而归于外部因素、对平权法案缺乏信心等。

8.家庭还是事业:女性自己的选择?

有些在婚前已入职场的女性不敢担任领导职务,因为她们担心自己得到这个职务后

---

① EAGLY A H,CARLI L L. Women and the labyrinth of leadership[M]. New York:Routledge,2018.

无法平衡好工作、家庭和婚姻生活。在巴基斯坦的文化中，男性身为一家之主，对女性拥有一定权力，为了维持这种权力，他们会以自己提供足够经济支持、女性难以承担领导责任为由向妻子施压，迫使她们离开工作岗位。其中一位被访者提到了她的某位女同事：

“她母亲鼓励她做到经济独立，于是她在婚前就参加了工作，目前已经从事该职业十三年了，然而却被她的丈夫逼着在工作和家庭之间二选一。”(Sadia)

与男性相比，担任领导职务的女性少之又少，人们认为这是她们自己的选择。实际上，这种选择并非“自主”。女性承担着来自男性的额外压力，想要晋升十分困难。正是在这种无形的社会压力中，女性被迫将自己的重心逐渐转移到家庭上。这种压力的作用方式是隐蔽的，这就使得人们很难理解其中对女性的潜在歧视和偏见。

9.已育女性与领导职位的获得

巴基斯坦的平均家庭规模在4—5人不等，这就使得女性承受着来自社会的额外压力。与那些没有子女但事业有成的女性相比，家庭规模越大，已婚女性担任领导职务的机会更少。被访者表示，没有孩子的女性在职业生涯中所面临的偏见较少。本研究担任学术领导人的三位被访者大多没有孩子。人们意识到，如果女性想要获得更高的职位，就要保持未婚或未育的状态，而这些与男性的期望相悖。迫于社会压力，女性担任领导职务就成为一件不必要的事。一些被访者说：

“我丈夫知道我不会因为他而放弃任何机会。”(Sadia)

“男老板拒绝聘用女性担任办公室助理，因为他们认为女助理没法晚点下班。”(Shukria)

10.女性获得领导职位：要比男性做得更好

女性要想成功，就得证明自己能比男性领导做得更好，而男人则不然，因为男性无须承担家庭重任和工作之外的责任。一些参与者提出：

“男性本就处于有利地位，女性领导在管理岗位上要比男性领导更加聪明才行。”(Natalia)

“女性的领导地位需要得到认可，因为她是凭借自身优秀本领才获得这一职位的。”(Natisha)

11.自我认可与女性领导地位

女性不仅需要外界的认可，更需要自我认可。她们缺乏自信，往往把成功归于外部因素和运气，这样反过来降低了她们达成工作成就的潜力和可能。一方面，她们承认自己在工作中的付出，另一方面又尽量避免表现自身优越性。[①]

① EAGLY A H，CARLI L L. Women and the labyrinth of leadership[M]. New York：Routledge，2018.

正如一位被访者 Natasha 所说的那样:

“毫无疑问,我工作非常努力,也学到了很多。但我还是觉得多亏我运气好,才能有今天。”

结　论

本研究通过对法蒂玛真娜女子大学九位领导者的深度访谈,对巴基斯坦高校女性领导者在职业生涯中面临的障碍及其对女性领导力的观念进行了考察。研究发现,在高校职场中,女性无论是外表还是工作表现都要保证“完美”,同时还被要求表现出领导的强势和威严。关于领导风格是否有性别分野,不同的受访者表达了不一样的看法,但她们都一致感受到来自平衡工作和家庭生活的压力。这种工作—家庭生活的平衡还会对职业女性孩子的社会化产生影响,左右着其下一代的职业选择。社交网络有助于女性职业的发展,而家务劳动的负担却使得女性缺乏参与社交的空间和时间。担任领导职务的女性常常因自己选择了事业而非家庭感到内疚。孩子不多的女性面临的问题相对较少,但她们大多不会将成功归因于自己的辛勤努力,而将其归因于运气。从中可以看出,即使是在高校场域中,女性仍然面临着较大的职业发展阻碍,而要破除这些阻碍,需要社会作出多方面的变革。

性别话语与教育领域的女性领导

盖丽娜·尼克拉耶夫娜·巴碧池(Galina Nickolaevna Babich)
俄罗斯乌拉尔国立师范大学教授
刘 洁 译

目前,世界上获得学士学位的女性人数多于男性,但在更高水平的学历获得上,女性仍然处在弱势地位。也正因如此,目前女性占世界科研人员总数的比例不到30%。1901年至2019年间,诺贝尔奖共授予866名男性、53名女性及24个特别组织。在这943个诺贝尔奖得主中,女性仅占5.62%。只有28个国家拥有诺贝尔奖女性得主,其中美国有16位,瑞典和英国各有3位,波兰和法国共有7位。

在高等教育管理领域,情况同样不容乐观。2019年初,俄罗斯公立的师范大学共有41名校长,其中只有15位是女性,其他领导岗位的男性任职比率也比女性高出20%。

尽管如此,我们不能否认世界在女性教育领域的进步。当下,世界各地都有一批杰出的女性,她们有些是大学校长,有些是联合国和联合国教科文组织的负责人,有些是企业的CEO……她们是年青一代妇女领袖、科学家、教育家的榜样,其中有圣彼得堡国立大学(St. Petersburg State University)第一任校长Lyudmila Verbitskaya,哈佛大学(Harvard University)历史上第一位女校长Catharine Drew Gilpin Faust,世界大学女校长论坛组委会(Organizing Committee of World Women University Presidents Forum)主席、中国传媒大学(Communication University of China)名誉校长刘继南教授等。世界大学女校长论坛会聚了众多背景多元的杰出女性,分享促进高等教育发展和女性领导力提升的新理念和新思想。

一、世界范围内高校女性领导力发展现状

根据2015年12月联合国大会通过的决议,国际社会将在2019年2月11日庆祝第四次"妇女和女童参与科学国际日"。联合国呼吁所有国家、所有人民和组织共同促进男女平等参与教育、科学及其他与知识发展有关的领域。几十年来,国际社会讨论的重点一直是"玻璃天花板"的隐喻;21世纪初至今,这种讨论中又增加了一种声音——"玻璃悬崖"。该词于2005年由M.K.Ryan和S.A.Haslam首次提出。与"玻璃天花板"相比,"玻璃悬崖"现象更为微妙和复杂,与其说它讨论的是女性获得领导地位的可能性,不如说它在探讨两性获得的领导地位之间的质量差异。这一概念揭示了女性领导地位的获得往

往伴随着更大的失败风险这一趋势。西方学界对“玻璃悬崖”现象已经进行了15年以上的研究。在此期间,他们进行了大量的实验,积累了大量经验材料,这些材料可能有助于理解现有的管理实践,促进性别权利平等。

为什么担任领导职务的女性比男性少?阻碍妇女担任领导职务的障碍是什么?为什么担任高级学术职务的妇女人数如此不足?是什么使得“玻璃天花板”有效地阻止了妇女在职业等级序列中的上升?关于这些问题,已经有人作出了一些回答。

关于女性职业的体制障碍和刻板印象都是在社会中演变而来的,因此,为了改变这种状况,实现真正的性别平等,就需要改变性别政策赖以制定的社会思想及其运行机制。

目前,专门讨论性别与领导力关系问题的出版物数量稳步增加。数据库Web of Science收录了自1970年以来3000篇关于此主题的论文,其中38%是在2010年以后发表的。近年来,研究人员的注意力已经被吸引到诸如两性领导行为、领导者的性别认同、女性领导力的文化背景、两性领导者的个人特质等问题上。其中最重要的就是针对女性的歧视问题。根据世界经济论坛2018年的年度报告,性别平等的进展速度正在放缓。“玻璃天花板”和“黏地板效应”使女性学者处于职业金字塔的底端,阻碍其职业发展。我们需要科学地反思并找到克服这些现象的方法,因为这些现象是阻碍她们发挥职业潜能以及成为领导者的根本障碍。

这些职业场域中的两性不平衡已然存在,甚至还有加剧的趋势,表现为妇女在技术和科学领域的参与度逐年下降,这给看似发达的世界敲响了警钟。这种全球性别不平等体现在参与度和发展机会、教育水平、健康和生存、政治赋权等各个方面。我们乐观地发现,在保障妇女和女童基础教育权方面,我们已经取得了显著的进展,这是几十年来为她们争取权利而奋斗的结果,但是,不平等依旧存在,例如,在与数字经济相关的领域,女性仍然处于严重弱势的地位。当我们探讨到经济领域的两性机会差距的数据时,便很难再保持乐观了。“玻璃天花板”依旧存在,高层职位上的女性仍然少见,在全球管理人员中,女性占比仅为三分之一(34%)。然而,教育领域的平均性别差距只有5%,根据目前的趋势,我们有望在不久的将来消除这一差距,这无疑是令人振奋的。此外,女性在大学中的地位也值得密切关注和研究。科学技术是第一生产力,与国民经济的发展密切相关。与此同时,大多数国家在工程和数学领域还没有达到性别平等。尽管部分地区开设了STEM项目,但就科学、技术和数学领域的使用者和领军者而言,女性的代表性仍然呈现出系统性不足。在进行这一方向的研究时,也应考虑到这一事实。

我们不能否认在科学和教育领域存在的性别不平等的事实,这也是有统计数据作为支撑的。尽管在形式上,我们没有任何对妇女的公开限制,但隐含的性别刻板印象却暗中规定了这种对女性不利的高级职位分配法则。两性不平等和不对称是在很长的历史时期内形成的,政府不是造成这种现状的唯一原因。正如上述数据表明,社会对女性、女性的能力及其职业发展缺乏信任。因此,我们需要改变的是人们关于女性职业发展的观念。重要的是要明白,这样的改变不是“自上而下”的,仅仅依靠各种政府文件就能够达成。个人和集体意识的转变需要在个人层面、学术制度层面和社会舆论层面进行。这种转变应该通过媒体、教育项目和有影响力的领导人来推动。只有通过各方长期坚持不懈的努力,这种状况才能逐步得到改善。

二、性别视角下俄罗斯高等教育女性领导力发展状况

根据联合国性别不平等指数,俄罗斯排在世界第 49 位。教育和卫生——这两个传统的女性职业领域的性别平等数据最好,尽管在这两个领域也存在严重的不平衡现象。37%的俄罗斯妇女拥有高等教育学位,而俄罗斯男性接受高等教育的比例为 29%,比妇女低 8%。“女讲师”是高等教育中一种非常常见的女性职业模式。按照传统的性别刻板印象,女性适合讲师这一角色,特别是在教育标准化的情况下,讲师等中低层雇员肩负的责任也相对较少。而教育管理岗位基本被男性把持,“他们”才是局面的掌控者。俄罗斯女性较高的教育水平、劳动参与率与较低的职业成就和职业理想之间的巨大落差体现在生活的方方面面,但其中最典型的例子是高等师范教育的性别状况。2019 年初,俄罗斯公立的师范大学共有 41 名校长,其中只有 15 位是女性,其他领导岗位的男性任职比例也比女性高出 20%。但与此同时,女教授人数却是男教授人数的 2—2.5 倍。根据俄罗斯统计局(Rosstat)的数据,约有 85%的大学校长是男性,而在教师队伍中,男性占比大约只有三分之一;在高等职业教育中,女性职员占 58%,男性职员占 42%。然而,当我们将视线转移到教育管理层面,这一性别比例就会发生逆转。尽管近几十年来,妇女在俄罗斯大学中的任职比例呈上升趋势,但女性仍然大都集中在中低层职位,职位越高,女性的人数也就越少。此外,近年来,俄罗斯教育界和科学界的人才危机加剧,表现为高等教育师资队伍的老龄化和国际上高素质人才竞争的愈演愈烈,这就需要解决包括俄罗斯教育领导者在内的教育工作者发展的问题。这反映了我们深层的社会文化特征,即忽视男女两性在社会管理岗位的比例不平等问题,并对改变这一不平等现状缺乏信心。然而,这些只是妇女获得最高级别学术成就、走上最高级别管理岗位所要面对的各种障碍中的冰山一角。

2018 年 5 月的一项数据显示,从俄罗斯男女两性所从事的工作(男性得分 5.78,女性得分 5.5)、工资(男性得分 4.49,女性得分 4.17)、生活质量(男性得分 4.74,女性得分4.51)等方面来看,俄罗斯男性的社会地位总体要高于女性。数据有助于我们了解学术界的真实情况。分析表明,根据以上指标,俄罗斯男性和女性的社会地位评估数据存在统计学上的显著差异。因此,尽管俄罗斯一直宣称男女平等,女性的技能水平和受教育程度与男性大致相同,但事实上,与男性相比,妇女的收入更低,生活质量更低,在职场中获得升迁的机会更少。

众多研究者认为,俄罗斯政府在教育、科技领域政策的主要目标是“向创新发展转型,发展知识经济”。如今,世界范围内对专业过硬或沟通能力超强的人才需求正在迅速

增长;雇主们首先会对能够进行批判性思考、能够创造性解决问题、对新知识和新方法持开放态度、能够有效沟通和团队合作的员工表示兴趣。需要指出的是,俄罗斯创新发展的复杂性还表现在“旧的创新管理体制不能适应社会经济发展的新情况和新要求,因此,在新的时代条件下,要特别注重个人创新潜能的形成和创新活动的开展”。促进相关领域创新的开展,首先与“人”这一因素有关,尤其与新一代领导者和管理者能否接受现代挑战、有效开展创新活动有关。这些开创性的领导者被描述为“激励员工超越自我实现极限”,“能够促进创新,鼓励员工创造新的观点和行动模式,促进新思想出现”的人。目前,人们公认“领导力”是组织变革实现的关键因素。许多研究认为,在世界科学发展模式转换的过程中,“缺乏能够胜任的领导者”是一个关键问题。因此,培养新一代的领导者,包括男性领导者和女性领导者,成为我国高等学校的一项迫切任务。

俄罗斯在国际媒体中的“出镜率”不低,但这些媒体中的大多数信息都没有涉及该国的教育文化。在了解一个国家的教育文化时,重要的是了解这个国家在不同面向上的教育动态,如与性别鸿沟密切相关的女童教育。从性别角度来看,在俄罗斯的教育文化中积极因素与消极因素并存。以下是一些例证:

(1)女性广泛参与科研工作。联合国教科文组织强调,全世界29%的科学研究是由妇女完成的,而在俄罗斯,这一数字高达41%。

(2)理工科目中的性别比例相对平衡。俄罗斯女性对STEM科目很感兴趣,这些科目甚至成为俄罗斯女孩的首选。微软公司的一项研究表明,来自同辈的压力、缺乏榜样和鼓励是STEM学科相关领域缺乏女性的重要原因。但俄罗斯的情况却有所不同。在俄罗斯,“她们”积极参与到理工科的学习中来,并尝试在该领域展开自己的职业生涯。

(3)工程职业场域中的女性参与度较高。在俄罗斯,把工程视作是一项男性工作的刻板印象似乎并不存在。同样是微软的研究表明,通常很少有女性从事工程类职业,关于女性的这一刻板印象是存在的。但在俄罗斯,15%的发明者是女性,这个比例很高,在英国这一比例只有4%。

(4)女性接受高等教育的比例相对较高。早在2017年,俄罗斯政务副总理Olga Golodets就指出,37%的俄罗斯妇女拥有高等教育学历,而男性接受高等教育的比例为29%,比女性低8%。但她也补充到,虽然拥有高等教育学历的妇女比例较高,但针对妇女的就业歧视仍然存在。妇女通常要承受职业和育儿的双重负担,这是导致职场性别歧视的重要原因。

(5)同工不同酬的现象依旧显著。尽管俄罗斯女性受教育水平较高,但女性的平均工资水平只有男性的73%。换句话说,两性间的工资歧视是真实存在的。

这些关于俄罗斯女性教育的事实表明,俄罗斯在女性教育问题上既有正面形象,也有负面形象。它在男女同工同酬方面仍然需要改进,但在减少性别刻板印象方面也有积极做法,这是未来促进性别平等非常重要的一环。我们必须牢记:女性教育问题的改善非常重要,需要我们不断地推进。

需要指出的是，根据研究报告《俄罗斯 2025：从普通员工到创新人才》，在未来 8 年内，俄罗斯能够应对未来挑战的“知识经济”专业人才的缺口将达到 1000 万人。因此，大范围培养年轻的领导者显然已成为一个紧迫的问题。

近年来，为了解决上述问题，俄罗斯政府采取了一系列措施：在科学和创新领域设置“俄罗斯总统奖”，开设俄罗斯联邦政府奖学金和补助金，俄罗斯科学基金会（Russian Science Foundation）和俄罗斯基础科学基金会（Russian Foundation for Basic Research）开办各种竞赛，各部委、联邦和地区科学组织资助政府项目等。例如，2019 年俄罗斯政府教育奖共有 10 人获奖，其中就有 2 名女性，一位女性获奖者来自乌拉尔联邦大学。

最近，改变正在悄然发生。事实上，管理绝不只是任何人都可以习得的经验，它更是一个需要掌握相关理论的领域，同时也是一门需要天赋的艺术。在社会深度转型的条件下，通过大学补充教育者是目前培养领导者的唯一来源，换句话说，大学正在成为科教融合的重要平台。目前，莫斯科大学、圣彼得堡大学、伊万诺沃大学、特维尔大学、萨拉托夫大学、萨马拉大学、新西伯利亚大学、莫斯科学员队等都在教育领域开展了重要的性别研究。乌拉尔国立师范大学也积极参与性别战略和设计的制定，以克服性别不平等的现状。

三、乌拉尔国立师范大学“青年领导者培训项目”的实证分析

目前，俄罗斯教育和科学能否顺利发展主要取决于以下因素：

· 能否转变教育和学术结构中的组织程序；
· 如何应对学术发展进程中的高度不确定性；
· 行为决策在管理决策中是否占主导地位；
· 是否在逐步增加管理者任务的复杂性。

所有这些都要求我们改变培养新一代教育工作者的方法，使他们具备快速作出复杂决定、执行领导任务的能力。

俄罗斯科学的顺利发展，不仅有赖于年青一代研究人员和领导者的培养，而且有赖于创新经济、知识社会、全球劳动力市场所创造的人才需求。

为了支持那些有领导理想的年轻科学家，乌拉尔国立师范大学开发了一个促进他们专业发展的教学模式。在制定该方案时，我们参考了组织学习协会（Society for Organizational Learning）创始人 Peter Michael Senge 的建议。他在《促进社会发展的教育生态系统》报告的序言中说：“我们必须支持教育领域已经或正在发生的变革，因为教育正日益从传统的模式和传统的技能培育转向学生合作能力、解决复杂问题能力的培养。而这些复杂问题没有单一的解决方案，需要学生们发挥创造力，进行深入钻研。”我们设计该项目时考虑到未来 20 年的教育转型将受到数字化和常规劳动（包括脑力劳动）自动化的影响。因此，我们在可持续发展原则的基础上增加了战略的灵活度。该项目基本理念

如下：

·对事业的“热情”是年轻的领导者个性发展的主要动力，因为一个人只有怀着满腔热忱，才能作出具有突破性的创新；

·有必要确保青年领导人对“战略不确定”状态的认知，这就要求他们在一个日益复杂的世界中，随时做好准备，保持个人活力、理性行动，注重元认知；

·培养学生在信息世界中形成自己世界观的能力。

根据研究过程中获得的数据，该模式为我们提供了方法论层面的支持。在该模式内，相互联合的行动、侧重于理解职业经验的教学活动、个人的转变、自我发展的实现达成了系统性的统合，有助于青年科学家和整个团队的职业发展。它充分认识到，职业的发展是一个人内部自我改变的过程，是他的生命意义和时间观念的整合，是一个年轻领导者富有成效的自我实现过程。

乌拉尔国立师范大学创新研究和教育中心（The Research and Educational Center for Innovative Activity of Ural State Pedagogical University）进行了一项调查，共有105名受访者。其中14.3％的受访者是学术基金负责人，33.3％的受访者表示他们有组建由自己领导的研究团队的计划，但近一半的参与者（48.6％）表示自己没有任何担任领导的打算。当被问及组建一支由青年科学家领导的研究团队最重要的条件是什么时，56.2％的受访者将领导者的个人权威、组织能力及创新能力放在第一位，27.6％的受访者则认为是财政支持，5.7％的受访者认为是国家的研究项目。

表　关于问题“您认为在组建青年科学家领导的研究团队时，哪些条件最为重要”的答案

答案	频数	百分比
领导者的个人权威、组织能力和创新能力	59	56.2
财政支持	29	27.6
领导者的合作意愿	8	7.6
国家的研究项目	6	5.7
专业团队	2	1.9
大学（或科学组织）的支持	1	1.0
总数	105	100.0

研究表明，科研团队青年领导者职业发展教学模式的主要结构包括教学目标、教学内容、教学过程和教学结果。教学目标具体为：首先，确保内部资源的更新，帮助青年科研工作者形成职业自我提升的需求，选择个人发展的领域；其次，确保青年科研工作者职业自我意识水平的发展以及职业发展机会和诉求水平的提升；最后，通过培养青年科研工作者对自己所选职业角色的信心，促进有领导潜质者的自我实现。

在设计该教育方案时，我们主要考虑了以下几组因素：

第一组因素是反映在当前法规文件中的科学和教育领域的进步趋势。第二组因素是以教育系统中惯用的说教原则为代表的一系列因素，这与领导者对自身持续发展的重要性认知有关，与学生在学习目标制定中的参与度及在教育与认知活动中的主体性有关，也与他们在学习过程中对必要的学术知识、技能及讨论团队选择中的参与度有关。第三组因素与作为教育主体的领导者自身的发展特点有关，即考虑到项目参与者的年龄和背景、活动及研究的性质以及职业素质的差异，其目的是进行比较分析和战略战术培训，为俄罗斯联邦科学和教育组织的青年科研工作者创造有吸引力的工作条件。

在制定方案时，我们还考虑到了项目资源管理机制。在乌拉尔国立师范大学创新研究和教育中心，前述培训可以作为该职业教育项目的一部分，根据青年领导者的具体需求进行。其使用的发现问题及角色模拟方法包括具体情境下，发展科学基础应用和组织团队工作的科学项目(案例研究)的方法以及涉及分析、计划和调整青年科学家在完成工作任务、开发应用、角色扮演和模拟游戏、视频分析、头脑风暴等方面的实践学习法。学生参与众包过程，是让大量人员参与解决特定科研问题，形成人际网络的重要手段，极大地激活了该模式框架内领导者的培养过程。这些为促进领导者职业成长而采用的具体手段和方法涉及教师、辅导员和参与科研的学生等多个方面，其目标如下：

· 发展学员自我认知、自我实现及个人智力潜能；

· 帮助学员进行心理活动的自我调节，使其能够根据新的职业环境改变认知及行动方式；

· 刺激学员自我发展；

· 帮助学员进行个人职业生涯规划，促使其担任领导职务，使项目在继续教育系统内持续运行。

关于领导者职业发展的预期成果，以下几点值得强调：

· 帮助领导者进行自我完善，发展创造性思维，形成处理信息和使用不同媒体的能力，形成与他人和自己互动的社会和情感技能(自我管理、独立行动、自我调节等)；

· 在现有的职业机会与领导者表达的诉求之间建立充分关联；

· 领导者履行各种职业角色的意愿。

影响该教育模式充分发挥作用的重要因素之一是领导者的职业发展和个人发展的多功能性，其中包括个人素质、专业及管理知识、管理能力之间的相互联系。应该说，领导者的个人素质(价值态度、自尊水平和诉求)在很大程度上是由遗传因素和社会因素、专业和管理知识共同决定的。该模式有效运作的重要教学条件如下：一是在友好的教育环境中，及时为青年科学家掌握教育计划内容提供教学支持，这有助于创造和维护学生认可的集体目标，以促进合作，共同创造，共同学习；二是通过在竞争环境中参与自律性职业协会和网络工作，确保领导者进一步的职业发展。

目前，社会对于元认知能力有着较高的要求，包括在觉察自身智力资源状态下的个性控制能力及信息处理过程中的自我调节能力，因此，要着重培养领导者在信息匮乏或信息不一致时的行动能力、对自身局限的洞察能力以及在研究团队中发动其他研究者的能力。

总体来说,要确保在性别不平等的大学环境中实现领导者的职业发展目标,以下几点需要着重考虑:

- 学员本身对实现其创造能力有着强烈兴趣,渴望发展个性,实现自我;
- 确定学员职业潜力的起始指标、存在的问题以及职业成就;
- 确定个人作为团队潜在领导者的职业发展战略和战术目标;
- 根据学员现有的职业经验和个人素质,设计、组织、实施和修正职业及个人发展的教育计划,并对职业发展成果进行评估。

因此,本文通过对领导者职业发展项目性质、结构和内容的分析,揭示出这一过程的多维性和多功能性。但关于成为高效领导者的具体方法尚需进一步研究。

结　论

争取变革女性领导者小组(Group of Women Leaders for Change and Inclusion)在2019年5月12日签署的公开信中呼吁道:"我们需要在社会的所有领域为女性赋权,实现全面的性别平等。"

2017年3月,俄罗斯联邦政府批准了2017—2022年国家妇女行动战略,旨在落实男女权利和自由平等原则。2018年12月25日,联邦委员会下属的欧亚妇女论坛理事会(Council of the Eurasian Women's Forum)第一次会议讨论了数字经济中的妇女、STEM项目、妇女与可持续发展、俄罗斯妇女在社会经济发展中的地位和作用、欧亚妇女社区门户网站等新项目。

国家两性平等机制制度化的必要性被再次强调,政府也在有针对性地支持创新教育项目,通过建立教育集群整合学术和教育两个系统,以支持青年领袖的学术流动,激发其研究的积极性。

国际科学界正在提出许多全球性倡议,以便在科技和高等教育领域形成新的、有性别敏感的、明智的性别政策。2030年高等教育议程摆在眼前,我相信通过我们的共同努力,教育、科学和高新技术领域的性别平等终将实现。

参考文献

[1]RYAN M K,HASLAM S A. The glass cliff:evidence that women are over—represented in precarious leadership positions[J]. British Journal of management,2005,16(2).

[2]RYAN M K,HASLAM S A,MORGENROTH T,et al. Getting on top of the glass cliff:reviewing a decade of evidence,explanations,and impact[J]. The Leadership Quarterly,2016,27(3).

[3]SEN G. Progress of the world's women 2015 - 2016:transforming economies,realizing rights

[J]. Global Social Policy,2016,16(1).

[4]Пугач В Ф. Гендерный состав преподавателей российских вузов[J]. Высшее образование в России,2015(12).

[5]HICKMAN G R. Leading organizations:perspectives for a new era. 3rd edition [M]. London: Sage Publications,1998.

[6]GRIFFIN P,CARE E,et al. Assessment and teaching of 21st century skills[M]. Dordrecht: Springer,2014.

[7]SHMELEVA E A. Psychological and pedagogical foundations for the development of innovative potential of students and young scientists[J]. Bulletin of the Nizhny Novgorod University named after N. I. Lobachevsky,2013(1).

[8]YAKHONTOVA E S. A new leadership paradigm in the knowledge economy and a leadership crisis in Russia[J]. Management Today,2011(2).

[9]CASTELLÓ M,PARDO M,SALA-BUBARÉ A,et al. Why do students consider dropping out of doctoral degrees? Institutional and personal factors[J]. Higher Education,2017,74(6).

[10]DAVYDOVA N N,SIMONOVA A A,BABICH G N,SHVETSOVA A V. Designing a pedagogical model of professional development for young leaders of research teams[J]. International Journal of Innovations in Engineering & Technology,2019(14).

女性主义的培训不可或缺

戴安娜·基斯·德·亚历杭德罗(Diana Kiss de Alejandro)
劳斯拉格斯大学秘书长
夏 琦 译

2018年5月至6月,在智利的高校,一场由女性领导的制止校园性骚扰和性别暴力的运动应运而生。学生们的呼声激起了关于教育过程中的不平等和性别歧视的辩论。

这场运动过去一年后,智利的高校义无反顾地投身于支持教职工和学生权利的运动中,计划在州立大学中增加30%的女教师、23%的女性管理人员和5%的女校长,同时鼓励女性反思自己在高校和社会中的不平等地位,促进文化变革,从而在各个领域实现有效的性别平等,缩小教育、就业、社会保障、卫生和政治方面的性别鸿沟。

智利的高等教育体系面临许多挑战,其中之一就是实现高校管理结构中的男女比例均衡,增加女性人数,从而有效推动社会变革。本文将分享智利高校在管理中实施性别平等政策的经验。隶属于校长理事会的性别平等委员会成立于2017年,由来自28所大学的代表组成。委员会制定了一项共同议程,旨在增加女性在权力职位上的人数,保持收入平等,并消除在高校准入和研究项目分配中持续存在的性别隔离。然而,性别政策在高校中的实现必然与领导者的政治素养和社会良知有关。

高校管理中女性主义的培训不可或缺。为高校管理层中的女性提供女性主义和性别研究的培训,对于改善教学条件和公平选拔男女人才是必不可少的。女性已在学术界的权力"水晶壁垒"上划下裂痕,她们亟须意识到自己应履行的历史性角色,以行动打破构成高校地平线的父权制结构。

一、阻力重重:女性担任高级管理职务

2007年,我指导了一个研究项目,探讨的是在男女教师和男女管理者中权力与知识的关系。[①] 研究发现,无论女性的知识多么渊博,她们进入决策层总是受到限制。有了这一证据,我们提倡以行动促进更多的女性担任管理职务,特别是在高校机构中。该战略表明,在高校中,大量女性其实能够胜任管理职务,而女性的一致行动将使高级管理层中

① KISS D, BARRIOS O, ALVAREZ J. Inequidad y diferencia: mujeres y desarrollo académico[J]. Revista Estudios Feministas, 2007(15): 85-105.

性别平衡的实现成为可能。

2013 年,智利的迭戈·波塔莱斯大学的一项研究[①]指出,智利担任高级管理职务的女性占 21.7%,而男性占 78.3%。公共部门的女性比例高于私营部门;在教育部门,处于决策职位的女性比例达到 27%;然而,这一比例在校长职位上仅为 5%。因此,管理层的职位越高,女性人数就越少。而且这种隔离现象随着机构地理位置的不同也有所差异:机构离首都越远,其中担任高级管理职务的女性人数也就越少。

智利高等教育中女性入学增长率达到了 51%,但在高校中仍然存在着学位课程选择方面的横向隔离,更没有打破精英话语的惯性。这种话语的特点是认为女性在高级管理职位上的人数较少,不仅与其心理、社会、经济、意识形态、文化根源的限制或障碍有关[②],还因为女性对权力不感兴趣,缺乏雄心壮志[③]。而事实并非如此。实际上,女性希望参与社会的建设,成为社会的主人公。

在 2018 至 2019 年,校长理事会性别平等委员会领导了一些研究,以诊断高校第一层级和第二层级权力结构中性别差距的病灶。第一层级对应校长,此时女性占比为 3.5%;第二层级对应副校长和中层管理人员,女性的比例增加到 32.8%。女性在校长职位上的低任职率表明,同僚们不愿意选择一名女性代表他们,在任命女性担任管理职务方面,考虑的是更为有利的政治代表性。因此在高校管理层中,大多数女性所担任的是执行职务或其他政治参与率低的职务。

高校管理层中第一层级和第二层级之间的女性比例差异表明,权力金字塔中晋升的“玻璃天花板”仍然存在,持续阻碍女性成为大学领导者;而“黏地板效应”则使女性困在高校管理体系的底层,难以进入更高层级的职位。“黏地板”存在的原因包括普遍的父权制结构所衍生的社会和文化因素,也包括女性对自己在高校中的弱势地位缺乏认识的个人因素,这些最终削弱了大学里女性所作决策的影响范围。

高校作为一个社会机构自身在转变,同时也被周边环境所改变。因此,各高校纷纷采用了高等教育战略模式和管理体系,以加强财务可持续性,并保持教育质量标准,使其具有竞争力。从技术培训上讲,男女领导者没有显著差异,他们对领导力培训的需求是一样的。[④] 如果是这样,为什么没有更多的女性领导者?“玻璃天花板”“水晶墙”“黏地板”是高校管理层中性别平等的障碍吗?毫无疑问,坚持让女性负责照料孩子的父权文

---

① CÁRDENAS A,CORREA N,PRADO X. Mujeres y poder:Participación en espacios de decisión[EB/OL]. 2013. https://www.icso.cl/wp-content/uploads/2013/03/PPT-GÉNERO-Y-PODER-VF-5-marzo3.pdf.

② SELVA C. Mujer y trayectoria profesional. ¿Un acceso igualitario a los cargos de dirección? [J]. RIDEG,2012,12(2):33-39.

③ CÁRDENAS A,CORREA N,PRADO X. Mujeres y poder:Participación en espacios de decisión[EB/OL]. 2013. https://www.icso.cl/wp-content/uploads/2013/03/PPT-GÉNERO-Y-PODER-VF-5-marzo3.pdf.

④ SÁNCHEZ-MORENO M,LÓPEZ-YÁNEZ J,ALTOPIEDI M. Leadership characteristics and training needs of women and men in charge of Spanish universities[J]. Gender and Education,2015,27(3):255-272.

化是造成女性代表性不足的一个因素;智利高校管理模式的复杂性也加剧了这一点。[①]比如,智利高校以内部利益冲突和将女性比例最高的较低层级隔离开来的选举机制为特点,领导层的精英主义话语是一种假象,因此整个环境对女性来说是不公平的。改善高等教育中性别不平等的努力还不足以打破高级管理职位对女性的排斥,因此女性获取此类战略决策职位仍然困难重重。[②]

阻止女性崛起的障碍有个人、组织和社会因素[③],而文化体制[④]则是蕴含在这些障碍中的隐性影响因素。个人障碍源于女性在工作和家庭生活方面的难以平衡,比如女性一般会把更多的时间投入到家庭生活中。组织障碍涉及女性在申请特定管理职位时存在特殊限制,如资格认证流程和层级晋升要求对女性较为严苛。社会障碍则指社会认为女性的职业发展应围绕关怀伦理展开,而这些领域的象征性与物质性认可度都较低。

Gaete认为,文化体制是组织障碍的影响因素。[⑤] 首先,性别文化表现为家庭和职业领域传统性别角色的分配、使男性比女性更具优势的性别歧视、女性与男性互动的形式以及只接受男性管理大学这一事实的历史积淀。其次,权力的分配具体化为权力集团的存在、管理层中的要职以及高校层级制度本身。

基于上述观点,可以推断出高校不太倾向于由女性领导,男女权力差异化持续存在。[⑥] 尽管如此,女性担任第二层级管理职务的人数越来越多,而且担任第一层级领导职务的女性比例也在增加。

研究女性在高校管理中的职位,不能脱离女性在社会上的普遍地位以及经济社会发展的总体目标(联合国教科文组织,1993)。高级管理层中女性代表性不足的复杂性在于全球广泛存在的女性边缘化的现象,例如在区域和国家背景下,女性在所有职业的管理职位中的参与度都很低(国际公益扶持组织,2013)。这种边缘化加剧了职位和薪酬的性别隔离。

智利教育部的一项研究揭示了高校管理体系中全职学者之间的性别差距。在2013至2017年期间,高级管理职位中的男性人数每年增加14%。尽管女性在教学类和行政类职位上的就业率较高,但她们在更高职位上的人数增长却微乎其微,这显示出高校文

① GANGA F,GARRIDO O,ABELLO J,et al. Intereses divergentes en las universidades de Chile:una indagación desde la teoría[J]. Opción,2014,30(75):15-34.

② KISS D,BARRIOS O,ALVAREZ J. Inequidad y diferencia:mujeres y desarrollo académico[J]. Revista Estudios Feministas,2007(15):85-105.

③ KISS D,BARRIOS O,ALVAREZ J. Inequidad y diferencia:mujeres y desarrollo académico[J]. Revista Estudios Feministas,2007(15):85-105.

④ TIMMERS T M,WILLEMSEN T M,TIJDENS K G. Gender diversity policies in universities:a multi-perspective framework of policy measures[J]. Higher Education,2010,59(6):719-735.

⑤ GAETE-QUEZADA R. Acceso de las mujeres a los cargos directivos:universidades con techo de cristal[J]. Revista CS,2018(24):67-90.

⑥ TOMÁS M,GUILLAMÓN C. Las barreras y los obstáculos en el acceso de las profesoras universitarias a los cargos de gestión académica[J]. Revista de Educación,2009(350):253-275.

化结构的精英化和父权制特征。[①]

鉴于这种显著的不平等,联合国教科文组织确定了三种可能的观点来解释造成这种差距的原因。第一种观点归咎于女性自身,认为女性的社会心理特征、个性和态度阻碍了她们在工作方面的融入。比如,低自尊、缺乏信任感和进取心使得女性在高校管理层中的职位晋升变得困难。第二种观点侧重于高校的体制结构,认为权力和结构问题是造成女性被排斥的原因。例如,高校有偏见的选拔和晋升形式,对女性担任高级管理职务的抵制,以及缺乏政策去协调和确保女性在工作场所中的平等权利。第三种观点与文化有关,并将前两种观点联系起来。它探讨了社会对性别角色的分配方式,并涉及高校研究工作领域中男女不同的责任,认为这些构成了女性在整个学术生涯中面临的障碍、天花板和水晶墙。

以上三种观点体现了高校工作场所的不平等。我们可以看到女性学者存在难以兼顾工作和家庭、职位层级低、工资低以及被排斥在研究团队之外的困境,她们还面临着性别刻板印象所导致的性骚扰和性别暴力。

二、一致行动:性别政策的制定和推行

我们已知问题所在:女性在工作中承受着性别偏见,在学术生涯中也面临着晋升的障碍。在高校权力结构中,女性虽然被视而不见,但她们已意识到自己在工作中的领导潜力。当下的挑战在于如何扭转这种不利局面,以确保女性在工作领域中的平等地位。

对高校权力结构中性别不平等的分析有两个我们不能回避的因素:第一,平等的准入条件;第二,女性主义支持的关注性别的战略管理技术工具,使女性能够自觉地行动,以缩小当代女性以及新一代女性与男性之间的领导力差距。

性别平等委员会的宗旨是在成员大学中制定性别政策,其 27 所成员大学的代表们提出了解决性别不平等、性别歧视和性别暴力等重点问题的行动计划,其中第一个行动是制定一项处理有关性骚扰和性别暴力投诉的战略。委员会现在致力于迈向全面的性别政策制定,以提高女性在所有领域的参与指标,还希望提出一些措施,以扭转在选择学位课程和组建研究团队方面的横向隔离,并在此基础上,将性别视角纳入培训和机构管理的主流。

为了推进这些远大的目标,性别平等委员会制定了一项议程,包括七项基本行动,以实现性别政策。这些行动包括:

- 制定性别平等政策和落实该政策的平等计划;
- 准备对高校内性别平等的状况进行调查;

---

① ACKER S. Género y educación:reflexiones sociológicas sobre mujeres, enseñanza y feminismo[M]. Madrid:Narcea,1995.

·在高校里建立性别平等部门;

·制定预防与消除性骚扰和性别暴力的政策及行动方案;

·在高校所有的领域中进行性别统计分析;

·在培训过程(本科、研究生和继续教育)、课程、学术实践和研究中实现社会性别主流化;

·制定措施,以消除在知识和决策水平等不同领域,特别是在高级管理职位中的横向和纵向性别隔离。

性别平等委员会提出的最后两项措施是指导和巩固智利高校管理体系真正变革的关键因素。其旨在政治上达成共识,提升女性担任高级管理职务的领导力,同时通过提供具有性别视角的管理工具来加强培训进程,使她们能够作出决策,以缩小新一代女性职业培训中的性别差距。这些变革从对课程进行深刻改革到采取使女性养育子女与教学工作不相冲突的措施,从而消除一切形式的性别暴力,促进组织文化中尊重、包容、公正等社会价值观的普及。

解决高校中的性别不平等问题必须成为高校机构的一项道德和政治承诺。女性在高校决策层中的存在是至关重要的,但更重要的是,那些设法晋升到这些领导职位的女性能够识别与消除在学术、培训、管理、关系和代表层面的性别歧视,并采取行动克服其他任何阻碍女性充分发展和自由的歧视行为,这样有利于促进更多女性进入高校各级决策层。归根结底,这一切都是为了在高校里建立一种和平共处的文化,以促进人们之间的和平、宽容和尊重。

三、领导力提升:女性主义培训的推动

在 21 世纪的前十年,女性在各个领域的地位日益突出。毫无疑问,北京世界妇女大会是促进和凸显她们对社会的贡献,以及推动制定公共政策以解决教育、政治和卫生等方面滞后问题的关键。现在,各种组织中身居要职的女性越来越多,也代表了不同的社会群体。女性要进入以男性为中心的领域要面临众多挑战,既要打破阻碍她们担任这些职务的圈子,也要放弃权力本身,引入新的做法促进她们与其领导的团队之间不同形式的关系。

泛美高等教育协会(IOHE)成立于 1980 年,一直是促进女性领导力提升的先驱。美洲高等教育学会女性领导力研究院(EMULIES)创建于 2011 年,是由高等院校领导人组成的一个思考和交流的空间,自成立以来,一直致力于通过培训提升女性领导力,促进美洲地区高校中身居决策要职的女性之间的交流。

美洲高等教育学会女性领导力研究院已经开始发展和壮大,将校长、副校长、院长、主任和其他领导人聚集在一起,分享她们在高校内与性别、决策和获得权力相关的挑战与经验。为了继续提高女性领导力,2016 年,美洲高等教育学会女性领导力研究院正式

成为泛美高等教育协会的一个组成部分。

这一使命围绕以下战略目标展开：

- 致力于加强女性在高校决策层中的领导力和参与度；
- 促进建设越来越民主、包容和具有社会责任感的高校；
- 提供高校中关于女性地位的精确信息并及时更新；
- 推动高校政策向性别平等方面倾斜。

为了促进女性主义的研究和相关信息系统的完善，美洲高等教育学会女性领导力研究院开发和创建了拉丁美洲以及加勒比地区高校性别平等和女性领导力观察站，研究高校中的性别和领导力状况，并存储相关文本数据。它还组织了 5 次涵盖拉丁美洲地区的会议、16 项学术活动、“美洲高等教育学会女性领导力研究院领导人知名度”运动。在女性主义培训方面，它开设了三期“高校中的性别与领导力”文凭课程、一次指导培训课程和高校性别政策课程。

高校基本上以男性为中心，女性对学校的权力分配结构了解得太晚了。女性学者专注于推动科学事业的进步，应对学校强加的规则，而未顾及学校管理的政治意识，尤其是管理的女性主义倾向。

关于具有性别视角的机构管理体系，一项有关学校组织管理话语的研究①显示，尽管高校管理人员的言辞强调要遵循性别平等原则，但在实践层面的管理中还是会有意识地作出男性导向的决定，因为高校机构赋予性别平等的内涵是因时因地而变的。这一语义—文化范式被那些高校领导者所认同，显示出巨大的影响力和决定性，压倒了内在化的对性别平等的信仰。这表明高校管理层在进行决策时，普遍侧重于性别平等观念的形式而非能有效促进性别平等的实质。

因此，上述研究得出的结论是，高校管理层对性别问题依旧保持缄默，具有性别视角的管理实践可谓稀缺，问题仍有待解决。在话语层面上，由于性别模糊的话语更强大，具有性别视角的个体会被不考虑性别的群体和组织机构所抑制或压倒。

鉴于这样一个脆弱的背景，以及机构战略管理中对性别视角的讨论和行动仍浮于表面，我们必须记住，学术界和政治界的女性主义者预见到女性担任管理职务的人数会增加。因此我们要努力为女性提供资源，增加她们在管理职位上的比例，以促进社会最深层次的变革。关于权力、政治、民主和管理的概念阐述是与培养女性公民意识、用性别视角培训女性领导力相关的理论化的一部分。

提升高校女性领导者的领导力，需要思考为她们赋权的条件。基于性别平等应参照建立一个充分行使人权的公民群体，为女性行使非压迫性形式的权力提供前提条件，这是一种共同的责任，这体现在以社会—性别关系为特征的女性认可政策方面。

---

① SUROVIKINA E. Gestión educativa desde la perspectiva de género：un panorama integrado a través del lenguaje［R］. Ponencia presentada en el XIV Congreso Nacional de Investigación Educativa，San Luis Potosí，México，2017.

Marcela Lagarde 指出,理解"女性主义"思维和行为与"父权主义"思维和行为之间的差异,是提高女性地位、克服性别压迫、改善女性生活条件、促进社会民主化的关键。① 她补充说,目前,女性领导者去管理一个将女性置于具有象征性和政治性的代表位置的场所时,要求其了解女性在争取性别平等方面所取得的进展,以厘清应对女性事业挑战的行动。

与此同时,女性主义视角对研究客体和主体的普遍性提出了质疑,并提出了一些分析工具,如交叉性分析,这提供了一种批判性的观点,需要采取多学科的方法。跨高校战略行动和决策的性别偏见构成了一种暴力形式,使一些群体的利益不为其他群体所看到,在这种情况下,女性群体更容易受到遮蔽。高校领导层所作的决策必须以建设保障男女机会平等的空间为导向,其基础是将性别视角纳入工作中,以识别并解决学术、培训和管理层面的性别歧视与刻板印象,改善人们与女性代表之间的关系。这对于排除任何形式的基于性别或其他因素的、阻碍人们充分自由和充分发展的歧视是至关重要的。

① LAGARDE M. Metodologías feministas para la formación de mujeres lideresas[M]. México:UNAM,2013.

性别平等与女性领导力:关于教育管理的思考与经验

吉赛尔·玛利亚·加班索·巴尔加斯(Guiselle M. Garbanzo Vargas)
哥斯达黎加大学原教育学院院长
刘 洁 译

实现全方位的性别平等依旧应当被视作全球各种社会辩论和公共政策的一项优先议程,以在各种正式和非正式领域的社会结构中实现变革。只有通过教育,一个更加公正和平等的社会才有可能到来。多年来,性别上的不平等渗透到社会关系的方方面面,这表现在公私领域的共生关系之中,使女性被性别化的困境所牵绊。

在性别平等领域,哥斯达黎加等许多国家都签署、批准了基于平等政策的人权协定和公约,反对种族、肤色、性别、出身、信仰、观点或社会阶层等一切形式的歧视。正如《世界人权宣言》(*Universal Declaration of Human Rights*)和其他全球性宣言所示,这是社会进步所必经并且正在经历的历程。在过去 50 年里,我们为消除基于性别的歧视而奋斗,历史上,无数女性因为其性别身份生活在不平等的竞争环境之中,成为这种错误性别观念的受害者。

正如联合国妇女方案(2019)所指出,尽管 1995 年《北京行动纲要》就已经明确"消除阻碍妇女平等参与公共领域和私人领域的系统性障碍"这一目标,但是事实却是,20 多年过去了,所有国家在性别平等方面的进展都很缓慢,法律和文化障碍持续存在,导致妇女继续被边缘化,她们工作得比以前多,收入却不增反减,所拥有的选择非常有限,并在公共和私人领域经历各种形式的暴力。在所有女性实现平等之前,官方和民间都不能有丝毫懈怠。这是实现两性和平、公正和世界繁荣愿景的唯一途径。这种平等必须体现在"同工同酬、平等分担家务劳动和无偿照料工作、消除性骚扰和一切形式的暴力侵害妇女及女童的行为",也应该包括满足女性的卫生服务需求、平等参与政治生活和社会决策制定过程的需求。以下是联合国妇女署 2019 年的报告中关于性别不平等的一些数据:

- 家庭是关爱的空间,但也可能是冲突、不平等发生的空间,并且常常滋生暴力;
- 全球有 30 亿女性生活在不将婚内强奸视为犯罪的国家;
- 平均而言,每五个国家中就有一个国家的女性不能享有与男性相同的继承权;
- 在全球范围内,有 19 个国家将服从丈夫列为女性的法定义务;
- 三分之一生活在发展中国家的已婚妇女不能拥有卫生自决权;
- 尽管女性进入劳动力市场的人数增加了,但仍有一些限制因素,如结婚和生育,这

反映在女性收入不平等的问题上;

·在全球范围内,25 至 54 岁的女性中,只有一半以上的人从事经济活动,这一比例在未婚女性中达到三分之二,已婚男子从事经济活动的比例则高达 96%。

相较于男性而言,女性目前仍处在一个相对不利的环境之中,这对社会发展产生了负面影响。因此,制定和执行推动社会平等进程的公共政策迫在眉睫。只有公共政策得到了改善,教育才能够发挥其主导作用,推动越来越多的妇女在平等的条件下进入社会空间,促进其决策参与,最终助推平等社会的实现。性别刻板印象形塑着社会的职业偏好。从这一点来说,消除性别刻板印象对于平等的真正实现有着非常关键的作用。只有刻板印象的问题得到了改善,女性才能从小不受性别身份的束缚而自由地选择自己的兴趣爱好,她们才有机会进入男性工作和教育领域,才能期望一个不再有歧视的社会,才能让自己的权利得到充分保障。

一、全球范围内性别平等与女性领导力现状

为了更好地理解平权社会中"性别"的内涵,必须明确的是,根据联合国教科文组织文件,"性别"被理解为"区分和塑造一个社会中男女角色、观念和地位的社会文化结构"。而两性平等是指"男女两性在私人领域和公共领域拥有平等的机会和权利,使他们能够平等地实现他们所期望的生活"。平等目标的实现需要我们制定客观指标并对这些指标进行监测,以了解男女两性在多大程度上享有同样的基本权利。

教科文组织指出(2014),这对理解性别与发展的关系非常重要,因为公共政策所产生的影响会反映在男女两性对政治、经济文化和社会生活的参与能力及参与方式上,也反映在价值观念、价值规范和文化实践中,而反过来这些价值观念、价值规范和文化实践又体现了两性的利益诉求,并为我们评估进展提供了经验依据。如果一个国家的政策不能反映少数群体的利益诉求,就不可能实现可持续发展。因为政策上的不平等会导致少数群体(如部分女性)无法以平等的身份和条件参与到世界之中,并最终限制国家的可持续发展。

联合国开发计划署(The United Nations Development Programme)在 2015 年提出了多个可持续发展目标,如到 2030 年全面消除贫困、保护地球生态、确保所有人共享和平与繁荣……它将"性别平等"列为第五个发展目标,愿景是消灭针对妇女和女童一切形式的歧视。为此,它非常重视对女性的赋权,认为这能够产生"乘数效应"并促进她们自身的经济发展。由于干预措施的实行,关于两性平等的观念和态度已经发生了很大的变化,我们应该继续朝着这个方向发展。社会大环境的改变也影响了大学校园内的状况——有利于性别平等的行动空间正在增加,如设立专门的主管机构、发布性别平等指数报告、建立性别问题的讨论空间、出台大学相关政策等。这些改变虽然缓慢,但是正在发生,它们使得更多的妇女能够进入大学管理部门的领导岗位,在此基础上促进两性

平等。

两性平等涉及男性和女性、男童和女童的权利、责任与机会。此外,可以肯定的是,这种平等意味着责任和机会并不仅仅取决于性别,而是建立在两性的利益、需求和优先事项之上的。性别平等是指男女两性根据各自的需求获得公正的对待,公正并不意味着相同,而是意味着权利、利益、义务和机会的平等(UNESCO,2014)。

美洲国家组织(OAS)、联合国(UN)、联合国教科文组织(UNESCO)、联合国儿童基金会(UNICEF)、拉美经委会(ECLAC)等国际组织在全球范围内做了许多努力,发布了各种声明、调查和报告,制定了许多公共政策。这些政策在社会层面得到了推广,为建立一个更加公正的社会打下了基础。在这个社会里,由于性别歧视或其他形式的歧视所造成的不平等将最终走向终结,自由、民主和平等将得到实现。然而,仅有这些努力依旧不够,在性别平等议题上还有许多悬而未决的问题。只有在教育领域进行变革,我们才有希望建设一个真正具有包容性的社会。

二、重要阵地:教育管理与女性领导力

两性关系是不断发展的,并被社会经济、政治、文化等因素所渗透。教育作为影响人们社会化的重要手段,承担着非常重要的功能。确切地说,女性参与领导高等教育是促进平等价值观念转变的重要因素,当有更多的女性能够胜任领导职务,并且有机会在职业生涯中得到发展时,就可以在社会层面上推动平等的进程。高等教育不能总是被视作男性的世界。而妇女从小就被传统的社会性别角色所规定和束缚,放弃自己的兴趣和梦想,将自己局限在家庭性质的工作当中。

两性平等已开始逐步被纳入教育政策,这在社会层面产生了重要影响,具体体现为人们对基于相互尊重的“共存关系”(无论性别、种族、宗教和文化如何)有了更多的认识;正如革命主张所指出的那样,建立一个平等的社会,在男女“共存关系”中实现机会平等和参与平等,是当前政治秩序的基本条件,也是不同社会主体努力的共同目标。高等教育作为知识的创造者,在消除平等障碍的过程中可以发挥重要作用,让更多的妇女进入领导岗位,进入大学不同知识领域的课堂。性别平等是实现可持续发展的根本。这就是为什么在过去的50年间,政府以及其他社会主体都致力于制定和实施促进两性关系平衡的政策,探寻解决主要问题的方法,并在缩小各领域的性别差距上取得了重大进展。但这并不意味着有国家实现了完全的性别平等,两性之间的差距在很大程度上仍然存在,这种差距也反映在大学教育和大学管理中。

根据哥斯达黎加向2016年消除对妇女歧视后续工作委员会(CEDAW 2016 Follow-up Committee)提交的第七次报告,在哥斯达黎加,性别平等事业虽然取得了重大进展,但是针对女性的经济、文化和社会障碍仍然存在,这严重阻碍了平等事业的发展。这种情况反映在高等教育机构中就是女性的晋升机会的稀缺,尤其是晋升为大学高层管理人

员的机会少之又少。因此,我们必须对女性遭受歧视的结构性原因给予充分重视,这是一个需要长期关注和行动的过程。从历史角度看,女性长期身处歧视性的社会关系之中,她们从进入高等教育到顺利完成学业都面临着巨大的挑战。因此,只要打破这些障碍,帮助女性在大学管理部门获得发展空间,她们就能够通过其具有社会影响的示范和行动,极大地促进新的高等教育乃至社会秩序的形成。

在全球层面上,国际组织、世界论坛、高等教育、公共政策等都为实现教育领域的两性平等作出了重要努力。联合国所制定的法律催生了其他国家的国际立法,成为得到其他国家批准的文书。例如:

·1979 年联合国大会通过了《消除对妇女一切形式歧视公约》(*Convention on the Elimination of All Forms of Discrimination against Women*),提醒人们注意教育领域严重的性别歧视问题;

·1995 年联合国第四次世界妇女大会在北京举行。会上,签署国承诺采取适当措施,为女性争取在职业指导和培训、学习和获得各类文凭方面的平等条件;这种平等从学前教育就应该开始。

这些并不是唯一的先例。但是,从历史进程来看,它们的确表明在社会层面上,分析和颁布公共政策的空间开始开放,以消除各阶段教育系统中所有关于两性角色的刻板印象,这意味着清除和修改某些歧视性的教科书,以及对学习方案和教学方法的重新调整。所有这些都促进了非歧视性教育的开展,最终促进取消以任何形式歧视来区分教育的法律规定,揭示了赋予女性进入男性学术和职业领域权利的重要性。

在这种背景下,世界范围内在这方面的努力还有很大的改进空间。在所有工作领域,仍然有许多女性因其性别而遭受歧视,这就需要继续加大力度,以促进更多空间的开放。在大学一级,虽然其在减少性别歧视方面进展缓慢,阻碍新型社会结构形成的障碍依旧存在,但有一种重要的趋势——正是在这里,高等教育中的妇女领导层发挥了重要作用,她们的职务和权力推动性别平等发生了重要变化。

此外,在地方层面,一些国家也在努力解决教育领域中的性别不平等问题。哥斯达黎加公共教育部在 2014 年宣布以全面和可持续的方式实施性别平等政策,其目标是“加强国家教育中行政和学术领域的性别平等”。这项政策旨在消除社会对于男女两性的刻板印象,保证两性在遵循社会规则的前提下在社会各领域的机会平等和参与平等。通过这些举措,我们在妇女权利领域建立了一系列法规,以应对女性在历史上受到的歧视。在这种背景下,此项政策的重点落在以下几个方面:

·教育和社会关系部;

·促进教育领域(涵盖学生、教师和行政人员)的性别平等和反歧视进程;

·在教学中加入性别视角;

·打造性别敏感的工作环境;

·开展具有性别意识的行政管理行动。

此类行动有望减少历史上出现的性别不平等现象,也推动了教育领域重大改革举措的推行,如制定一些公共政策等。这些政策旨在保障所有领域的机会平等,消除一切形式的性别歧视,促进社会民主的发展。从学校系统的教育方案涵盖幼儿教育到高等教育,再到终身教育的一般性教育政策、就业政策、工资制度、语言领域的中立化变革以及传统的男性职业领域的开放等,这些政策都有涉及。

社会的进步以大学的贡献为标志。大学是以实现公共利益、追寻真正的社会正义和自由、促进社会全面发展为目标的机构,这体现在它的制度规范当中。这些变革应在各级教育中得到推进,高等教育有责任将其作为优先事项,以促进平等权益和共同利益的实现。

三、我们在行动:哥斯达黎加大学的平等之路

哥斯达黎加大学自成立以来一直致力于打破职业培训过程中的性别隔离,为女性在各个领域工作提供机会。以往,教育常常被视作女性的专属职业领域,而其他很多行业则被视为男性专属,妇女很难获得职业培训资格。但在哥斯达黎加大学,这一现象得到了改变,女性可以进入教育领域之外的其他领域的职业培训过程。这种开放性,一如其他女性权利,曾经面临着重大的文化障碍。正是这种文化因素导致了女性被隔离在某些特定的职业空间外。许多年过去了,在这个研究机构中,我们可以看到妇女进入不同的劳动领域。在这些领域中,女性的录取率甚至超过了男性,然而,消除关于男女职业选择刻板印象的斗争,仍然是实现两性机会平等的挑战之一(UCR,2001)。

具体而言,自 2000 年以来,哥斯达黎加大学一直有关于两性平等状况的报告,这使得决策层至少可以通过一套较为明确的指标了解总体情况;其他大学也提供了类似的报告,这再次证实了性别领域正在酝酿一场变革,我们需要继续努力建立新的社会结构,以改变当下这种排他性的社会秩序,实现没有任何形式歧视的包容性共存。在这一领域,大学作为创造知识和促进社会发展的源泉,能够发挥巨大的作用。

哥斯达黎加大学的 Carcedo 和 Amador 于 2012 年开展了"第三期性别平等状况调查"。结果显示,男女两性进入不同的社会领域所拥有的机会是完全不同的。这些数据表明,我们虽然取得了一些进展,但性别不平等和歧视现象依旧存在,需要我们继续努力加以消除。

该调查将哥斯达黎加大学在性别平等方面取得的主要成就总结如下:

• 几十年来,哥斯达黎加大学在这一领域持续深耕,迄今为止,已经发布了三期有关性别平等的报告;

• 建立了一个研究性别问题的专门机构;

• 1988 年设立了跨学科性别研究项目(Interdisciplinary Gender Studies Programme),后更名为妇女研究中心(Centre for Research on Women's Studies);

·是最早制定《禁止职场和校园性骚扰法案》的机构之一;

·首先编写《哥斯达黎加大学两性平等状况报告》。

以下是 Carcedo 和 Amador 得出的哥斯达黎加大学《第三期性别平等状况调查报告》中的一些数据:

·2006 年至 2012 年期间,管理职位的女性招聘人数有了较大幅度的增长,到 2012 年,女性在职比例达到 51.2%,略高于男性的 48.8%;

·在稀缺职位上,男性比女性拥有更多机会,在一些稀缺职位上,女性仅占 24.7%;

·男女在不同类型岗位上的分配在很大程度上与传统社会活动的分配一致;

·在 2011 年第一周期,哥斯达黎加大学共任命了 5732 名教学和研究型教授,其中女性 2434 人,男性 3298 人,分别占总人数的 42.5%和 57.5%;

·在传统上被认为是男性化的领域如工程和科学领域,性别鸿沟依然存在,如在工程领域,男女教师人数比达到 4:1,而在科学领域,这一性别比达到了 3∶1;

·按性别划分学术和教学单位的现象明显,性别分化越来越严重,42.4%的女教师隶属于女性占主导的单位,而 68.4%的男性仍属于男性占主导的单位;

·在教职较为稳定的 1677 名教师中,女性有 633 人,男性则有 1044 人;

· 在 35,738 名学生中,有 18,130 名女生和 17,608 名男生,分别占比 50.7%和 49.3%,但是卫生学科的男生比例不到 40%,理工科的女生比例不到 40%;

·女性在毕业生中的比例逐渐扩大;

·女性在决策性岗位上的参与度降低,仅占 37.8%,低于 40%这一最低标准;

·研究院共有 1257 名参与研究项目的在籍教师,其中,女教师 597 人,男教师 660 人,分别占比 47.5%和 52.5%。

此外,需要注意的是:

·哥斯达黎加大学于 1999 年成立了妇女问题研究中心(CIEM),该中心的成立帮助我们了解到男女两性进入不同的机构和社会空间所面临的机会之间的差异;

·哥斯达黎加大学"第三期性别平等状况调查"继承了 2000 年和 2006 年的前两次调查,并对指标体系作出了更新,使得针对大学性别平等的历时性分析成为可能;

·数据揭示出现实的矛盾之处——我们在进步的同时也有倒退的趋势;

·为两性争取平等的职业培训机会是消除性别不平等的一个核心诉求;

·哥斯达黎加已经批准了包括《消除对妇女一切形式歧视公约》在内的性别平等领域所有主要的国际机制,在国家正规教育方面也作出了具体承诺;

·长期以来,哥斯达黎加大学对性别平等问题一直较为关注,正如前几次报告所示,早在几十年前它就开始在这一领域采取具体行动,并在许多方面成为先锋;

·作为一所学校,哥斯达黎加大学明确承诺将持续投身于消除性别不平等这一事业。

四、结论与讨论

在高等教育中,如同在其他场域中一样,男女两性的“在场”是性别平等的一个重要指标。由于文化原因,大学的空间也出现了撕裂——男性更多地出现在公共领域,而私人领域则更多地被交给了女性。因此,任何空间中的性别在场状况都值得细致地分析,其背后往往蕴涵着某些特定的性别观念。这种分析反过来又能帮助我们作出决策,以减少性别领域的非对称性,清除将妇女排除在公共空间之外的社会结构。

由于社会的共同努力,女性现如今已进入社会各领域之中。但这并不意味着歧视的消失——社会仍然倾向于将家庭空间的劳动尤其是照料劳动等传统被视为“女性化”的任务分配给女性。这些工作往往为男性服务,将女性卷入无偿的劳动之中。在某些情况下,女性所面临的这些障碍是以交叠形式存在的,要消除这些障碍,需要社会作出巨大的努力。这意味着各级教育政策和各种教育形式都要作出改变,因为教育是塑造新的社会模式和社会结构的主要手段。这种新的模式和结构追寻的是社会共同利益,其基础是不论性别、种族、语言和文化的包容,而不是相互倾轧和排斥。

最后,有必要在政府和民间层面继续发力,以教育为“引擎”,推动各项举措的施行,打破仍然存在的限制男女平等的社会模式和社会结构。

尽管全社会为实现两性平等作出了众多努力,但不平等现象依旧存在,如公共政策、管理结构、薪酬政策、教育系统等方面的不公等,我们还有很多工作要做。

我们有必要继续从不同的社会空间着手,建设一个更加平等的社会,打破社会空间的性别隔离,同时继续以教育为重点,通过不同领域的研究,支持构建性别平等社会的进程。

如果女性从小就开始接受性别平等的教育,她们将更有能力获得和捍卫自己的机会与权利。同时随着教育水平不断提高,她们会拥有更多的机会进入传统上偏向男性的高等教育和领导岗位。

女性在高等教育中担任领导职务,一方面可以使得决策过程更加性别多元,另一方面这种决策层面的多元性还能为其他女性创造更好的机会,推动社会平等进程。

进入领导层的女性也不得不继续与社会刻板角色作斗争。她们仍然要承担传统的社会角色分配给她们的任务,其结果就是双重负担的出现,极大地限制了女性在职场上的表现。

随着教育制度性别观念的改善和女性受教育人数的增多,将会有更多女性接受高等教育,担任领导职务,打破文化规制,为其他女性创造发展空间,使她们有机会接触到各领域的职业培训,有序进入工作领域。

高校的领导权一般都掌握在男性手中,这是因为以往男性更有机会进入这些领域,抚育孩子、照料家人、操持家务等劳动都由他人(更多的是女性)代办。也正因此,女性被更加严格地限制在私人领域中，当她们有机会走出私人领域时，她们甚至还会有强烈的负罪感，自愿接受公私领域的双重剥削。

高等教育必须继续推动促进男女机会平等的政策，为妇女创造更多的机会。与男性相比，妇女一直都处于相对弱势的地位。这些变革必须以不同的方式进行，如制定战略，使更多的妇女有机会进入包括工程和科学在内的"男性职业领域"。我们必须从个人层面出发，同时也要在社会层面着力，打破旧有的社会模式。

高等教育是促进两性平等的重要空间，这种空间是无形的，它能够帮助女性实现到男性领域(如决策层)的跨越。另外，物理空间也是促进两性平等的必要条件，如哺乳室、托儿所和灵活的工作条件等都是这种物理空间的重要组成部分。

参考文献

[1]CARCEDO A. Segundo Balance del Estado de la Equidad de Género en la Universidad de Costa Rica[R]. Costa Rica: UCR. Informe de la Rectoría, 2007.

[2]RECTORIA U C R. Tercer balance del estado de la igualdad de género en la Universidad de Costa Rica: informe de la Rectoría[R]. Universidad de Costa Rica, 2012.

柬埔寨的性别平等与女性发展

——历史、现状与政策

柯莱特·思达(Khlot Thyda)　柬埔寨皇家学院原院长
任兴悦　译

柬埔寨的历史上出现过许多优秀的女性。早在扶南时代(现在的柬埔寨是古扶南的一部分),柬埔寨就已有女性涉足政治、管理、战争、外交和宗教等,其中部分女性还表现出了卓越的领导才能。例如,公元 68 年左右,柳叶女王成为扶南王国的第一位女性君王。公元 514 年,阇耶跋摩国王去世后,他的第一任妻子瓦蒂王后担任女王。阇耶跋摩七世的第二任王后英蒂拉·德菲在公元 12 和 13 世纪一手打造了具有民族特色的文化,创立了一所高级巴利语学校及一支神学管弦乐队。她知识渊博,曾立碑撰文,为后世提供了研究阇耶跋摩七世的重要资料。

这些优秀女性的事例说明,女性的能力不逊于男性,且同男性一样富有进取心和事业心。然而,在全面实现全社会的性别平等之前,女性很难实现她们的雄心壮志,无法完全展现并运用她们的才能与智慧。为了促进女性发展,柬埔寨实施了各项举措,重视管理体制改革,并制定了相应的质量标准。各级教育必须确保两性平等,特别是要让妇女和女童在国民经济发展与劳动中得到工作机会,并取得充分荣誉。在政府的支持下,柬埔寨的高等教育与东南亚地区其他国家并无太大差距,女性也和男性一样拥有平等的机会习得知识与技能以改善生活,并参与国家经济建设。当下,高等教育发展的关注点已经从数量转向了质量,并从国内公共系统层面发展到了国际公私营力量之间的紧密合作层面。本文将简单介绍柬埔寨为促进性别平等与女性发展,在各层面的相应举措。

一、国家层面的法律与政策支持

·政府加强与妇女事务部捐助方的合作。

·政府扩大促进和支持妇女在地方一级发挥决策作用的途径。

·柬埔寨法律事务部与妇女事务部合作,使后者充分参与组织规则和条例的起草工作,并确保根据家庭暴力预防法制定适当条款,以推进两性平等,保护家暴受害者。

·改进各部委现有的性别主流化工作组,以应对权力下放和性别问题,并尝试与省级工作组整合。

·政府和行政改革委员会进一步承认存在女性在决策职位上的不平等问题。

·妇女事务部的法律辩护司为省、市、区、县、乡镇各级官员提供有关家庭暴力预防和受害者保护法律的培训及相关能力建设。

·继续提高妇女事务部收集和使用性别数据的能力。

二、省级机构的法律和政策支持

·在女性招聘、晋升和为女公务员提供特别培训方面采取积极措施与行动。

·农村发展执行委员会要加强对社会性别主流化的支持和指导力度,并确保为性别平等优先事项提供资金。

·农村发展执行委员会要认识到其在协助省市民政厅处理性别平等优先事项方面的作用,因为女性问题与性别问题不只是省妇女事务厅的责任。

·加强省、市妇女事务厅在性别平等分析、宣传、监督方面的长期能力。

·省妇女事务厅力争加大对省农村发展执行委员会的支持力度,增加对相关部门的拨款,以解决乡镇内的性别平等优先事项。

·省农村发展执行委员会增加对专业部门的省级发展基金拨款,以解决乡镇内的性别平等优先事项,如卫生、教育、职业培训、经济发展和对暴力行为的预防等。

·推进将性别主流化观点纳入规划和预算编制过程;采用系统的技术援助和在职培训来刺激专业部门增加资金、展开行动,以处理性别平等优先事项。

·政府从相关部门的省市发展基金预算中划出一部分(如预算的 5%),用于支持各部门的性别主流化工作。

·对省市性别制度进行修订,并取得了更多支持。

·政府成立由省长和市长领导的省级性别主流化工作组。

三、区级机构的政策和法律支持

·柬埔寨内政部和妇女事务部在联合国儿童基金会的儿童权利方案支持下,确定了区级妇女和儿童能力建设工作组的未来职能。

·加强区妇女事务办公室在发展区级女性和性别关系网方面的能力,以解决乡镇的性别问题。

四、乡镇一级的政策和法律支持

·妇女事务部、非政府组织和其他利益相关方制定了一项应急方案和战略规划,以快速支持 2007 年的乡镇选举。

· 扩大项目规模,增加预算,以支持参加选举的女性委员和潜在的新候选人。

· 与利益相关者协调,在所有省份建立女性支持组织(如女性委员论坛)。

· 建立女性乡镇议员协会。

· 广泛宣传女性乡镇议员的成就,以消除男性比女性更适合担任领导的观念。

· 继续实施积极的措施和行动,确保男女议员获得同等的培训及其他提高能力的机会。

· 认识到乡镇议员和非乡镇议员的妇女儿童缺乏适当的交通工具这一问题与政策息息相关,需要采取恰当的行动来解决。

· 认识到并采取适当的措施来缓解目前柬埔寨乡镇议员工作负担过重的问题。

· 国家以下各级系统所有职位招聘的非政府官员中,女性占比必须达到50%。

· 非政府组织的性别和权力下放工作组制定了加强女性在非政府组织参与度的战略,以此作为加强公共问责制和促进性别平等发展的手段。

· 在乡镇计划中保留一个单独的性别事务小组,并为性别平等优先事项提供额外的技术和财政支持。

· 为乡镇委员会分配预算,特别是为解决乡镇委员会中提到的性别平等优先事项提供资金。

· 乡镇计划中涉及的性别平等优先事项的资金必须集中用于一两个问题上,以便进行批判性思考并取得最优成果。

· 政府优先考虑为农业提供技术和财政支持,并为男女共同提供经济机会,以及有关生殖健康、艾滋病毒/艾滋病、扫盲和家庭暴力的培训。

· 为乡镇/分区委员会提供额外的支持,以发展满足乡镇性别需求的服务。

· 支持乡镇/分区委员会和各省相关部门制定方案,以应对乡镇/分区计划中涉及的性别问题。

目前,柬埔寨女性地位有所提升,女性领导数量有所增加,但男性领导的数量仍然遥遥领先。因此,政府必须更加重视通过男女平等来促进更多女性的发展,使女性在国家和国家以下各级工作中发挥力量,在全国范围内实现男女地位平等。

以融合促发展　引领“双一流”建设

韦　穗　安徽大学原副校长
程雁雷　安徽大学副校长

随着科学研究的不断深入,全球知识创造和技术创新的速度明显加快,国际创新要素流动空前活跃,科技创新突破带来新技术、新工艺、新产品、新模式的出现,创造出新的市场需求并实现高质量的有效供给,撬动了产业结构的优化升级,成为引领经济新增长周期的先导。在科技创新持续深入、产业结构不断调整的背景下,高等学校人才培养必须适应时代变革、紧跟时代步伐,加大与科学研究和产业升级的深度融合,培育瞄准科技前沿、支撑创新创造的高水平人才队伍。近年来,科教融合、产教融合、协同育人的理念,在我国高等教育领域逐渐形成共识,“科教融合、协同育人培养高层次人才”“促进教育链、人才链与产业链、创新链有机衔接,全面提升人力资源质量”等人才培养模式不断创新,并在实践中得到充分验证,科教融合、产教融合、协同育人已成为新时代高等教育深入发展的必由之路。

一、融合是高等教育发展的新动能

当今世界正处于百年未有之大变局,国际秩序深刻重塑,全球治理机制亟待完善。多重因素撼动旧局、推动变局,唯有不断加强融合,开展协同与合作,才能突破时局、开辟新局。同样,在高等教育领域,中国要实现“由大转强”的历史性跨越,实现现代化,就必须落实“融合发展”的理念,与时俱进、乘势而上,以融合实现创新驱动发展。

人才培养是高等教育的首要基本职能,人才培养质量是高等教育的生命线。科教融合、产教融合,其核心目的和根本落脚点,都是创新人才培养模式、提高人才培养质量,都是通过一系列扎实有效的工作,进一步强化“以人为本、育人为先”的教育理念,把培养优秀人才放在更重要、更突出的位置。两者在实现路径上有所不同,在人才培养方向上也必然有所区别:科教融合更加注重在高水平科研实践中培养高层次创新人才,以研究型人才为主要培养方向;产教融合则与产业需求对接更为紧密,偏向于应用型人才培养。

将科教融合、产教融合有机统一起来,需要汇聚更多社会力量,统筹政府、科研院所、企业资源,紧密结合所在地方的科技、产业需求,这需要高等学校将自身与所在城市、区域的发展战略、未来规划、产业布局、历史文化等紧密结合,形成校地融合的发展模式。

高等学校与地方和区域经济社会发展密不可分：既为地方、区域发展提供智力支撑、人才保障，又从地方发展中得到反哺和成长。推动校地融合，引领科教融合、产教融合协同发展，高等学校应主动作为，充分把握地方、区域发展的战略需求，找准切入点和着力点，协调多方资源，以融合带动学校整体发展。

二、安徽大学融合发展实践探索

安徽大学位于安徽省合肥市。合肥是安徽省省会，国务院批复确定的中国长三角城市群副中心城市，国家重要的科研教育基地、现代制造业基地和综合交通枢纽，中国集成电路产业中心城市、国家科技创新型试点城市、中国四大科教基地之一，获批中国综合性国家科学中心，拥有多个国家实验室和大科学装置，会聚一批世界一流科学家，在重大科学难题和前沿科技瓶颈方面不断取得突破，科教、工业资源丰富，为安徽大学融合发展奠定了良好基础。

近年来，安徽大学坚持以开放促融合、以融合促发展，深度融入长三角一体化和合肥市经济社会发展，以校地融合为基础，充分利用合肥和长三角科技、教育及产业资源，不断深化科教融合、产教融合，强化协同育人，构建“学术共同体”，探索出地方“双一流”建设高校开放融合特色发展之路。

深化校地融合，促进共同发展。围绕长三角一体化发展战略和合肥市经济社会发展需求，与地方在人才培养、乡村振兴、科技成果转化、产业转型升级等方面深化多层面战略合作，服务现代化五大发展美好安徽建设。与合肥市共建互联网学院，与省政法系统共建安徽法治研究院，与外事部门共建国别和区域研究院，与新闻宣传单位打造融媒体平台，与民政等部门连续 8 年发布《安徽社会发展报告》。

围绕合肥市战略性新兴产业发展，与合肥市共建互联网学院，培养一流工程型、创新性、国际化“新工科”人才，首届毕业生 57% 入职腾讯科技、长鑫存储等信息技术行业。深化与省直厅局和地方政府合作，通过基地共建、导师联培、顶岗实习，每年千余名研究生深入法治建设、政府治理、社会服务、民生保障第一线，提出 209 个方案被地方政府采纳。

六成毕业生服务长三角一体化建设，近 600 名毕业选调生服务全省 16 个地市经济与社会发展，数量居全省高校首位；签约毕业生中有六成在长三角地区就业，超过八成在新一代信息技术、智能制造业、新材料、清洁能源和生态环保、现代交通技术与装备制造等国家重点行业就业。

深化科教融合，凝聚发展合力。树立“科教融合”的办学理念，使最前沿的科学研究成果源源不断地为教育提供动力，以此推进科技与教育协同育人，促进科研与教学互动、科研与人才培养结合，着力加强学生的创新实践能力培养，实现科技与教学的合作共赢。

学校与大院大所、一流大学互聘以院士领衔的学术领军人才，组建高水平创新团队，涵育一流学科带头人，建设先进研究条件；参与共建稳态强磁场等国家大科学装置，联合承担国家重大重点项目 26 项;以科研项目为抓手,与中科院微生物所等 7 个高水平科研院所和合肥综合性国家科学中心人工智能研究院等联合培养研究生,多位联合培养学生在 *Cell*、*Adv. Mater.*、*Nat. Commun.*等国际顶级期刊共同发表高质量文章 138 篇。

改革原有人才培养力量来源单一的状况,深化科教协同育人,与中科院合肥研究院等大院大所深度合作,聚焦材料科学,共建"物质科学""集成电路"等 5 个英才班,开展本科生拔尖创新人才培养,引导学生融入高水平导师团队、进入重大创新平台,深入前沿科研课题,培养一批高精尖急缺人才。实施科研训练计划和学术创新计划,充分发挥大院大所平台、人才、学术研究前瞻性等优势,培育学生创新思维和创新意识,提升学生创新实践能力,培养担当民族复兴大任的时代新人。拓展渠道,汇聚多元力量协同育人,与安徽省委宣传部共建新闻传播学院,引入科大讯飞、阿里云等参与互联网学院人才培养,与中电 38 所共建电子信息工程学院,形成"政产学研"一体化拔尖创新人才培养新路径。

深化产教融合,助力经济社会发展。深化产教融合、校企合作,培养大批技能型、应用型、复合型人才是经济社会发展对高等教育提出的新要求;主动适应经济社会转型发展新常态,充分发挥企业主体在应用型人才培养中的作用,是全面提高教育教学质量,提高大学生创新创业能力的重要渠道和必由之路,更是地方本科院校生存、发展的内在需要。

学校聚焦合肥市集成电路、人工智能等战略性新兴产业,与长鑫存储、科大讯飞等共建"集成电路先进材料"等英才班;获赠 4 寸晶圆生产实验线,共建"产教融合示范基地";攻克毫米波电路设计、晶圆级封装、封装天线设计等多项关键技术,相关产品实现产业化;与晶合集成、京东方、阳光电源等企业开展长期合作,与江淮汽车集团共建"江汽—安大研发中心";开展生态修复与综合利用的关键技术研究,服务生态治理。

围绕企业人力资源需求,学校与长鑫存储、科大讯飞等知名企业共同制定人才培养方案,聘请业界专家授课,指导学生科研项目、实习实践和毕业论文(设计)。成立由行业专家组成的工程硕士专业学位教育指导委员会。与企业共建 242 个大学生校外实践教育基地,31,130 人次赴基地开展专业实习、实践和实训活动。近年来为长鑫存储等集成电路企业输送 3000 余名优秀毕业生,其中核心技术骨干 400 余人。

三、安徽大学融合发展实践成效

学校紧紧抓住长三角一体化发展战略和合肥市综合性国家科学中心建设机遇,以"双一流"一期建设为契机,以融合发展为方向,经过多年努力,在人才培养、科学研究、支撑地方经济社会发展等方面取得显著成效。

人才培养质量社会满意度高。顺利通过教育部本科教学工作审核评估,电子信息工程等 4 个专业通过工程教育专业认证;首批 38 个专业通过省级专业评估,50 个博硕士学位授权点通过教育部评估,通过率均为 100%,人才培养社会满意度高。输送优秀人才到

ITER 核聚变国际组织实习。年均本科毕业生进入国内外知名高校及重点科研院所深造数比 2015 年增长 18%；进入加利福尼亚大学洛杉矶分校、南洋理工大学等国(境)外著名高校深造数比 2015 年增长 21%。

科学研究成效凸显。在激光多普勒测量、光纤干涉传感等领域突破多项核心技术瓶颈；攻克毫米波芯片及电磁软件核心技术，实现多功能单芯片集成；合作攻克重型燃气轮机大尺寸单晶叶片制备的技术难题。牵头申报建设国际领先的“强光磁集成实验设施”(国家重大科技基础设施“十四五”项目)；建成从材料制备、样品加工到特性表征的世界一流水平材料科学综合研究平台(含材料制备、微纳加工、电镜中心等)；建成一流的徽州文书与战国竹简珍稀文献研究与保护中心。

支撑地方发展成效显著。聚焦集成电路等重点领域和关键环节，建设集成电路先进材料与技术研究设施，为产业发展提供关键核心技术支撑，培养更多高精尖急缺人才。研制新能源汽车电驱动系统，研制 3 个系列 25 个规格新型电机及相关控制器，应用于江淮汽车、安凯新能源商用车及乘用车，实现规模化、产业化推广应用，创造经济效益超过 20 亿元，为地方主导产业和战略性新兴产业提供技术支持和人才保障。攻克水性聚氨酯生产核心关键技术难关，开发水性合成革绿色生产工艺，在国际上首家实现水性合成革大规模清洁生产，每年减少 40 万吨有毒有机溶剂释放，助力千亿产值合成革产业技术改造升级。开展生态修复与综合利用的关键技术研究，开发采煤沉陷区地质生态环境监测与预警系统，建立适合我国东部高潜水位煤矿沉陷区的土壤修复示范工程和水—陆复合生态系统的生态农业综合示范园，生态总治理面积达 16 万亩示范区。

大学既是育人的场所，也是产出科研成果、引领社会发展的策源地。在构建人类命运共同体的新时代，高等学校还要树立高度的世界意识和国际视野，融入世界发展大格局，结成国际学术共同体，在全球范围整合、争取资源，促进人才和知识在国际社会更广泛地流动，培育具有国际视野、担当民族复兴大任的新时代人才，协力解决人类面临的共同难题，促进人类文明在交流互鉴中更加丰富、更加多彩。

人与文化：大学可持续发展的人力资源战略

布里吉特·加略特(Brigitte Galliot) 瑞士日内瓦大学副校长
莉莉安·佐索(Liliane Zossou) 瑞士日内瓦大学博士
夏 琦 译

一、人力资源介绍

1.大学的演变：从中世纪大学到洪堡模式大学

第一批欧洲大学创建于中世纪，旨在促进社会精英的高等教育。1810 年，洪堡模式大学出现在德国，展现了一种基于教学和研究全面结合的高等教育新理念，旨在向社会提供科学思维。即使受到新自由主义模式的挑战，这种大学模式在今天的欧洲国立大学中仍然广泛存在，其目的是在研究和教学方面取得卓越成绩。然而，公共和私人资助者呼吁大学在研究、教学活动以及行政规则的制定中更加合乎伦理地运作。大学最初旨在培养来自社会高阶层的男性，在 19 世纪末逐渐招收女性，这一现象首先出现在 1868 年的伦敦。20 世纪 60 年代，大学变得非常受欢迎，但其工作环境依旧存在很多弊端，这就要求对大学进行政治改革。但是，这些改革并没有解决大学工作环境的问题。正如优秀影片《科学家的模样》中所展示的那样，许多女性在培训和职业生涯中不得不面对性别歧视问题。

加强人力资本，促进工作环境的平等性、多样性和包容性是目前大多数大学必须实现的目标。为了实现这些目标，大学必须采取一系列措施以促进相关部门职能的发挥，其中人力资源部和平等与多样性部的功能发挥至关重要(图 1)。大学是一个庞大多元的机构，通常由不同的部门如学院、研究所和行政部等组成，每个部门都有自己的特点。各部门的活动依赖于与教学、研究、行政、通信、后勤和建筑管理等相关的高度多样化的专业能力。尽管存在这种异质性，人力资源部依然是维护适用于大学内每个成员的法律和行政规则独立的主体。比如，人员的招聘、入职、合同、工资、离职等都必须得到人力资源部的保障，尤其是通过数字化和现代化高性能的信息技术系统来实现。除了这些法律和行政规则外，人力资源部还必须在员工职业生涯的每个阶段提供必要的支持，以确保各部门的活动都是基于有能力和积极的员工，即他们对工作环境感到满意，为自己的机构感到自豪，从而为机构的绩效作出贡献。随着各大学竞相吸引和留住最优秀、最多样化

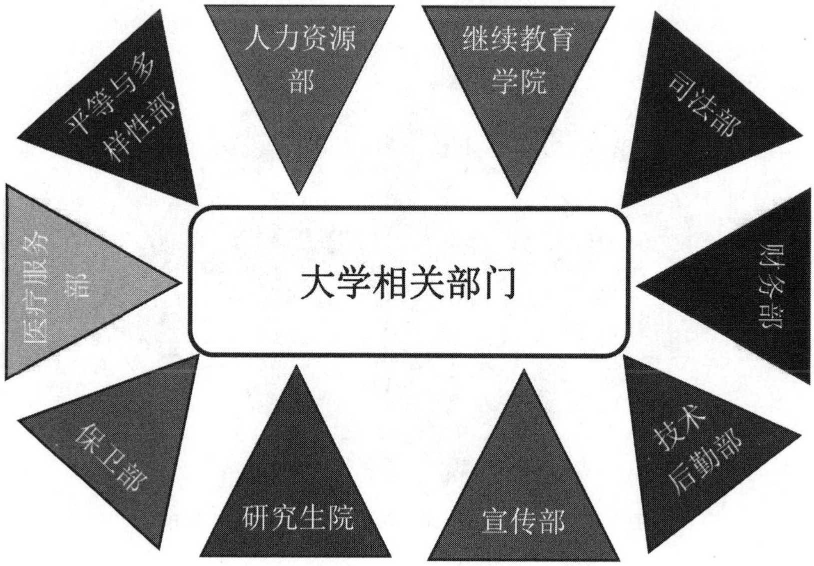

图1　大学相关部门

的人才,仅在大学内部增加一个高质量的平等与多样性部门是不够的,需要发展循证式人力资源管理,这一目标的实现需要大学领导层思维方式的重大转变。

2.大学的人力资源战略:发展循证式管理

大学内部人力资源管理的转变需要基于一个雄心勃勃的人力资源战略,该战略是由五方之间的迭代过程产生的:(1)大学校领导负责设计它;(2)大学的顾问委员会提供专业知识;(3)学术和行政领导者参与其中;(4)大学各成员定期共同提供建设性反馈;(5)人力资源部负责完善和实施人力资源政策(图2)。在这种情况下,人力资源战略是根据大学总体战略及现有关于道德和义务、博士学位、科学诚信等的章程而设计的,然后提交给大学的顾问委员会和大学各个群体的代表讨论,通过这些部门之间的迭代过程进行调整,一旦最终确定和得到验证,批准的版本必须广泛传达给大学的所有成员。

这里设计的人力资源战略是相当通用的,确定为四个不同的层面(图3)。从人力资源使命开始,包括人力资源管理即招聘和留住负责完成与发展大学使命的人力资本、提高大学内部的多样性、促进社会创新以及大学内外毕业生的职业发展。从这些使命出发,制定了人力资源政策,旨在振兴大学的人力资源管理。政策的实施由人力资源部负责,并得到其他行政部门、学院和研究所的一致支持。这些政策被分解成行动计划,在这些计划中,大学校领导致力于建立一种强有力的管理文化,并支持在学术、行政或技术职业领域培养人才。鉴于此,人力资源部致力于制定目标,为大学所有成员建立一个流畅、透明和平等的行政管理系统,确保对人力资本进行高效和关爱的管理,并定期评估其绩效。人力资源部也有助于提高各级管理人员的管理技能,并致力于支持员工技能的发展及其流动。

图 2 参与制定和验证大学人力资源战略的各方

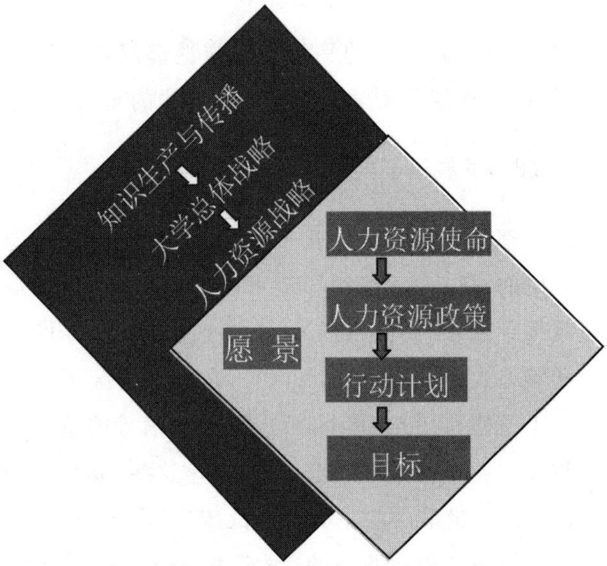

图 3 大学人力资源战略的四级结构

必须指出的是,大学的使命是在约 80 个不同活动领域内由拥有广泛专业知识的工作人员来执行的。在大学的许多部门中,管理的情况特别复杂,因为这些工作人员,无论签订的是定期合同还是不定期合同,都有两种身份,即行政和技术人员以及教研人员,两者通常由不同的规章制度来管理。从一个更复杂的层面来看,有关人员的部分工资来源于公共或私人基金,因此存在管理的复杂性,特别是研究人员从非营利性资助机构以及基金会所获得的研究基金(图 4)。面对这种复杂性,一个高性能的人力资源管理信息系统对于促进高效和流畅的行政运作至关重要。

图 4　学术环境中人力资源管理的复杂性
(注意:ATS 和 TRS 的成员都可以签订定期或不定期的公法或私法合同)

人力资源战略核心和人力资源政策的确定,意味着大学对实施该战略与政策所需的财务和人力资源进行了适当的评估及分配。此外,在人力资源管理框架内实施活动的有效性、合规性和质量,必须以与大学的任何其他关键流程相同的方式进行评估和指导。这个绩效管理框架必须向大学校领导提供保证,即为人力资源战略设定的目标已经实现,人力资源部的职能得到了很好的发挥。为此,大学管理层必须确定目标,然后用目标值确定人力资源指标。这些指标必须以一种保证其可靠性的方式构建,并能被有效地输入。它们必须被定期传达给管理层,以便管理人员在大学成员个人的仪表板内进行指导。总而言之,为了提高效率,人力资源绩效管理系统必须以高性能的信息系统为基础,为循证式人力资源管理提供手段。

二、人力资源使命

1.大学的人力资源使命

大学的使命是生产和传播知识以及为城市服务,于是它负责培训社会需要的下一代公民,特别是在智力方面的培训,以确保社会发展并满足社会、环境和科学要求。为了完成这些使命,大学必须吸引、支持和留住具有完成使命所需的专业知识和人际交往技能的宝贵人员。

无论是监督博士和博士后研究员的培训,促进与其使命相关技能的不断发展,还是支持那些从事学术、技术或行政活动的人员的职业发展,大学都必须通过包容性的方法,促进人力资源领域的卓越发展。应格外关注那些需要特殊支持才能在学术和非学术领域发展事业的博士和博士后研究员,这一使命必须与研究生院合作完成,研究生院是一个旨在为年轻研究人员提供服务和人际关系网的部门。

一般来说,大学在人力资源领域的进步必然有助于数字、技术和社会的创新,并促进机构中不同成员之间、学术界和社会之间的开放合作。

2.利于大学成员的人力资源使命

大学的工作人员必须从高质量、符合人体工程学的工作环境中受益,以保证安全和身心健康。这种环境必须促进员工的职业发展,以及人才的涌现和认可。人力资源部必须对人力资源流程实施现代化和动态的行政管理,保证人力资源流程的独立正常运行,并确保工作人员信息的安全。人力资源部与大学的其他部门协同合作,必须积极促进员工的业务技能、领导者的领导技能以及管理者的管理技能的提升。最后一点包括管理新的工作环境,如居家办公。

三、人力资源政策

1.执行人力资源使命

在执行人力资源使命的过程中,大学必须确保每位管理者都对员工的成就和技能的发展负有全部责任。大学成员必须在内部和外部都要践行大学价值观,即尊重人权、对不同文化的敏感度、开放精神、科研传统及学术自由。他们致力于遵循大学制定的基本工作原则,即尊重和信任、公共利益感、协作性和主动性。

大学各部门的负责人和人力资源部的管理人员一起确定与员工有关的职业的发展以及需要开发的新技能。他们积极支持员工培训和流动,以保持员工在内部和外部的就业能力。人力资源部负责预测人力资源领域的变化,确保高质量的招聘,提高大学的绩效和员工的归属感。

2.转变和加强人力资源管理

大学人力资源部致力于简化和减轻自身、其他部门以及相关成员的管理负担。其职责是有效地与员工沟通人力资源方面的信息和资源,并推广预防社会心理风险的措施,以及确保参与人力资源流程的员工得到持续培训。人力资源部通过促进角色、职责和责任的界定,以及发展行政或学术管理人员的培训和后续行动,进而创造和促进共同管理文化的传播。人力资源部应采取必要的措施来评估和推进这一人力资源政策的结果,使之趋于完善。

四、行动计划

1.确定并推广强有力的管理文化

人力资源部有责任与其他相关部门合作,确保大学内的工作条件不仅符合现行规则,而且是激励性的并有利于员工技能的发展。在很大程度上,工作环境取决于负责人的管理方式,应由大学校领导确定一种强有力的管理文化,这种文化在对管理人员进行扎实培训的支持下,有助于激励工作人员,无论是教师、研究人员、行政人员还是技术人员。大学校领导应要求各部门的管理人员按照大学价值观和基本工作原则,做出堪称典范的行为。无论部门的规模大小,它都必须实行尊重的和高效的管理,并鼓励员工的主动性。

大学基本工作原则:

(1) 尊重与信任:每个成员都受到尊重,并且被认为是诚实、负责、忠诚和积极的;

(2) 公共利益感:每个成员的工作都要致力于教育、研究、学术界和城市;

(3) 协作性:每个成员都应在内部和外部以协作的方式工作;

(4) 主动性:为了大学的利益,鼓励每个成员的主动精神。

人力资源部支持管理技能的发展,并为管理人员提供适当的指导,使他们能够适应新的工作形式,如居家办公。除了管理技能的培训之外,人力资源部还分析与管理人员管理质量相关的指标,并定期向大学校领导报告情况。人力资源部呼吁独立部门定期评估大学各部门员工的满意度。此外,人力资源部就有关人员的失职行为会采取相应的措施,以消除有罪不罚的错觉。

2.促进和重视为大学成员服务的人力资源管理

人力资源部确保对所有人力资源流程进行透明和公平的行政管理。它传达规章制度和指令,确保它们被大学成员所理解,并密切关注所有与人力资源相关的内部或外部文件。人力资源部的管理层致力于精简人力资源流程的行政管理。这涉及开发适用于人力资源流程有效管理的信息系统,特别是允许对衡量人力资源管理绩效的指标进行监测。此外,人力资源部还动员相关行政部门关注规章制度和指令的适用性,甚至简化它们,以优化人力资源流程,并确保流程的连贯性符合大学的需求。

人力资源部的管理层正在部门内发展一种以服务和解决方案为导向的文化,该文化基于每个成员的协作和主动精神。此外,它还发展了评估文化,特别是在流程和服务的效率方面,并致力于使其不断发展。一个关键点是人力资源部本身的组织结构,其设计是为了使其对大学的行政部门、学院和研究所的支持根据各自的需求进行平等分配。人力资源部的管理层定期评估各部门的需求,以调整大学校领导分配的资源。

最后,人力资源部的管理层致力于促进大学各部门之间的横向联系,使它们作为人力资源业务合作伙伴,将人力资源视角纳入大学战略设计和政策制定中。

3.发展积极正向的人力资本管理

人力资源部有助于发展一个安全和充满关爱的工作环境,改善工作条件,特别是在与职业健康、环境和安全部门的互动中,确保工作场所的人体工程学。人力资源部管理和监测员工的职业生涯,并将技能和绩效评估作为标准实践加以发展。此外,它还确定、促进和发展继续教育,以确保所有员工在整个职业生涯中提高技能,并鼓励和组织工作人员的内部流动。

人力资源部采取包容性的方法,支持残疾员工和外国员工的融入,特别是那些新来的员工。其确保医疗服务部门的质量和适当性,以处理员工身体或心理健康问题,特别是压力、焦虑和抑郁。人力资源部是周到的和无党派的;它与大学的平等与多样性部合作,预防、发现和打击有损健康甚至虐待的行为;它特别注意保护最脆弱的员工,如博士和博士后研究员。

人力资源部依靠大学的司法部和相关专家,来处理与机密、职能和与人性有关的工作冲突。如果发生虐待行为,员工必须能够接触到专门的外部机构,以便专家能够评估情况并提出完全独立的解决方案,其中的证人和举报人需要得到保护。

4.支持人才发展

大学确定职业发展的可能性,并促进它们,无论是学术、技术还是行政职业。

(1)教研人员的职业生涯管理

为了对培训中的研究人员进行质量监测,大学校领导设立了博士生身份,并监督《博士生章程》的实施。它承诺按照《博士生宪章》中所述的良好实践对论文指导进行培训,并促进专门为博士生服务的研究生院的活动。为了积极支持博士后的发展,大学校领导提出了一个指导计划,目标是为他们的职业生涯的设计和发展提供专门的支持。该计划应在有关代表协会的帮助下进行实践和评估。

对于所有年轻的研究人员,大学鼓励他们参加额外的培训,以获得专业技能,使他们能够向非学术职业方向发展。在毕业后,他们可以得到大学职业中心的支持,寻找他们的第一份工作。那些希望从事研究工作的人可以从研究所特有的支持中受益,以便在最佳条件下竞争国家或国际基金。

对于从事学术工作的年轻研究人员,大学校领导起草了一份参考文件,描述了监测和评估大学学术生涯的标准。该文件旨在让研究人员了解大学的期望,以及统一大学内部的学术职业管理实践。负责人力资源的副校长每年都会与相关学院的院长协商,对助理教授和副教授的职业发展进行监测,以评估他们融入或晋升的可能性,并确保学院与这些年轻的教授之间存在对话交流。

大学校领导与职工代表、博士生和博士后代表协会以及教研人员定期会面,听取他们的期望和建议。

(2)行政和技术人员的职业生涯管理

大学通过持续培训、指导、促进人才流动和管理,积极支持行政和技术人员的职业发展。大学校领导确保各部门之间管理、促进行政和技术人员职业发展的实践是一致的,还支持设立人力资源发展中心,以负责促进工作人员的持续培训和内部流动。

大学校领导委托人力资源部和平等与多样性部制订一个适合行政和技术人员的指导与人才管理计划。人力资源部为保持大学各部门每年培训4%人员的最低配额作出了贡献。大学校领导成员定期会见人事委员会以及行政和技术人员代表协会,交流与听取他们的不满、期望和建议。

五、三年期计划的目标

作为与循证式人力资源管理相关的主要目标,我们建议,在第一年,大学校领导召集外部专家对以下内容进行定性和定量分析:(1)关键性人力资源指标的变化,如过去几年各部门人员的流动率和缺勤率;(2)人力资源流程的绩效和人力资源部的效率,包括部门中每个职位的工作量;(3)人力资源管理信息系统的性能和适用性;(4)大学部门中领导者的质量,这反映在大学成员对其评价中;(5)从案例分析和调查中推断出的社会心理风险管理(图5)。根据这一诊断阶段的结果和专家提出的建议,大学校领导将决定对大学内负责人力资源的部门进行必要的重组,并启动人力资源战略的制定工作,以便在第二年年底得到各方的认可。

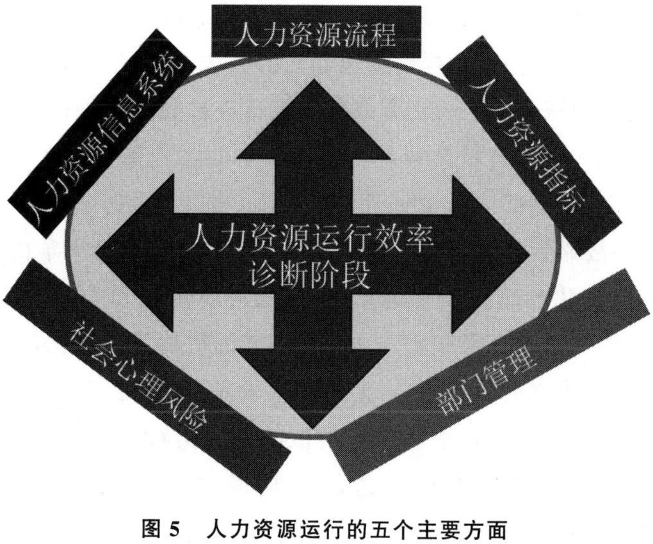

图5　人力资源运行的五个主要方面

与此同时,人力资源部将采取措施重新思考人力资源流程,使其对大学的所有成员来说,都是流畅、公平和一致的。这些流程必须是透明的,并被所有成员很好地理解,这一目标要求改善人力资源部和员工之间的沟通,即培养人力资源部及员工的沟通技能,通过常见且易于使用的网站、常见问题解答、定期收集员工反馈等途径,提供方便的信息获取。

人力资源部将与外部顾问一起确定必要的手段和人力资源,实现管理系统的部署,从而促进人力资源流程的数字化转型,改善行政负担并收集人力资源指标。这一数字化转型计划在两到三年的时间内完成。

员工的福祉必须由敬业的专家来照顾,以便在早期阶段处理像大学这样大的机构中可能出现的每一种问题。在与平等与多样性部的合作下,人力资源部将确定能为遭受性别歧视、围攻、骚扰或暴力的员工提供最佳支持的部门。这些部门必须独立于行政部门,以便提供完全独立、保密和充满关爱的支持。员工心理方面的不健康,如焦虑、压力、抑郁和倦怠等被认为是缺勤的主要原因,有关部门必须提供高质量的医疗服务,来保证员工的身心健康。

对人力资源指标的分析应有助于推断出需要改进的领域,实施人力资源流程绩效监测和评估。高质量的大学部门管理要求对所有管理人员进行管理技能培训,无论是学术人员还是非学术人员,即负责研究、行政或技术部门管理的人员。反馈、定期调查和持续培训对于实施强有力的管理文化至关重要。最后,人力资源部将发展继续教育,并为大学所有成员组织一个流动中心。

六、结论与展望

大学的人力资本是其使命成功的一个关键性因素。除了反映大学的战略目标外,人力资源战略还寻求支持平等性、多样性和包容性的方法,并发展负责大学使命即教育、研究和为城市服务的人力资本。人力资源战略的设计应被视为一种横向联系,特别是由平等与多样性部的管理人员来贡献其智慧。这一战略的实施需要与大学内的大多数部门进行富有成效的互动,这些部门负责处理性别平等、健康、职业、持续培训、基础设施、建筑、通信等问题。该战略旨在创造一个充满活力的工作环境,使大学价值观即人文主义和尊重人权、对不同文化的敏感度和国际开放性、科研传统和学术自由得到很好体现。这项人力资源战略的一个主要目标是建立一种坚实的机构管理文化,该文化基于大学的基本工作原则,适用于大学的所有成员,无论是教研人员,还是行政和技术人员。该战略的目的是在大学不同部门之间形成和推广类似的良好实践。实施的人力资源政策必须具有包容性,支持大学成员的多样性,促进其培训、流动以及职业发展。要逐步实现这些目标,需要对承载人力资源流程的工具进行数字化转型。行动计划的各个层面必须定期评估,包括人力资源流程的改进、大学成员的福祉、成员所属部门的高效性以及大学的影响力。

美国大学协会、东亚研究型大学协会、科英布拉集团、欧洲大学女校长协会、德国U15大学联盟、澳大利亚八校联盟、欧洲研究型大学联盟、日本学术研究恳谈会、英国罗素大学集团、加拿大U15研究型大学联盟、世界大学女校长论坛等平台为大学之间定期沟通交流提供了机会,这无疑是在人力资源战略的设计与实施过程中获得外部专业知识和关键互动的有效手段。社会需要大学的高等教育来促进理性思考,并解决社会所产生的紧迫性问题。大学管理部门必须相信,对人力资源部以及平等与多样性部的财政投资,不仅可以将公共资金从缺勤成本等不合理的支出中保留下来,还可以通过为大学成员带来强大的自信心和日常福祉,显著改善传统研究和专注教学的发展。对大学的人力资源管理进行投资,是使社会对大学价值观保持信心以及与蒙昧主义作长期斗争的重要途径。

致谢

我们非常感谢日内瓦大学人力资源部所有成员对人力资源战略草案的宝贵意见。我们也衷心感谢日内瓦大学平等与多样性部开展的许多讨论和行动,提高了我们的批判性意识和思维。这篇文章的撰写离不开 Vicario SA 的 Mehdi Guessous 和 Leila Ksontini,Shake.Swiss 的 Alexandre Graf 以及 Emmeneger Conseil SA 的 Steves Emmenegger 的明智建议,感谢他们所有人!

参考文献

[1] HOHENDAHL P U. Humboldt revisited: liberal education, university reform, and the opposition to the neoliberal university[J]. New German Critique,2011,38(2).

[2]RYNES S L,GILUK T L,BROWN K G. The very separate worlds of academic and practitioner periodicals in human resource management:implications for evidence-based management[J]. Academy of Management Journal,2007,50(5).

[3]GABČANOVÁ I. Human resources key performance indicators[J].Journal of Competitiveness,2012(4).

[4]COOPER C,DEWE P. Well-being—absenteeism,presenteeism,costs and challenges[J]. Occupational Medicine,2008,58(8).

大学协会链接

美国大学协会:https://www.aau.edu/

东亚研究型大学协会:http://www.aearu.org

科英布拉集团:https://www.coimbra-group.eu/

欧洲大学女校长协会:https://www.ewora.org

德国 U15 大学联盟:https://www.german-u15.de/

澳大利亚八校联盟:https://go8.edu.au

英国罗素大学集团：https://russellgroup.ac.uk

加拿大 U15 研究型大学联盟：https://u15.ca

世界大学女校长论坛：https://en.unesco.org/news/8th-world-women-university-presidents-forum；https://en.whu.edu.cn/info/1050/3701.htm

可持续发展目标的大学使命

——贯彻落实可持续发展目标五:性别平等

帕特里夏·罗霍(Patricia Rojo) 阿根廷罗萨里奥国立大学国际协调员
玛丽科鲁兹·司考特(Maricruz Scotta) 阿根廷罗萨里奥国立大学国际协调员
孙 瑜 译

引 言

《2030年可持续发展议程》(下文简称为《2030议程》)确立了17项在2030年之前实现的可持续发展目标,并将其作为全球发展治理的组成部分。这一积极的全球对话以联合国的多边框架为中心背景,在联合国的领导下,全体成员国共同参与,以实现可持续发展目标。

在这一背景下,国际合作在这项以实现可持续发展的新全球协定中发挥了主导作用。布鲁诺·艾伦(Bruno Aylon)指出,这种合作通过多个公共和私人机构的互动,基于对共同问题的认识协调利益,直接目的是改善发展中国家及其公民的生活条件。在这种情况下,大学与新发展议程的联系就是,通过产生和传播旨在缩小不平等差距的高质量知识,在实现可持续发展目标中发挥积极作用。

《2030议程》充分肯定了性别平等、人权和妇女权能在可持续发展中的核心地位。旨在通过国家机构和非国家行为体相关的多边主义,加强世界和平,消除一切形式的贫穷,使人权成为现实。这些目标和指标是整体的、不可分割的,结合了可持续发展的三个方面:经济、社会和环境。

因此,《2030议程》和可持续发展目标通过多边主义为大力缩小技术发展差距、促进发展中国家生产结构创新提供了明确的发展方向(拉丁美洲经济委员会,2019)。

大学作为提供最高层次教育的机构应鼓励这一议程有效实施,该议程涉及一个转折点,即为重新定义合作与大学政策制定开辟空间。考虑以下因素,便于大学反思可持续发展目标对其结构、职能和程序的影响:

"拉丁美洲大学面临的巨大挑战是实现更大的公平,将这些变化与所提供的内容、课程和职业的改革及相关的教育联系起来,以消除严重滞后现象,这与其无可挽回、仍然不平等与排他的现实有关。"

因此,本文的主要目标是为大学制订行动和实施计划,发挥高等教育机构的主导作用,并根据其具体行动进行调整,以实现可持续发展。下文特别侧重于介绍关于性别平等的第五个可持续发展目标,并涉及关于优质教育的第四个可持续发展目标。

本文分为三个部分。首先,从可持续发展的基本历程、17 个发展目标、精神和范围阐述了可持续发展目标的基本概念,为明确大学教育制度在与各国科技进步相联系的社会经济发展进程中的重要性提供了背景。其次,以阿根廷为例,观察其全力实现可持续发展的过程以及国家决策和执行的范围。正因如此,必须将高等教育机构纳为一般前提,以便其充分推行符合可持续发展的进程。最后,通过罗萨里奥国立大学的案例发现,虽然人们逐渐意识到大学在实现可持续发展目标方面扮演着重要角色,但现有的理论或实践应用材料却很少。因此,我们为其提供了一个特定的活动方案,根据这些活动的特殊性,最大限度地发挥其能力,提高其实施可持续发展目标的外联效率以及与之合作的可能性。

一、《2030 议程》的特点

《2030 议程》就国际合作在促进经济和社会进步以及提供真正的公共产品发挥的作用方面达成了国际共识。17 项可持续发展目标和 169 项具体目标结合了不同国家的不同方法、未来愿景、模式和方法理念,是对发展更平等社会的挑战作出的真正全球性的回应。

该议程具有全面和不可分割的特性,即涵盖上述可持续发展的所有方面,且相互之间联系紧密。同时,它还具有普遍性,所有国家根据其共有但又不同的责任朝向可持续发展。这一倡议响应了国际体系的动态变化,表现为合作空间的政治、社会、文化经济条件的转变。以国家为中心的范式为新的法律主体开辟了道路,这些法律主体成为国际合作议程决策的重要国际参与者。

最后,我们强调,《2030 议程》旨在消除贫困,同时减少不平等,确保公平和优质的教育,这是推动建立平等、获取自主权和消除与不平等相互关联的多重差距的机会(拉丁美洲经济委员会,2019)。

在这种情况下,在所提出的可持续发展目标范围内,大学的参与是重要的,同时它们的参与是对以下两种假设的回应。第一,可持续发展目标议程把政府与民间社会组织之间的对话看作是根本性的。在实现可持续发展目标的框架内,大学承诺参与其中,实现可持续与自主的发展空间。第二,大学的工作与产生和传播创新的高质量知识有关,这些知识在价值上重视社会功能,在实践上重视响应社会需求的能力,旨在消除贫困和不平等差距。这两种说法都把大学看作包含平等与产生平等的结构,大学应当承诺将其行动集中在这一目标上,根据可持续发展目标提出的多层面、跨部门和相互关联的议程获得相同的承诺并遵守承诺。

事实上,《2030 议程》代表了对大学教育同可持续性发展的结合以及形成与社会相关的新知识平台的新期望。

二、阿根廷《2030 议程》

本节介绍阿根廷自 2015 年至今，根据《国家对实现可持续发展目标调整过程的技术文件 I》(*Technical Document I of the National Adaptation Process of the SDG targets*)中所制定的内容，对可持续发展目标进行调整的过程。

在这一过程中，议程在将所有国家机构和非国家行为体纳入行动计划这一点上获得认同，每个国家都有决定国家政策规划进程和执行战略的余地。

在国家层面，阿根廷指定国家社会政策协调委员会(the National Social Policy Coordination Council，西班牙语缩写为 CNCPS)①为负责落实可持续发展目标的机构。国家社会政策协调委员会在可持续发展目标方面的作用有三点：

第一，将可持续发展目标提上地方、省和国家政府的议程，并提高全社会的认识。

第二，促进私营企业部门、大学和民间社会组织与可持续发展目标的参与及合作机制。

第三，协调各政府机构实现可持续发展目标的全过程。

国家社会政策协调委员会在调整可持续发展目标过程中的任务是协调机构间的工作，分四个阶段进行：首先确定目标的优先次序，其次根据国家情况调整目标并确定指标，再次进行交叉审查，最后巩固国家目标和确定监测框架。

阿根廷提交了关于实现可持续发展目标进展的第二份后续报告《2018 年国家报告》。该文件根据联合国在 2018 年高级政治论坛(2018 High-Level Political Forum)上选定的每个可持续发展目标制定，例如，可持续发展目标六，为所有人提供水和环境卫生并对其进行可持续管理；可持续发展目标七，确保人人获得负担得起的、可靠和可持续的现代能源；可持续发展目标十一，建设包容、安全、有抵御灾害能力和可持续的城市和人类住区……拥有与这些可持续发展目标有关的指标并编制预算的国家公共机构有：农业部，文化部，矿产和能源部，国家现代化部，外交和宗教事务部，内政、公共工程和住房部，国家统计和普查研究所，国家社区组织中心。文件根据国家预算内最高级别的信贷情况对这些机构进行了详细的预算分析。最后，我们强调，在国家报告中，2019 年的工作建议包括呼吁公立国立大学初步参与教师和学生的分析，通过持续开展培训来加强和补充其特定学科知识。实现可持续发展需要承担一项重大任务，其中大学在制定战略以实现支持和遵守方面发挥着主导作用。

---

① 国家社会政策协调委员会是阿根廷于 2002 年根据国家行政部门第 357 号法令成立的一个机构，是在国家领导下的一个机构，规划、协调和监测国家公共政策，以实现对资源的管理。因此，自 2003 年以来，它被指定为《千年宣言》执行工作的机构间协调中心，并监测目标进展情况。

三、《2030 议程》:大学的使命

在本节中,我们具体研究了大学在全过程中可以发挥的作用,以及在实现联合国《2030 议程》所制定的可持续发展目标中发挥的作用。本文以目标五为中心轴,将性别平等联系起来,在实现充分平等所需的妇女权能的三个方面取得重大进展:经济、政治和身体自主权。希望消除对妇女的一切形式的暴力行为,使其拥有平等获得经济资源的机会,以及社会承认并重视无偿工作。

该分析侧重于可持续发展目标五,并与可持续发展目标四有关优质教育的内容相联系,其中包括对包容、公平和性别平等的关注。它的目标之一是让所有女性与男性一样平等获得优质技术的培训、就业和高等教育机会。如果我们把优质教育视为一项使平等成为可能的基本权利,那么这一目标就具有根本的作用。

关于教育的区域建议已纳入由各大学联合制定的工作文件。第三届高等教育区域会议(CRES)的最新文件《高等教育在可持续发展目标挑战中的作用》为此作出了贡献。第三届高等教育区域会议是最近在区域层面举行的最重要的活动,汇集了本洲的校长、院长、学者、工人、学生、专业协会、研究中心、工会、政府和非政府组织等代表。会议于 2018 年在阿根廷科尔多瓦市举行,由联合国教科文组织拉丁美洲及加勒比地区国际高等教育研究所(IESALC)、国立科尔多瓦大学 (UNC)、全国大学校际委员会(CIN)以及阿根廷教育与体育部大学政策秘书处(SPU)负责。此外,它还得到了阿根廷私立大学校长理事会(CRUP)以及拉丁美洲和加勒比高等教育领域众多机构、协会和学术网络的特别支持。他们开会讨论标准,制定建议和行动方针,以巩固高等教育作为一种社会福利、人权和国家责任的普遍权利(CRES)。因此,根据可持续发展目标提出《最后宣言》,并赞同 1996 年《哈瓦那宣言》(古巴),1998 年巴黎世界高等教育会议达成的协议和 2008 年在卡塔赫纳德印第亚斯(哥伦比亚)重申的高等教育作为社会公益、人权和普遍权利以及国家义务的基本条件。这些原则基于获取、使用和知识民主化是一种社会、集体和战略利益的深刻信念,对于保障人民的美好生活、建立完整的公民身份、社会解放以及拉丁美洲和加勒比团结统一所必需的基本人权是必不可少的。

这表明,《最后宣言》和《2030 议程》都提出大学可以在为可持续发展目标建立结构的合作中发挥日益重要的作用,制定旨在促进大学不同部门之间团结的活动大纲,包括教学、研究、合作项目本身、与其他机构的技术互助、教育合作或提高认识的活动。

四、罗萨里奥国立大学贯彻落实可持续发展目标的行动计划及反思

该行动计划的指导思想是确保大学能够适当利用《2030 议程》,发展内部能力和领导能力,以贯彻落实可持续发展目标。该行动计划有一个动态的阶段性工作设计,这与每

个大学都必须适应其环境有关。设计阶段主要集中于实现两个可持续发展目标：可持续发展目标四和可持续发展目标五。值得一提的是，行动计划与大学的教学、研究、推广和管理有关。而学习和教学、推广、研究和管理往往是分开处理的，可持续发展目标为创建、加强这些领域之间的联系提供了巨大的机会，因此，为大学对可持续发展目标的贯彻落实提供了一个更好的综合方法。大学将以不同的方式实施这一过程。行动计划的指南效仿《2030 议程》，旨在为各机构提供指导，使其根据自身特点和需求进行调整。

大学正在经历一个反思自己在 21 世纪应该扮演什么角色的过程。它们力求对社会需求做出更为积极和敏感的反应，成为有助于应对全球挑战的变革推动者。《2030 议程》是一个转折点，为重新定义合作和大学政策制定开辟了新的空间。将可持续发展的原则、价值观和目标纳入大学的使命、政策和活动，使大学更接近它们在致力于促进时代和人类发展中扮演的基本功能角色。

鉴于大学在确保贯彻落实可持续发展目标方面发挥着根本作用，大学在道义上有责任将支持可持续发展目标作为其社会使命和核心职能的一部分。因此，罗萨里奥国立大学行动计划纳入当今知识生产所面临的挑战。该计划明确指出，通过政策和内部行动确定可持续发展目标的领域，大学可以在其行动领域内为实现可持续发展目标作出重大贡献。

为了在全球范围内实现可持续发展目标，大学应成为可持续发展的倡导者，并在实施可持续发展目标方面发挥主导作用。这仍然是一项任重而道远的任务，部分原因是对《2030 议程》的承诺没有兑现。

可持续发展目标代表了对新的发展范式的共识，呼吁国家、市场和社会之间达成协议，这是变革的建筑师，是一个代表性的突破，政府和大学从中可以发现自己的新角色。

根据这一目标，上述行动计划指出，大学与国家政府和地方政府合作，应力求充分利用其能力，创造和传播知识使教育等公益事业为人类发展服务，并将可持续发展战略纳入课程和大学工作。

通过包括大学在内的多边自愿进程，《2030 议程》可以成为当代青年和学生的一面旗帜，通过集中力量发展高等教育，促进拉丁美洲的发展。

高校治理与可持续发展:以纳扎尔巴耶夫大学为例

洛雷塔·奥·唐奈(Loretta O'Donnell)
哈萨克斯坦纳扎尔巴耶夫大学副教务长(学术)
丁 冬 译

一、成功的高校治理如何促进可持续发展?

在2008—2009年全球金融危机之后,一系列大型企业倒闭,企业治理的概念随之越来越受到关注。出于对社会上管理失败的说法的回应,金融市场投资者着手开发提供失败预警、衡量高于平均水平业绩的指标。人们在过去的十几年里越来越重视环境、社会以及治理问题。将这些经验普及到高校是本文的主题之一。高校和企业可以更深入地参与,并在治理和领导的理论实践层面互相吸取经验教训。

在分析澳大利亚企业倒闭时,著名专家Owen分析了"治理"的作用功能,他将"治理"定义为"行使权力以及控制权力的规则框架、关系、体制和过程"。在他看来,"治理"本质上是对掌握权力者问责的机制。之后,他反省道,"问责应处于决策过程的中心位置。对问责来说,最重要的是治理的概念"。

治理不仅仅是对企业董事会或高校管理层的角色与功能的定义与说明。现代社会企业与高校的综合治理方法都在发生改变。治理在本质上是当代组织的基调,包括如何设置和度量目标,如何监控和评估风险,以及如何优化绩效。通常,治理体系由董事会或同等正式机构监督。有效的治理结构鼓励组织通过探索、开发、创新与创业来为组织创造价值。"治理"为利益相关者提供了问责以及管理风险的机制系统。

尽管高校和企业的使命和愿景是不同的,但从企业破产中吸取教训可以帮助高校明晰并编纂有效治理高校的原则。本研究强调管理中的领导力准则,正是这些准则支撑着复杂强大的机构实现可持续发展。

治理是否成功很难衡量。相比来说,使用客观的定量数据来衡量成功更加容易。然而,如果回顾企业管理的经验教训,特别是从金融市场投资者的角度来看,我们可以发现,除了财务业绩等传统指标外,激进投资者已经开始考虑范围广泛的指标。在过去15年里,投资者还在关注企业绩效的环境、社会和管理(ESG)指标。同样在企业内部,甚至在高校内部,领导者和利益相关者可能会掉入一个陷阱,那就是他们会衡量他们可以衡量的,而不是他们应该衡量的。[①]

"良好的治理"从理论上很容易理解,在实践中却出现很多典型的反面案例。当今世界,经济不断震荡,不论是在企业还是在高校,治理的概念都变得越来越重要。

有效治理的原则既适用于高校,也适用于企业。正如激进投资者在 ESG 原则中发现的那样,有效治理有利于推动可持续发展。

尽管可持续发展有多种定义,但在本文,我们关注的是世界银行创建的衡量发展的指标,尤其是 2020 年人力资本指数。2018 年制定的人力资本指数显示了各国在发展全面卫生教育体系方面取得的进展。世界银行人力资本指数将教育和卫生措施纳入考量,计算了当今出生的儿童到 18 岁时的预期人力资本总量。对于研究人员来说,人力资本指数是一个有用的指标,因为它对下一代公民的潜在生产力进行了量化评分,因此可以被视为在国家层面上衡量可持续发展的代理指标。本文稍后将以哈萨克斯坦纳扎尔巴耶夫大学为例,讨论人力资本指数及其与高校治理的相关性。

二、高校及企业的有效治理实践

尽管高校和企业的使命和愿景是不同的,但二者在治理方面存在许多相似之处,高校治理和可持续发展之间存在潜在联系,值得我们注意。

MacCormick 和 O'Donnell 指出,高校可以吸取企业的治理经验,反之亦然。一直以来,高校的利益相关者之间的关系都十分复杂,而在投资者要求的 ESG 指标的背景下,企业也面临着类似的挑战。然而,高校与企业面临的挑战却存在显著差异。伦理学家 Simon Longstaff 指出,对于公司股东来说,他们所承担的是有限责任;对于高校的利益相关者来说,这种责任不太明确,更加抽象。

实践证明,高校已经开始从企业治理中吸取管理经验。近年来,Hayne 法官牵头对澳大利亚银行体系进行了一次重大审查。他在 2019 年得出结论称,失败的公司治理明显在治理实践上存在共同特征。在详细研究了金融行业的主要从业实践后,Hayne 发现,在治理良好的企业中,董事会或其他同等决策机构,往往会否决妨碍可持续发展的决策。他列举了造成财务损失与损害企业声誉的不良做法:委员会对企业中出现的非金融类风险的监管不足以及由此带来的相关问题;对董事会及其委员会的运作过于盲目,缺乏效率评估标准;责任划分不明确,在最开始缺少对高管层面关键风险所有权的划分;机构在识别风险并对风险进行分等级应对方面存在弱点,缺乏及时性与时效性;投诉报告不足;决策制定过程杂糅且官僚主义,为机构间的协作提供支持,却疏忽了结果输出的及时有效性,这种决策强调过程、忽视结果,延迟了对风险缺陷的监测。

---

① ULRICH D,YOUNGER J,BROCKBANK W,ULRICH M. HR Talent and the New HR Competencies[J]. Strategic HR Review,2012,11(4):217-222.

高校不是企业,但 Hayne 法官发现两者适用一些共同的治理原则。上述的不良治理实践尽管来自非高校机构,但是对高校具有很强的负面示范意义。正如 Freeland 所言:“跟过去相比,如今的学术机构必须更像企业一样运营,未来的校长将需要具备企业风格的战略规划技能或者更高水平的融资技能,对于公共部门的领导来说,他们需要高超的政治技巧……”良好的治理不仅可以平衡收益和风险,还可以通过显性和隐性的奖罚机制,证明并强化企业文化。根据国际货币基金组织的相关信息(2017),极端不良的治理有可能会导致一个高校或企业的衰败甚至倒闭。

高校领导面临的利益相关者的要求往往复杂且充满矛盾,因此治理的重要性显而易见。除了建立合理的系统和流程,领导者还需要培养自己在整个组织中的领导力。在这方面,传统的领导实践持续有效,新兴的领导方法也发挥着重要作用。

传统、具备长期效用的管理策略对高校有重要影响,包括开放、反馈、认可、机构感、透明度、所有权和目标,以及所有管理和治理机制的持续改进的基本要素。[①] 在大约 60 年前,管理研究人员 Bolman 和 Deal 在分析机构时描述了四个参考框架:象征性的、政治的、人力资源的以及结构性的。[②] 良好的治理意味着高校需要在这四个方面发展完善,不只是机构性的或者只是治理框架,而是要协调所有框架下的领导实践。鉴于后疫情时代社会的复杂性,高校将需要同时管理好稳定与变化、传统与现代化、数据与经验智慧、阴和阳这些不同的方面。

三、高校治理与可持续发展:哈萨克斯坦纳扎尔巴耶夫大学案例研究

纳扎尔巴耶夫大学(简称 NU)成立于 2010 年,是一所国家级顶尖高校,为我们提供了具备创新治理原则及开拓性领导实践的案例研究。尽管刚成立十年,学校的顶尖高校学府入学率远远高于平均水平,学校良好的治理体制已卓有成效(学校本科毕业生近一半考取了哈佛大学、麻省理工学院、斯坦福大学、牛津大学、剑桥大学、亚利桑那大学、威斯康星大学、伊利诺伊大学等高校的研究生项目);学术指标良好(实地加权研究影响约为 1.2;一年级和二年级本科生的学生保有率分别为 97.5%和 95%;本科四年毕业率为 86.3%,五年毕业率为 89.2%)。

根据纳扎尔巴耶夫大学 2019 年 7 月呈交给欧洲高校组织机构评估计划的自我评估报告,该校致力于促进社会具体领域发展,为国家执行重要任务。这些任务包括:创建卓越的学术科研体系;打造整合的学术医疗体系;为地区及国家建立创新中心,并与工业和公共部门联系合作。

---

① HEIMANS J,TIMMS H. New power:how it's changing the 21st century-and why you need to know[M]. London:Macmillan,2018.

② BOLMAN L,DEAL T. Reframing organizations:artistry,choice and leadership (3rd edition)[M]. San Francisco:Jossey-Bass,2003.

纳扎尔巴耶夫大学宪章于2013年4月首次通过，后续修订过几次，在3.1段落描述了学校的目标："(1)在中专、高等教育、研究生以及继续教育领域开展教学科研活动，参与并支持科技创新，促进产品研发；(2)创建一个教育、科研、工业一体化的模式，促进国民经济的可持续发展以及知识进步的多元化；(3)通过教育项目国际化以及同国际教育机构合作，形成现代教育体系；(4)建立现代化的教研设施，确保良好的学习和科研条件；(5)创立发展综合卫生医疗体系；(6) 促进科研产品的商业化发展。"

在纳扎尔巴耶夫大学，内部治理机构包括最高理事会(由哈萨克斯坦总统主持)、理事会(包括国内外成员以及学校校长，宪章第5页定义其为"高校管理机构，进行一般性的管理活动")、执行机构(包括管理委员会，宪章第8页定义其为"高校的集体执行机构，负责监督和指导学校运作"，包括预算、组织结构和人员配备、学术和研究委员会的章程)、学术和研究委员会。宪章还规定了学校重要领导职位的角色和分权，包括校长、教务长、教研副教务长、执行副校长、医疗副校长和学生事务副校长。

在实践中，纳扎尔巴耶夫大学学术和研究委员会平衡了机构的学术和行政管理，为业界提供了最佳实践范本和独特的哈萨克斯坦高校模式。委员会也保证了教学和研究的相关性和独立性。传统上，高校注重教学组织的建构，而专科学院或研究中心则专注于国内外的科研项目。纳扎尔巴耶夫大学章程明确了学校任务是整合教学和科研。在实践中，这一管理原则已被提升到一个新的水平，激励教师适当地与学生合作发表论文，并关注具有高影响力的第一季度同行评议期刊。因此，教研结合的理念深深融入教师和学生的日常活动中。

宪章解释了择优录取的基本原则。在段落21.3，宪章解释说："大学根据大学内部文件和规章确定入学规则。学校的录取政策禁止对种族、民族、宗教、性别等主观特征的歧视……"段落21.7说明学校主要的教学语言是英语。

这些原则为符合国际标准的研究型高校的系统性发展奠定了基础。这些相对创新的治理结构，包容性的领导方式，以及对海外员工、国际战略伙伴关系、基本工程和研究设备的财政支出，都是重大的投资。与任何重大投资一样，关键利益相关者都会关心投资回报的问题。一些利益相关者可能会认为，在高等教育上的重大投资是一项可自由支配的支出，而另一些人则认为，若不投资人力资本，产生的成本会高得多，尤其是在若干中亚国家正努力从资源导向型经济向知识导向型经济转型之际。

从世界银行人力资本指数可以看出，人力资本是具备战略意义的国家资产。它为衡量国家的教育投资和医疗投资提供了一个非常宽泛的标准。从2010年到2020年10年间，哈萨克斯坦的国民人力资本指数从0.59增加到0.63。这些进步源于过去10年来国家在社会、商业、健康教育的投资以及在高等教育等领域的其他举措。通过更多的研究，高校也许能明确其教学、科研、服务的社会影响(通过人力资本指数测量)因果联系可能存在时间差，具体有待在将来的进一步研究中发现。

世界银行人力资本指数通常会衡量该国的以下数据：人口存活到5岁的概率；预期

入学年龄(哈萨克斯坦的学生平均入学年龄为13.7岁);平均考试成绩;在校读书时间调整后数值(9.1年);成人存活率(追踪调研的15岁青少年中,85%存活至60岁);5岁以下发育良好的儿童比例(该数值是一项评估认知风险及生理限制风险的代理指标,在哈萨克斯坦,这一指标为92%)。通过研究人力资本指数可发现,哈萨克斯坦最富有人群和最贫穷的20%的人口之间的差距为1.22。而这个数值在全球平均为1.35,全球范围内最低为1.12,最高为1.68。在过去的10年里,哈萨克斯坦的成人存活率从76%提高到84%。这是世界银行全球数据库中变化最大的数值之一,相当于每1000名15岁青少年中死亡人数从203人降至158人。哈萨克斯坦人力资本指数的衡量数据高于基于国内生产总值的预测。

表1显示了中亚地区措施的对比情况。科研进一步的重点将聚焦这些措施以研究国家的高等教育支出,包括对研究型高校的财政支出发挥的作用。总体而言,新加坡、中国香港、日本、韩国、加拿大、芬兰、中国澳门和瑞典等地区一直以来在教育上投资巨大,这些地区的人力资本指数最高。根据世界银行的分析,由于卫生和教育体系更健全,这些地区下一代的生产力可能比其他地区更高。这些数据为高校领导和学者提供了有价值的管理经验。

表1 中亚地区人力资本指数①

	哈萨克斯坦	塔吉克斯坦	乌兹别克斯坦	吉尔吉斯斯坦
人力资本指数	63	50	62	60
人口存活到5岁的概率	99	97	98	98
预期入学年龄	13.7	10.9	12	12.9
统一考试成绩(最低分300;最高分625)	416	391	474	420
在校读书时间调整后数值	9.1	6.8	9.1	8.7
成人存活率	84	87	87	85
5岁以下发育良好的儿童比例	92	82	89	88

在全球走向可持续发展的道路上,管理良好、运作有效的高校可以产生积极的社会影响。高校的传统功能是教学、科研、创造新知识,以及为学生未来的职业生涯做准备。按照定义,高校可以提高社会改善教育、医疗、经济条件和其他生活质量的能力。以纳扎尔巴耶夫大学为例,该学校的意义不止在于它的教、研以及对社会产生的直接影响,更在于学校的创新性治理机制以及其对社会需求的满足。

纳扎尔巴耶夫大学十年的发展经验从某些方面证明了精心设计、创新符合国际标准的良好治理体系和治理实践的力量。欧洲大学协会对纳扎尔巴耶夫大学自我评价报告的回应肯定了学校系统性发展良好文化的意义。学校一直谨慎地发展一种合理的质量

① 来源:2020年9月世界银行人力资本项目:https://www.worldbank.org/en/publication/human-capital? cid=GGH_e_hcpexternal_en_ext.)。

体系文化,以确保学校项目符合博洛尼亚标准和原则。近年来,数据分析和机构研究的新兴角色变得越来越重要,它们强烈关注各个层次的数据驱动决策。

四、高校的角色嬗变:后疫情时代的挑战

尽管高校角色的不断改变备受社会争议,但是高校在后疫情时代的角色仍待充分理解。一些研究人员认为高校是“社会影响的载体……全球很多高校仍汲汲于全球排名、卓越高校以及‘全球最佳高校’的名称时,越来越多的高校追求成为‘对世界’最有用的高校”。哈佛大学前校长 Drew Faust 认为高校具备特殊义务,来培养和满足人类自身以及人类居住传承的世界的深层次欲望。

《泰晤士高等教育》最近开展了有关高校对联合国可持续发展目标的工作贡献的排名。高校自愿选择是否计入排名。排名是由高校对排名指标进行自我报告,然后由《泰晤士高等教育》数据科学家进行分析得出的。这是了解高校利益相关者多重复杂、矛盾利益的重要一步。在可持续发展的相关指标被更广泛了解之后,高校领导有可能会对可持续发展目标认真对待。据《泰晤士高等教育》官网称,这些影响力排名包括根据高校对于联合国可持续发展目标的研究、管理和教学进行定制的评估。为了说明这一点,数据科学家回顾了相关主题的研究,物理和人力资源(员工、教师和学生)的管理,在地方、区域和国际社区的延伸,以及可持续发展议程中的教学,确保校友“将可持续发展的关键课程的学习带入未来的职业生涯”。

随着这一排名在未来的推广,大学可能会更加关注这些排名的衡量标准,从而更加关注联合国可持续发展目标中强调的可持续发展原则。这可能有助于高校了解它们自身的管理、教学和研究以及它们所服务社区的可持续发展之间的直接联系。

五、高校嬗变过程中的领导力研究

在当前高校变革的背景下,世界各地的高校都在努力为后疫情时代的社会发展作出贡献,因此大部分学者都是从基本原理的角度进行高校领导力研究的。然而,来自企业的经验表明,即使在剧变和转型时期,一些经典的领导力原则仍然适用。Collins 的研究强调了内部领导的作用,他认为内部领导力有利于促进实践、巩固机制,以及创建长期的、具有可持续性的组织。高校和企业都有必要及时洞见从内部培养领导者而非依赖外部领导的意义。

在后疫情时代,我们需要进行系统化思考。Collins 和 Ulrich 等大量管理学者的研究表明,系统机制和建构可以创造持续的成功。

我们需要改变对分权本质的理解。在研究中可能需要考虑社会背景,一些评论家将

其描述为货币实力与当前实力之间的差异。[①] 按照这一定义,旧势力"就像货币一样运转……它是封闭的、不可接近的、由领导者驱动的"。相反,他们认为,新权力的概念"就像一股潮流……它是开放的、参与的、同级驱动的……新型权力的目标不是管制它,而是引导它"。社会运动实践可以佐证这一现象。尽管这些学者主要在社交媒体平台兴盛的背景下研究这些权力概念,但是在高校领导人调整转变后疫情时代的高校角色时,这些概念也值得研究。

基于他们的研究,Heifitz 和 Linsky 提出了一些建议供领导者借鉴,以重新定义自己在转型时期的变革推动者角色。[②] 他们认为,领导者不应该只处理日常的高校运营事务,还应激励有待完全致力于变革的高校职员;同时,领导者应该调查、理解和规范不可避免的冲突,并表现出意愿,将解决冲突的工作委派给合适的团队或者个人。他们还建议领导者抽出时间来管理自己的幸福和健康,通过日常生活、朋友和事业心来实现对自己的人生定位。最后,他们认为领导者应该认识到负面反馈是对人不对事的。这是专业领导者的标志之一。

此外,领导力学者 Beer 和 Nohria 建议变革推动者和领导者需要理解自身角色固有的二元性。[③] 他们根据在企业部门进行的广泛研究建议,在变革时代,领导者应该接受经济价值和组织能力之间的矛盾,这就需要企业将发展人力资本作为一个长期战略。他们发现,变革推动者在以下几个方面的工作有重要意义:首先,他们在领导层设定发展方向,同时,他们在机构底层激励职员。有效的领导者可以同时关注组织的"硬"和"软"两个方面——既要明确成功的具体技术措施,也要为自发性进行规划。最后,他们指出,有效的变革推动者倾向于使用激励来强化而不是简单地推动变革。与这些发现一致的是,Bradberry 和 Greaves 注意到,对领导绩效来说,情商技能比其他任何领导技能都重要。[④]

结　论

治理良好、治理结构健全(自治、教师参与治理、学生参与决策)的高校往往会对社会产生更重要的影响。企业倒闭的教训可以帮助高校明晰、制定治理原则,反过来,高校治理需要和服务社区的可持续发展联系起来。在后疫情时代,高校角色正在发生变革,这需要高校实施创新性治理,并辅之以支撑可持续社会发展的经典领导力法则和创新性领导法则。

---

① HEIMANS J,TIMMS H. New power:how it's changing the 21st century—and why you need to know[M]. London:Macmillan,2018.

② HEIFETZ R A,LINSKY M. A survival guide for leaders[J]. Harvard business review,2002,80(6):65-74.

③ BEER M,NOHRIA N. Cracking the Code of Change [J]. HBR's 10 must reads on change,2000,78(3):133-141.

④ BRADBERRY T,GREAVES J. Emotional Intelligence 2.0[M]. TalentSmart,2009.

匈牙利高等教育的范式转变

艾娃·森德·克瑞斯特(Éva Sándor-Kriszt)匈牙利布达佩斯商学院原校长
裘迪特·何黛思(Judit Hidasi) 匈牙利布达佩斯商学院教授
任兴悦 译

一、高等教育的新使命和新要求

根据世界大学排名网的数据,截至 2018 年 1 月,世界上约有 27,000 所大学。目前,匈牙利有 73 所高等教育机构,从顶级研究型大学到小规模的学院不等。匈牙利大多数大学和学院与其他欧亚地区的高等教育机构有着广泛的联系。

世界上的高等教育机构,无论是大学还是学院,都有许多职能:进行教育和研究,是生产和传播知识、学术智慧的中心;必须应对不断变化的社会需求,为劳动力市场提供受过教育和培训的人才;实现、促进社会、文化和生态的可持续发展。

在人类历史上,社会经历了巨大的变化,从 1.0 的狩猎社会、2.0 的农耕社会、3.0 的工业社会,发展到我们现在所处的 4.0 的信息社会。社会科学学者对"5.0 社会"这一概念展开了设想,认为我们正在向这一社会形态转型。教育应该为新生代向 5.0 社会过渡做好准备:这是一个属于远程医疗服务、自动翻译、人工智能和机器人、自动驾驶技术以及实时获取必要信息的时代。教育工作者必须牢记这些趋势,并努力采取相应的教育政策和措施,尽管这是一项非常具有挑战性的任务。正如出生于德国的英国学者、于 1974 年至 1984 年间担任伦敦经济学院首位外籍院长的拉尔夫·达伦多夫勋爵所指出的那样,"政治体系可以在 6 个月内改变,经济体系可以在 6 年内改变,而社会改变则需要 60 年"。

面对上述挑战,欧洲高等教育区(包含匈牙利)明确了一系列目标和任务,以提升高等教育水平,促进教育、产业与研究机构之间的合作。在众多的影响和成就中,本文特别强调我们认为十分重要的三个方面:增加学生以及教职工人员的流动性;加强学术界、产业界和研究机构的合作;促进与全世界高等教育机构的跨境合作。

二、21 世纪高等教育的变革与挑战

1.国际化

近几十年来,在世界范围内,高等教育发生了一些变化,鉴于其强度、影响和效果,我

们不妨称之为范式转变。这些变化包括：

·高等教育已从少数富人和天才的特权转变为许多有抱负的青年个人发展的选择。目前，高等教育接受人群已达到一定程度的多样化，甚至有些国家已实现高等教育的普及。根据发展趋势，高等教育的参与率还将进一步提高。

·科技发展期望高等教育在终身学习中发挥关键作用。

·在面临人口和经济变化的国家，高等教育在保证经济和环境可持续发展方面发挥着决定性的作用。

·由于信息技术和数字化的发展和渗透，任何人都可以轻易获取自己感兴趣的知识和信息。

·国际化已经从一个“可选项”提升为一个“必要项”。

在高等教育转型以及全球化兴起的背景下，出现了三个不容忽视的重要概念：

·高等教育全球化；

·教育服务（教学计划、需求等）多样化发展；

·竞争力（特别是在保持和提高教育质量方面）在高等教育中发挥着越来越重要的作用。

匈牙利采取了全方位、多层次的措施推进高等教育国际化进程。例如，我们鼓励教授去国外讲课或做研究，与国际经验接轨；通过增加学生的流动性，将“引进来”和“走出去”相结合。到 2023 年，预计将有 20％的匈牙利高等教育学生具有国际交流经验。我们还开放了更多学科供留学生学习，并为留学生制定了一项新的奖学金政策，即“匈牙利国家奖学金”，根据政府双边协议向来自不同国家的学生提供奖学金。我们还注意到，以联合项目、联合出版物、联合会议等形式开展的国际合作研究具有巨大潜力，这将是今后国际合作中最有前途的领域。我们鼓励本国的学者和专业人士更多地从这种趋势中受益。

2.强化实践导向性

高等教育对就业和经济发展的贡献及其国际吸引力，可以通过教育、研究、商业和工业之间密切有效的联系得到加强。欧盟委员会于 2006 年发起并于 2011 年修订的《欧洲大学现代化议程》为高等教育机构的发展道路设定了各种目标。该议程旨在通过实施本地区经济增长和社会发展所必需的知识型教育，来提高高等教育的质量和现实相关性。作为一项政策建议，它鼓励高等教育机构让雇主、产业和劳动力市场的利益相关者参与高等教育发展方案的设计和实施，并使课程中包含更多的实地实践内容。

匈牙利作为欧盟和欧洲高等教育区的成员，正在努力实现这一高等教育共同体的战略目标。[①] 研发领域是吸引产业与高校合作的一个主要驱动因素。许多高等教育项目已

① SÁNDOR-KRISZT É. Hungarian Higher Education and the Bologna Process[C]. Conference manuscript read at the International Bologna-Conference, University of Pécs, 2010.

经得到了企业的补贴,这不仅有助于学生在劳动力市场上取得成功,而且还有助于研究成果的应用,成为高校收入的一个重要来源。匈牙利高校在研究、咨询、实习和联合科研活动领域与工商业界虽已建立了传统意义上的关系,并卓有成效,但目前更需要开展举措,推进理论和实践进一步紧密结合。匈牙利政府在长达 2 年的试点期(2012—2014 年)后,对其高等教育体系进行了巨大的结构性改革,又称“高等教育换挡”,其中包括根据匈牙利的需求对德国的双元制教育模式进行了适当的修改。

三、双元制教育模式

双元制教育在许多国家(欧洲的德国、荷兰、瑞士、奥地利等国,以及澳大利亚)都有着深厚的历史,在大多数情况下,它仅被认为是职业培训教育的一种形式。但匈牙利教育管理部门认为,让企业、产业和地方政府参与到教育中来,也可以在高等教育领域创造出非凡的协同效应,使高等教育机构能够跟上飞速变革的技术,推进新的学习手段。

双元制教育一般都是为了实现以下目标:

- 降低辍学率;
- 加强学术界与企业或产业之间的联系;
- 通过获取最新的行业资讯,提高教育内容的质量;
- 增加对高等教育的私人投资;
- 为学生提供软技能;
- 为学生提供专业知识和专业技能;
- 为学生提供“社会”资本;
- 为学生提供更好的就业机会。

双元制教育的支持者认为,双元制教育既能够帮助学生找到职业动机、更加明确职业职责、提高就业能力、培养职业成熟度,也能够帮助雇主灵活招纳劳动力、招聘/留住受过培训的工人、参与开设更加贴合产业的课程;同时还能够帮助教育机构增进与劳动力市场的密切联系,根据最新需求改进课程内容,提高社会凝聚力等。匈牙利沿用德国模式的术语,称之为“双元制教育”,但其本质是一种合作教育,是一种将课堂教育与实际工作经验相结合的结构化模式。

合作教育经验,即“合教”,能够为结构化的工作经验提供学术学分。在帮助年轻人完成从大学向劳动力市场的转型过渡方面,合作教育正在发挥新的重要作用。合作教育属于工作学习一体化的范畴,但二者又有所区别。合作教育的特点是以结构化的方式将一个学术学期与一个工作学期交替进行,涉及学术机构和雇主之间的伙伴关系,而且通常是有偿的,目的是促进学生的发展。这种教育模式的主要目标是加强培养高校的实践型人才。为达成此目标,匈牙利计划在 2020 年,使接受合作教育的一年级学生数量达到高等教育一年级学生总数的 8%。

良好的实践活动推动了一些实践导向型院校的双元制教育制度的发展。[①] 这些高校在其早期的课程中提供了一个学期的实习,通常情况下学生需要在公司完成这段实习。工程专业和商科专业都属于这一类。在这些专业中,双元制教育已被制度化,成为教学方案的一个组成部分。

匈牙利政府决定成立双元制教育委员会,该委员会由教育部成员和相关公司、商会、大学和学院的代表组成。其任务是确定对双学位教育及其课程质量的要求。所有课程都必须经过委员会的质量认可。所有的双元制教育项目都以大学和公司之间的双边合同为基础,合同中包含了招生方法、双方的责任以及课程计划。

四、双元制教育在匈牙利的发展

最初将高等教育课程与产业实践联系起来的想法主要限于技术和工程领域,但没过多久就推广到了其他的学科领域。教育专家和从业人员很快发现并承认,双元制教育在各种领域都可以成功运作,比如商业和管理,而不仅仅限于技术、工程、护理等传统领域。几乎在所有引入该模式的国家都可以看到这种多个学科采用双元制教学的趋势。例如,从匈牙利的相关数据中我们可以看到,学科分布呈现出多样化的图景(表 1)。

表 1 按学科分列的匈牙利各学科接受双元制教育的学生比例(2018/2019 年秋季学期)

学科	接受双元制教育的学生人数(2018/2019 年秋季学期)
植物学/农学	131
经济学	515
信息科学	213
工程学	1192
自然科学	7
总计	2058

乍看之下,参与双元制教育的学生总数可能并不多,但也不应小觑。一方面,这个数目还在不断增长(表 2);另一方面,与其他国家相对比,匈牙利的数据相当乐观。需要注意的是,在德国,2004 年接受双元制教育的学生总数是 3300 人,而到 2018 年则达到了 92,000 人。由此可见,德国花了十多年的时间才将双元制教育发展到今天的地位。

① BERÁCS J. The models of dual education and its situation in Hungary[J]. Hungarian higher education, 2016:7.

表 2 匈牙利接受双元制教育学生人数逐年分布图

学科	2015/2016 年 秋季学期	2016/2017 年 秋季学期	2017/2018 年 秋季学期	2018/2019 年 秋季学期
植物学/农学	42	82	109	131
商务管理	79	250	371	515
信息科学	53	133	172	213
工程学	253	563	849	1192
社会科学		1		
自然科学				7
总计	427	1029	1501	2058

目前，匈牙利有 16 所高等教育机构为本科和硕士学生提供双元制教育课程，具体的教育方案根据院校水平而变化，但接近 90％的双元制课程都是为本科学生提供的。

五、良好实践的实例：布达佩斯商学院商务管理学科的双元制教育方案

贸易和商业教育在匈牙利有着深厚的传统：匈牙利第一所商业院校——布达佩斯商学院的前身——成立于 1857 年，距今已有 150 多年的历史，是欧洲历史第二悠久的商学院。布达佩斯商学院提供多种贸易、商业、旅游和管理课程，并使用多语种授课，除匈牙利语外还有英语、法语和德语，供不同程度和使用不同语言的本国与国际学生学习。该校是匈牙利首批引入双元制教育模式的院校之一，并证明了该模式能够在商业和管理的不同领域成功运作。布达佩斯商学院于 2014 年制订了双元制教育战略计划，并根据《2014 年 7 月国家高等教育法修正案》，对德国巴登符腾堡双元制应用技术大学原有的模式进行了调整，以适应匈牙利特殊的立法、经济和法律情况。

在 2015/2016 年的秋季学期，布达佩斯商学院推出了首批双元制教育项目。按学科分别是：商业信息技术学、商务和营销学、国际商务经济学、财务与会计学以及旅游与餐饮学。

在 2016/2017 年，学校在现有项目的基础上又增加了一项，即商业经济管理学。在学校的双元制教育项目中，学术研究和实习培训以三个月为间隔交替进行。这一举措的目的是发展和协同大学与企业之间的伙伴关系。学校目前有博世和西门子等 44 家公司与产业合作伙伴（由跨国公司、中小企业和地方政府管理部门组成），并打算逐年扩大这个圈子。

学校希望通过这些举措使：

· 教育机构与企业之间保持长期且充满活力的合作关系；

· 教学计划可以轻易满足企业和雇主的需求；

· 学生获得实践经验；

·学生获得最新的知识及培养发展所需的能力;

·学生在实践中获得的技能能满足未来雇主的期待,有助于学生的就业。

企业方也能从多方面受益,比如:

·为学生提供早期的现场培训;

·培养学生技能,塑造其良好的工作态度;

·能够挑选出最优秀的未来员工;

·通过培养高素质的员工,提高产业竞争力。

学校也十分重视实践与国际化相结合。通过提供海外或跨国企业的实习机会,实习活动正日益国际化。实践导向与多元文化工作环境的益处是相辅相成的,因此学校鼓励学生参加国际性的合作项目、学生竞赛和个案研究项目。

在评估这些项目的初步成果后,学校得到了总体上比较积极的反馈。虽然还存在一些有待进一步明确和规范的问题,但对双元制教育的预期已经实现。这种模式能够使教育和劳动力市场更加匹配。学校通过辨识传统的双元制教育的优势和结构上的弱点,在筹资、法律协议和若干技术细节等方面进行修正。

六、任务和前景

正如欧洲教育政策专家在一份综合研究报告《双学制教育:一座跨越浑水的桥梁》(2014)中指出的那样,双元制教育计划的优势和障碍都值得注意。"双元制教育"一词作为一个总称被广泛使用,它指的是拥有学习场所的"双重性"这一特点的教育模式,即学校和企业分担提供理论和实践培训的责任。每个国家都要根据本国需求,因地制宜地实施这一计划,因此很可能在筹资、责任分担、合法化进程等方面出现若干问题。很明显,如何协调双方分担的责任是最大的问题之一,学生需要足够的关注和重点指导以促进其发展,然而在很多情况下,学校与企业的责任分配不均,对学生造成了负面影响。匈牙利教育当局和专业的培训专家会定期跟进双元制教育的实行情况,现在得出最终结论还为时过早,但从目前的反馈来看,这种模式似乎能够及时有效地为就业市场提供合格的熟练工。

除了在拉近教育与产业距离方面的发展和尝试外,匈牙利正在不断努力,以顺应国际教育战略、政策和实践的趋势与革新——包括遵守本国与合作方所在国的法律要求;发展双边和多边伙伴关系;推进新兴国际教育形式以及为传统国际教育面临的挑战提出解决方案。通过积极发展双元制教育,促进产学一体化以及积极推进高等教育国际化,匈牙利正在努力成为世界教育网络中一名有所作为、有所建设的成员。

爱沙尼亚高等职业教育愿景:关注卫生保健教育

尤乐·尔尼茨(Ülle Ernits) 爱沙尼亚塔林卫生保健学院院长
尤拉·普日登(Ulla Preeden) 爱沙尼亚塔尔图卫生保健学院院长
郝雅淳 译

一、爱沙尼亚的高等职业教育

20 世纪 90 年代上半叶,爱沙尼亚出现了高等职业教育机构,其模式与发展符合社会对多样选择的期望。在应用科学类大学成立初期,其课程设置以就业为导向,之后又增加了以应用研究为主的在职培训和开发、创新活动。在爱沙尼亚,高等职业教育是第一阶段的高等教育,旨在使学生获得从事某一职业或继续攻读硕士学位所需的能力。学术型高等教育与职业型高等教育最显著的区别在于社会实践的占比大小。在学术型高等教育中,必修的社会实践时长为 1 个月,而职业型高等教育的社会实践时长则为 7.5 个月,占总课程量的 30%。因此,所有职业型高等教育的毕业生都有一定的工作经验,并对自己的职业有所了解。

自 1992 年以来,爱沙尼亚高等教育一直采用二元模式,即学术型高校和职业型高校并存,后者更直接面向劳动市场和专业技能发展。面对瞬息万变的社会(包括急剧变化的劳动市场),灵活的参与和迅速的反应可确保高等职业教育的可持续性。也正是这种方式为高等职业教育胜过学术型高等教育提供了巨大优势。在包括爱沙尼亚在内的许多国家,职业教育机构多由国家灵活管理,以特定地区的就业市场需求为导向。当下问题更多的是就业市场到底需要多少种不同的课程,以及应将二元教育体制发展到什么水平。在一些国家,双元制硕士计划已成为现实,甚至有了培养工业博士的想法。

爱沙尼亚高等职业教育的发展与欧洲国家(如奥地利、瑞士、芬兰和荷兰)高等职业教育的成功发展有颇多相似之处。高等教育二元制并非诞生于学术机构,而是由于社会、经济和科学的需要应运而生。如今,以学术和应用为导向的教育发展已满足了社会期望,并随着社会需求的变化而变化。爱沙尼亚高等职业教育机构面向本国劳动力市场,为用人单位所重视,毕业生就业率相当高,同时高等职业教育机构的实习需求也很大。

如今，应用科学类大学已成为跨学科机构，因此，《爱沙尼亚高等职业教育机构法》第2节第4条称高等职业教育机构具备多种功能：

“高等职业教育机构的职责在于推广与就业市场相适应的终身学习理念，提供教育和发展等服务，开展应用型研究，帮助学生成为积极主动、有责任感的公民。高等职业教育机构在履行使命时，也与不同的机构展开合作，积极与公众沟通交流，通过有效的发展、创新举措和该领域的应用研究成果以推动社会发展。”

应用科学类大学的一个优势表现在教育领域的规划上，即每个院系都有其明确的职责。这有助于避免课程重复，根据国家需要培养就业人才。塔林和塔尔图的卫生保健学院就是很好的例子。这两所学院都有自己独特的课程（如塔林设有验光、药剂助理和牙科技师课程，而塔尔图设有影像学、理疗、生物医学实验科学和环境卫生专家课程），同时它们也开设了爱沙尼亚大部分同类院校都开设的护士、助产士等课程。另一个优势是其学习环境中的基础设施能帮助学习者获得技术和经验，同时也提供了参与研发的机会。近年来，卫生保健院校推动模拟训练的发展，使实践过渡前的实操训练尽可能真实。在现实工作环境中，实操训练被看作一项具有指导性且目标明确的活动。

综上，高等职业教育以就业市场与国家政策的需求为中心，将最新的知识、技术与实践技能相结合。大多数学生在读期间就可成功应聘。

二、新型可持续高等职业教育的特点

1.加强与业界的联系与合作

爱沙尼亚雇主联盟的《2011—2015 雇主宣言》（2010）行动规划指出：教育体制并不能保障足够的特殊资质人才。在爱沙尼亚，许多成功的公司和企业对技能有限的劳动力、人才匮乏的现状颇有微词。Mader 认为：“在全球文化迁移，贸易、政治相互间紧密联系的社会中工作、生活，所需的社会能力在过去几十年中已发生了翻天覆地的变化。创造力和创新管理是学习‘跳出思维定式’的关键环节。”①

根据相应领域雇主的直接提议和欧洲高等教育学区的发展趋势，爱沙尼亚应用科学类大学与雇主建立了特定而又灵活的联系。研发应用研究和包括小型企业在内的合作被有序地组织起来。这些都为支撑经济结构变革提供了不可或缺的灵活性。高等职业教育机构的课程、研究组织和学习园地的数量有助于实现课程目标，也符合就业市场的期望。企业专家参与到学习中，学生在雇主单位完成实习，毕业论文是在（产学）密切合作的情况下，根据领域时下需求而撰写的。所有这些举措都确保毕业生可以获得与时俱

---

① MADER C，MADER M. Innovative teaching for sustainable development—approaches and trends[J]. Higher education in the world，2012(4)：228-229.

进的知识、实用的工作技能,并且也满足了就业市场对宝贵资源的需求。

2.国际化

欧洲学校和教育体制在为当代劳动市场提供富有竞争力的技能这一方面尚有欠缺。另外,教育与未来雇主的合作不足,导致教学目标与实际工作环境的需求不相符合。这些问题可通过更有效的国际合作得到解决。因此,《国家改革计划“爱沙尼亚 2020”》提出了国际化的三项首要目标:(1)通过“走出去”,拓宽学生视野,使其将所学知识应用于就业市场;(2)在爱沙尼亚引入相关领域的留学生;(3)根据国际经验调整国家质量标准,应对全球教育需求。

3.以社会为中心

值得一提的是,在 2015—2020 年期间,卫生保健高等职业教育已从以机构为中心转变为以社会为中心,塔林、塔尔图的卫生保健学院旨在影响社区的医疗、卫生保健和健康。具体说来,爱沙尼亚卫生保健高等教育的目标是成为具有“现代学习环境”的国际公认的高等职业教育学府,“通过学习、研发活动,影响人们的健康行为,并发展健康生活环境;同时通过倡导终身学习理念,形成高等职业教育和职业培训特色”。诚信正直、全面发展、以人为本、专业精神是卫生保健教育的核心价值观。

4.可持续发展

当今教育体系强化了不可持续性的思维和行为,这些思维和行为对世界的塑造是负面的。因此,变革我们的社会必须优先考虑对师者的培育——培养他们对可持续发展的理解,培养改革课程的能力,并提供更多的学习机会。

这就随之引出可持续发展的重要议题。当前的全球危机包括气候变化、环境恶化等,需要各个层面采取全球集体行动。可持续发展教育旨在重新调整学生的学习经验,帮助其了解自身的职业责任、能力和个人动机。这种教育目的是通过影响职业、行业和商业的总体环境,促使他们采取行动,以支持可持续的生活方式。因此,可持续发展目标聚焦在教育学上,不仅要传授可持续发展知识,还要教会人们如何应对未来的复杂性和不确定性。①

医疗专业人士须立即采取周全的行动。医疗教育系统及其领导人员与相关群体应认识到社会生态的急剧变化蕴含着错综复杂的挑战,这些挑战植根于我们赖以生存的社会与生态系统的“地方经验”中。因此,卫生与社会护理专业学生应贯彻终身学习理念,

① MADER C,MADER M. Innovative teaching for sustainable development—approaches and trends[J]. Higher education in the world,2012(4):228-229.

并且需要跨专业的学习和工作。[①] 可持续卫生保健旨在改善健康状况，更好地提供医疗服务，而非对疾病进行滞后治疗，从而为患者和人类健康所依赖的环境带来共同利益。因此，它将在不损害未来提供卫生保健能力的前提下，提供优质的卫生保健服务。[②] 在培养劳动力的过程中，课程要达到培养核心竞争力的标准，也需要对卫生系统的新兴需求提供相应的医疗知识。卫生就业市场的完整情况包括生产力和绩效两方面。[③] 生产力是衡量劳动者提供护理或服务的单位，而绩效往往通过考核卫生工作者的培训内容和其在工作中的具体运用来衡量，其中涉及工作质量、用到的技能技术、提供的服务及其工作对健康成果的影响（世界卫生组织区域办事处，2016）。由于教育体制传统的教、学过程，大多数毕业生缺乏在工作中取得成功所需的核心技能，这让雇主们感到不满（世界卫生组织，2016）。

然而，医护队伍人员和培训他们的教师并没有做好充分的准备来解决这些问题。新一代卫生专业人员日益要求教育为他们在未来更可持续地创造和工作做好各项准备。[④] 因此，完善教师的知识体系、树立教师的信心、将可持续医疗纳入卫生专业教育、将临床实践贯穿于本科教育到研究生培训，这些都是非常重要的。[⑤]

在爱沙尼亚，应用科学类大学的发展主要表现为：学术能力得到提高、教与学基础设施更现代化、资源利用更高效。为此，它们已经成功地运用了欧盟结构基金。例如，为应对可持续发展，应用科学类大学的“生活实验室”战略正日益兴起。该战略提供了一个能在现实世界中进行应用研究的可行地点。实验室强调监测和研究，所构建的结构体系能将学生和应用研究联系起来。在“生活实验室中”，学生和老师可以在现实世界的环境设定中共同发掘有关可持续发展新技术与新服务的知识。[⑥] 例如，塔林卫生保健学院牙科技术课的学生在牙科技术实验室进行实践，为成为具备口腔牙齿修复、使用正畸器械、整合应用研究等知识和能力的专业人员做好准备，并打下终身学习的基础。塔林和塔图尔卫生保健学院的模拟中心营造了一个富有革新感的学习环境，学生在这里可以获得实用技能，可以在安全且又逼真的条件下运用所学的理论知识。该模拟中心提供了使用各种

---

① SCHWERDTLE N, HORTON G, KENT F, et al. Education for sustainable healthcare: A transdisciplinary approach to transversal environmental threats [J]. Medical Teacher, 2020, 42(10): 1102-1106; MCKIMM J, REDVERS N, EL OMRANI O, et al. Education for sustainable healthcare: Leadership to get from here to there [J]. Medical Teacher, 2020, 42(10): 1123-1127.

② TUN M S. Fulfilling a new obligation: Teaching and learning of sustainable healthcare in the medical education curriculum[J]. Medical Teacher, 2019, 41(10): 1168-1177.

③ ALMAHBASHI T, ALJUNID S M, ISMAIL A. Health labour market requirements of health professional education in Yemen [J]. Eastern Mediterranean Health Journal, 2017, 23(6): 415-421.

④ GREEN M, LEGARD C. Peer-teaching could help bring sustainable healthcare into the medical education curriculum [J]. Medical Teacher, 2020, 42(5): 598-599.

⑤ TUN M S, WELLBERY C, TEHERANI A. Faculty development and partnership with students to integrate sustainable healthcare into health professions education[J]. Medical Teacher, 2020, 42(10): 1112-1118.

⑥ EVANS J, JONES R, KARVONEN A, et al. Living labs and co-production: university campuses as platforms for sustainability science [J]. Current Opinion in Environmental Sustainability, 2015(16): 1-6.

学习工具以体验多样现实情景的机会。塔尔图卫生保健学院还有用于放射照相、生物分析和理疗培训的最先进的学习实验室和工具。

三、应用科学类大学的新型远程学习技术和区域性挑战

职业高等院校的发展设想包括了同类院校的合作和发展模式。重点是提升学生学习的质量与效果,促进区域发展并推广终身学习。

影响区域发展可谓是应用科学类大学的主要任务之一。① 应用科学类大学的使命是培养以市场需求为主的专业人才,开展研发互动以促进教育与区域发展。教育应注重与商业、保健、医药、工业以及服务部门的合作,特别是在区域层面。②

在线学习在高等教育机构中的迅速普及表明这是一种现代的教学方式。社会技术的变革和新一代学生日益增长的需求促进了在线学习的使用。在线学习的支持者认为这种学习方式将会对传统教学文化形成持续影响。③ 在过去 10 年中,使用创新技术的远程学习已成为传统课堂教学之外的另一种良好的知识获取途径。这种教育旨在为学生提供最大可能的学习成果。对发展中国家和处境特殊的群体来说,这是发展最快的教育方式。

正如 Wet 和 Yelland 所说:"虽然 20 世纪末才开始数字革命,但是它已极大地改变了我们的世界,取代了传统工业时代,并迎来了全新信息时代。现代生活的方方面面,包括医学教育在内,几乎都被改变、被挑战。"④

医学教育中的远程学习能成为替代传统教育的合适方案,提供优质教育。将远程学习纳入医疗教育的一大挑战在于能否提供必要的基础设施和有效的机构战略。⑤ 即便不同国家能很好地运用混合式教育(远程学习和在校学习),但远程学习的效果仍是革命性的,尤其是在区域发展和获得教育机会这两个方面。⑥ 随着科技进步和社交媒体的发展,远程学习对于本科生、研究生以及医疗服务人员来说是一种日益风靡的新方案。正如 Al-Balas 等所说:"医学生更喜欢混合式的教学方法,因为远程教学对掌握足够的临床医

---

① RAUHALA P. Activities in Finnish Universities of Applied Sciences promoting regional development [J]. Higher education institutions and innovation in the knowledge society,2018:95-101.

② LEND E,TAMM J,KÕIV K,et al. Rakenduskõrgharidus Euroopa kõrgharidusruumis:väljundid,institutsioonid ja toimemudelid 2020[R]. Tallinn:Archimedes,Eesti Rakenduskõrgkoolide Rektorite Nõukogu,2014.

③ FISCHER H,KÖHLER T,MÖBIUS K,et al. Digital Further Education at German Universities—Status Quo and Challenges[C]//Learning Innovations and Quality:"The Future of Digital Resources":Proceedings of the European and international Conference LINQ. 2013:77-84.

④ WET C,YELLAND M. The challenges and opportunities in medical education for digital 'natives' and 'immigrants' in Scotland and abroad[J].Scottish Medical Journal,2015,60(4):152-154.

⑤ PANAHI P,BORNA F. Distance learning: challenges,new solution[C]//2014 37th International Convention on Information and Communication Technology,Electronics and Microelectronics(MIPRO). IEEE,2014:653-656.

⑥ AL-BALAS M,AL-BALAS H I,JABER H M,et al. Distance learning in clinical medical education amid COVID-19 pandemic in Jordan: current situation,challenges,and perspectives [J].BMC medical education,2020,20(1):1-7.

学技能是一个重大挑战。远程教学的满意程度与教师的经验、师生互动密不可分。实施远程教学所面临的主要挑战在于技术和基础设施资源两个方面。因此,在医学教育中成功实施远程学习,关键在于了解技术、资金方面的难题以及机构、教育者和学生所面临的窘境。”[①]

在终身学习的环境中,高等职业教育的重要性日益凸显。这是由经济和人口变化导致的,即知识更迭速度不断加快和企业对优质人才的需求持续增加。为了维持教育形象、吸引新目标群体并获得额外收入来源,大学所面临的挑战是设计出优质的且在经济上可持续的继续教育。同时,对继续教育感兴趣的人正在增多。他们希望研究生教育能提供实用的知识,用于处理日常工作问题或者职业再定位。[②]

四、结论与未来高等职业教育所面临的挑战

2020年,爱沙尼亚应用科学类大学校长协会(RCUAS)成员与外部利益群体携手编写了名为《2035年高等职业教育》(2019)的愿景文件。该文件考虑了所有利益相关者的影响,立足当下发展,分析了未来应用型高等教育的作用和发展趋势,为决策者提供了参考和建议。

高等职业教育面临的挑战包括:高等职业教育的发展更具国际化趋势,而非以爱沙尼亚为中心,高等职业教育国际化应维持并提高教学、研究和创新活动的质量,支持人才移民;高等职业教育机构需要更注重成本效益分析和课程结构;终身学习愈发重要,除全日制学习外,在职培训、参加应用研究和技术转让等学习方式也日益普及;除了教授专业特长技能之外,通用技能和通识性知识也愈发重要;此外,确保区域接受高等职业教育机会,减少地理位置对接受高等职业教育的影响也越来越必要。

未来几年,卫生保健高等职业教育领域所面临的挑战主要是:继续改善医护人员的工作条件,开发新技术以吸引训练有素的专家来爱沙尼亚工作;加强关系网中的国际合作与参与,以便与邻国专家保持密切联系;通过系统培训、培养方案和学习方法现代化以及强化科学工作方式,提高高等职业教育的质量,尤其是卫生保健专家的教育水平;必须根据劳动市场需求不断调整和更新课程;有效利用数字服务为推进国际化打下良好的基础。

---

① AL-BALAS M, AL-BALAS H I, JABER H M, et al. Distance learning in clinical medical education amid COVID-19 pandemic in Jordan: current situation, challenges, and perspectives [J]. BMC medical education, 2020, 20(1): 1-7.

② FISCHER H, KÖHLER T, MÖBIUS K, et al. Digital Further Education at German Universities—Status Quo and Challenges[C]//Learning Innovations and Quality: "The Future of Digital Resources": Proceedings of the European and international Conference LINQ. 2013: 77-84.

PART 05

第九届
世界大学女校长论坛
记录·总结·反馈

第九届世界大学女校长论坛纪录

林　晴

一、庚子年 立冬

子夜，西安锦江国际酒店穹顶厅内灯火通明、气氛热烈。

第九届世界大学女校长论坛接近尾声，论坛组委会主席刘继南教授正在做闭幕式致辞，“我衷心期待，今后论坛与时俱进，进一步做实人文对话、做深教育对话、做细心灵对话、做好精神对话”，她的声音回响在坐了160多位参会嘉宾的大厅里，也通过互联网传送到了正连接在线的六大洲64个国家和地区的终端上。从现场的大屏幕上看到，互联网的云端，近80位世界各地的校长们，在聚精会神地听着刘继南主席的讲话：“今后论坛将抱定宗旨，矢志不渝，进一步提升研究力、传播力、影响力，让我们再接再厉，携手前行，迎接长春第十届论坛的召开，续写世界大学女校长论坛的新篇章！”

次日，联合国教科文组织原总干事博伊琳娜·博科娃即发来邮件：“尽管此次第九届论坛会议我是远程参加的，能够看到论坛再次取得巨大成功，我非常高兴。”加拿大泛美高等教育协会的大卫·朱利安先生也远程向刘继南主席表示祝贺：“在您的领导下，第九届世界大学女校长论坛圆满闭幕。这次会议以全新的形式、高规格的内容呈现给了所有与会者。”

来自全球各地祝贺论坛圆满成功的邮件信息纷纷发来。

二、两年前的一个决定

2017年，西安工业大学时任校长助理刘卜教授赴京初次与论坛组委会接触后，西安工业大学雷亚萍校长携刘卜教授、校办卢莉萍副主任等一行即前往中国传媒大学拜会论坛组委会主席、中国传媒大学名誉校长刘继南教授，表达了承办第九届世界大学女校长论坛的迫切愿望。

雷校长表示，学校如果能与世界大学女校长论坛组委会合作举办一次国际性会议，必然能扩大学校的对外交流，拓展国际合作渠道，提升学校的国际知名度和声誉度，促进学校更快、更好地发展。陕西省教育工委和教育厅也会给予大力支持。西安是古丝绸之路的起点,也是“一带一路”的桥头堡,与国家的发展愿景高度一致,也与陕西省的发展相吻合。同时,陕西省的文化底蕴深厚,旅游资源丰富。考虑到世界大学女校长论坛在北京、南京、厦门、武汉等地举办并获得了成功,特向论坛组委会提出申请在西安举办第九届世界大学女校长论坛。

面对热情洋溢、诚意满满的雷校长,刘继南主席想起同样言辞诚恳、愿望真挚的吉林外国语大学秦和校长。2016 年,秦和校长就已经提出了承办第九届世界大学女校长论坛的请求。吉林外国语大学是我国民办大学的一张名片,有条件、有实力,且有举办国际会议的经验;秦和校长从第一届论坛开始就担任组委会副主席,有见识、有能力。刘继南主席还与秦校长笑说,在你长春办第九届,讨个“地久天长”的好彩头。

相较于长春,西安这座千年古都无疑更有分量、更具代表性。它是连接东西方文明的古丝绸之路的起点,早在 1981 年就被联合国教科文组织确定为“世界历史名城”。同时,西安的高校密集,教育资源丰富,现代科技发展迅速,也是现代中国的一张名片。继北京、南京、厦门、台北、武汉之后,在西安举办一次主论坛,可以填补在西部举办活动的空白,也能很好地向世界大学女校长们展现多彩的中国。为此,组委会各位领导开始对第九届论坛举办地的选址进行仔细考量。

没过多久,西工大校长助理刘卜教授一行又就承办事宜赴京拜访。考虑到西安工业大学承办第九届论坛的诚意和决心,2018 年 3 月,在第八届世界大学女校长论坛组委会会议召开前夕,组委会副主席陈乃芳校长率队,一行四人前往西安实地考察。

西安工业大学创建于 1955 年,是国家“一五”计划 156 个重点建设项目的军工配套项目,具有鲜明的军工特色,是兵器行业部署在西北地区唯一的本科院校。60 多年来,学校践行“敦德励学,知行相长”的校训,弘扬“忠诚进取,精工博艺”的校风,注重学生军工品格的锤炼,强化工程实践能力的培养,为区域经济和国防工业输送了 11 万余名高级专门人才。2017 年 6 月,西安工业大学承办了第六届国际新材料大会,接待了来自 35 个国家的 500 多位与会代表。同年 12 月,西安工业大学承接了全球孔子学院大会的接待工作,并获得了“优秀接待单位”的称号。

“我们此次赴西安工业大学考察,刘卫国书记、雷亚萍校长亲自接待,再次表达了承办第九届论坛的诚意。西工大外事处、校办的老师也全程陪同我们考察校区、会场、酒店等办会场所。我们总体感觉,西工大对承办第九届论坛的态度是积极热情、有条不紊的,他们也很有干劲。”陈乃芳校长在《赴西安工业大学考察第九届世界大学女校长论坛承办情况报告》中这样写到,西安工业大学具备承办大型国际会议的资质和条件;学校设有基金会,有承办第九届论坛的资金实力,西安工业大学承办第九届论坛符合世界大学女校长论坛的战略布局。

考察组带回来的消息是令人振奋和放心的,2018 年 4 月 8 日,在武汉大学召开的第八届世界大学女校长论坛上,经组委会研究决定,第九届世界大学女校长论坛由西安工业大学与中国传媒大学共同主办。

在第八届论坛闭幕式上,组委会正式宣布了第九届论坛将于 2020 年 4 月在西安举行的消息。

一切工作都依照往届经验有条不紊地展开。

三、酝酿论坛主题与《西安宣言》

2018 年 7 月 20 日,中国传媒大学 39 号楼二层,现代女性领导力研究院的走廊窗台上,一盆盆绿色植物枝繁叶茂,大大小小的叶片上都泛着油油的光亮。刘继南教授请来了李晓华、杨旭东、何辉、张政法、龙小农等专家学者,开始了第九届论坛的主题和分论题设计。

历届论坛主题设计的方法是将分散多样的意见汇集至专家小组进行充分讨论,这个过程会来来回回若干次,最后由世界大学女校长论坛组委会确定。据中国传媒大学杨旭东教授介绍,第九届论坛主题设计的讨论框架来自三个方面:大学本身的考量、瞭望文明的考量、社会变革及其决定性因素的考量。

秉承论坛聚焦高等教育发展、提升女性领导力、汇聚世界大学女校长力量,合力搭建交流合作、分享智慧的国际平台的宗旨,结合当时的国内国际形势与相关领域的研究和关注议题,第一轮讨论下来,组委会拟定的主题是"文明互鉴 · 科技变革 · 大学境界"。在这三个主题词下,设计了五项分论题,分别是(1)汇流互鉴:文明的过去、现在和未来;(2)变革回声:科技、社会和伦理;(3)教育境界:大学传统、本质与趋向;(4)平等事业:新人文主义与女性领导力;(5)同中有异:大学女校长的办学智慧。

杨旭东教授对主题与分论题做了如下阐释:

文明互鉴。它既指时间上的文明汇流与交通,又意味着空间上的文明对话、文化多样、利益共存等。文明的古今对话、国际对话,是人与人和谐、国与国相望、天地相生的基础和通道。大学培养文明对话沟通的使者,大学女校长是文明互鉴的积极倡导者和践行者。

科技变革。互联网、虚拟现实、人工智能、大数据等现代科技日新月异,第四次工业革命塑造了前所未有的"技术社会",塑造了便利舒适的新生活。新社会和新生活,如何与厚重、悠远、深邃的人文传统相"桥接",是时代不能回避的重大主题。科技的伦理,亦是亟待反思的问题。大学不仅是知识和教育的复制机构,更是引领未来文明的灯塔。大学之道,既要适应科技革命和未来社会图景,又要反思科技的后果,倡导人文传统和文化精神。

大学境界。除了显性的评价指标和尺度外,大学应该体现自由探索、兼容并包的精神,应该体现以天下为己任的情怀,应该体现"十年磨一剑"、宁静以致远的境界。现代大学过于功利化的追求,业已偏离大学的人文传统和教育本质。随着互联网及其知识信息的日益普及,未来大学更应营造环境美好、境界高远的教育时空。

这是最初拟定的主题,它确定了此后主题设计的方向和框架,之后的三次调整只在关键词上做了变动。

进入第二轮讨论时,考虑到“科技变革”这个议题过于聚焦,可伸缩性小,而“未来社会”这一关键词可容纳的内容和边界更宽广,便于论坛参与者更自由地选择恰切的主题研究撰写论文,同时“技术演进”仍作为主要的分论题纳入其中。因此,第二次拟定的主题是“未来社会·文明互鉴·大学创新”,分论题分别是:(1)未来社会与大学创新;(2)技术演进与人的发展;(3)文明互鉴与人文交流;(4)性别平等与女性领导力;(5)办学智慧与大学女校长。

2019年4月20日,在经过了由“文明互鉴·科技变革·大学境界”到“未来社会·文明互鉴·大学创新”的调整后,论坛主题进入第三次商讨拟定,确定为“社会发展·文明互鉴·大学创新”的新主题,分论题分别是:(1)全球变局与高等教育;(2)科技革命与大学创新;(3)文明互鉴与人文交流;(4)性别平等与女性领导力;(5)大学女校长的办学智慧。

杨旭东教授介绍,“未来社会”调换为“社会发展”,主要考虑的是当下的社会呈现剧烈变动的特征,着眼于当前的社会发展更具时代感,同时在分论题中开始引入“空间”维度,即“全球变局”与高等教育的相互影响,高等教育对全球变革的回应,这一次主题和分论题的选择更加突出了时代感和高等教育肩负的使命。

2019年是国际形势多变的一年,在这一年深秋举行的第四次主题调整讨论上,大家将“社会发展”换为“全球治理”。

全球治理是大学创新的空间坐标,文明互鉴是大学创新的历史坐标。全球治理的目标和理想,建立在文明互鉴的博大胸怀和谦逊态度基础上。大学追求普遍知识,不仅贡献于国家和区域的发展,更大的使命在于促进全球治理,为人类命运共同体的福祉而探求真理,为生态文明建设而寻找方向。大学自身即文明互鉴、自由交流的殿堂。一方面,全球治理、文明互鉴的大量复杂问题期待大学破题解题,另一方面大学应与各国政府和国际社会一起推进全球治理的水平和文明互鉴的品质。

“全球治理·文明互鉴·大学创新”,新的论坛主题出炉了。相应的分论题分别是:(1)全球治理与高等教育;(2)未来社会与大学创新;(3)“一带一路”与文明互鉴;(4)性别平等与女性领导力;(5)办学智慧与经验分享:世界大学女校长论坛20年:历史与未来。

2018年7月20日,第九届论坛组委会委托北京外国语大学何辉教授根据首次拟定的论坛主题和分论坛主题,起草一份《西安宣言》,提交论坛作为讨论基础。两天后,2018年7月22日,何辉教授写就初稿。

此后,论坛主题和《西安宣言》的讨论并行推进。

《西安宣言》由何辉教授、杨旭东教授、张政法教授、龙小农教授先后执笔,经历了七稿,最后由组委会领导共同讨论定稿。

从夏到秋，冬去春来，中国传媒大学 39 号楼前的一树树碧绿与金黄，见证了现代女性领导力研究院会议室里思想的聚焦与文字的凝练。

2020 年新冠肺炎疫情来袭，韩国、日本、意大利、法国、德国、美国、印度……亚洲、欧洲、美洲、澳洲、非洲，疫情以史无前例的节奏在全球蔓延开来，几乎每个人对当下的状况都感到担忧，“人类命运共同体”这个概念前所未有的清晰起来。

几位专家在同步考虑论坛主题的调整。龙小农教授提议将“全球治理”改为“全球共情”。杨旭东教授在《第九届世界大学女校长论坛主题设计及其解释》中回顾：新冠肺炎疫情肆掠下，本已脆弱的中美关系更加恶化，贸易战之上朝污名化国体和国民方向恶化，局部利益冲突转向根本利益、核心价值的剧烈争端，世界第一、第二大经济体关系的恶化，给“全球治理”带来了极大的不确定性，甚至全球治理前景都蒙上了阴影，而新冠肺炎疫情这一当下急迫的全球性问题又需要人类团结并共同面对，为此，暂时搁置价值观分歧、利益冲突，在人类共情的基础上联合抗疫已是迫在眉睫。“全球共情”既是“全球治理”的根基，也是退无可退的底线。

专家组最后确定，“全球共情 · 文明互鉴 · 大学创新”为第九届论坛的主题。

分论题重新结构了前一轮的关键词，由五组简化为四组。

“世界变局”与“文明互鉴”组合在一起，显示后疫情时代世界范围内的动荡与变局，亟待站在文明互鉴的高度，唤起人类命运共同体意识，从全球共情出发关切并化解面临的共同灾难。

“智能社会”与“大学创新”关联，显示科技的力量塑造了新的智能社会，智能社会是对工业社会的迭代变革，今后大学创新需要聚焦新社会的内在需求，同时也要超前防范智能社会的风险。

“大学治理”与“可持续发展”联系在一起，可以从内外部两方面理解，一是大学治理朝向人类社会的可持续发展，大学既要革新不合时宜的制度，也要保留一以贯之的高贵精神，社会的可持续发展不是竭泽而渔的掠夺式发展，大学应该保持作为社会“警示器”的学术预警作用；二是从内部理解大学治理本身应该是可持续发展的，大学不应该只为了外部一时一地的要求而改变自身的教育节律和学术正义，应守护“象牙塔”的意义。内外部理解亦可协同。

“性别平等”与“女性领导力”是自然嵌合的，“女性领导力”既是理论领域又是实践命题，既需要在学术上回答其本质和特征，又亟待从社会政策和行动层面予以重视倡导，女性领导力在各个社会生活领域分布的平衡，打破了一个性别主导决策或管理专业领域的不合理现象，是性别平等事业的应有追求和更高期许。

根据新的论坛主题词，《西安宣言》里较之前版本，增加一个“看到”的部分，即：我们看到，当今世界充满新的不确定性和不稳定性，呼唤全球共情应对危机和风险。天涯比邻、同舟共济，携手构建命运共同体是人类面向未来的积极思考与行动。大学应培养造就具有全球意识、世界情怀和国际协同治理能力的新型人才。

四、新一届校长服

穿衣也是一种“国际礼仪”,世界各国的服装都与自己国家的文化紧密相连,作为一个国际性论坛,组委会非常注重用服装来传递中国文化。

校长服是历届世界大学女校长论坛重要且富有特色的标志性符号。与会校长身着经过精心设计的服装参会,旨在通过世界大学女校长论坛倡导中国传统文化,塑造、传播大学女校长美丽优雅的知性形象。

中式礼服典雅、简练、庄重,能够很好地展示中华文化风采,而且它随时代而演变,总是和时代相呼应。在盛唐时期,文人墨客的宽大长袍就曾引领世界流行风尚。第九届世界大学女校长论坛将在中国古代丝绸之路的东方起点西安召开。西安,古谓长安城,取意“长治久安”。长安自古帝王都,曾为十三朝古都,见证了中国古代“文景之治”“贞观之治”“开元盛世”的鼎盛辉煌。

2018 年 7 月,考察组在走访西安人文环境、考察文化交流项目的过程中,就开始讨论校长服的设计理念了。为了能够触摸到西安的历史脉络和文化特征,考察组成员一致赞成第九届论坛校长服设计定位于最具秦汉风尚的千年华夏汉民族传统服饰——汉服。

汉服定型于周朝,传承于秦朝,完备于汉朝。在朝代的流转过程中,又形成了不同时期的不同风格,汉之古朴,唐之飘逸,宋之淡雅,明之端庄。曾负责第八届校长服事宜的韩运荣教授介绍,本届论坛在新时代背景下召开,校长服设计理念应大胆创新,既注重传统的中国风,又突出时尚优雅,以服饰格调的超前性凸显大学女校长们在知识界、教育界引领文化时尚之先。

设计理念一经确立,调研随即开始。一回到北京,韩教授立刻在网上搜索出若干家北京的汉服店,找到具体地址和联系方式,时值酷暑,老校长、邹晓巧部长和韩教授一家一家店看,一件一件衣服试穿,感受不同款式、不同颜色的汉服的穿着效果,并记录下有启发性的设计思路。韩教授上网寻找汉服历史演变过程,搜集汉服服装元素,制作出校长服设计预案的 PPT,在秋季开学前,请组委会领导和部分校长进行了集中审议。在款式定夺上,考虑到如果完全按照汉服宽衣大袖、峨冠博带的样子去做,校长们穿着不方便、不实用,加之若再根据国内外校长的身材来量体裁衣,会增加制作困难和误差,最终决定采取简化的汉服方式。

江苏中外大学女校长、教育发展基金会副理事长、企业家钱霞女士提示筹备组,她曾经改动制作过一款具有汉服元素的样衣,很能体现中国汉唐文化的特质。一些细节的元素,比如领子,还有绣花都非常有代表性,它是一种多元文化的结合,稳重而不失生动,既有中国的特点,又是很开放的。

于是,第九届校长服款式具体锁定到这款样衣上。

新一届校长服面料用的是金丝绒。对应界别,面料选用九种颜色,再镶上相应合适的绲边。对于校长服的设计，刘继南主席一直有一个想法，就是体现出学位服的元素。承制方浙江湖州天韵公司给出的宽袍大袖的斗篷方案恰好满足了这个想法，使女校长们穿着在身更具象征意义，而采用无腰身的均码方案，则更加体现了论坛的包容性。

五、视觉设计与奖杯

从第一届就参与到论坛工作中的中国传媒大学广告学院肖虎教授继续负责第九届论坛的视觉设计工作。他的直接感受是，20 年来，尤其是到了近两届，论坛的兴旺发展、向上的势头日益明显。第九届论坛面对新冠肺炎疫情带来的前所未有的艰难局面，办得如此成功，获得了业内外的瞩目。

对于一个论坛来说，除了内部紧密的、富有逻辑性的全流程外，外部环境的装饰设计、代入导入功能也非常重要。创造出一个氛围，由一个场景代入，再由互联网传播出去，好的视觉设计会由此产生好的传播效果，这种大规模的视觉元素呈现，能体现出论坛对整体形象的重视。在处理论坛的视觉设计上，肖老师不过分强调艺术家的个人特色和太强烈的风格化，而是努力与新闻传播、国际传播等各方面专家沟通，达成共识，紧紧围绕主题，变“众口难调”为“众口能调”。

论坛每到一地，承办方总会希望把本地的地域特色揉进整体设计中去。肖老师认为这没有问题，但应该服从于论坛大的设计调性。西安的方案，没有选择突出兵马俑、大雁塔等地标性符号，意在避免造成旅游论坛的误解。这不仅是设计师的认识问题，还需要整个筹备组成员耐心沟通、达成一致。

第九届论坛在视觉形象上准备了两个方案：形的抽象与水墨山水。前者依托八百里秦川这一既有印象，选取代表母性意涵的曲线来表达。既在形象上紧贴主题，同时也揉进了地域特点。水墨山水一般在绘画中适用于表现江南地域特征。八百里秦川即便用绘画的形式来表现，也是用唐代的青绿山水相对合适。在进行充分讨论之后，论坛舍弃了水墨方案，最终采用了形的抽象方案。

一个女性的校长论坛，温柔、母性的色彩能为其铺陈一个恰切的视觉氛围。因此在色彩上，依旧采用了女校长论坛的主色系——紫色。以紫色为原点，做各种层次的变化。

第九届论坛首次使用了一个传统元素——中国印。印文为：二零二零中国西安。在设计思路上，肖老师认为可以以这个印为基础，今后再做变化，比如推出吉祥物、表情包等一些具有互联网时代特点的视觉识别。

论坛最初的规模小，形态简单，形式也很朴素。随着一届一届财力、物力、人力、人气的增加，越做越丰富。跟随论坛 20 年，肖虎老师的眼光也一起从历史走向未来。随着视觉设计专业领域的变化发展，国内国际的设计潮流日新月异，不断有很多强调形式感的东西涌现出来。他希望将来论坛能够更加重视视觉化的部分，加入更多诸如烟火表演、大型招贴展、大型艺术展等视觉元素，配合相关主题做视觉呈现，将论坛做成一个品牌，能够持久地进行下去。从广告学的角度来看,一个品牌,对外宣传的是影响力,论坛的视觉设计应该理解成一个大广告的概念。

负责视觉这一部分工作的肖虎教授还有一个任务,就是为第九届论坛设立的"特别贡献纪念奖"设计奖杯。

设计组一直想选一个能代表西安的古老、具有唐朝时代特色的形象。但始终没有找到如意的。

2020 年 1 月,天气有些凉,在西安工大张邈教授的全程陪同下,肖老师和组委会许学峰老师在西安寻找奖杯的设计灵感。在西安博物院,他们发现一个镇馆之宝——唐仕女俑,形象寓意都很好,最后他们在陕西省博物馆找到了一个仕女俑的琉璃制品,就定了下来。2020 年暑假,疫情趋缓,设计组再次去了西安,谈具体的色彩、造型和尺寸制作,提出严格要求,开始定制工作。琉璃具有很强的手工工艺,在不同的光线下,会呈现出千变万化的色彩效果。但衍生品本身不能直接拿来作为奖杯,必须从造型上加以完善,肖老师给她配上一个四方底座,在材质上使用了更讲究的中国红木,专门从南方定制。时间虽然很紧,任务也很重,但还是圆满完成了。

唐是我国历史上非常繁盛和开放的朝代,唐朝妇女在社会经济生活中的女性意识得以在一定程度上复苏与彰显。唐仕女俑是唐代陶俑中烧制量最多的陶俑类型,也是最能代表唐代女性形象的。这座奖杯借用了她独有的造型,自信、大气的风貌,体现了文化的开放性与包容性,展现了一个时代、一个民族的自信精神。

六、双城记

为切实保证论坛能够圆满举行,论坛组委会前后共计三次,分别由陈乃芳校长、王温凤书记、刘继南主席、邹晓巧部长、陈维嘉司长、张秀琴司长等带队赴西安考察。双方对论坛会址的选定、下榻酒店及其住宿和餐饮条件、文化考察内容和地点以及文化活动项目和购物场所逐一进行考察。经过双方的协商,最后确定开幕式在西安工业大学举行,其他活动在西安锦江国际酒店举行。

2018 年 7 月 12 日,论坛主席刘继南、副主席邹晓巧率队到西安工业大学进行了为期六天的实地考察,雷亚萍校长、刘卜副校长与组委会一行进行了会晤。双方就论坛相关事宜进行了首轮对接;对论坛主题、时间等进行了初次商讨,达成了初步共识。当年 3 月陈乃芳校长带队初次赴西安时,对备选的五家举办酒店进行考察后形成了一个倾向性意见。这次确定在锦江国际酒店举办活动,文化考察为参观兵马俑博物馆、陕西省博物馆、大唐迎宾仪式、与学校师生文化交流互动等内容。

2018 年 11 月 11 日,西安工业大学雷亚萍校长一行赴中国传媒大学访问。中国传媒大学校长廖祥忠、副校长张树庭接见了雷亚萍校长一行。此次访问,双方就论坛的主题、时间、地点、规模、语言文字、日程安排等事项进行了实质性磋商。

2019年3月16日，西安工业大学正式呈文上报陕西省教育厅，申请举办第九届世界大学女校长论坛，并获批准。

2019年5月31日，陈维嘉司长和张秀琴司长带队，组委会一行7人再次赴西安进一步落实筹备工作。双方就论坛申报、日程安排、会场安排、承接酒店情况、筹备班子协调机制、文化考察线路等事项进行了认真交流，推进了各项筹备工作的落实。

北京方面，中国传媒大学作为论坛的主办方之一，一如既往地给予了第九届论坛积极支持，为论坛组委会筹备组派出了专职老师黄璇，开始着手论坛报批、嘉宾征集等工作，逐一落实大学校长参会。

2019年7月9日，世界大学女校长论坛组委会/现代女性领导力研究院向陕西省人民政府外事办公室提交了《中国传媒大学关于在西安工业大学举办第九届世界大学女校长论坛的征求意见函》，就世界大学女校长论坛组委会/现代女性领导力研究院、西安工业大学、中国传媒大学于2020年4月18日至20日在西安举办第九届世界大学女校长论坛征求意见。7月29日，陕西省人民政府外事办公室批复同意。12月24日，中国传媒大学国际交流与合作处向教育部提交了第九届论坛的国际学术会议申报材料。

论坛组委会和西安工业大学筹备组围绕论坛主题、议程以及细节不断进行商讨，就会议场地、住宿安排、会议议程等事项作出进一步确认，北京、西安两地各自的筹备工作稳步进行。

2019年7月，组委会开始向国内外发出第九届世界大学女校长论坛的正式邀请函。

2019年10月10日，西安工业大学正式成立第九届世界大学女校长论坛筹备领导小组。西安工业大学正式下达了〔2019〕196号《关于成立第九届世界女校长论坛筹备领导小组的通知》的文件，雷亚萍任组长，刘卜、段小存任副组长，韩干校、任慧英、姚颖、薛红、张刚、王守民、薛光任成员，下设办公室，段小存任主任（兼），姚颖任副主任，王守民、卢莉萍、张邈、张小萍、骞军荣、杨长青、杨琳、李明、张谨任成员。办公室的主要职责：负责与论坛组委会的日常沟通、联络，负责与省市相关部门和协作单位的洽谈、联系，负责筹备期间相关资料的准备、手续的申报，负责活动资金的计划与落实，负责活动方案、会务接待方案、宣传方案等策划、制定、前期准备等，负责筹备期间涉及的其他工作。

2019年10月28日，西安工业大学论坛筹备领导小组雷亚萍校长、刘卜副校长、段小存总会计师、宣传部任慧英部长、教育发展基金会姚颖理事长、团委王守民书记、校办卢莉萍副主任、图书馆张邈副馆长、校办综合科李明科长一行赴京汇报有关工作。组委会陈维嘉、张秀琴、陈乃芳、王温凤、许学峰等参加了汇报会。中国传媒大学廖祥忠校长接见了筹备组成员。这次汇报会主要议题是西安工业大学宣传片、论坛视觉设计方案、《西安宣言》的内容阐述、会标会徽设计方案以及近期工作的梳理。

七、重启

2020年1月，丝绸之府浙江湖州百年老店“天韵绸庄”里，负责论坛校长服事宜的韩运荣教授在和天韵的设计师比看布料；西安工大的校长办公室里，论坛组委会许学峰教授、筹备组肖虎教授在与校方商讨座谈，雷亚萍校长会见了组委会成员。2020年1月9日，西安工大筹备组再次召开会议。雷亚萍校长、刘卜副校长、段小存总会计师及筹备组成员出席会议。雷校长就本次论坛的重要性、具体工作的紧迫性、筹备工作的衔接性等方面作了指示。1月14日，教育部要求组委会提供台湾参会人员的补充信息。1月21日，重新提交第九届论坛的国际学术会议申报。

当筹备工作继续进入下一步的档口，新冠肺炎疫情暴发了。在社会秩序短暂呈现出史无前例的茫然之后，国家疫情防控措施开始相继出台，全国各地出行开始受限。

此刻论坛各项准备工作已基本就绪，境外已邀请到来自58个国家以及我国香港与台湾地区的99名大学女性校级领导和专家学者参会，印度、意大利的主题发言稿已完成，印度沙什卡拉的题目为《文明互鉴》，主要内容为从印度文明的角度谈文明互鉴。意大利宝拉的题目为《高等教育面临的三个挑战：数字革命、未来社会、性别平等》。另有朝鲜、蒙古、斯里兰卡等国10余名教育界领导和学者也有参会意向，正在联系沟通参会事宜。境内已邀请到67位大学女领导和嘉宾参会。第十一届全国人大常委会副委员长、第十届全国妇联主席陈至立、联合国教科文组织原总干事博科娃已接受邀请，拟出席论坛并致辞。

2020年3月，因疫情在全球范围的蔓延，教育部要求取消上半年的国际会议，申报撤回，待疫情得到有效遏制、重新确定会议日期后再作申报。组委会成员紧急联络，一致同意暂停论坛筹备工作，并向教育部做情况说明。

2020年春节是在不安与忧虑中度过的。一切都在未知中。感染者人数不断攀升，范围不断扩大，病毒让研究者越来越觉得狡猾，别说社会文化活动，连最基本的经济生活都减少到仅供维持日常。媒体形容，庚子年一开年就被“按了暂停键”。日子一天天过去了，屋外，春，正常回暖；花，正常开放，但屋内的人们似乎完全都没有感觉到。进入3月下旬，疫情已经趋向全球大流行，国内防控措施的有力有效逐渐显现，病毒传播一点点被控制住，全国疫情有所缓解，但总体上仍不容乐观。

原本应该是论坛盛大召开的4月就在眼前，国内的出行开始逐地谨慎放开，刘继南主席和组委会及西工大方面电话磋商恢复召开论坛的时间。她认为，错过了春季，秋季也是不错的季节，不如将会议延迟到2020年的11月举行。西工大表示根据历年的天气情况判断，11月初，西安还不会太冷，整体情况是适宜举行大型活动的，而且2020年11月的第一个周末恰逢中国农历的立冬节气，立冬在中国民间传统中是一个非常重要的节气，民间会选择这个日子举行大型的节日活动。因此，2020年11月的6日至8日是第九届论坛可以考虑的举行时间。

然而进入5月，病毒传播在世界范围内再一次升级，国外疫情的严重程度大大超过国内。一些国家已经将对学校学生的授课转移为远程技术支持的模式，大部分上班族都改为在家远程办公。国际间的旅行限制几乎波及每一个国家。世界大学女校长论坛作为一个国际性会议，最大的亮点是世界各国校长的参与，全球思想智慧的交流。境外校长如果不能参会，那么论坛将名不符实，也就无法举行了。

夏天来了，疫情并没有像人们期望的那样消失，但国内疫情已有所缓解。北京的疫情防控措施调低等级，人们获准在做好防护措施的前提下自由出行。

2020 年 7 月 12 日上午，刘继南主席照例打开手机，看看有什么信息，女儿发来的一个微信消息引起了她的注意：清华新闻网 7 月 11 日的新闻，《校长邱勇出席联合国可持续发展目标“行动十年”计划大学校长特别会议并致辞》。新闻中报道：北京时间 7 月 9 日晚，联合国可持续发展目标“行动十年”计划大学校长特别会议在线拉开帷幕。在为期两天的会议中，来自 60 余个国家 100 多所顶尖大学的校长及副校长围绕联合国可持续发展解决方案网络(SDSN)所面临的机遇与挑战进行讨论……

刘继南主席当即就给清华大学党委书记陈旭拨了电话，电话那头没有人接，她知道陈旭书记一定在忙，放下电话，她开始仔细研究这个新闻里的诸多细节。次日(13 日)上午陈书记回电了，她仔仔细细地回答了刘主席急切的询问，经过一番商议，决定就在 2020 年，以线上线下相结合的方式，把第九届论坛开掉！

线上线下的想法基本确定，刘继南主席随即(14 日)拨通西安工业大学副校长刘卜的电话，传达了这个想法。刘卜表示：太好了！雷亚萍校长 2021 年 1 月即将退休离任，如果今年论坛举行不了，那么接下来的事情又会变得复杂。刘卜的电话放下几分钟后，雷亚萍校长的电话就打了进来，电话里的雷校长兴奋激动，“11 月开，太好了！马上重组筹备组，拿方案！”刘继南主席鼓励雷校长：“你们是理工院校，保证技术；我们是传媒院校，保证宣传。我们共同努力，一定能把会开好！要有信心！”

这边与西安敲定后，刘继南主席立刻联络相关工作人员，定于 7 月 22 日在中国传媒大学 39 号楼召开会议，讨论重启细节。

疫情期间，中国传媒大学对校园内外人员的出入做了严格限制，召集的 9 位筹备组核心成员有 3 位因不同原因无法赶到，刘主席与到场的 6 位(杨旭东、何苏六、龙小农、杨懿、周丽娜、黄璇)展开了具体的讨论。

一个半天下来，会议详细讨论了具体的线上线下的结合方式；论坛主要环节开幕式、主题演讲、论坛 20 周年、闭幕式的设置方案；根据境外参会人员提交的论文题目及摘要，确定出分论题；初步选出了主题演讲嘉宾；确定论坛 20 周年的发言嘉宾，由远在挪威的阮婕妤老师设计该环节并联系嘉宾准备材料；第九届设置的颁发“特别贡献奖”原应是一个重要环节，但是现在境外嘉宾不能到现场，只能改为宣读颁奖决定，请周丽娜老师制作获奖学校/机构和分论坛介绍 PPT，做背景展示；大会的校长服在成衣后要尽快邮寄给境外嘉宾，以备论坛召开时穿着；筹备组黄璇、魏峰老师进行新一轮邀请，尽快确定参会人员……事无巨细，一一落实到人。会后，龙小农老师受委托当天就起草了确定论坛重启的方案，提交组委会成员和西安工业大学征求意见。

7 月 22 日，论坛确定了将以线上线下相结合的方式，于 2020 年 11 月 6 日—8 日正式召开。这一天,成为第九届论坛一个历史性的时刻。

8月21日,筹备组在39号楼又一次召开了工作会议,王温凤、许学峰、肖虎、魏峰、黄璇老师参加,讨论了论坛申报程序进度、清华的视频会议情况、论坛日程的修改情况、统计境外代表时差分布、视觉设计及奖品设计等问题。

筹备组副组长许学峰老师有着筹办重大活动的丰富经验,他清楚地认识到,采用线上线下相结合的会议方式,目前缺少实操的主要是线上会议系统这一部分。他督促西安工大尽快通过招标确定承担远程会议系统服务的公司,并亲自通过网络,远程接触了这家会议公司。8月31日,组委会筹备组王温凤、许学峰、李绍彬、龙小农、黄璇等几位老师远程参加了西安工大召开的会议公司初步方案汇报会,西安工大副校长刘卜、总会计师段小存、姚颖、张邈等老师在西安现场参会。会议之后,组委会筹备组整理了若干书面意见发给西安工大,作为他们与会议公司签署合同时的参考内容。

为照顾到全体国外代表都能在合适的时间线上参会,筹备组统计了各位代表所处地区与北京时间的时差关系,得出每天20:00—22:00是可以满足国内外所有代表参会的较为合适的共有时段,并做出一张一目了然的时差表,在调整方案时可以快速定位重要嘉宾的出席可能。因各学校正值开学阶段,国内代表反响时间较为滞后,筹备组安排了专人继续跟踪代表的报名情况。

早在2019年底,论坛已经获得陕西省外办的不持异议函,中传起草报告连同陕西省外办函一同上报教育部国际司,后因疫情被搁置。因情况变化和时间更改的问题,需要重新履行申办流程。9月4日,再次获陕西省外办的不持异议函,中传报告也已完成,等待论坛日程最终确定后,报送教育部审批。

9月10日,组委会听取筹备组工作汇报,参加的领导有:雷元亮、刘继南、陈维嘉、张秀琴、邹晓巧、陈乃芳、王温凤等。许学峰老师代表筹备组就论坛形式、境内外代表报名情况、论坛审批、日程调整、会议文件准备、视觉设计、传播方案、会场及住宿、领导人邀请、论坛备选方案、筹备工作节点、组织保障、待解决问题等方面向组委会做了汇报,与会领导肯定了筹备组工作,同意将论坛放到晚上19:30—22:00举办。

9月17日,西工大筹备组一行人赴京。当天下午在中国传媒大学39号楼202办公室,双方各部门就相关事宜进行新一轮汇报、沟通和对接,大家气氛友好、干劲十足。当晚,主办方之一中国传媒大学校长廖祥忠宴请了西安工大雷亚萍校长及随行人员。次日,西安工大校长雷亚萍一行与组委会领导陈维嘉、陈乃芳、邹晓巧、王温凤等在位于礼士路的职工之家会面。

组委会许学峰老师做了阶段性工作汇报,特别说明了论坛时段的考虑缘由,西安工大副校长刘卜老师代表学校汇报了筹备工作进展情况,也提出了希望组委会帮助解决的新方案。9月20日,在刘主席的要求下,王温凤书记组织起草了一份汇报材料,经刘主席和组委会领导几番审看斟酌后,刘主席带病亲自请见了教育部领导,汇报情况,为实现顺利开会请求帮助。经教育部出面协调,西安工大副校长刘卜、筹备组负责人姚颖于2020

年9月29日赴京表态:一定要克服困难把论坛办好!

2020年国庆中秋恰逢同一天,中国传媒大学没有放这个长假,论坛筹备组更没有。全部工作开始追赶进度。

八、进入倒计时

9月30日,组委会筹备组工作群里,全体工作人员收到一条来自副组长许学峰老师的信息:我们各项筹备工作要全速推进了! 10月份注定有些疯,大家加油吧!

筹备工作进入紧张期,主办方之一中国传媒大学已安排夏丹、周哲、周丽娜老师全职加入,由段鹏副校长挂帅的31人的组委会筹备工作组成立。

1.境内外联络

新一轮的论坛邀请已经都发出去了,组委会公共邮箱里,一封封邮件在静静地抵达,负责境外校长嘉宾联系的师生们及时处理着来自世界各地的回复、询问和一些提出的要求,并精心做好邮件分类;加班加点,翻译整理境外发来的人物、学校简介,论文题目和摘要。论坛重要嘉宾的致辞,由筹备组徐娟等英文水平一流的老师共同翻译并仔细核对,以确保无误。39号楼202办公室,这些案头工作每天都在静悄悄地进行着。

与境外情况不同的是,电子邮件并非境内校长嘉宾们的首选通信手段,与她们的联系需要从手机、微信、邮箱三个不同的通道进行。因人员变动,联络工作从最初的魏峰老师开始,中间经历过几次移交。在筹备进入倒计时后,最后接手的夏丹老师的工作难度加大了。国内嘉宾的特点是临时性的变动比较多,很多都经由秘书或助理联络,经手的人越多,情况就越复杂。夏丹老师甚至接到过被对方质疑是骗子公司的电话,让人哭笑不得。夏老师凭着多年的工作历练,得以平静、友好、不失分寸地处理好堆到眼前的桩桩件件事务。对于部分重要境内嘉宾,好在一直有筹备组副组长王温凤书记长期保持着有效沟通,尽管第九届论坛所处时期具有特殊性,联络工作还是进行得有条不紊、忙而不乱。

2.国际快递

浙江湖州天韵公司完成的校长服已经寄达北京。在此前一年左右的时间里,天韵厂方前后做了四次样衣,二十多件,先后快递到北京。经过多位不同身材、体型的老师试穿,提出具体修改意见,比如为了穿着的舒适度,调低了领高;为了细节效果,在领边和门襟分别加了暗扣等。在综合多方意见的基础上,最终定版。

不同于往届,这次需要在开会之前,尽早把校长服寄到世界各地的校长手中。负责这项工作的韩运荣等老师都没有预料到国际邮寄的复杂性。在联系了一家久负盛名的国际快递公司之后,前来接洽这项业务的部门经理却把繁杂易错的填表、查询等工作完全推给了筹备组。由于没有经验,时间也很紧迫,加之疫情期间校外人员进出校园手续复杂,她们为了尽快完成邮寄工作,并没有与快递公司多做理论,而是带着学生,亲自做起了快递公司的填单、装包和联络工作。

早在服装寄达北京时,学生们就按照境外嘉宾的反馈回执,找到每一款相对的服装花色,细心认真地将每一位嘉宾挑选的样式编号做成便签,一一对应贴上。金丝绒面料需要在强光线下才能显示出明显的色彩差异,而在 202 办公室这样的普通灯光下,辨别颜色非常难,很容易出差错。

这样费时费力的工作,后来在西安论坛现场,面对数量几倍于国外嘉宾的国内嘉宾服装,在更加昏暗的室内光线下,韩运荣老师带着西安工大两名志愿者,同样又认真仔细地做了一遍。

填单,找到相应的服装,这看似不起眼的两件事,却有着常人无法想象的工作量和工作难度。这些工作都在无声无息中,按时保质圆满地完成了。

3.论坛方案

北京筹备组的工作在紧锣密鼓地进行中。

第九届世界大学女校长论坛方案(10 月 3 日版);

第九届世界大学女校长论坛方案(10 月 4 日版);

第九届世界大学女校长论坛方案(10 月 5 日版);

第九届世界大学女校长论坛方案(10 月 9 日嘉宾版筹备版);

第九届世界大学女校长论坛方案(10 月 16 日嘉宾版筹备版);

……

筹备组工作群里来自许学峰老师的论坛方案文件一版一版地更新着,每一次更新的背后是组委会领导不时听取北京西安两地筹备组工作汇报,给出意见和建议:

"各位老师:会议公司的工作是第九届论坛成败的关键环节之一,请大家从各自的角度认真审阅会议公司的这版方案,并于 7 日早晨 8 点前将补充和修改意见发到群里。"

这是 2020 年 10 月 5 日的一条群信息。

"各位老师:以下是我们与西安工大论坛筹备班子的名单和通信方式,无论是我们之间还是与西安工大之间,筹备工作都是一盘棋,彼此分工不分家,应做到既有分工又有合作。我们的名单将发给西安工大,今后很多具体工作双方人员将会直接对接,请大家关注一下对方筹备班子的分工情况。"

这是 2020 年 10 月 10 日的群信息。

许学峰老师很清楚组织实施线上线下相结合的会议是新的挑战,需要与西安工大、会议公司紧密配合,准备充分,做好细节,预计好各种可能出现的问题,并做好配合西安工大完善相关工作的一切准备。

4.布局宣传

与此同时，论坛的宣传工作也开始预热，筹备组里新增添了中国传媒大学党委宣传部派驻的袁冶、王维家、阎玺等老师，在时任中国传媒大学宣传部部长、现校长助理杨懿老师的领导下，论坛的宣传策略已经形成。即：重视传统媒体，守住主流媒体舆论阵地；发挥互联网平台特色，开展多平台直播宣传；与承办方西安工业大学形成良好沟通合作机制，统筹媒体资源，利用好本地媒体。

从9月开始，宣传人员便与承办方西安工业大学的宣传团队进行了交流对接，沟通了宣传与媒体方案，并形成了良好的沟通机制。10月，袁冶和阎玺老师特地前往西安工业大学，实地考察和指导视频拍摄、直播网络保障等工作。双方对各自的宣传媒体资源进行了整合，并向西安工业大学提供了新华社陕西分社、中国教育报西安记者站等记者的联系方式。

针对中央广播电视总台《新闻联播》提出的请陕西电视台记者拍摄视频新闻报送的要求，也于前期同西安工业大学、陕西电视台进行了较好的沟通对接，对陕西电视台的拍摄、剪辑、报送等进行了指导。

论坛开幕式前，王维家老师以其职业敏感性审查着境外代表发来的视频文件和翻译的文字稿件，及时指出了个别境外代表发言中的表述问题，组委会筹备组紧急安排编辑了相关视频文件，将可能出现的问题安全化解。

5.取消平行论坛

论坛从计划于2020年4月召开，到遇疫情暂停，再到7月决定以线上线下方式在11月重启，以及大会主题、分论题的变动，每一次与参会代表联系，筹备组都要考虑如何措辞表述如此的反复，尤其是对于境外的嘉宾。这一次，筹备组将要发出一个遗憾的通知：大会的平行论坛，取消了。

平行论坛对于女校长论坛来说是一个很重要的环节。它在论坛主题发言之后，让参会代表有更充分的时间去发言，去讨论，去交流。平行论坛体现大家对于不同论题的看法意见，沟通碰撞出新的思考。就此环节征集的论文将来也会成集发布。这大大地提高了代表参会的兴趣和愿望，从回执来看，这次代表提供论文踊跃积极，她们都已经做了充分准备，想在论坛上做学术的沟通、交流和展示。

在论坛倒计时阶段，论坛方案一版接着一版更新。副组长许学峰老师介绍，2020年如果不是由于疫情，平行论坛一定会照常举行。在取消之前的若干个版本中，四个平行论坛一直是作为一个重要环节存在的。后来在整个方案压缩到一天议程的时候，也都保留着平行论坛，只是被压缩到一个小时，其中还有一个特意安排转场的方案。

但是，疫情导致会议的形式变为线上线下相结合。到现场参会两天，和在家里或在不确定的场合通过设备上网参会两天，会议氛围、感受和人员疲劳程度是不一样的，实施方式和便捷度也不一样。如果代表参会需要上线两天,届时论坛的完成度会很难保证。在对境外参会代表的时差以及参会人数做了分析之后,为使会议的节奏能够更紧凑,只能压缩会议议程,让会议在一天之内完成。

从技术角度来说,线上会议的这种形式给平行论坛增加了很多困难:相当于要做4个小型的线上线下相结合的会议;要用4个线下场地,4个线上会议接口;需要相对独立地增加密码、口令、会议平台。这既倍增了工作量,同时也增加了会议控制的难度。尤其是首次举办这样形式的会议,会出现更多不可控的因素。

了解到这些现实而且具体的情况后,结合时间、时差和疫情聚集风险控制等因素,刘主席最后狠下心,忍痛割舍平行论坛。许学峰老师表示,这是个非常及时和果断的决策,使大家得以集中精力专注于做好开幕式、闭幕式、主题演讲和论坛20周年4个部分,保证了会议公司的办会质量。最后论坛的整体效果还是很好的。对于充分做好准备的论文发言代表来说,这当然有些遗憾,但是论坛会通过接下来出论文集的方式来弥补这些遗憾。总体来说,这一届取消平行论坛是一个非常正确的决策。

6.颁奖视频录制

2020年10月20日,已经有了一些深秋的凉意。北京友谊宾馆友谊宫二楼,教育部原副部长吴启迪教授刚刚出席完一个会议,在门厅处喝了一口热水后,她拨通了一个联系电话。早已等候在不远处的筹备组负责视频录制工作的林晴老师接通电话上前迎接,引领陪同步行到达等待她的录制场地——贵宾厅。摄像机、灯光、讲台、打印清晰字体规范的颁奖词文件,一切都准备就绪。在吴部长就位,工作人员做了设备微调后,录制开始了。

论坛闭幕式上“特别贡献纪念奖”的环节,由吴启迪副部长致颁奖词,宣布获奖单位。由于和她已经安排好的工作时间重叠,只能选择提前录制视频。吴部长的宣读干脆利落,为保证剪辑效果,摄制组希望再录一遍,已经工作了一上午的她,这时有点低血糖反应了,她向工作人员要了杯白糖水,喝下半杯后,继续精神饱满地顺利完成了录制。在稍做休息的几分钟里,她关心地询问了刘继南主席的近况,特别是健康状况,请筹备组老师问候刘继南主席,请她在忙碌中一定要保重身体。

提前录制视频致辞发言在线上线下相结合的会议形式里,是线上内容的主体部分。刘主席非常关注这部分的工作,她和中国教育电视台取得了联系,曾经的老部下、中国教育电视台吕学武副台长欣然接受了这项任务,并正式加入协办第九届论坛,为论坛接下来的新闻宣传保驾护航。

为完成第一项视频录制任务,吕台长派出了刚刚为现任国家领导人完成视频讲话录制的新闻中心副主任孟小曼团队。在立刻建起来的论坛视频录制群里,有具体负责落实好拍摄任务的组织协调工作的新闻采访部副主任天一;有此项目的导演,也是中传优秀毕业生的晓璐;有中心技术大咖田宇,录制工作的技术统筹将由他完成。孟小曼主任说:

谢谢刘主席的信任,这是我们的荣幸,也是我们团队成长锻炼的机会。其实感觉好像是回学校接受一次考试,必须把在学校学的成果体现出来!

在接下来的选择录制场地、布置现场、机器灯光调试、后期剪辑、合成视频等所有环节上,筹备组和教育台密切配合,各司其职,论坛视频录制群里气氛欢乐、行动高效,将一个既具专业水准,又能配合整体效果的颁奖视频献给了论坛。

7.线上测试

也是2020年10月20日这一天,西安筹备组在为当晚的第一场会议线上测试做准备。18:00,测试开始,西安工大派出两位外语老师值守现场,与外宾对话。随着嘉宾一个个上线,周丽娜老师看到一些熟悉的面孔出现了,她们也看见了周老师,“丽娜、丽娜”,她们亲切地打起了招呼,都有些激动。嘉宾很快就开始问一些参会相关的问题,同时测试在线的老师也都在线上分别做着回复。初次接触论坛工作的谢张天浩老师以过硬的专业能力维护了这次测试北京部分的顺利运行。

第一次测试给了筹备组直观的线上国际会议体验,许学峰、夏丹、周丽娜、黄璇、李绍彬、谢张天浩、林晴等老师参与了全程测试,并将发现的问题一条一条做了记录。

8.筹备论坛20周年环节

在挪威的一间斗室里,阮婕妤老师沉浸在她负责的论坛20周年环节的准备工作中。这是第九届论坛设计的一个特别议程,以讲故事的形式为主,给每位嘉宾相对充足的时间讲完一个跟论坛相关的小故事,或者回忆跟论坛的渊源。她需要从确定后的参会人员中挑选出这些中外嘉宾,给她们发送参加“论坛20周年:历史与未来”的邀请函(中英文)及问卷(中英文)等附件材料。挑选参加本环节嘉宾的原则是:保证参会者身份的多元,包含多次参加论坛的老校长,举办过分论坛的校长,受益于论坛的校长,对论坛建言献策过的现任校长等,并尽可能平衡中外校长的数量。

这项工作需要对论坛的历史及相关的人和事十分了解熟悉,并且有良好的沟通能力和热情。

阮婕妤老师以她近两届的论坛工作经验和细致缜密的工作风格远程稳步推进着“论坛20周年”的筹备。

9.临战

越到会议临近,国内嘉宾的人数及嘉宾行动日程变化就越大。夏丹老师电脑里的嘉宾名册版本,日日甚至是时时都在更新。在重大活动中,压力越大越容易出错。负责安排代表交通与住宿的周哲老师颇有经验和方法,在王温凤老师的整体把握下,愉快地配合夏丹老师逐一捋顺代表信息,圆满完成工作。

时间一天天临近,西安方面全校动员、倾力投入,西安工大在抓紧工期为本届论坛装修改造图书馆报告厅及周边空间、进行校园整治工程、为营造开幕式活动氛围装点广场环境、聘请交通公司为会议提供服务。

2020 年 11 月 3 日,第九届世界大学女校长论坛方案终版出炉。大部队开始分批开赴西安。

九、胜利召开

1.会议前奏

2020 年 11 月 6 日,古都西安,气温适宜。锦江国际酒店门厅前,世界大学女校长论坛代表报到处标志显眼,印着第九届论坛标志的帆布包里,会议手册、笔记本、保温杯等前一日刚刚制作完成、集合装包,配合疫情防控的各项措施、设施和耗材也都一应俱全。参会代表开始陆续抵达,西安工大志愿者学生眼睛里透着兴奋。论坛筹备以来,他们在学校的组织培训下,无数次操练接待细节,这是他们的学校有史以来主办的参加人数最多、级别最高的一次国际性会议,他们的一举一动都代表着西安工大的形象,传播出女校长论坛的影响。

双方筹备组人员在线下现场开始新一轮就位,整体分为负责现场会议接待安排等会务工作和负责保证线上会议系统顺利运行两部分。两部分工作同样的庞杂、同样的千头万绪、同样的需要责任心和行动力。李绍彬、魏峰、肖虎、周哲、夏丹、王娟、王琴、徐娟等老师在坚守自身岗位的同时,还在有需要的关键处补缺补差。西安工大筹备组与组委会筹备组密切配合。从笑容可亲、忙前忙后的西安工大姚颖老师身上,完全看不出她家里还有一位需要照顾的患病亲人,她以女性坚强的精神、毅力和能力为论坛双方的筹备工作进行了恰到好处的穿针引线、弥补缝合。

11 月 6 日晚,锦江国际酒店穹顶厅内,论坛欢迎晚宴准备就绪,当天抵达的参会代表陆续就座,新老朋友互相问候着。欢迎晚宴由组委会副主席邹晓巧主持,教育部、科技部原副部长陈晓娅、陕西省教育厅厅长刘建林致欢迎辞,气氛十分热烈亲切。

晚宴之后,第九届世界大学女校长论坛组委会中方委员集体合影,接着在酒店华山厅,世界大学女校长论坛组委会常务副主席陈维嘉主持召开了世界大学女校长论坛组委会会议,雷亚萍校长汇报第九届论坛筹备情况、陈乃芳校长汇报第十届论坛考察情况、张秀琴司长汇报并提请审议《表彰十次分论坛举办院校的决定》等多项议程顺利完成。

2.开幕

2020 年 11 月 7 日,天气如同之前预测的一样风和日丽,气温略有上升。上午,与会领导嘉宾到西安交通大学参观了西迁博物馆,部分行动不便的领导和嘉宾由筹备组安排王娟、王琴等老师悉心照料。西安交大王树国校长受陕西省教育厅委托亲自导览,与嘉宾们分享西迁精神，共享奋进动力。

午后，经过论坛氛围设计精心装点的西安工大未央校区广场上，线下参会校长代表们统一着第九届论坛的校长服，走向论坛主会场——图书馆。汉服之美，谓之华。明媚的阳光下，这款既有披肩风采，又有风衣实用功能的校长服，反射出层次丰富的缤纷色彩，织锦缎花边配以金丝绒面料，使得宽袍大袖更显出一种博大包容的精神气度。古长安璀璨华美，“披罗衣之璀粲兮，珥瑶碧之华琚”“步裔裔兮曜殿堂，婉若游龙乘云翔”，第九届论坛的大合影呈现出端庄华美的中华气象。女校长们着锦衣华裳，贴身感受中华民族传统服饰的精美绝伦，共塑现今长安城海纳百川的气魄和包容多元的文化氛围，架起一座中西文化交流的桥梁。

15:00，第九届世界大学女校长论坛正式开幕。

线下，第十一届全国人大常委会副委员长、第十届全国妇联主席陈至立，教育部原副部长李卫红，全国妇联副主席、书记处书记夏杰，陕西省副省长赵刚莅临现场并致辞；线上，联合国教科文组织原总干事博科娃，世界大学校长联合会主席、墨西哥赛提斯大学校长费尔南多，欧洲大学女校长协会主席居尔松视频出席并致辞。线上线下，齐聚一堂，共同见证、共襄盛举。

作为东道主，西安工业大学校长雷亚萍主持了开幕式。教育部、科技部原副部长、世界大学女校长论坛组委会顾问陈小娅，陕西省人大常委会副主任、党组副书记姜锋，甘肃省教育厅厅长王海燕，陕西省教育厅厅长刘建林，宁夏回族自治区教育厅副厅长王春秀，西安电子科技大学原党委书记郑晓静等领导嘉宾现场出席了开幕式。中国传媒大学党委书记、校长廖祥忠，西安工业大学党委书记刘卫国代表主办方致欢迎辞，热情欢迎各位领导嘉宾出席研讨。

主会场后方的总控室里，两边论坛工作人员和会议公司，一刻不敢松懈，密切关注着每一个细节、节点，以保证会议顺利进行。

囿于疫情防控的背景，这届世界大学女校长论坛的规模不同以往，如何让论坛的主题、议题更快、更广泛、更深入地形成传播效应？直播无疑是一种最佳的方式。中国传媒大学宣传部论坛筹备组利用疫情期间开展的各项重大活动积累的直播媒体资源，从头部、主流、新兴三个层次，对直播媒体资源进行了梳理，最终确定了十多家直播平台，在严格监控和审核媒体平台直播情况及弹幕情况的前提下，对开幕式进行了全程直播。

其中，由于部分嘉宾的身份特殊，无法出现在直播中，经过多方调研、征询专家意见，最后采用了切出一路信号播放论坛宣传片加上“此环节为闭门会议，请稍候”的字幕引导方式，最终效果还是比较良好的。

开幕式于17:00圆满结束，宣传部第一时间报送论坛开幕视频新闻，19:00，消息在《新闻联播》栏目里顺利播出。

3.主题演讲

本届论坛从第二个重要环节主题演讲部分开始，转场到西安锦江国际酒店穹顶厅举行。

20:00，主题演讲开始，由世界大学女校长论坛组委会顾问、上海交通大学原党委书记马德秀主持。六位女性教育机构领导人围绕论坛主题做了专题演讲。

清华大学党委书记陈旭表示，站在世界发展的重要关口，面对各种风险挑战，人学理应肩负起更大的历史责任和时代使命，积极发挥桥梁纽带作用，为人类社会增添稳定性力量，为构建人类命运共同体注入更多正能量。

联合国教科文组织性别平等部原主任克拉特以其担任联合国教科文组织性别平等处处长的经历，回顾总结了如何进行变革管理，并依据性别平等完成对联合国教科文组织的转型做法，对在国际组织中实现性别平等提供了方法路径指导。

山东大学校长樊丽明从新冠肺炎疫情给高等教育带来的"教"与"学"的双重革命出发，在总结山东大学教学实践经验的基础上，认为大学要注重提升"四个能力"。呼吁大家团结一心，共克时艰，携手推动世界高等教育的创新发展。

世界海事大学校长邓雅莉以自身工作经历和世界海事大学招收女性研究生数量变化为例，指出"实现性别平等，为所有妇女、女童赋权"是一项全球议程，是联合国可持续发展目标的第五项内容。

西安工业大学校长雷亚萍从西安悠久灿烂的历史文化谈起，衷心期待本届论坛绽放的文明之花、智慧之花和创新之花开遍世界。

马来西亚彭亨基金大学学院董事长努如以越南、尼泊尔、中国、马来西亚等多国妇女"草根创业"的成功典型案例指出，女性是社会经济活动的重要主体，投资于女性的创业活动是终极模式，也是明智的经济学举措，通过创业运动可以实现两性平等和妇女赋权。

得益于论坛视频素材采集组在筹备期间联络每位嘉宾代表之前，就详细制定并以书面形式告知了统一的视频规格，发言校长嘉宾们精心准备的视频录像效果优秀，如同亲临会议现场。

4.圆桌会议

21:00，专题纪录片《温柔的水系》拉开了圆桌论坛"论坛 20 周年：历史与未来"的序幕。由中国传媒大学新闻传播学部副学部长、纪录片领域专家何苏六教授率丰瑞老师团队主持制作的这部纪录片，带领线上线下的与会者一起重温了论坛一路走来的风采与不易，在场者无不为之动容。

圆桌会议由现代女性领导力研究院学术委员会副主任、中国传媒大学新闻传播学部学部长高晓虹教授主持。高老师多年来在国内国际学术界的主持艺术让领略过的人都印象深刻。这次她同样做了精心准备，甚至连为把控嘉宾发言时长而设计的铃声提醒所用的铃铛，高老师都自己挑选后买来交给筹备组。

在这个环节中，世新大学荣誉董事长成嘉玲，新西兰梅西大学原校长甘丽雅，塞尔维亚贝尔格莱德艺术大学前校长米兰娜，芬兰坦佩雷大学原董事长薇兰托拉，欧洲大学女校长协会主席、土耳其伊斯坦布尔科技大学原校长居尔松，尼泊尔新闻与大众传播学院院长曼珠，韩国东西大学董事长朴东顺，在高晓虹教授的介绍下一一连线登场。

每一位嘉宾在巨大显示屏上出现时仿佛她们就在现场，刘继南主席看着这些老朋友，仿佛在与她们促膝交谈，对共同的回忆会心微笑，对共同的未来互相鼓励。

现场部分，武汉大学党委副书记赵雪梅、中国石油大学原党委书记山红红、吉林外国语大学校长秦和三位学者，围绕“论坛 20 周年：历史与未来”主题，从不同角度回顾论坛举办 20 年来的难忘往事，总结论坛取得的重要成果及发挥的重要作用，共同探讨论坛的未来发展之路，畅想论坛的美好未来。

让人难忘的一幕是，互联网那头，新西兰梅西大学甘丽雅校长家轻轻越过镜头的一只猫，经由高老师的主持词永远留在了论坛的叙事里。

5.胜利闭幕

论坛的热烈气氛让大家忘记了时间的存在，时针已指向 22:10。

论坛顺利进入了闭幕式环节。世界大学女校长论坛组委会常务副主席、现代女性领导力研究院副理事长兼秘书长、教育部直属高校工作司原司长陈维嘉女士精神饱满，上台主持。

大屏幕上，教育部原副部长、世界大学女校长论坛组委会顾问、现代女性领导力研究院学术委员会主任吴启迪宣读《表彰十次分论坛举办院校的决定》。新西兰梅西大学、日本城西国际大学、美国夏威夷大学希罗分校、土耳其伊斯坦布尔科技大学、津巴布韦非洲女子大学、泛美高等教育协会、尼泊尔新闻与大众传播学院、芬兰坦佩雷大学、罗马尼亚迪米特里埃·坎特米尔基督大学、俄罗斯乌拉尔国立师范大学等 10 所高校与团体荣获世界大学女校长论坛“特别贡献纪念奖”。

介绍十所高校与团体的 PPT 素材由周丽娜老师从海量资料中悉心挑选制作出来，经由论坛视频素材采集组和中国教育电视台配合制作完成。这些往日的瞬间深深打动了每一个人，获奖学校和团体在会后特意发来邮件表示感动和感谢。

经历了若干次讨论、七次艰辛成稿的《西安宣言》，由中华女子学院院长刘利群、天津大学党委副书记赵美蓉、华中科技大学党委副书记周建波、西南交通大学副校长朱健梅、安徽大学副校长程雁雷、上海财经大学副校长姚玲珍、黄河科技学院校长杨雪梅七位校长，身着第九届论坛校长服，上台共同庄严宣读。与会嘉宾一致通过《西安宣言》。《宣言》确定，第十届世界大学女校长论坛于 2022 年在吉林外国语大学举办。

夜已经深了，值守现场和会控室的老师们聚精会神、不敢松懈。致闭幕词的环节到了，德高望重的世界大学女校长论坛主席、现代女性领导力研究院院长刘继南教授稳步走上论坛讲台，这令全体参会人员为之感怀和振奋。

她浓重的湖北口音铿锵有力：这届论坛别开生面，在古丝绸之路的起点分享对世界变局与文明演进的见解，探讨了智能社会与大学创新、大学治理与社会发展、性别平等与女性领导力等议题,成果丰硕,十分成功。

身后的大屏幕上,她的讲稿被投影出来,白纸黑字与她的思路同样清晰。结合论坛举办与思考,刘继南主席分享了三点感想。一是互联网科技新成果,使论坛呈现新形态,线上线下交汇、直播录像共享,开创了历届论坛之先河,令人耳目一新。二是后疫情时代的文明走向,赋予大学新使命。在充满不确定性、不稳定性的当今世界,大学更需要培养具有跨文化交流和全球治理能力的卓越人才,应对人类共同的危机和挑战。三是论坛成功举办,显示出自身强大的生命力。

面对疫情肆虐,64 个国家和地区近 200 位嘉宾共克时艰,踊跃参会,切磋交流,仁智互见,充分体现了开放包容、互学互鉴的丝路精神,彰显了女性领导者、教育者执着追求、坚韧不拔的优秀品格。

在西安工业大学大学生合唱团《女性之光》的合唱声中,在线上线下 64 个国家和地区近 200 位嘉宾的注视下,首次以线上线下相结合方式举行的第九届世界大学女校长论坛圆满闭幕。

"议程紧凑,节奏紧张,在各主办方的共同努力下,论坛各个环节进展顺利,程序流畅。西安工大委托的会议公司也表现出了较高的专业水准,较好地实现了组委会的会议流程设计……疫情导致本届论坛的境外代表不能前来,但也使坏事变成好事,组委会领导审时度势,创新论坛方式,以线上方式来弥补线下的不便,进而开创了女校长论坛新的办会形式。"论坛总协调、副组长许学峰教授在第九届世界大学女校长论坛的工作总结中并无虚言。

担任第九届论坛的会议控制现场指挥的周丽娜老师,从第二届就开始参与世界大学女校长论坛工作,在论坛议程设置、参会代表联络、境内境外会务等工作中起着核心作用,她极强的应变能力和及时的创意思想经常能够在工作面临复杂局面时化繁为简,达到圆满得体的效果。这次的线上议程指挥对于她来说也是陌生的。她的直接感受是:线上会议比现场会议更难操作。由单屏变为多屏,信息量更大,形式更自由活泼。但内容上的配合、交错比较复杂,容易出错。不像以往,一台电脑、一个投影仪就可以解决。线上方案需要提前策划好,准备好所有素材,不能随意变动。要把困难想在前面,提前解决;设计好流程,做好案头工作;和会议公司沟通、协作,由会议公司实施想法……这是一个系统工程。

承办方西安工大于 2020 年 11 月 23 日召开总结表彰会议,从六个方面概括了学校的成果:第一,本次论坛是学校有史以来参加人数最多、级别最高的国际性会议。第二,本次论坛极大地提升了学校的声誉和知名度。第三,助力推动学校的国际化工程。第四,助力推动学校的教育发展。第五,彰显了西工人的智慧,传递了"忠诚进取铸辉煌,精工博艺育英才"的西工精神。第六,培养了一支能克服困难、能打硬仗的干部队伍。

论坛受到媒体的高度关注。学习强国、人民视频、央视频、爱奇艺、哔哩哔哩、微博、抖音、中国传媒大学白杨网、百度、澎湃新闻等媒体平台直播了论坛开幕式。

新华社、中央电视台、《人民日报》、《中国教育报》、《中国妇女报》、《新京报》、《陕西日报》、陕西新闻联播、《西安日报》、《西安晚报》、《文化艺术报》、《陕西工人报》、陕西卫视、西安电视台、未来网、《三秦都市报》等媒体对论坛进行了报道。协办单位中国教育电视台在论坛举行期间派出记者、摄像对与会嘉宾进行了深度采访，制作并播出了两部专题新闻，收获了很大反向。

十、尾声

此次会议展开了一系列重要的辩论，各种思想都得到了交流，我很荣幸能够为论坛作出贡献。

感谢你们出色的工作，使得这样一个线上与线下兼顾的会议能够如此圆满地完成。这个论坛一如既往地令人难忘，发人深省，它将对我们所有人产生影响。感谢所有的演讲者、主持人、翻译……感谢所有使这项杰出的活动成为可能的人。

非常感谢 WWUPF 第九届论坛给我带来的无与伦比的体验，此次论坛非常出色，所有的演讲都很有趣，会议现场看起来很漂亮，也没有出现任何技术问题。"全球共情・文明互鉴・大学创新"的主题非常新颖。我们女性领导人应该开辟通往和平、爱、可持续发展与世界大和谐的道路。大学创新是经济增长的基础，二者缺一不可。

回顾前几次论坛，记忆又浮现在了我的眼前，我含泪看着过去的照片，回忆起你，我亲爱的朋友刘继南教授，带给我的一切美好回忆。

本次论坛中圆桌会议的讨论与主题演讲精彩纷呈、内容丰富、发人深省。

感谢你们为线下会议和线上会议所做的工作，希望我们 2022 年能够在中国见面，再次祝贺你们！

……

这些真挚的话语是论坛结束后参会代表们潮水般的来信中的一部分，它是一份感谢，也是一种肯定，还是一纸愿望，是对世界大学女校长论坛持续进行的真切期盼；更是对女性领导力开辟通往和平、爱、可持续发展与世界大和谐的道路的深切愿望。

2020 年 12 月 20 日上午，北京南礼士路职工之家牡丹厅，长春外国语大学副校长苗晶正在做第十届世界大学女校长论坛筹备会第一次汇报。

时在庚子年，冬至前日。

成绩与思考

——写在第九届世界大学女校长论坛成功举办之后

许学峰

第九届世界大学女校长论坛是在特殊的历史年份召开的,经历了挫折、坚守、终见彩虹的过程。应该说在世界大学女校长论坛史上,第九届论坛所走过的路是独一无二的,又是开创先河的。在第九届论坛胜利结束之际,本文欲从工作成绩与努力方向等方面对论坛作一简要回顾与思考,以期有利于今后的论坛筹备工作。

一、成绩显著

第九届论坛成绩显著,可概括为几点:

一是在"全球共情·文明互鉴·大学创新"的主题下,引发了国内外高校领导对于人类命运共同体理念的深入思考。第九届论坛原定 2020 年 4 月在西安召开,2019 年底已经明确会议主题为"全球治理·文明互鉴·大学创新"。2020 年初,新冠肺炎疫情逐步在全球蔓延,抗击新冠肺炎疫情已经成为全世界各国的首要任务,也需要各国团结一致,共同面对,在人类共情的基础上联合抗疫。与会代表结合各国抗击新冠肺炎疫情进展,表达了对论坛主题的赞同,认为女性领导者应该在开辟通往和平、爱、可持续发展与世界大和谐的道路上发挥更大作用。

二是论坛的民间国际交往作用进一步凸显。作为中国与世界高等教育民间交往的平台,论坛已经发展了 20 年。本届论坛国内外校长踊跃报名参会,在全球疫情持续严峻的形势下,进一步彰显了论坛的魅力与吸引力,进一步提升了论坛的国际影响力。特别是在论坛所设置的"论坛 20 周年:历史与未来"专题圆桌会议环节上,发言者通过对往届论坛诸多细节的回顾,充分肯定了论坛对于国际高等教育交往的积极促进作用,赞扬论坛增进了各国高校的交流与互信以及女性领导者之间的友谊与团结。

三是论坛得到党和国家领导人以及地方政府的积极支持。疫情虽然影响了领导人的出行与活动,但论坛依然得到了党和国家领导人的重视与支持。第十一届全国人大常委会副委员长陈至立莅临开幕式并发表讲话,陕西省副省长赵刚和全国妇联书记处书记夏杰出席并讲话,李卫红、陈小娅、吴启迪等教育部、科技部原副部级领导出席以及联合国教科文组织原总干事博科娃、联合国教科文组织性别平等部原部长克拉特的视频讲话等都使论坛达到了以往的办会规格，在全球疫情肆虐时期更凸显各级领导对论坛的关怀与爱护。

四是媒体报道热烈，国内反响较大。2020 年 11 月 7 日论坛开幕当天，中央电视台《新闻联播》以《第九届世界大学女校长论坛在西安举行》为题做了 20 秒的新闻报道；11 月 9 日和 10 日中国教育电视台连续以《全球共情・文明互鉴・大学创新》(2’36”)和《以媒为介让教育为女性发展赋权赋能》(2’14”)为题做了两次专题报道。11 月 17 日《中国妇女报》发表文章《寻求全球共情合作 构建共同发展远景——聚焦第九届世界大学女校长论坛》(2100 字)，该篇文章也在“学习强国”等媒体上进行了推送；新华社、《人民日报》、《中国教育报》、《新京报》、《陕西日报》、《西安日报》、《西安晚报》、《文化艺术报》、《陕西工人报》、《三秦都市报》、陕西新闻联播、陕西卫视、西安电视台、央视网、中国网、中国新闻网、光明网、中国教育新闻网、国际在线、中国经济网、中国日报中文网、腾讯新闻、澎湃新闻、未来网、东方资讯、优酷资讯、爱奇艺资讯、环球网、三秦网、西安网络广播电视台、陕西高校资讯、哔哩哔哩、中国传媒大学白杨网、西安工业大学官网等约 40 家媒体对第九届论坛进行了报道。

五是与会校长普遍盛赞本届论坛。在论坛结束后，有近 40 位境外校长通过邮件、ZOOM 平台反馈信息，表达对本届论坛成功举办的祝贺，并对论坛组委会、西安工业大学，特别是刘继南教授表示感谢。与会校长们认为，本届论坛虽然举办于艰难时刻，但仍然保持着一如既往的论坛精神。正是这种精神和全新的论坛形式、高规格的论坛内容，给所有与会者带来乐观、团结、积极向上的美好体验，虽然与会者们相距甚远，但大家仍有温暖和彼此亲近的感受。参加本届论坛的经历令人难忘、发人深省，论坛将对所有人产生影响。与会境外代表盛赞本届线上论坛举办得十分完美，称赞论坛团队将这个优秀的全球性论坛管理得如此成功。大家也纷纷表示，期待在第十届论坛上再见！

约有 60 位境内高校女校长通过各种渠道发给筹备组信息。她们纷纷盛赞和热烈祝贺论坛的成功举办，表示收获颇多，受益匪浅。认为论坛既立意高远，又紧扣时局，主题与分论题内涵丰富、相互关联、引人深思。论坛虽为线上线下相结合，但有效地兼顾了境内外和东西方的时差问题。她们还对组委会的精心安排和组织表示感谢，对中国传媒大学老师及团队的辛苦付出表示感谢，对雷校长及西安工业大学的精心组织表示感谢，也对学生志愿者的积极奉献表示感谢。

六是承办高校达成目标。本次论坛对促进西安工大的发展起到了积极作用。西安工大于 2020 年 11 月 23 日召开总结表彰会议，从六个方面概括了学校举办论坛的收获：

第一，本次论坛是学校有史以来参加人数最多、级别最高的国际性会议。

第二，本次论坛极大地提升了学校的声誉和知名度。据统计，11 月 7 日晚，《新闻联播》用 20 秒时间报道本次论坛，学校的校园出现在央视媒体，自媒体推送点击数达到 10 万次。

第三，助力学校的国际化工程。“十三五”期间学校党委提出了国际化战略的思路，制定了国际化工程的实施步骤。本次论坛在西安工大胜利召开,在学校对外合作和交流、国际联合培养、国际科学研究合作、专业国际化、教学教育国际化等方面提供了国际化进程的路径和优质资源。

第四,助力推动学校的教育发展。本次论坛是学校凝聚共识、共谋发展的一次盛会。来自全国985、211及其他高校的女校长们,共聚西安工业大学,畅所欲言,共同为中国教育的改革发展出谋献策。这是学校千载难逢的一次机会。学校不仅收获了女校长们的智慧,也收获了如何促进学校发展的启迪,更集聚了广大校长的人脉与友谊。

第五,彰显了西工人的智慧,传递了"忠诚进取铸辉煌,精工博艺育英才"的西工精神。11月17日,《中国教育报》刊登学校党委书记刘卫国的署名文章《忠诚进取铸辉煌,精工博艺育英才》。本次论坛,不仅体现了"西工精神"的薪火相传,也为陕西追赶超越注入了强劲的动力。雷亚萍校长在总结中说到,学校党政齐心协力、统筹规划、科学部署,各部门通力合作,分工明确,责任层层落实,彰显了全体西工人的精神和智慧。

第六,培养了一支能克服困难、能打硬仗的干部队伍。刘卫国书记指出,论坛的成功举办,推动了文明交流互鉴,推动了大学创新发展,展示了女性领导办学治学的风采和智慧。本次论坛在经历周期长、跨度大、任务重、协调点多的情况下,各项工作精心组织、扎实推进,锻炼了一支克服困难、能打硬仗的队伍,为学校的持续发展提供了强有力的动力。

七是论坛各项流程进行顺畅,没有出现明显问题。本届论坛议程紧凑,节奏紧张,在各主办方的共同努力下,论坛各个环节推进顺利,程序流畅。西安工大委托的会议公司也表现出了较高的专业水准,在比较短的时间内,较好地实现了组委会的会议流程设计。特别是在会议进行过程中能够配合组委会的要求,迅速充实与调整背板显示内容,得到了组委会筹备组的称赞。

八是论坛形式创新,别开生面。疫情导致本届论坛的境外代表不能前来,这的确是一件憾事。组委会领导因势利导,创新论坛方式,以线上方式来弥补线下的缺憾,进而开创了女校长论坛全新的、别开生面的办会形式。线上会议所涉及的国际通用的远程会议平台的选择、会议平台与通信链路的安全性与稳定性的考虑、所有境外线上与会者与境内线下与会者时差的兼顾、会议期间线下主会场与线上分散各终端音视频信号的安排与传输等诸多方面,对于论坛组委会筹备组而言都是新问题。好在有中国传媒大学信息化处和西安工大相关部门的支持以及会议公司的具体落实,线上部分和线上线下结合部分实现了论坛组委会的意图,会议效果得到了国外代表的普遍肯定,她们上线积极,反响良好。

上述成绩的取得,归功于以下几个方面:

一是论坛组委会坚强的核心作用。在第九届论坛筹备过程中,论坛组委会在刘继南主席的带领下,坚决贯彻党中央的战略部署,审时度势,决策及时,发挥了坚强的核心与领导作用。领导们深入实际调查研究,陈乃芳校长和王温凤书记、刘继南主席和邹晓巧部长、陈维嘉司长和张秀琴司长等先后带队共3次赴西安等地实地考察，落实论坛具体工作；组委会领导在京先后开会听取组委会筹备组工作汇报6次，与西安工大领导沟通交流、听取汇报5次；刘继南主席在疫情期间始终密切关注国内外情势的变化，随时与组委会几位主要领导沟通协商，多次召集组委会筹备组开会研究具体工作，特别是在她患病休养期间仍经常通过电话布置任务、推进工作。论坛组委会领导在2020年初决定论坛延期举行，在7月初又及时决定重启论坛并决定论坛改用线上与线下相结合的形式，在9月中下旬处理有关难题，在10月决定将论坛日程压缩成一天等几个关键事件上做到了妥善应对、果断决策，保障了论坛得以在年内举办。

二是中国传媒大学的有力支持。中国传媒大学作为论坛的主办方之一，对于第九届论坛依然给予了有力支持。两年来学校为论坛组委会派出了黄璇老师专职从事筹备工作，重点负责对外联络，卓有成效；在论坛筹备进入紧张阶段，学校又安排夏丹、周哲、周丽娜等教师全职加入筹备工作，安排信息化处李绍彬处长及处内老师提供线上会议的技术支持；成立了以段鹏副校长为组长，以宣传部杨懿部长、国际交流与合作处舒笑梅处长、王温风老师、许学峰老师为副组长的31人组委会筹备工作组。筹备组中现职在岗教师27人，中层以上领导12人，保证了组委会方面各项筹备工作及时到位。

三是承办学校西安工大的倾力投入。西安工大领导班子对本届论坛非常重视，认识统一，在武汉论坛期间就派出多人前往观摩考察。筹备工作由刘卜副校长主抓，2018年各项具体工作由校办副主任张邈负责，2019年学校又安排校友会和基金会负责人姚颖具体负责，成立了25人的筹备工作组，在论坛会议期间又扩充为76人的会务组加上100余人的学生志愿者队伍。西安工大为本届论坛装修改造了作为论坛开幕式会场的图书馆报告厅及周边空间，实施了校园整治工程，为营造开幕式活动氛围装点了校内广场环境，聘请了专业会议公司和交通公司为会议提供服务等，可谓全校动员、倾力投入。

四是双方筹备班子辛勤而高效的工作。双方工作班子为筹备本届论坛做到了尽心尽力。组委会方面，段鹏副校长调动资源，解决难题；杨懿部长和舒晓梅处长以身作则，倾力投入；王温风老师亲自负责各级领导的参会事宜和论坛的申报事项，并与许学峰老师一起统筹论坛筹备的各项具体工作；李晓华、龙小农、张政法、杨旭东、王琴、李芙蓉等老师提供了高质量的会议发言稿件和《西安宣言》稿件；何苏六、丰瑞老师主持制作了高水准的《温柔的水系》《女性之光》专题片；夏丹、黄璇、阮婕好、林晴等老师卓有成效地与境内外代表沟通联系，向境外视频演讲的代表提供了统一的制作规格，保障了会议视频发言的质量；周丽娜、黄璇、阮婕好老师配合制定论坛日程、落实会议内容并会同徐娟老师翻译了大量的论坛文件和资料，在论坛期间与夏丹老师组成现场会控小组，有力保障了会议流程的顺利进行并准备了风险应对预案；肖虎老师带领杜雨秋同学负责论坛的主视觉设计，贡献了令各方满意的视觉设计方案；韩运荣、黄璇老师负责论坛服装的定制、发放与国际邮寄，高效而无差错；李绍彬、谢张天浩老师监管与把控远程会议系统，在技术上为论坛保驾护航；杨懿部长带领袁冶、王维家、阎玺等老师使论坛传播既有声有色、完成既定目标,又规避了风险;魏峰、肖虎、周哲等老师指导并亲自动手布置会场,很好地实现了领导意图;王娟、王琴等老师悉心照料领导和嘉宾,确保他们能够顺利参会;周哲、夏丹老师精心安排代表的交通与住宿,使代表获得了难忘的体验,等等。组委会筹备组所有成员做到了岗位明确、各司其职、努力工作、不辱使命。西安工大筹备组与组委会筹备组密切配合,各项工作得到了有效扎实的推进。尤其在 2020 年 9 月下旬以后,西安工大筹备组体现出来的饱满的工作热情和高效率的工作成绩,给我们留下了深刻印象。特别是筹备组负责人姚颖老师,一方面要照顾患病的家人,一方面还要负责庞杂的筹备工作,其精神、毅力和能力,令人感动和钦佩!

五是媒体与社会企业的热情相助。中国教育电视台作为主流媒体在论坛期间派出记者和编辑人员前往西安采访报道、拍摄素材并承担了后期专题片的制作;教育台在会前还专门安排摄制组制作了吴启迪副部长的视频;陕西当地企业——西安硅巷科创信息科技有限公司赞助了论坛经费;江苏景枫投资控股集团有限公司给予了论坛无私的援助等。西安工业大学通过学校教育基金会承担了主要的经费任务,并支付了组委会前期垫付的大部分经费。因受疫情影响,论坛经费筹集没有达到预期的目标,但经各主办方的共同努力,本届论坛还是克服了经费困难的问题得以圆满收官。

二、改进不足

任何事物不可能十全十美,论坛筹备工作中的不足之处也总是存在的,需要我们加以总结,分析原因,以利改进。本届论坛结束后,组委会筹备组召开了工作总结会,梳理了以下几点问题:

一是筹备工作标准化问题。论坛筹备工作需要处理好组委会与承办学校的关系,做到双方责权清晰、任务明确、无缝衔接。通过几届论坛筹备工作和论坛期间所反映出的问题,我们感到组委会既不能事事都管、越俎代庖,也不能全部撒手、彻底放任。所以,有必要提出论坛筹备工作的标准化问题,制定一个指南性文件,界定双方的工作内容和协调机制。

二是完善线上会议流程问题。本届论坛线上线下相结合,虽是疫情期间的特殊之举,但远程会议形式已经显现出诸多优越性和强大生命力。即便疫情过去,可以预测,线上方式参会也将成为未来论坛办会的一种辅助手段。本届论坛由于首次采用线上方式,一些细节安排尚不到位,例如不能与境外代表即时沟通上线、会前测试时与正式会议时的上线率没有达到期望的状态、代表的上线状态和信号质量参差不齐、会控人员场地安排、会议进行阶段如何充分准备延时切换等技术手段、遇到突发情况如何处置的演练等,都需要进行思考和改进。

三是完善志愿者服务问题。志愿者服务已成为往届论坛的标配,以往这部分工作都由承办学校自定工作模式、自行管理和进行岗前培训,表现出了服务质量上的一些差别。

这届论坛在志愿者配置方面缺少一定数量的教师,导致个别环节的服务未能细致到位,也促使我们思考如何在岗前培训与现场服务这两个阶段达成良好的衔接,而不使二者脱节。

四是完善信息管理和信息对接问题。信息管理与信息对接主要在于控制信息版本和信息出口,本届论坛虽然注意了这方面问题,但在具体执行中由于强调和规范力度不够,仍然在组委会筹备组内部和双方筹备组之间出现信息沟通和共享的偏差,产生个别不应有的问题。改进这方面的工作需要制定一个指导性文件,以供各筹备单位遵照执行。

五是提升论坛数字化程度问题。本届论坛在数字化技术应用方面除了采用线上会议方式以外,在其他方面仍没有明显的变化。论坛资料仍然以纸质版为主,代表注册与信息管理没有引入数字化手段,大数据资料库或信息平台(如论坛的企业公众号)尚未建立,论坛组委会网站也没有正常运行等。信息技术手段的提升将会进一步促进论坛影响力的提升,也是促进论坛可持续发展的重要引擎,这方面的工作亟待加强。

三、会后工作

在刘继南主席的亲自布置下,论坛组委会筹备组进行了以下会后工作:

一是起草发送感谢信。向与会领导、境内外代表和企业界嘉宾分别书面表示感谢,并期待 2022 年长春再聚。该工作已经完成,得到了积极反馈。

二是筹备组工作总结。2020 年 11 月 13 日上午,组委会筹备组开会总结论坛工作,大家畅所欲言,肯定成绩,寻找不足,思考改进措施,效果良好。

三是进行结算工作。整理组委会筹备组的经费支出,在西安工大教育基金会、中传教育基金会、现代女性领导力研究院三家列支。目前结算账目已经基本整理完毕,结算手续正在办理之中。

四是资料收集整理。按以往论坛标准收集整理各种会议资料,包括文字、视频、音频、图片等,该工作基本结束。

五是论坛资料汇编。参考以往论坛资料汇编形式与内容,设计编制本届论坛资料汇编。该工作尚在准备阶段。

六是论坛纪录专题片制作。完成一部 5 小时左右的纪录专题片,完整记录第九届论坛的会议过程,由中国教育电视台负责制作,该工作已基本完成。

七是论坛举办过程综述。以时间为主要线索,梳理论坛的举办思路、主题与分论题的思考过程、筹备过程等,该工作正在进行。

八是本届论坛论文集。进一步征集境内外代表的论文,组委会筹备组组织翻译编辑并排版印刷。论文仍在收集之中。

九是起草并上报本届论坛总结。起草本届论坛总结报告,向教育部国际司等有关部门上报。该工作即将完成。

十是起草论坛学术性综述。拟在《现代传播》学报上发表本届论坛综述一篇,该工作正在进行。

十一是完善研究院网站和设立企业微信号。在现有网站基础上,完善网站内容、架构,落实网站维护人员,使本届论坛有关内容通过自身网站进行传播。研究申请企业微信号,建立论坛国内校长的信息交流与发布平台。

十二是建立世界大学女校长资料库。整理并扩展现有资源,启动建立世界大学女校长资料库工作。

十三是补做论坛服装。统计论坛服装后续发放数量,已安排加工。

十四是寄出表彰分论坛的奖品。将 10 件分论坛表彰奖品寄往国外,该工作已经完成。

十五是设备物料入库。组委会筹备组已及时将西安邮寄回来的设备物料等清点入库。

十六是准备并寄出新年贺卡。圣诞节、新年、春节将逐一来临,组委会需要向境内外女校长寄发贺卡祝福。贺卡设计工作已经完成。

四、重点措施

近一段时间,在刘继南主席的部署和指导下,作为改进论坛工作的重点措施之一,组委会筹备组思考并起草了《世界大学女校长论坛筹备工作指南》,旨在规范世界大学女校长论坛筹备工作,明确举办各方的责权利,促进论坛的可持续发展。指南作为进一步提高论坛筹备工作质量的重点措施与文件,希望能够发挥积极的作用。指南征求意见稿已经论坛筹备组部分成员审议修改,并在 2020 年 12 月 20 日的组委会会议上获得通过。

第九届世界大学女校长论坛感谢信撷英

夏　琦　译

联合国教科文组织原总干事伊琳娜·博科娃(Irina Bokova)感谢信

亲爱的刘继南教授，邹晓巧女士：

非常感谢你们发来的信息以及对我的参与的友好话语，尽管此次第九届论坛会议我是远程参加的，但是能够看到论坛再次取得巨大的成功，我非常高兴。在此次会议上大家展开了一系列重要的辩论，各种思想都得到了交流，我很荣幸能够为论坛作出贡献，同时再次祝贺你们！

我也非常感谢你们邀请我参加 2022 年的下一届论坛，届时我们将迎来论坛的第十届，我十分期待。

祝愿你们身体健康，事业成功！

伊琳娜·博科娃

加拿大泛美高等教育协会执行秘书长大卫·朱利安(David Julien)感谢信

亲爱的刘继南主席：

感谢您的友好来信，也请允许我祝贺您！在您的领导下，第九届世界大学女校长论坛圆满闭幕，并且这次会议以全新的形式将高规格的内容呈现给了所有与会者。我们期待第十届世界大学女校长论坛，将确保拉丁美洲教育的女性领导者参会，希望我们所有人都能在 2022 年亲临长春。

我还要借此机会通知您，我们下一次的美洲国际教育会议将于 2021 年 10 月 19 日至 22 日在智利圣地亚哥举行，我们通常在这次会议上主办泛美高等教育协会美洲高等教育女性领导力研究项目峰会。我希望您能参加这次活动。

此外，我们将在 2021 年 6 月与墨西哥维拉克鲁斯大学一道，举行一次线上活动，届时我们将非常高兴地欢迎中国教育界的领导者参加我们的第二届“公平、多样性和包容”研讨会，我们将会在今年年底前向您发送邀请函。

大卫·朱利安

芬兰中博腾应用科技大学原校长玛加·丽莎·田纽芬(Marja-Liisa Tenhunen)感谢信

亲爱的刘继南教授:

非常感谢 WWUPF 第九届论坛给我带来的无与伦比的体验,此次论坛非常出色,所有的演讲都引人入胜,会议现场看起来十分大气,也没有出现任何技术问题。"全球共情·文明互鉴·大学创新"的主题非常切合当下,我们女性领导人应该开辟通往和平、爱、可持续发展与世界和谐的道路,大学创新是经济增长的基础,二者缺一不可。

回顾前几届论坛,记忆又浮现在了我的眼前。我看着过去的照片,想起您,我亲爱的朋友刘继南教授,带给我的一切美好回忆。

我很爱中国,也很想念我的中国朋友。现在因为疫情防控,我不能去中国,也不能去墨西哥的赛提斯大学,于是去了克瑞娜·杜米瑞斯库教授所在的大学,今年秋天我会在那里授课。

祝您身体健康,也祝您和您的家人幸福快乐。同时,我还要向论坛的工作人员表达最衷心的感谢,祝你们一切顺利。

玛加·丽莎·田纽芬

芬兰坦佩雷大学原校长克里斯塔·薇兰托拉(Krista Varantola)感谢信

亲爱的刘继南主席:

非常感谢你们温暖感人的话语和 2022 年第十届世界大学女校长论坛的诚挚邀请。我相信,到那时,我们能更好地应对疫情,甚至完全战胜疫情,恢复正常的生活和活动。当然,任何疫情都不会影响我们的友谊,也不能抹去我们以前相遇时所有的美好回忆。

我要祝贺你们出色地克服了组织今年会议的所有困难。虽然我们都希望能够面对面畅谈,但是通过网络见到这么多老朋友也是一件令人振奋的事。

我们都曾期待在历史悠久的西安见面,或许以后还会有其他机缘去到西安。我现在更期待的是在 2022 年的长春见到你们所有人!

祝一切顺利,身体健康,精神愉快!

克里斯塔·薇兰托拉

瑞士日内瓦大学副校长布里吉特·加略特(Brigitte Galliot)感谢信

亲爱的世界大学女校长论坛组委会成员们:

祝贺第九届论坛圆满成功。我很荣幸能够身着美丽的中式会服出席此次论坛,在日内瓦,人们都称赞这件会服很好看。而且这次会议组织得非常好,请向组织团队的每一位成员表示我的感谢。尽管疫情还在蔓延,我只能在线上参会,但我感觉会议当天我穿得像个中国人,好似在中国待了一天,非常感谢!

随信附上我为论坛撰写的论文，题目是《人与文化：大学可持续发展的人力资源战略》，由我和我的科研副手莉莉安·佐索博士撰写。莉莉安是一名来自非洲的女性，在过去的11年中一直在日内瓦大学工作。之后请告知我论文是否符合您的期望以及是否需要进行一些修订。

布里吉特·加略特

新西兰梅西大学原校长朱迪斯·甘丽雅(Judith Kinnear)感谢信

亲爱的刘继南主席：

感谢您邀请我参加在西安举办的第九届世界大学女校长论坛。我特别高兴能再次参与其中，看到许多熟悉的面孔。虽然我通过Zoom会议平台看到了您的身影，听到了您的致辞，但还是有些遗憾没能进行面对面的交流。

论坛从2001年成立，到如今20年，已成为一个有影响力的国际交流平台，你们应该为自己所取得的成就感到自豪。那些通过世界大学女校长论坛与你们相遇的人非常尊敬、喜爱你们。

思考和撰写发言稿的过程让我回忆了与你们共度的许多积极愉快的过往。美好的回忆太多，但我必须提到的是我为第九届世界大学女校长论坛发言搜索记忆时忆起的三个美好场景。

一是由于你们的好意，2013年我才有幸在西安看到了数以百计的兵马俑的精彩展示，此前我在1978年访问西安时，只见过秦始皇兵马俑中的一件士兵俑和一件马俑；二是也在2013年，我站在海拔4441米的地方，这是我至今去过的海拔最高的地方，俯瞰着一片蔚蓝色的湖泊——西藏扬德罗克圣湖，身边还站着一只巨大的藏獒；三是我发现了一张台山的照片，让我愉快地回忆起那一天我们站在台山山顶，感受到阵阵寒风。

对于这些美好的回忆，以及在中国那么多其他愉快和丰富的经历，我非常感谢你们，为我提供机会，让我看到了中国文化和历史的各个方面。

在新西兰，我们因为新冠肺炎疫情已经居家封锁了大约六个月，但现在限制正在放松，部分原因是我们的确诊率已经大大下降，在过去的一周里，每天都没有新增确诊病例和死亡病例。

保重！希望您身体健康，期待再次与您见面！

朱迪斯·甘丽雅

俄罗斯乌拉尔国立师范大学原校长阿蕾弗提娜·西蒙诺娃(Alevtina Simonova)感谢信

亲爱的世界大学女校长论坛组委会：

感谢您邀请我参加第九届论坛，也感谢您送来的这届会服，非常漂亮，我很高兴穿上它。它与之前三届的会服作为中国文化的一个剪影，将保存在我的家庭历史中。

作为一位女性大学校长,我的生活充满挑战,参加论坛,与来自全世界的女性大学校长互动,让我感受到乐观、团结。

亲爱的刘教授,我十分钦佩您组织这种复杂的国际活动的热情、科学远见和智慧,祝您和您的同事们身体健康,万事如意!

阿蕾弗提娜·西蒙诺娃

俄罗斯乌拉尔国立师范大学校长斯韦特兰娜·米纽罗娃(Svetlana Minyurova)感谢信

亲爱的刘继南教授和论坛组委会成员们:

我谨代表乌拉尔国立师范大学感谢你们为第九届世界大学女校长论坛的开展,以及线上和线下相结合的工作所作出的努力。本次论坛中圆桌会议的讨论与主题演讲精彩纷呈、内容丰富、发人深省。我们祝贺本次论坛取得圆满成功,也祝愿你们诸事顺利。

我们感谢论坛授予我校"世界大学女校长论坛'特别贡献纪念奖'"的殊荣,感谢刘继南教授与论坛组委会对我校主办2017年乌拉尔分论坛予以肯定和表彰。我们对刘继南教授的奉献精神和激励他人的能力深表敬佩,也对您在教育的现状与未来层面的远见卓识印象深刻。我们也非常感谢西安工业大学和中国传媒大学的全体教职员工、论坛组委会成员以及所有幕后工作人员的帮助与关怀。

很高兴能够见到论坛的全体与会者,祝大家事业有成、身体健康、幸福美满。我相信,全球共情,共同解决全世界面临的问题,我们将切实推动教育发展、促进世界和平,并将携手共进,实现共同的目标。期待着2022年的再见!

斯韦特兰娜·米纽罗娃

塞尔维亚贝尔格莱德艺术大学原校长米兰娜·德拉吉维奇·舍西奇(Milena Dragicevic Sesic)感谢信

亲爱的刘继南教授:

我非常荣幸能够成为世界大学女校长论坛20年周年纪念专题圆桌会议的主要参与者!其实还有些事情和我在女校长论坛的经历相关,我没来得及在会上一一提及。特别是有一届论坛,我因为脊柱椎间盘突出而不得不决定在最后一刻退出,但你们没有忘记我。论坛结束几个月后,我在家收到了会议的纪念品,有一对熊猫玩偶,我的孙女们都特别喜欢玩,尤其是和我在一起的时候……

非常感谢你们邀请我参加将在长春举行的下一届论坛,我相信我一定会很高兴去到那里,一如既往。

在疫情下的困难时期,我们都要健康强大,希望疫苗快点到来,这样我们就可以继续照常旅行和工作了。当然,这届论坛也举办得十分完美!

米兰娜·德拉吉维奇·舍西奇

塞尔维亚诺维萨德大学原校长福尔达·思坦科为科(Fuada Stankovic)感谢信

亲爱的各位同事：

会议非常成功！即使在这样艰难的时刻，论坛依然保持着它的精神与风采！它唤起了我对以往会议的记忆——过去几十年中我在会议上遇到的优秀女性，以及我所了解的中国璀璨文化。过去这些年，参与论坛丰富了我的生活，着实令我感激！

我特别感谢刘教授，她的眼界丰富了这个“美丽”的论坛，要是没有她，就不会有这个论坛。

祝你们身体健康，一切顺利。

福尔达·思坦科为科

瑞典世界海事大学感谢信

亲爱的论坛组委会：

校长邓雅莉博士请我转达她对刘教授最诚挚的问候与感谢。尽管新冠肺炎疫情带来了挑战，但邓雅莉博士很高兴看到第九届世界大学女校长论坛于今年成功举办。她期待在未来疫情好转时与刘教授会面。

在此向刘教授以及各位同事表示衷心的感谢。作为中国传媒大学的校友，我很高兴看到母校在高等教育领域的性别平等方面取得了巨大成就。

朱永晟

校长特别助理

中国传媒大学校友

PART *06*

世界大学女校长论坛 20 周年特别纪念

春华秋实　日月光华

——写在世界大学女校长论坛20周年之际

陈乃芳　北京外国语大学原校长

弹指一挥间,20年过去了。如今该是我们共同回顾、总结和庆祝世界大学女校长论坛20年华诞的阶段了。在这20年里,我没有缺席一次论坛,无数回忆的片段在我脑海中浮现。由中国传媒大学在2001年发起的世界大学女校长论坛好似一棵春天栽下的树苗,如今这棵树苗已长成参天大树,枝繁叶茂、芬芳满园、果实累累、享誉全球。

在过去的20年里,论坛在中国政府高层领导人和有关部门的关心与支持下,在以中国传媒大学刘继南教授为首的组委会精心组织下,举办了九届以中国为会场的主论坛。此外,还分别在欧洲、美洲、大洋洲、非洲和亚洲等地举办了十届分论坛,将论坛的影响力扩大到了全球范围。从第一届论坛开始,每次论坛都有超过百位世界各国大学的女校长参加。在这些活动中,来自全球各个国家的大学女校长一起讨论共同关心的问题。在初始阶段,大家充分介绍了各自大学的概况、治校方略,表达了开展合作交流的愿望。随着讨论的不断深入,女校长们着重研讨了大家关心的问题,诸如"新世纪高等教育发展战略""和谐世界,文化多样""大学与媒介的责任""大学生态环境与可持续发展""女性领导力""女性教育领导力""未来教育·新型领导力·人类命运共同体"等。这些主题都聚焦在"大学、教育、女性、发展"几个关键词上,讨论它们是为了理解如何发挥大学在教育中的作用、教育对女性社会地位提高的意义、女性在全球化时代中自身的作用、教育对全球可持续发展的贡献等。让我印象特别深刻的是论坛组织了一个为曼珠·米舍尔院长所属的尼泊尔新闻与大众传播学院筹资的项目,这从侧面反映了论坛所倡导的"大学为全人类共同发展、进步的意义"。

中国古代文化中有很多"巾帼不让须眉"的故事和传说,北魏有花木兰代父从军,汉朝有王昭君为边疆安宁与匈奴结亲,宋朝有杨门女将为国家驰骋疆场等。这些故事告诉我们自古就有很多优秀的女性。近代以来,随着世界经济的发展和人们意识的进步,女性权益得到了保障和提高,世界大多数国家的女性都获得了受教育的权利,从中涌现了无数遍布各行各业的优秀女性,她们为社会进步作出了巨大贡献,也为女性社会地位的提高提供了依据。

2015年9月27日,中国国家主席习近平在全球妇女峰会上提到,妇女是物质文明和精神文明的创造者,是推动社会发展和进步的重要力量。没有妇女,就没有人类,就没有社会。在当今时代,依托大学教育提高女性社会地位,鼓励更多女性接受高等教育,在教育领域引入性别平等的主流意识,倡导教育包容性,寻求文化与教育的协调及可持续发展等依然是值得全社会关注的重要问题。

中国的儒家思想一直十分重视"和而不同,美美与共""有容乃大"等哲学理念,赞成不同文化的交流互鉴,鼓励不同思想的碰撞,论坛也践行了这一体现中华文化包容性的理念。在实践层面上,世界大学女校长论坛独辟蹊径,聚焦时代话题,充分利用现代传媒影响力,为世界大学女校长们搭建了一个交流思想、碰撞智慧、沟通理解、相互借鉴的高层次平台;始终坚持关注教育、关注女性发展理念,并且就高等教育、女性发展、人文交流、可持续发展等相关论题展开了深入研讨。论坛也提供了让中国了解世界、向世界宣传中国的机会。它是让中国了解、学习世界各国高等教育与女性发展进程和经验的广阔平台,也是让世界了解中国改革开放伟大历程和实现中华民族伟大复兴中国梦的重要窗口。如果要为论坛绘制一幅图画,我们会看到一幅"百花图",来自世界各地的女性精英和教育人才会聚于此,女校长们在论坛上畅所欲言、阐释理念、建言献策,犹如百花齐放、千芳竞春。这些场景充分体现了女性通过接受高等教育反哺社会的示范效应,包容理解的全球主流文化理念,也为高等教育全球化提供了重要的思想指引。在20年的历程中,论坛别开生面地展现了高层次知识女性间友好的民间外交,可以说本论坛已经成为国际论坛中一个别具特色、影响力广泛且具有重要战略意义的论坛。

最近,我回顾了参加论坛的前前后后,骄傲地发现自己从头至尾参加了九届主论坛以及绝大多数的分论坛。在这20年里,我从论坛参与者的身上学到了很多。通过和许多大学女校长的近距离接触与直接交流,我获得了很多启发,更加坚定了北京外国语大学的学科发展方向,也更加注重外向型、国际化的办学理念。即使在我卸任后的多年间,北京外国语大学历任领导仍然秉承正确的办学理念,把握国家和社会对外语人才的现实需求,充分发挥自身国际视野开阔、国际交往广泛、比较研究基础深厚等独到优势,为中国和国际组织培养了四百多位大使及几千名外交官。

说到人才培养,我想起一个有关论坛促进我校对外合作交流的小故事。记得在2002年,我校接受国家领导委托举办了全国首届"部长英语培训班"。我们为班上的13位部长规划了三个月的超强度英语培训,之后为进一步提高部长们的英语水平,并为他们提供更具情景教育实地感的培训,我校经中央批准,决定给他们增加一个月的国外强化实训。为此,我先后联系了美国、加拿大的几所大学,还联系了澳大利亚时任悉尼大学的常务副校长朱迪斯·甘丽雅(后来,她又担任了新西兰梅西大学校长),希望悉尼大学能够为部长班提供一个月强化培训课程。甘丽雅校长非常热心,她亲自为部长们制订了详细周到的教学、生活、安全等计划。在这一个月里,部长们获得了全新的实地体验,快速地提高了英语听说能力。回国后,部长们一致对我找到一个如此好的合作伙伴表示感谢。经过这件事,我和甘丽雅也结下了深厚的友谊。2004年,我随全国政协副主席率领的代表团出访哈萨克斯坦、保加利亚和瑞士三国,由于要从乌鲁木齐出境,我们在北京登上了飞往乌鲁木齐的飞机。登机后，我刚刚坐定，一位空姐过来对我说："您是北京外国语大学的陈校长吗？"我说："我是。"她说："您有一位外国朋友也在机上。"我随她手指的方向望去，原来是老朋友甘丽雅，我立刻起身奔到她身边和她紧紧地拥抱在了一起。能够在同一架飞机的同一客舱上相遇真是太难得了。我把座位换到了她旁边，我们痛快地聊了一路，直到乌鲁木齐机场才挥手告别。她此行的目的是推进梅西大学与新疆石河子大学的合作交流。甘丽雅是个十分诚恳、热情又富有责任心的女校长，她一直在为促进悉尼大学、梅西大学与中国有关大学的合作而奔波，先后来中国合作交流 40 多次。她是一位十分值得敬佩的外国女校长。

20 年来，我既是论坛的参与者，也是论坛的获益者，作为一个管理大学的女性校长，我无时无刻不在思考如何贯彻我的管理理念，因此关于如何提升女性领导力的第六届论坛给我留下了深刻印象。通过其他女校长的发言和讨论，我学到了很多很好的管理理念，其中有一点我特别赞同，即在管理过程中灵活运用"刚柔相济""以柔克刚"的思想。我的管理理念来自中国文化中的"以人为本"，即注重人才作用、尊重人才特点、实现人才价值。只有人性化的管理才能充分发挥人才的长处，激发人才的积极性，从而实现优质的管理。已有的工作实践证明了良好的协调和团队合作能使组织效率最大化。我喜欢和各方人士沟通交流，听取他们对学校工作的意见和建议。面对决策过程中不同的意见和质疑，我并不会立即表示反对，而是通过思考和不断地沟通去寻找解决问题的思路。人性化沟通方式是为工作提供积极能量的有效方式。有时候，一个微笑、一个祝福生日的电话，都会起到凝聚人心、增强互信的效果。我也会注重每个人的兴趣所在，给予个人更多的发言权和自主权，让每个人都觉得自己很重要，更好地激发他们的创造性和主动性。

通过这些年参与论坛，我从其他校长身上学到了很多，真可谓获益匪浅。有的女校长坚守初心，身染重病依然坚持工作；有的女校长在学校遭遇重大自然灾害时坚韧不拔，带领师生员工抗灾抢险，重建校园；还有的女校长在没有外部资助的条件下创办非营利民办大学，艰苦奋斗，不图名利，为国家培养了很多优秀的人才，同时还总结了一套非营利办学的经验，成为国家树立的样板。尤其是在武汉召开的第八届论坛上，组委会让我主持获得"大学女校长终身荣誉奖"中的七位大学女校长的"我的教育人生"圆桌会议，通过详细、贴近的讨论和观察，我访谈了台湾世新大学董事长、原校长成嘉玲，美国加州大学斯坦尼斯洛斯分校原校长、迪拉德大学原校长秀茨，日本传媒与女性研究国际学院院长、城西大学原理事长水田宗子，新西兰梅西大学原校长、澳大利亚悉尼大学原副校长朱迪斯·甘丽雅，韩国东西学院董事长、东西大学原校长朴东顺，塞尔维亚贝尔格莱德大学原校长玛利亚·博格达诺维奇，黄河科技学院董事长胡大白。与会老校长一致认为，女性不得不付出更为艰辛的努力，才能"证明"自己能够胜任校长。在此过程中，女性必须面对和突破世俗偏见的阻碍，历经各种考验才能"破茧成蝶"。"只有真正解决男性和女性的不平等之后，我们才能够知道女性能走多远。"老校长们非凡的教育经历本身就生动地诠释了这句话,“要想获得自己的权利,一定要把自己放到你所在单位的领导地位上”。一旦获得领导地位,女性领导者要充分发挥独特的“领导力语言”“领导力思维方式”“领导力风格”以及兼收并蓄和涵养博大的人文主义情怀。

在这里,我要特别感谢论坛的发起人和组织者刘继南教授。说实话,我对刘继南教授并不陌生,因为当年我们两人同为北京特色高校的女校长,在教育部和北京市召开的各种会议上一起讨论学习,与会住宿时还多次被分配在同一房间。我深知她能干肯干、富有创造力的性格特点,从中国传媒大学的发展历程中就能够看出她的能力。而在这20年的论坛工作中,我们更看到了她那追求卓越的精神,一次次,一年年,从主题策划、分论坛的确定、地点的选择、出席者的邀请、经费的筹措、论坛标识和歌曲的决定乃至每次论坛服饰的设计……总之,凡是有关论坛的大大小小诸多事情,她都能考虑到、想周全、落实好,保证每次论坛都能有意义、有声势、有影响力,让国内外参与者都有话要讲、有收获、有体会……退休多年后,她尚能调动这么多的人力、财力……多么不容易啊!更何况她已年过80,还能带领大学苦干加实干,把论坛办好,且越办越好,我真心佩服她,要向她学习这种精神。此外,我还要感谢长期支持和参与论坛具体工作的中国传媒大学的同志们,没有他们数十年如一日的艰辛工作,论坛也绝不可能成功。

参加论坛,我们也收获了很多友谊,交到了很多国际朋友。女校长们聚在一起总有说不完的话题,大家也聊家庭、孩子、生活和服装。会议间隙,我们在北京共游长城,谈古论今;在南京漫步校园,感受秋意;在新西兰讨论如何提高女性领导力,谈论如何为原住民提供支持与帮助;在日本探寻老龄化背景下的女性教育之路;在夏威夷开展全球对话;在欧亚交界的伊斯坦布尔寻求超越女性头上的“玻璃天花板”的答案,等等。

回顾过去,展望未来,着眼当下,我们生活在一个教育不断大众化、国际化的时代,一个世界格局快速演变、面临诸多不确定因素的时代。作为教育工作者,我们既要思考如何通过推进教育的普及和交流来促进女性地位的提升,也要探讨新时代女性如何在大变局中更好地发挥女性优势,促进全球性文化包容互鉴、和谐发展,从而为全球命运共同体这一伟大构想贡献自己的力量。“百舸争流千帆竞,乘风破浪正远航。”世界大学女校长论坛行稳致远,引领潮流,不仅为全球教育发展、女性教育等重大议题提供了颇具影响力的讨论平台,还为中外合作、文化交流和“一带一路”倡议背景下的民间外交搭建了独具特色的实践舞台。借此机会,我衷心祝愿论坛“薪火相传”,在全球各地继续播种友谊的种子;“不忘初心,砥砺前行”,聚焦时代主题,代表女性发出时代声音,为中国和世界的可持续发展提供助力,也为全球教育治理奉献独特理念。

我与世界大学女校长论坛

——人和事的点滴记录

邹晓巧　现代女性领导力研究院理事、副院长

前　言

2013年10月的某一天，我接到单丽洁同志(全国妇联办公厅主任，陈至立副委员长前秘书)的电话，她说，中国传媒大学的刘继南校长邀她参与现代女性领导力研究院以及世界大学女校长论坛的相关工作，因在职不便参加，所以她向刘校长积极地推荐了我。但我考虑到自己从未在高等教育领域工作过，对教育情况几乎一无所知，再加上当时还在联合国消除对妇女歧视委员会任职，因而对自己是否能够胜任这份工作没有把握。当我向单丽洁同志提出我的顾虑后，她非常肯定地回答说："第一，不会占用你很多时间；第二，你有外事工作经验，可以协助他们做一些对外联络方面的工作；第三，刘校长是一位非常好的老校长，为人谦和、热情、正派，你跟她共事绝对没问题而且会很愉快。"我想那就先试一试再说。

不久，刘校长来电话并约我见面。见面时，刘校长向我介绍了成立现代女性领导力研究院的初衷、意义以及目前的进展情况，同时也介绍了世界大学女校长论坛的历史以及即将召开的第六届世界大学女校长论坛的相关筹备情况。这些信息对于我来说都比较新鲜，我总体感觉这是一件很有意义的事情，似乎也不会占用很多时间。所以，我顺从了自己的内心。而且我与刘校长一见如故，备感亲切。虽然当时我听她带有湖北口音的普通话有些费劲，但她的热情、对他人的尊重以及对其从事工作的执着深深地打动了我。后来，张李玺校长听说我参与了这项工作，特向我表示欢迎，并说世界大学女校长论坛是一个很好的对外交流与合作的平台，我一定会受益匪浅。至此，我与刘校长以及她领导下的世界大学女校长论坛正式结缘。

从2013年至今，我有幸参加了第六、第八和第九届世界大学女校长论坛及相关筹备工作，还参加了在芬兰和罗马尼亚召开的两次分论坛以及与此相关的一些活动，结识了许多国内外的女校长，见证了论坛规模的不断扩大和影响力的不断提高。其间，我也接触到了一些国内外高层领导，深感论坛所取得的成就与她们的鼎力支持和关心是分不开的。现就印象较为深刻的人和事记录如下。

一、现代女性领导力研究院名誉理事长陈至立

陈至立副委员长于2008年10月当选为全国妇联主席,2013年5月卸任。作为她的部下,我很荣幸多次陪同她出访并参加国际会议。2015年10月,当得知她担任现代女性领导力研究院名誉理事长时,我倍感亲切。陈至立副委员长对现代女性领导力研究院以及世界大学女校长论坛的工作十分重视,多次听取汇报。我很荣幸几次陪同刘校长前往陈至立副委员长办公室向她汇报工作,每次我们都受到热情接待,而且汇报工作总是在轻松愉快的气氛中进行。

她认真听取汇报,关心研究院及论坛的运作,对刘校长领导的各项工作所取得的成就表示高度赞赏,并对筹备工作提出具体建议。如2019年12月18日,听完刘校长关于第九届世界大学女校长论坛的规模和报名等情况的汇报后,她说,这是一次高层次女性知识分子的聚会,可以考虑邀请更多领域的女性领导参加,包括邀请全国妇联的领导参加开幕式等。让我钦佩的是陈至立副委员长做事干脆利索,从不拖泥带水。每次刘校长邀请她出席开幕式并致辞,她都欣然接受,说没有特殊情况一定出席,并即刻让其秘书把会期的具体时间留出来。论坛组委会向她提供的各类稿件,她都认真阅读并亲自动手修改。

2015年10月17日,陈至立副委员长作为现代女性领导力研究院名誉理事长出席了研究院首届理事会暨"数字时代的女性领导力:理论与实践"国际学术研讨会。会前,她礼节性会见了参加研讨会的外国嘉宾,包括联合国教科文组织性别平等部主任萨尼耶·居瑟尔·克拉特,欧洲大学女校长协会主席、伊斯坦布尔科技大学前校长居尔松·萨拉莫,津巴布韦文化教育部原部长、非洲女子教育工作者论坛创始人、非洲女子大学董事长朱慧琼,新西兰梅西大学前校长朱迪斯·甘丽雅,西班牙卡斯蒂利亚拉曼查大学前副校长、终身教授卡门·佛洛等。陪同参加会见的中方领导有全国妇联党组副书记、副主席、书记处书记孟晓驷,教育部前副部长李卫红,现代女性领导力研究院理事会理事长雷元亮和中国传媒大学校长、现代女性领导力研究院理事会副理事长苏志武。

陈至立副委员长在会见外国嘉宾时感谢她们的出席。她说:"始于2001年的世界大学女校长论坛,让我们结缘,共同探讨高等教育领域女性领导力的发展和创新。一路走来,非常感谢在座诸位对论坛的支持和贡献。"她接着介绍了现代女性领导力研究院的概况,指出研究院是在过去14年世界大学女校长论坛取得成就的基础上,并在教育部和全国妇联的支持下,由中国传媒大学和江苏中外大学女校长教育发展基金会联合发起而成立的。研究院的宗旨是通过开展学术研究、高端培训、国际交流与合作,进一步推动性别平等,促进更多的女性进入决策层,尤其促进高等教育领域的女性领导力。目前,研究院设理事会和学术委员会。学术委员会为研究院的最高学术机构,其成员由国内外知名大学校长,高等教育研究、女性研究以及领导力研究等领域的知名学者和专家组成。陈至

立副委员长特别感谢在座的各位嘉宾受聘担任学术委员会的委员。她说:“你们的智慧和能力,尤其是你们在教育领域和性别领域中的成就与业绩将有助于研究院的健康发展。”

虽然会见时间不长,但她给在座的嘉宾留下了深刻的印象。联合国教科文组织性别平等部主任克拉特表示,再次见到陈至立副委员长感到十分荣幸。她说,2010 年 9 月陈至立女士应博科娃总干事和希腊教科文全国委员会的邀请出席在雅典召开的国际会议并在大会闭幕式上做的总结性发言,给她和与会者留下了美好的记忆。克拉特说,陈至立女士对性别平等与和平、发展之间关系的独到见解,以及如何有效推动性别平等,促进社会发展,实现二者之间的良性互动提出了非常务实的建议,令人钦佩。

毋庸置疑,陈至立副委员长的务实精神有目共睹。在担任全国妇联主席期间,她为广大妇女办了许多实实在在的好事。在调查研究的基础上,她提出了妇联工作要着力推动解决妇女最关心、最直接、最现实的利益问题。为此,她就有关政策、资金等问题积极协调国家相关部门,重点做了四项工作:一是积极推进在国家层面出台小额担保贷款财政贴息政策,该政策明确指出,国家在贷款覆盖、贷款额度等方面给予妇女群众特殊支持,做到应贷尽贷,并由国家财政提供全额贴息;二是推动在农村开展妇科病普查工作,为农村妇女免费提供宫颈癌和乳腺癌检查;三是推动农村妇女参与村民自治实践,推动政府有关部门出台相关政策,确保提高村民委员会中女性委员,特别是女性正职的比例;四是加强女性科技人才的培养和科技队伍的建设,推动国家自然科学基金委员会通过了实施放宽女性申请青年科学基金年龄到 40 岁的建议,进一步明确女性可以因生育而延长在研项目的结项时间。这些政策和措施的出台,进一步推动了两性平等的进程,解决了妇女最现实的利益问题,受到了各界妇女的热烈欢迎。

二、联合国教科文组织总干事伊琳娜·博科娃(任职时间 2009—2017 年)

博科娃女士曾任保加利亚外交部部长。2009 年,她首次当选联合国教科文组织总干事,成为担任这一职务的首位女性。2013 年,她成功连任联合国教科文组织总干事直至 2017 年。卸任总干事职务后,博科娃女士担任全球希望联合会主席。该联合会成立于 2017 年 9 月,是一个致力于文化产业发展的国际性公益组织。在每年 9 月的联合国大会期间,联合国教科文组织与全球希望联合会都会举办全球领导人峰会,同各国元首、政府官员以及各界精英探讨教育、文化、经济、环境等方面的话题。博科娃女士对中国十分友好,无论在其担任总干事期间还是卸任之后,曾多次受中国政府及有关部门邀请来华访问并参加国际会议。

2014 年 4 月,刘继南校长与欧洲大学女校长协会发起人居尔松教授在法国巴黎拜会了博科娃总干事并与她进行了亲切友好的交谈。刘校长向博科娃总干事着重介绍了现代女性领导力研究院和世界大学女校长论坛的有关情况，表达了希望与联合国教科文组织在促进高等教育女性领导力方面加强合作的意愿。博科娃总干事对自2001年创办以来的世界大学女校长论坛的活动予以充分肯定，对现代女性领导力研究院也表示了极大的兴趣。在谈到当时即将举办的第六届世界大学女校长论坛时，刘校长向博科娃总干事发出了邀请，欢迎她参加9月在北京召开的论坛，她愉快地接受了邀请。后来她因公事繁忙未能亲临现场，但向论坛发来了视频贺词，并派其办公室性别平等部主任出席论坛。

从那之后，世界大学女校长论坛倍受联合国教科文组织，特别是博科娃总干事本人的高度重视，具体包括她在短时间内同意签署联合国教科文组织与现代女性领导力研究院的合作协议书，指派其办公室性别平等部主任萨尼耶·居瑟尔·克拉特女士为与中方的具体协调人，积极支持并核准克拉特女士担任现代女性领导力研究院学术委员会委员等。2018年4月，博科娃总干事应邀亲临武汉，参加第八届世界大学女校长论坛并在开幕式致辞。这是她首次近距离接触论坛，她的出席无疑给论坛增添了光彩，是对论坛与会者的巨大鼓舞。我认为，博科娃总干事对论坛的支持是无私的，没有她的鼎力支持，我们与联合国教科文组织的合作不会那么顺利。

虽然2010年9月我随陈至立副委员长赴希腊雅典参加国际会议时曾与博科娃总干事见过一面，但我与她真正面对面交谈应该是2016年5月在保加利亚。2015年10月30日，博科娃总干事分别致函刘继南校长和我，邀请我们参加由联合国教科文组织和保加利亚商业妇女理事会于2016年5月18日至20日在保加利亚首都索菲亚举办的题为“全球女性领导力论坛——激励下一代领导人”的国际会议。

此次会议会聚了来自商业、政治、社会和文化等领域的女性领导，为与会代表提供了一个探讨当代女性赋权和两性平等趋势，以及如何支持和促进女性在企业与社会中发挥作用的交流平台。刘校长在“妇女、ICTS和媒体”议题下做了开幕演讲，我则作为专题发言人之一，在“妇女、和平、安全与发展：和平建设中的女性领导力”的专题下参与讨论。这是一次高规格的会议，联合国教科文组织总干事博科娃、保加利亚议长、保加利亚总理以及保加利亚商业妇女理事会主席出席开幕式并致辞。会议日程安排得很满，几乎占据了博科娃总干事的所有时间。但当我们提出希望采访她时，她很高兴地接受并排除一切困难，利用会议间隙的有限时间接受了我们的采访。我记得采访的问题单是由刘昶老师负责编写的，我则负责用英文提问。虽然我已记不清都提了些什么问题，但留下的印象是美好的，整个采访过程轻松愉快。博科娃总干事是一位很平和，也很睿智的人，不愧是一位具有丰富专业和领导经验的政治家与外交家。

此外，在筹备第八届和第九届论坛期间，我接受了刘校长给我的任务，负责与博科娃总干事的前期联系。尽管她已于2017年底从总干事的岗位上退休，但其工作仍很繁忙。不过，我每次与她联系都能得到及时反馈，充分表明她很尊重人。如在筹备第九届论坛时，根据刘校长的指示，我于2020年7月24日向博科娃总干事通报了即将启动召开第九届世界大学女校长论坛的一些想法，包括论坛的议题、时间和地点等，同时希望她届时能出席(或线上)并在开幕式上致辞。7月29日她即回复说,因疫情不能到西安感到很遗憾,但她很高兴在线上参加论坛的开幕式。后因开幕那天她有其他活动,所以发来了事先录制好的视频。论坛结束后,我以刘校长的名义向她通报了论坛的整体情况,包括出席开幕式的嘉宾、议题的讨论和论坛最后通过的《西安宣言》等。函中还特别感谢她对第九届世界大学女校长论坛的大力支持和关爱,并指出她在开幕式上的致辞受到了与会代表的热烈欢迎和高度赞赏。博科娃女士非常感谢刘校长的通报,说:"我再次看到论坛进行了所有重要议题的辩论和思想交流,论坛取得了巨大成功。很高兴我的发言为论坛作出了贡献,衷心感谢刘继南教授邀请我参加2022年召开的第十届世界大学女校长论坛,并期待在长春与大家相聚。"

三、联合国教科文组织性别平等部主任居瑟尔·克拉特(任职时间 2004—2020年)

我与居瑟尔·克拉特女士相识于2014年9月在北京召开的第六届世界大学女校长论坛。这是她第一次参与论坛,也是我首次参加。应刘继南校长的邀请,联合国教科文组织性别平等部主任克拉特夫妇,土耳其伊斯坦布尔科技大学前校长、欧洲大学女校长协会主席居尔松夫妇,土耳其伊斯坦布尔科技大学前副校长努南以及新西兰梅西大学前校长甘丽雅等在论坛结束后访问了南京、苏州、杭州和上海。刘校长、龙小农、阮婕妤和我陪同他们一行,一个多星期的朝夕相处,增进了彼此间的了解和友谊。或许是我和克拉特女士在国际事务与性别平等方面有一些相同的经历,或许是人们常说的缘分,我与她在交往中建立了深厚的友情和信任,成为几乎无话不说的朋友,这为我们以后的联系与合作奠定了一个良好的基础。

克拉特女士是一位知识女性,为人谦和、思路敏捷。她有在不同文化和环境中工作30多年的丰富经历,曾任加拿大卡尔顿大学教授,并曾在联合国贸易和发展会议、联合国开发计划署、亚洲开发银行等机构担任项目技术顾问或主管,以帮助发展中国家将性别观点纳入地方治理战略规划并致力于促进政策制定,加强最不发达国家的女企业家参与本国的经济发展。对于性别平等的含义,她一直认为性别平等意味着平等的机会、平等的权利以及平等的条件。无论你是男性、女性,只要你是一个人就应该享有这些平等的权利。

2004年,克拉特女士开始就职于联合国教科文组织并任性别平等部主任,直到2020年。其间,她制定了两性平等和赋予妇女权利的远景规划与战略,在联合国教科文组织195个成员国中开展宣传运动,并实现了将两性平等列为教科文组织今后两个全球优先领域之一。她还为教科文组织将性别观点纳入主流开创并实施培训方案,90%以上的工作人员接受了培训,提高了对性别平等的认识,并对他们的工作产生了积极影响。为实现决策层中的两性平等,克拉特女士还积极推动教科文组织的人力资源政策和战略与有利于性别平等的工作环境和决策中的两性平等原则保持一致。在她的不断努力下,教科文组织中的主任及以上管理层的女性比例从 2004 年的 9%增加到了 2018 年的 53%。

克拉特女士对现代女性领导力研究院和世界大学女校长论坛给予了高度重视并情有独钟。她积极为联合国教科文组织与现代女性领导力研究院之间的合作献计献策,积极参与世界大学女校长论坛的主论坛和分论坛。在 2014 年 9 月第六届世界大学女校长论坛期间,她接受了网易的采访。她说:“我认为世界大学女校长论坛是一个非常重要的交流平台,因为它将学术界最高层次的女性聚集在一起。来参会的女性大部分是校长、副校长、主任或者副主任,她们不仅在自己的领域取得了很卓越的成绩,同时也是非常有经验的管理者,来参加会议的女性都是非常独特的女人。即使是在 2014 年的今天,能够像女校长一样在自己工作的领域达到如此高峰的女性并不多。所以对于我来说,能够在这里同她们一起参加活动、交流经验是很荣幸的。”

2013 年 11 月 29 日,现代女性领导力研究院经国家民政部注册成立。2014 年 9 月,在第六届世界大学女校长论坛开幕式上,全国人大常委会副委员长、全国妇联主席沈跃跃,第十一届全国人大常委会副委员长、全国妇联原主席陈至立,全国政协副主席林文漪共同为现代女性领导力研究院揭牌。同年 11 月,我们致函克拉特女士,邀请她担任现代女性领导力研究院学术委员会委员。她非常高兴地接受了邀请,并很快得到博科娃总干事的核准。

2015 年 10 月,现代女性领导力研究院首届理事会第一次会议暨“数字时代女性领导力:理论与实践”国际学术研讨会在北京召开。其间,现代女性领导力研究院与联合国教科文组织签署了关于支持女性领导力发展的合作协议书。克拉特女士在签署合作协议书后发言说,她很荣幸在这里庆祝两个组织成功签署合作协议书,也感到非常荣幸成为现代女性领导力研究院学术委员会的委员。她期待联合国教科文组织和现代女性领导力研究院之间能在有效促进两性平等方面进一步加强合作。她指出,这是教科文组织的一个全球优先事项,作为联合国教科文组织性别平等部主任,她将致力于在地方、区域和国际各级积极促进两性平等进程。

四、联合国教科文组织与现代女性领导力研究院合作协议书

关于合作协议书,我很高兴有机会参加了协商的大部分工作。这里,我不得不提及土耳其伊斯坦布尔科技大学前校长、欧洲大学女校长协会主席居尔松女士。她是一位干练、有热情但又比较强势的女性。在参加了几次世界大学女校长论坛之后,她萌生了在欧洲地区创办一个大学女校长组织的想法,并于 2008 年成立了欧洲大学女校长协会,每两年召开一次会议。居尔松女士与联合国教科文组织性别平等部主任克拉特女士同为土耳其人。经她与克拉特女士联系并在克拉特女士的积极协助下,2014 年 4 月,刘继南校长和居尔松女士一起在法国巴黎联合国教科文组织总部拜会了博科娃总干事。居尔

松女士向博科娃总干事表达了欧洲大学女校长协会和世界大学女校长论坛希望与联合国教科文组织建立友好合作关系并签署三方合作协议书的意愿。如前所述，刘校长也特别提及了新成立的现代女性领导力研究院以及表达了与教科文组织合作的愿望。博科娃总干事对刘校长和居尔松女士的提议表示了极大的兴趣，并指定克拉特女士具体负责跟进此项事宜。

之后，居尔松女士准备了一份联合国教科文组织与世界大学女校长论坛和欧洲大学女校长协会的三方合作协议书草本。在 2014 年 9 月结束访问中国之前，刘校长、克拉特女士、居尔松女士在上海华侨饭店就协议书内容等具体事宜做进一步会谈，我承担了会谈的翻译工作。其间，居尔松女士再次提出，希望联合国教科文组织支持世界大学女校长论坛和欧洲大学女校长协会的活动并签署三方合作协议书。随后，刘校长也介绍了现代女性领导力研究院的宗旨、工作目标等，提出希望在学术研究、高端培训、国际交流等领域与联合国教科文组织合作，其中包括在必要时使用联合国教科文组织标识等。克拉特女士对此表示支持与理解，认为加强与世界大学女校长论坛和欧洲大学女校长协会的合作将有助于推动在高等教育领域中女性领导力的提升。考虑到世界大学女校长论坛的秘书处设在现代女性领导力研究院办公室，同时也考虑到欧洲大学女校长协会希望合作的方式和内容有别于现代女性领导力研究院，克拉特女士建议联合国教科文组织可以分别与现代女性领导力研究院和欧洲大学女校长协会签署合作协议书。刘校长欣然接受了这一建议。

克拉特女士允诺回去后向博科娃总干事汇报，由她负责起草协议书文本初稿，并就签署合作协议书流程等事宜征求联合国教科文组织相关部门的意见。为尽快落实合作协议书事宜，居尔松女士曾于 2014 年 12 月赴巴黎与克拉特女士面谈，之后又多次去函询问。联合国教科文组织规定，凡是与其签署合作协议书的机构或组织必须具备正式注册且有法人这样一个先决条件。鉴于此，联合国教科文组织暂时无法与欧洲大学女校长协会签署任何合作协议书(居尔松女士对此表示了极大的不满，但她还是积极筹划并于 2015 年 12 月根据比利时法律在布鲁塞尔注册成立了欧洲大学女校长协会)。而现代女性领导力研究院却具备条件。为此，刘校长他们根据对方要求，积极地向联合国教科文组织提供了所有的相关材料，包括研究院成立的背景材料、法人证书的影印件及希望合作的领域等。在克拉特女士的积极支持和协调下，经过联合国教科文组织业务部门、财务部门和法律部门等多部门的审核，最终于 2015 年 10 月 5 日由博科娃总干事批准签署了联合国教科文组织与现代女性领导力研究院的合作协议书。

2015 年 10 月 17 日，在现代女性领导力研究院首届理事会暨“数字时代的女性领导力：理论与实践”国际学术研讨会上，联合国教科文组织和现代女性领导力研究院正式签署了关于支持女性领导力发展的合作协议书。该协议书重申了双方在推动性别平等、女性赋权、女性领导力上持有的共同目标，承诺与大学及研究机构合作，共同推动性别平等相关知识和领导力项目的实施。而协议书的实质性条款则是第一条“合作”，主要涉及 4

个领域，即：(1)为世界大学女校长论坛、分论坛及相关文化活动提供支持，促进国际交流与合作，为促进性别平等、赋予女性权利、发展女性领导力助力；(2)开展学术研究以增强女性领导力，建立与女性领导力研究有关的数据库；(3)组织开展高端培训项目，旨在增强中国和其他国家的女性领导力，特别是要将重点放在高等教育中的女性领导力；(4)参与对方举行的网络会议，以提高知名度和协作关系。

能在这么短的时间内签署该协议书与克拉特女士的积极推动和协调是分不开的。我们知道，联合国教科文组织是联合国一个很重要的专门机构，成立于 1945 年 11 月 16 日，现有 195 个成员，是联合国在国际教育、科学和文化领域成员最多的专门机构。该组织的宗旨是通过教育、科学和文化促进各国合作，为世界和平与安全作出贡献。合作协议书的签署足以说明联合国教科文组织重视与中国的友好合作关系，重视通过与包括我们组织在内的多方合作，进一步促进两性平等和妇女赋权，以及推动更多的女性进入高等教育领域的决策层。同时，也说明博科娃总干事很看重现代女性领导力研究院的雄厚实力，包括陈至立副委员长(博科娃的老朋友)、各高等院校的领导，以及十几年来在刘校长领导下成功举办的世界大学女校长论坛和在各大洲举办的分论坛所积累的成功经验与人脉。同时，签署该协议书也有助于提高现代女性领导力研究院和世界大学女校长论坛在国际上的知名度与影响力。

五、参加筹备第六届世界大学女校长论坛

在此专门提及第六届世界大学女校长论坛，完全是因为这是我首次参加论坛的筹备并在其中负责联系联合国妇女署执行主任向论坛开幕式发视频贺词的事，我对此印象极为深刻。2014 年 9 月，在北京召开第六届世界大学女校长论坛正值中国传媒大学建校 60 周年，也是庆贺现代女性领导力研究院正式揭牌成立之际，各方对此高度重视。筹备组会聚了各方专家学者，但大部分工作，也可以说几乎全部的具体工作都是由中国传媒大学各专业的老师来承担的，包括组织、联络、文字等。他们对工作兢兢业业、认真负责、精益求精的态度让我敬佩。在刘继南校长的领导下，筹备组多次召开会议，就论坛的议题、活动日程、嘉宾邀请等事宜进行协商，大家各抒己见，气氛热烈，提出了许多很好的建议，如是否邀请联合国妇女署执行主任和联合国教科文组织总干事向论坛开幕式发视频贺词等。

鉴于第六届世界大学女校长论坛的特殊意义和重要性，筹备组最后决定论坛开幕式将邀请沈跃跃、陈至立、林文漪三位国家领导人出席，国外重要嘉宾将邀请联合国副秘书长兼联合国妇女署执行主任普姆齐莱 · 姆兰博-恩格库卡和联合国教科文组织总干事博科娃。如果她们不能亲临论坛，则拟请她们向论坛发视频贺词。这两个机构/组织在推动性别平等和促进教育发展领域在全球享有很高名望。其中，联合国教科文组织是各国政府间讨论关于教育、科学和文化问题的国际组织，致力于积极推动在教育领域实现两

性平等。

而联合国妇女署(全称为“联合国促进性别平等和增强妇女权能署”)则是一个致力于两性平等和赋予妇女权利的联合国实体。它支持联合国各会员国制定实现两性平等的全球标准,并与各国政府和民间社会合作制定必要的法律、政策、方案与服务,以确保这些标准得到有效执行,使全世界妇女和女孩真正受益。联合国妇女署还负责协调和促进联合国系统各组织/机构在促进两性平等方面的工作。2013 年 7 月 10 日,时任联合国秘书长潘基文在纽约总部发布任命,宣布来自南非共和国的普姆齐莱·姆兰博-恩格库卡女士出任联合国妇女署执行主任一职。恩格库卡女士在倡导妇女运动、推动两性平等领域拥有丰富的经验。她是南非第一位女性副总统,是南非历史上职务最高的女性。如果能够收到上述两位的视频贺词,将对世界大学女校长论坛产生积极的影响。

由于以往工作的原因,周丽娜老师负责联系联合国教科文组织总干事博科娃,而我负责联系联合国妇女署执行主任普姆齐莱·姆兰博-恩格库卡。我虽然并不认识恩格库卡女士,但还是愉快地接受了这个任务。我首先联系了联合国妇女署中国办公室的朋友,并陪同刘校长一道拜会了联合国妇女署中国办公室国别主任汤竹丽女士(Judia,美国人)。刘校长向她介绍了世界大学女校长论坛的历史及第六届世界大学女校长论坛的议题、拟参会的嘉宾及相关活动等,希望汤竹丽女士转达我们对联合国妇女署执行主任的邀请,并请她向论坛发视频贺词。汤竹丽女士对论坛给予高度赞赏,认为论坛为促进高等教育的两性平等发挥了积极的作用,同时论坛也为各国的女校长提供了一个相互学习、相互促进、共同发展的平台,她表示将尽快把邀请函传递到纽约联合国总部执行主任办公室。

后因纽约方面未能及时回复,经请示刘校长同意,我以个人的名义致函我在联合国妇女署任处长的一位朋友,请她协助转交邀请函。同时,我又联系了常驻联合国代表团的朋友,请他帮忙提供联合国妇女署执行主任办公室的联系方式。通过多管齐下以及各方的通力合作,恩格库卡女士按时向我们发来了视频贺词。她在开幕式的致辞中感谢对她的邀请并祝论坛顺利召开。恩格库卡女士说:“19 年前,各国领导人和政府团体的代表齐聚北京正式通过了《北京宣言》和《行动纲领》。如今它依然是促进性别平等、赋权妇女的一份杰出的全球性纲领性文件。《行动纲领》指出:如果女性要成为变革的原动力,她们就应获得平等接受教育的权利和资格。今天,作为女性教育领导人出席北京论坛的你们,便是证明这一愿景的重要意义的见证人。”她还对与会女校长寄予厚望,强调指出:“2015 年是《北京宣言》和《行动纲领》发表 20 周年,我们将在不断强大的女性和不断强大的人类所描绘的旗帜下举办纪念活动。联合国妇女署正在激励全世界所有人一起来构建并努力创造一个男女平等的世界。在你们审慎思虑时,请用片刻时间来描绘这样一个世界,即:在这个世界里,背景不同、年龄不同、住所不同的所有妇女和女孩都有机会获得优质教育。作为这一领域的领导者,你们能够将这一愿景变为现实。”

沈跃跃副委员长、陈至立副委员长和林文漪副主席三位国家领导人以及联合国妇女署执行主任恩格库卡女士、联合国教科文组织总干事博科娃女士在论坛开幕式上的同时出现无疑是一道亮丽的风采,大大提升了世界大学女校长论坛在国内乃至在国际上的影响力和知名度。

结 语

世界大学女校长论坛自2001年创办以来,至今已历经20年。虽然我2013年才开始参与该论坛,但深切地感受到了论坛的伟大、影响力以及凝聚力。它虽然一路走来不易,但得到了国内外高层领导的关怀以及各级各届领导、专家学者的无私支持和帮助。从2001年第一届的8个国家和地区的106名大学女校长到2020年第九届的64个国家和地区的近200名大学女校长,这个以大学女校长为主体的品牌论坛20年来吸引了国内外众多大学女校长的积极参与。论坛已成为目前世界范围内具有广泛影响力,面向高层次知识女性、面向高等教育、面向世界大学进行文化交流与沟通合作的平台,为世界高等教育的发展,促进高等教育中女性领导力的提升贡献了许多宝贵的经验和智慧。

世界大学女校长论坛能够取得今天的成就,离不开论坛创始人刘继南校长。20年来,她亲力亲为,克服一切困难,不断向前,为论坛的可持续发展和壮大凝聚了全部心血,作出了巨大贡献。正如陈至立副委员长所说:“作为论坛的见证人,我十分敬佩各位,尤其是敬佩刘继南主席的杰出贡献。她的远见卓识、她的锲而不舍、她的坚忍不拔、她的聪明才智、她的人格魅力集中体现了中国女性和各位女校长、女书记的精神面貌与时代风采。”

我为自己能与刘继南校长以及她的团队共事感到庆幸和自豪。

高等教育女性领导力提升的实践探索

——记世界大学女校长论坛(2001—2021)

马延军　全国妇联组织部原部长

前　言

我曾经在高等院校工作，是一名从事高等教育的教师，对高等教育素有很深的感情。虽因工作需要，服从组织安排调离高等院校而从事党政工作，但我始终关注着高等教育的发展。1994年我调到全国妇联工作，有幸投入到组织筹备举世瞩目的联合国第四次世界妇女大会及NGO论坛工作的全过程，并担任了联合国NGO论坛组织部副部长，与大家一起遵循国际NGO论坛的程序，吸纳世界各国、各地区举办国际NGO论坛的经验(到五大洲考察)，认真做好各种准备工作。虽然参会者来自不同国家、不同发展阶段，使用不同语言，有着不同肤色，但是在联合国提出的“以行动谋求平等、发展与和平”的主题下，互相交流、增进了解、产生共鸣、形成共识，广交了朋友，加强了友谊，为推动性别平等和妇女发展，促进和谐社会建设贡献力量。参加这次国际NGO论坛，使我加深了对国际论坛重要作用的认识，深刻地认识到“以行动谋求平等、发展与和平”的主题是划时代的永恒课题，是激励各国政府不断承诺、促进世界妇女运动不断发展的重要力量，也是激励党的群团组织、群团工作者在党的领导下，坚持政治性、先进性、群众性，沿着中国特色社会主义群团发展道路，为妇女事业发展不断奋进的精神财富。联合国第四次妇女大会及NGO论坛圆满闭幕后，中国高等教育优秀的女校长们正是遵循了联合国提出的“以行动谋求平等、发展与和平”这个主题，面对世界高等教育发展和女性领导力提升这一社会关注的课题，于2001年发起举办了以中外高等教育高层次女性领导者为主体的世界大学女校长论坛。该论坛举办20年来，取得了丰硕的成果。2020年，正值论坛举办20周年之际，我将认真地回顾、思考、总结、领会、传承该论坛的精神和经验，并向奋斗在高等教育战线的女校长们致以由衷的敬意！

世界大学女校长论坛举办20年来，经历了从无到有、从小到大的发展历程，该论坛的诞生、发展、影响和作用，具有深远的世界性意义。论坛的诞生，基于深厚的时代背景；论坛的发展，紧扣着时代的要求；论坛的影响，波及世界各大洲；论坛的作用，推动着女性领导力的提升及世界教育和世界文明的发展。我作为一名中国妇女组织的妇女工作者及该论坛组委会成员,见证了论坛发展的全过程,受到深刻的教育和鼓舞,也亲身感受到世界大学女校长论坛的战略意义和可持续发展。

一、世界大学女校长论坛适时地诞生,健康地发展,不断地深化

1.世界大学女校长论坛的诞生是时代发展的必然要求

高等教育是传承人类文明的生力军,在经济全球化的背景下,其已融入世界经济和社会大循环当中。要交流、促合作、谋发展是当今时代的潮流,是世界各国人民的共同目标,也是高等教育发展的奋斗方向。妇女是推动人类社会发展进步的伟大力量,是人才资源的重要源泉,也是高等教育领域的重要发展力量。

1995 年,联合国第四次世界妇女大会在中国北京召开,会议主题为"以行动谋求平等、发展与和平"。会议通过了《北京宣言》和《行动纲领》,把妇女教育与培训列为重要的战略目标,并提出"采取积极措施增加妇女参政与教育政策和决策的比例"。中国政府为落实《北京宣言》和《行动纲领》,制定了《中国妇女发展纲要》,这次会议成为国际和中国妇女运动史上具有里程碑意义的盛会。1998 年,联合国教科文组织召开世界高等教育大会,对 21 世纪世界高等教育进行了展望,并提出了行动框架,加强妇女在高等教育中的参与和作用,加强妇女积极参与高等教育和社会的决策,把妇女问题研究作为对高等教育改革和社会变革具有重要意义的措施。因此,将妇女发展、妇女教育与社会可持续发展相联系,注重建立男女两性平衡的教育,是 21 世纪高等教育努力的方向,已成为世界各国面临的公共课题。

21 世纪以来,世界各国的高等教育普遍得到重视,大学女校长作为一支独特而重要的力量,在推动高等教育全面平等与可持续发展方面取得了引人瞩目的成就。世界妇女运动取得了长足的进步,性别平等的高端主题——女性领导力,也已经是全球关注的议题。未来更符合人性需求与社会需求的高等教育离不开女校长卓越而独到的智慧与才华的投入和支撑。时代呼吁着以大学女校长为主体的女领导者、教育者为人类进步事业作出更大贡献。世界大学女校长们为担当起推动世界高等教育发展、性别平等和社会进步的重担与使命,努力凝聚智慧、探索前行。正是在新时代的背景下,作为加强女校长的国际交流与合作、凝聚女校长的智慧、总结女校长的经验、传播女校长的声音、扩大女校长的影响力、推动高等教育思想交流的重要国际平台,世界大学女校长论坛必将应运而生。

2001 年,富有强烈事业心、使命感和战略思维的中国大学女校长们为适应中国教育的发展和社会进步的要求,由中国高等教育领域优秀的女性领导者、时任中国传媒大学校长的刘继南教授作为中国大学女校长的杰出代表,以高度的责任感及丰富的经验,提出了举办大学女校长国际论坛的好创意,得到了中国政府、中国国家领导人以及妇女组

织的重视和支持,也得到了不同国家和地区大学女校长的积极响应。因此,以中外高等教育女性领导者为主体的首届世界大学女校长论坛,即“新世纪高等教育发展战略”女校长国际论坛成功举办。该论坛旨在聚焦高等教育前沿,提升女性领导力,汇聚世界大学女校长的力量,合力搭建交流合作、分享智慧的国际平台。时任全国人大常委会副委员长、全国妇联主席彭珮云出席首届论坛,充分肯定“在新世纪开局之年,国内外的女校长、女领导干部欢聚一堂,举办新世纪高等教育发展战略女校长国际论坛是一件有意义的事”,并且明确指出,“第一,高等教育更好地契合社会发展的需求,将是高等教育发展的生命力所在;第二,高等教育如何具备前瞻性的战略眼光,不断焕发生机和活力,如何站在世界的潮头,敏锐预测经济、文化发展的趋势来进行超前的人才培养,引导时代发展方向,是高等教育面临的十分重要的问题;第三,高等教育应如何培育社会的良知和道德楷模,是高等教育的社会责任所在”。这些深刻的致辞内容也为世界大学女校长论坛的进行和发展起到了引领和指导作用。首届论坛群英荟萃,通过主题演讲、专题演讲和分组讨论,达到了沟通切磋与交流的目的,也突出了三个特点:第一,体现了女校长们推动高等教育改革与发展的责任感和紧迫感;第二,表现了女校长们强烈的创新意识;第三,展示了女校长群体的整体水平,充分显示了女校长们的才华,加深了彼此的了解,也突出了女性特色,取得了积极成就,为后来数届世界大学女校长论坛的召开打下良好的基础。

世界大学女校长论坛历时 20 年,在中国成功举办了九届,汇集了百余个国家和地区 1500 多人次参会,还分别在五大洲召开了分论坛,这意味着世界大学女校长论坛的足迹已经遍及世界五大洲,真正具有世界性的意义。论坛始终得到中国政府、中国国家领导人和联合国妇女署、联合国教科文组织的重视与支持,时任全国人大常委会副委员长的彭珮云、顾秀莲、陈至立、沈跃跃及全国政协副主席林文漪等出席论坛并讲话,还亲自为现代女性领导力研究院揭牌。中外主流媒体都对论坛进行了电视或网络直播以及新闻报道,论坛先后出版了多部论文集,还出版了“世界大学女校长·女子大学”丛书。经中国民政部门注册成立的现代女性领导力研究院,”是对论坛长效运行机制的有力探索,也是世界大学女校长论坛发展历程中的一个里程碑。

2.世界大学女校长论坛主题的延展与深化

世界大学女校长论坛的宗旨是推动世界高等教育的发展,推动性别平等和社会进步。论坛主题鲜明,紧跟时代的发展不断地延展和深化。论坛聚焦主题,设置重点议题、专题讨论,形式多样,内容丰富。女校长们从女性独特的视角观察教育现象,探索教育规律,规划教育改革创新。

2001 年,为适应全面建设小康社会和经济全球化对高等教育提出的新要求,认真实施科教兴国战略,大力发展教育,全面推进素质教育,以培养适应社会主义现代化需要的高素质的劳动者和各级各类专业人才,通过搭建发展、交流、合作的国际平台,对世界高等教育发展中共同关心的话题进行深入探讨,以拓展大学女校长的国际视野,提高其战略思维和领导管理水平,首届世界大学女校长论坛举办,主题是“新世纪高等教育发展战略”。论坛围绕主题设置了“女校长在高等教育中的地位和作用”“女校长眼中的高等教育”“女校长的治学治校之道”“女校长成才的轨迹与心路”等议题。女校长们聚焦主题,深论议题,互相交流,全面分析高等教育在新形势下面临的机遇和挑战,提出了对策和建议。

进入21世纪,受经济全球化的深刻影响,作为教育龙头的高等教育在国家发展中所处的重要基础性地位不断提升,也对大学管理者提出了新的更高的要求。正值我国高等教育已经实现了历史性的跨越,处于改革发展的关键时期,在这样的背景下,要以科学发展观为指导,探索和推动高等教育发展。2004年,结合世界各国高等教育的状况和妇女在其中的作用等重大关切问题,第二届世界大学女校长论坛举办,主题是“沟通·合作·发展”。女校长们围绕主题,对当代世界关注的有关“世界高等教育状况和妇女在教育中的地位和作用”“大学女校长的教育理念与大学国际化”“大学女校长的领导智慧与治校方略”“大学女校长与校园文化建设”等议题进行了认真讨论交流,分享不同国家、不同文化、不同办学模式的治学理念和经验,对于经济全球化背景下女性参与高等教育的领导与管理产生了引导力和推动力。

随着社会进步,为了推动和谐社会的建设与发展,探索和发挥教育与传媒在和谐世界中的责任及作用,2006年,第三届世界大学女校长论坛举办,主题是“和谐社会与文化多样”,该届论坛也是教育界与媒体界的一次国际性交流盛会。女校长们以分论坛和圆桌会议的方式围绕“女性领导与高等教育的发展”“媒介政策与性别平等”“文化多样与女性教育发展”“现代大学体制与发展模式”等议题深入研讨教育与传媒在实现文化多样及世界和谐的过程中应担负的重要责任,并且签署了《第三届世界大学女校长论坛宣言》,该宣言表达了建设一个文化多样、性别平等、具有包容性和持久发展的和谐世界的共同愿望与承诺。

适应时代的要求,高等教育领域思想活跃,话题丰富。为了进一步对高等教育领域前沿话题进行深入研讨交流,充分发挥女校长在高等教育中的引领作用,促进中外高等教育更为深入地交流与合作,2009年,第四届世界大学女校长论坛举办,主题是“大学生态环境与可持续发展”和“女性领导力”,这是教育界与传媒界的又一次国际性聚会。女校长们围绕主题对“21世纪大学特点与发展趋势”“政策环境变迁与大学发展战略”“大学教育的个性化与可持续发展”“国际教育资源共享与人才合作培养”等多个议题展开了更为深入的研讨和交流,也为传媒、传媒教育和女性的共同发展提供了有益的指导。

随着时代的发展,包容性发展的概念已经不仅指经济和全球化,发展要突破区域与阶层的界限、惠及社会中的所有人群,特别是弱势群体,引导一种公平的发展目标,而且在教育和文化领域思考包容性发展的含义,具有重要的现实价值。2011年,为了把包容性发展理念引入文化与教育领域,进一步探讨大学应该怎样成为文化与教育包容性发展的典范及大学女校长的重要责任等教育理论前沿问题,第五届世界大学女校长论坛举办，主题是“文化和教育的包容性发展——大学女校长的使命和作为”。女校长们围绕这个具有强烈的社会责任感和鲜明的时代特征的主题，就“高等教育国际化模式与现代大学定位的研究”“女性领导力提升与大学女校长的自我设计”“大学女校长卸任后的生活和作为”等议题展开广泛深入的研讨和交流。女校长们从各国文化特色和社会现实出发，高屋建瓴地阐述文化和教育的包容性发展，交流世界不同地区的女性领导力发展状况，探索高等教育女性领导力提升的路径，分享各个大学的办学特色和发展模式，探讨高等教育国际化发展的内涵趋势，并对“人才是第一生产力”与“人才培养是高等教育的核心内容”达成了共识。

在经济一体化、文化多样化的背景下，中国确定了“两个一百年”的宏伟目标，提出了“实现中华民族伟大复兴”的中国梦，中国人民正在朝着全面深化改革的目标前进。中国妇女的发展被赋予了更加丰富的时代内涵，为妇女通过教育赋权提高素质、参与管理、实现梦想创造了奇迹。为了研究如何发挥教育对促进性别平等、经济社会发展的作用，如何从人类社会应对各种危机、挑战的角度审视女性领导力和创造力的价值这一具有战略性意义的话题，2014 年，第六届世界大学女校长论坛举办，主题是“女性·教育·领导力”。女校长们就“青年女性领导力的培养与创新”“大学女校长与女性领导力的提升”“社会组织在女性领导力培养中的互鉴与合作”等议题，探讨促进女性发展、保障女性教育权利和提高女性领导力的方法与途径，对于发挥高等教育的引领作用，更好地开发女性人力资源、推动女性平等参与国家和社会事务管理、实现性别平等与社会公正，具有重要的现实意义。此届论坛形成了《北京共识》，该共识再一次向世界昭示“当今时代认同女性的能力与贡献，培养女性的教育与领导力，具有重要的战略性意义。为实现全人类的性别平等与社会公正的愿景，大学女校长们愿意携手并进”。

为搭建海峡两岸交流合作平台，2016 年，应台湾世新大学邀请，台湾世新大学 60 周年校庆暨第七届世界大学女校长论坛在台北举行，主题为“推动全球经济与社会转型升级·大学的选择与责任”。校长们就“大学在发展创新社会转型中的作用”“教育如何回应数字时代的挑战与机遇”“女性领导者推动创新变革教育的责任”“大学在发展创新、社会转型中的作用”等议题进行交流探讨。论坛中充满着女校长们对世新大学 60 周年校庆的热烈祝贺，也体现了各地女校长们的亲情、友情和姐妹情。

全球化、信息化加速社会形态演进，引发高等教育领域的巨大变革与创新，大学面临着前所未有的发展机遇和严峻挑战。未来教育如何应对科学技术的日新月异，传承与鼎新大学精神？未来大学如何培养新型人才？大学应如何应时代变迁与社会变型，促进人类文明和谐多样共生？在人类命运共同体的大视野下，大学如何加强教育合作与互鉴，促进人文交流和民心相通？大学女校长如何增强新型领导力，在教育领域及社会进程中，发挥更为积极的作用？2018 年，第八届世界大学女校长论坛举办，主题是“未来教育·新型领导力·人类命运共同体”。女校长们围绕“大学传统与未来教育”“数字技术与新型人才培养”“一带一路与大学交流合作”“大学女校长与新型领导力”等议题，探究信息化时代的高等教育愿景，持续关切新时代的女性发展，致力于未来教育和新型领导力的研究，促进人类命运共同体的构建。

当代世界正经历百年未有之大变局，充满更多的不确定性，面对疫情时代如何构建人类命运共同体，如何发挥女性作用、提高女性领导力等全球性重大议题，2020 年，第九届世界大学女校长论坛举办，主题是“全球共情·文明共建·大学创新”。女校长们围绕主题，分别就“未来社会与高等教育”“科技革命与大学创新”“‘一带一路’与文明互鉴”“性别平等与女性领导力”等议题进行了深入的讨论交流。第十一届全国人大常委会副委员长、全国妇联主席陈至立出席论坛并致辞，她高度评价论坛发挥的作用，肯定论坛在高等教育论题上卓有建树，持续关注女性成长、发展和领导力提升，既是学术思想交流的平台，又促进了大学的国际和区域合作，是全球大学女校长毅力、智慧和情怀的体现与结晶。她向论坛传递了三点思考：一是呼吁全球共情，倡导文明互鉴，构建人类命运共同体；二是应为文明互鉴和全球治理作出贡献，大学位于教育体系的顶端，担负着全球治理与文明互鉴理念的重任；三是开拓创新，追求卓越，引领妇女砥砺前行。女校长们对这三点思考深表赞同，并承诺在持久的实践中努力践行。

纵观世界大学女校长论坛，审视和深探世界大学女校长论坛主题的发展和深化，其主题之鲜明、内涵之丰富、研讨之深刻、性别意识之强烈、战略性意义之深远、国际友谊之深厚，都对世界国际舞台产生了重大影响，有力地推动了世界高等教育发展、性别平等和女性领导力提升。

二、世界大学女校长论坛具有战略性意义

世界大学女校长论坛始终秉持关注教育、关注女性的理念，就高等教育、女性发展、人文交流、可持续发展等相关论题展开深入研讨，产生了一批积极成果，是国际论坛中一个别开生面的具有重要战略意义的论坛。它展现了高层次知识女性的民间外交；贯穿着全方位治学理校之道的经验交流；充实着深层次教育理论与实践的探讨；体现着 21 世纪鲜明公正的性别意识；传承着优秀女性领导力的成长根基；涌现出丰富的、可持续发展的研究成果。这些积极成果将为进一步推动世界高等教育发展创新，为推动性别平等、女性领导力提升和人类社会进步可持续地发挥重要作用和影响。

1.高层次知识女性的民间外交

世界大学女校长论坛是连接跨越世界的交流合作之桥，是大学女校长们分享智慧的共同家园。参加论坛的女校长们来自世界不同国家、不同发展阶段，有着不同文化，使用不同语言，为了一个共同的目标在中国相聚一堂，共同跨越文化屏障，促进文化沟通，进行国际交流。世界大学女校长之间的交流既有性别上的独特优势和价值，也有文化上普遍的意义。大家当之无愧地担负着超越文化之井、建设文化之桥、加强国际合作的历史

使命;交流着对高等教育、性别平等现状及发展战略的独特见解;分享着各国办学治校的经验和收获;展望着高等教育、女性领导力提升的时代新起点;珍惜着世界大学女校长论坛的“大家庭精神”和共同结下的深厚友谊。

世界大学女校长论坛是真正的国际范围的交流聚会,无论女校长来自哪个国家,源于何种文化,处于何种发展阶段,在女性和教育方面都是相通的,中国热情欢迎各国女校长来到中国。在论坛上,中国国家领导人和中国女校长向各国女校长介绍了中华人民共和国成立以后特别是改革开放以来,致力于推行男女平等基本国策,使女性教育发展、女性地位不断提高的情况,以及进一步推动教育发展的举措和前景,得到各国女校长的赞许和祝愿。各国女校长的丰富经验和真知灼见,也使中国女校长受到鼓舞和启迪,大家的经验和见解都成为论坛的共同财富。从教育到文化、从大学到社会、从性别平等到社会和谐发展、从成长到成才,大家互相交流切磋,共同学习,相互借鉴,探讨合作,在校际建立了更加广泛、密切的联系,推动了地区之间、国家之间的交流与合作。论坛为各国之间友好合作营造了氛围,创造了条件,打下了坚实的基础。所以,世界大学女校长论坛提供了让世界了解中国,让中国了解世界,向世界宣传中国的机会。它既是中国了解、学习世界各国高等教育与女性发展进程和经验的广阔平台,也是世界了解中国迅速发展进程和实现中华民族伟大复兴的中国梦的重要窗口。该论坛别开生面地展现了高层次知识女性的友好民间外交。

2.全方位治学理校之道的经验交流

在现代社会中,高等教育领域的女性决策者和领军者可谓凤毛麟角,置身于男性居主导地位的社会体系中,打破了“玻璃天花板”的女校长们在高等教育发展改革中自力自强、努力提升,作出了不凡的成绩和贡献,积累了丰富的治学理校的经验。所以,世界大学女校长论坛是各国女校长交流的平台,也是高等教育领域的“群英会”。在论坛上,女校长们结合各自在本国、本校的工作实际,围绕大学现代管理、大学校长的责任、各国大学办学的基本理念、治学的成熟做法和经验以及建设高水平大学的基本要求等,从广阔的国际视野,对现代大学的管理体制、运行机制和组织架构,对现代大学的发展战略规划、人才培养模式、学科专业调整、师资队伍建设、教学质量保证、资源开发配置以及校园文化建设等办学中的实质性问题,进行全方位的交流和研讨。这彰显了女校长们在战略上,高瞻远瞩,运筹帷幄,引领未来;在具体工作中,体贴入微,心系师生,用愿景激励师生,用行动示范师生,用厚德包容之心协理校务;在领导风格上,追求完美和精致,重视以人为本,在管理中实现个人发展与事业发展契合的共同经验。在论坛中,女校长们立足发展,优为我用,扩大了视野,增长了知识,引发了思考,揭示了规律。论坛的交流和对话留下的许多启发与借鉴,作为论坛的共同思想财富,将进一步促进高等教育领域女性领导力提升,推动高等教育的改革和发展,也将为妇女进一步分享教育资源创造良好条件,激励广大妇女进一步以昂扬的姿态,积极参与高等教育,为推动教育的发展作出新的贡献。

3.深层次教育理论与实践的探讨

(1)倡导文化和教育包容性发展,承担大学责任

世界大学女校长论坛将联合国千年计划发展目标中的包容性发展的观念引入文化和教育领域,倡导文化与教育包容性旨在寻求文化与教育的协调、可持续发展,是对未来文化教育应该朝哪个方向前进的一个大的指向。因此,文化与教育的包容性既是一个重要理念,又是一项实践性课题。对于这个重要的理论问题,女校长们一致认为,文化与教育的包容性发展意味着文化与教育的过程和结果要惠及广大女性,促进女性成长。而文化与教育的包容性发展,需要承载人类普遍精神的大学身体力行,大学应当成为文化与教育包容性发展的典范。这些对高等教育领域理论研究前沿问题的深入探讨和共识,对高等教育包容性发展起到了重要的推动作用。

(2)明确高等教育国际化发展的内涵与趋势

高等教育国际化发展是现代大学的重要发展趋势。女校长们深入研讨后一致认为,强调高等教育的国际化合作与交流是促进大学发展的重要途径。国际化发展需要加强跨国界、跨民族、跨文化的高等教育的交流与合作,也要促使大学致力于成为世界的学术交流平台,吸纳世界科学文化精华,以提高学校的教学与科研水平。大家认为,国际化并不是一味追求与国外大学同质化,而是“同”和“异”的辩证统一。在办学理念上,倡导全球视野、开放精神与弘扬传统,打造特色的融合并存;在人才培养、学术评价上,坚持国际化和本土化导向的平衡兼容,这才是国际化的本质目标和正确道路。女校长们还强调,全球化时代的教育应该将国际化与大学的目标和战略方向相结合,在国际化发展的大背景下,改革的重心应放在对学生的支持上,并呼吁各国女校长在时代变化中积极实现自己的使命与作为。

(3)坚持高等院校的科学定位和人才培养模式

关于世界各国高等院校的人才培养模式和学校的发展定位,女校长们认为,大学只有形成鲜明的特色,在充分张扬个性、发挥优势的过程中提升办学水平与综合实力,才能在发展中赢得主动。而人才培养是高等教育发展的核心内容,女校长们提出,大学人才培养模式包括人才培养目标、人才培养体系、人才培养过程和人才培养机制四大因素,强调大学应当在培养学生的领导力方面有更多作为。女校长们还针对高等教育目前存在着不能有效促进大学生把学业优势转化为就业优势的问题,提出大学要切实地帮助大学生建立实际的学业优势,还要积极促进大学生建立符合未来经济社会发展需要的就业优势。其中,推进社会性别公平就是大学生把学业优势转化为就业优势的重要内容。女校长们在分析大学教育改革的路径时认为,涉及地方院校改革的切入点应该以区域教育生态为基础,着力于提高师资培养质量。关于创建大学文化方面,女校长们认为,大学健康

发展需要积极创建高品位的大学文化，大学在创建文化的同时，也以文化塑造着大学中的人。总之，女校长们作为高等教育领域具有重要影响力的精英群体，其实践体悟和独到见解都将积极推动大学的科学定位和人才培养模式的发展。

4.21世纪鲜明公正的性别意识

联合国第四次世界妇女大会以来，世界妇女运动高度关注女性的生存权和发展权，特别强调妇女领导力的培养和引导。妇女发展问题正是世界大学女校长论坛所关注的重要问题，也是论坛的主旨所在。世界大学女校长论坛以鲜明的性别意识，沿着历史发展的进程，回顾着世界各国妇女解放取得的成就，也正视着当前仍然困扰、制约女性发展的新老问题。论坛认为女性教育和女性领导力提升不仅是女性自身的问题，更是全世界范围内涉及社会进步与可持续发展的共同命运问题。面对困扰女性成长、影响女性发展的现实问题，实现事实上的男女平等任重道远，论坛提出了要进一步强化的观念和措施。

女校长们认为，女性领导力的提升是女性在更高层次、更广泛领域（包括大学）决策与管理的前提和保证。因此，促进女性自身的发展，应该从女性领导力的培养、开展女性领导力的研究和培养适于女性领导力生长的社会文化这三方面努力。同时，正规教育体系和非政府组织都要特别关注和重视女性领导力的培养。还需要给成功女性尤其是教育领域的精英女性提供更多技能提高的机会和沟通交流的平台，使她们能不断提升至更高的职位，发挥更大的作用。大学教育的普及与国际化为妇女赋权及发展提供了新的机遇和平台，高等院校应通过国际合作加强女性的培养。女校长们一致认为，在世界经济一体化的时代，需要构建大学共同体和大学女校长共同体，以超越局部利益，超越性别界限的视角和胸襟来合力推动女性高等教育和女性领导力提升，促进人类社会的和谐发展。高等教育国际化是世界教育的发展大势，也是所有高等院校的发展共识。女校长们充分肯定世界大学女校长论坛沟通不同大洲的大学女校长，分享共同的智慧，其本身就是一种推动高等院校国际化发展的重要实践，也是一大贡献，还是为推动世界女性高等教育和女性领导力提升，积极利用论坛精英荟萃的优势，对大学潜在的女性领导和现任女性领导进行领导力提升而开展的有组织的培训活动。

各国女校长们共同认为，妇女是伟大的人力资源，人才是第一生产力。大学集中了高知识层女性，她们不仅是高等教育发展的重要力量，在推动教育事业的发展中发挥着不可替代的重要作用，也是妇女事业发展的中坚和骨干。高等教育的各项决策必须充分吸纳妇女的观点，把女性的参与列入高等教育战略规划，并在教学、科研、管理等各个环节予以切实保证。只有这样，才能进一步激发和调动广大妇女参与高等教育发展的积极性与创造性，实现高等教育全面协调可持续发展。女校长们强调，推动各国完善女性成长机制，打破“玻璃天花板”，为青年女性的培养和成长积极努力，是世界大学女校长论坛的责任和使命，也是各国女校长们的责任和使命。为此，女校长们形成共识：为实现教育性别公平、女性领导力提升、男女发展机会均等的奋斗目标，坚持强化国际合作、交流互鉴，加强自我发展、自强不息，搭建平台、形成合力，加强研究、探求规律，为实现“发展、平等、开放”和“和平、平等、繁荣”的和谐世界，同步前行。

结　语

世界大学女校长论坛从21世纪初起步，踏着时代发展的步伐，肩负着推动教育发展、性别平等和社会和谐发展的使命，朝着社会进步的目标，走过了不平凡的20个年头。20年来，论坛汇集了五大洲杰出的女校长，开拓了女校长国际合作的广阔空间，搭建了卓有成效的交流平台，营造了激发女性活力、促进女性发展的良好氛围。世界大学女校长论坛的诞生使世界大学的女校长们分享了自己对高等教育国际化发展和女性领导力提升的深入思考及教育实践，也展示了女校长们通过世界大学女校长论坛的机缘，在国际交流中获得的丰硕成果。实践证明，世界大学女校长论坛是成功的论坛、可持续发展的论坛、富有生命力的论坛。世界大学女校长们需要世界大学女校长论坛，世界大学女校长论坛也充满活力地凝聚着世界大学的女校长们。创建世界大学女校长论坛不仅是中国高等教育走向世界的重要步伐，而且是构建世界大学女校长共同体，以超越局部利益、超越性别界限的视角和胸襟来合力推动大学高等教育与女性领导力提升、促进人类社会和谐发展的重要举措。大学女校长所肩负的高等教育兴衰的责任和社会价值观引导的责任，使世界大学女校长论坛走在高等教育思想交流的前沿，将在推动高等教育发展及培养正确的社会性别观和女性人生观方面发挥重要的引领作用，强有力地展现女性领导力的重要作用和伟大力量。

我们相信世界大学女校长论坛在已取得的丰硕成果的基础上，建立起更加稳定持久的发展机制，提升论坛品牌，建立多样化、持续性、纪实性的论坛传播方式，必将对世界高等教育以及国际妇女运动产生更深更广的影响。

滴水之光

——镜头里的各国大学女校长

丁海宴　南京传媒学院副校长

教育是培养人才，更是发现人才。

——题记

已有品牌知名度的世界大学女校长论坛，风雨兼程走过了20年的艰辛历程，在中国和世界留下了难以磨灭的历史印记，为中国和世界的教育界与思想界留下了十分宝贵的精神财富。不难想见，未来的教育界和思想界一定会将这一财富珍存于历史的宝库之中，供后人学习、研究和揣摩。

每当人们想起这些，都不会忘记论坛的发起人、策划和组织者刘继南教授以及参与其中的人们为之付出的心血与努力。论坛对中国和世界的贡献是默默无声的，又是鼓舞人心的。记得在第二届论坛的举办过程中，我们有幸采访并以影片的形式记录了数十位德高望重的女校长，得以了解她们精彩的人生经历，切身感受到了她们的思想境界和专业能力，我至今仍久久不能忘怀。因为纪录影片制作的特殊性，我们更多表现出的是她们在工作和生活中的个别方面，思想和研究的某个侧面，以及学习和领导过程中的点点滴滴。然而，就是这样一些点滴之光却折射出了阳光般的辉煌、火焰般的温暖，囊括着无限的时空。这些我们都能从大学女校长们的一言一行、一举一动中感受到。下面就让我们一同来体验吧！

一、摇摇篮的手推动世界

正值樱花盛开的时节，我们来到了日本。

樱花是日本的国花，在日本被视为花王，也是日本文化的主要代表。盛开着的樱花，轻盈优雅，让人在不知不觉中为之倾倒和陶醉。

然而日本人却说，樱花的美不是盛开时的灿烂，而是飘落时的壮烈。这听来着实令人吃惊。樱花从开放到凋谢一般仅有七天，号称“樱花七日”。幸运的是，在“樱花七日”的日本，我们正好拍摄了七天，可以讲，我们对日本的感受和我们对樱花的感受是同步进行的。

实践女子大学现任校长饭冢幸子先生是第一位从本校毕业的女校长。她秉承了下田歌子先生的办学思想和教育理念,是一位德高望重的成功女性。

下田先生创办女校基于一种母性的理念,她认为女性是社会的正源,日本社会变革的关键是女子教育问题,如若不成,日本绝不会进步。在她看来,这个世界存在的源头不是男性,而是女性,由于女性要生儿育女,因此要教给她们正确的生存方式,让她们能够正确地对待生活。实践女子大学以培养优秀的母亲作为自己的办学目标。

在一般人看来,生儿育女只不过是些家庭琐事,登不上大雅之堂,而下田先生的教育主张就是要将生儿育女作为学问来进行研究。她再三强调,基于这样的教育主张,实践女子大学不仅应在课程的设置上考虑到女性的特点,还要将教育渗透到生活的整个过程之中。也就是说,教育不应该仅仅局限于课堂,仅仅局限于知识的灌输,教育其实也是一种生活方式,在日常生活的各个环节中,选择各种方式培养学生的多种能力,往往更能促进教育的良性发展。

一位教授告诉我们:"实践女子大学不是在固定的地方听听课记记笔记,我们是在这个普通的茶庄里,学习茶道的各种礼仪,非常独特。本校有一百多年的传统,本校的茶道也有一百多年的传统,我们一直在用心地维护这种传统。"

学生也有这样的体会:"第一次来这个茶室,我觉得每个动作都是要用心去做的,觉得非常有意思,就感兴趣了。"又一个学生接话:"虽然我跟校长先生是第一次见面,但她显得很活泼也很有精神,我的目标就是成为像她一样的人物。"

温柔和蔼常被视为日本女性的传统美德,然而下田先生对女性的教育还远远不止于此。其在著作中有这样的描述:女性应该像流水一般温柔婉约,然而女性更应该内心坚强,志向高远。概括来说就是,"用摇摇篮的手推动世界","温柔可以是一种力量,和蔼可以是一种境界"。

曾有人说,大和族像是一个求道的民族:喝茶有茶道,插花有花道,搏击有柔道,攻守有薙道……薙道,又可称为"长刀术",一般是女性和僧侣专用,来源于中国的"大刀术"。饭冢校长说:"这个东西以前是很重的,历史上,日本武士的女眷是一定要学习的。这是练习用的,比赛的时候要戴上面罩,避免危险。学生可以通过这项运动端正礼仪,提升修养,薙道对于女孩子坚定信念、镇定心态都有好处。"

在外人眼中简单的一招一式,实则要求动作姿势相当到位,训练难度很大。日本女性教育认为优秀女性应该处事温柔,内心坚强,而"长刀术"则是日本女性刚性特质的外化。这种活动不但可以提升女性的气质,磨炼女性在逆境中坚忍不拔的意志,而且能培养女性专注、果敢的性格以及积极进取的工作态度。

有学生如此说道:"这是非常有深度的练习,给人回味的余地,让人越练越觉得深奥,越有劲头。可以随机应变、临场发挥的东西很多,即使自己感觉很好,觉得已经完美了,但是真正和别人对打的时候,却还是能发现自己的很多不足。"

无独有偶,日本的另一所大学日本国立御茶水女子大学,创建于1875年,是日本最早致力于女子教育的机构。现任校长本田和子先生有着同样的教育理念。她说:“我们要培养女性领导者,培养非常优秀的职业女性。我们秉承125年的历史传统,我们有培养日本乃至世界优秀女性的使命。现代女性不仅要成为一名优秀的母亲,更应该走向社会,更大程度地影响社会,这样,才能成为一名对社会有所贡献的优秀女性。我们有男女平等这样的法律,但仍然存在女性社会地位不高的情况,女性问题在日本其实也是男性问题,日本的男性很强烈地希望女性留在家庭。促进两性间的对话是我们以后工作的重点。”

日本大学很多,上大学的日本女性也很多,但有不少女性毕业后工作一段时间就回家当主妇。相比于其他发达国家,日本女性的就业率很低。对于家庭来说,这也许是一件好事,但是社会仍然希望女性也能承担一定的责任,更加积极地释放自己所拥有的能量。日本女校的教育目的之一是通过继续教育尽量让女性更容易地回到社会,女性如果有机会,应该尽量去工作,工作不了的也可以参加一些社会的志愿者活动。

御茶水女子大学是以性别问题为核心设置学习科目的,而且学生在科目的选择上有充分的自由,可以选择自己最感兴趣的科目。比如一个人想学习生物学,那么就可以从环境、生命以及遗传这些科目当中选择。因为日本的女性要积极地投身到社会里,积极参与社会的各种活动,这些都需要女性掌握丰富的现代知识,这样才能消除女性的消极心态,帮她们肩负起社会的责任。

关注整个世界女性的发展是女性教育的最高境界,但这不是今天的奇想,早在100年前,日本女校就已经敞开胸怀接收外国的留学生了。

饭冢校长说:“下田先生在中日甲午战争之后,接收了100多位留学生,其中就有你们所熟悉的秋瑾。”被孙中山先生称为“巾帼英雄”的秋瑾,为了寻求救国真理只身来到实践女子大学求学,回国后她把追求男女平等与夺取反清革命的胜利结合起来,号召妇女投身革命斗争。秋瑾是一位母亲,更是一位优秀的女性,从她的身上我们看到了女性对于这个社会的强烈的责任感,看到了一位优秀女性应有的品格。她是一位信念非常坚定的女性,她从来到实践女子大学留学的那天起就有很多与众不同的特质,我后来经过查阅资料才了解了这些事情。她有丈夫,有孩子,可她却抛家弃舍来到日本留学,这真是下了相当大的决心。因为,她有一个信念:一定要为缔造一个新的中国而奋斗。

秋瑾为正义而奋斗,为真理而献身,牺牲时年仅32岁。

秋瑾的生命是短暂的,在人生的长河中宛如“樱花七日”,然而,正是这种短暂更叫人留恋,更显得辉煌。恰如眼前的樱花,花期虽短,但它生活的每一天都是那么充实和丰满。

樱花虽然飘零了,但樱花飘落后会长出满树的新绿,它显示曾经拥有的繁华,又昭示着新生命的开始……

这恐怕就是日本人为樱花的凋谢而自豪的原因吧。

二、用教育化解不同种族之间的隔阂

以色列是一个多元文化并存的国家,犹太人和阿拉伯人无论在宗教还是在政治信仰上都有着很多的差异。然而,这些政治和军事未能解决的隔阂并不是坚不可摧的。在教育家的眼里,没有教育不能征服的东西。

我们到达以色列的时候,正赶上中东局势紧张,采访和拍摄的每一天,使馆的同志都会告诉我们,城郊又有多少次爆炸,几死几伤。一天最多竟有 100 次爆炸发生。听起来真有点叫人不寒而栗。

厄梅克大学是我们在以色列走访的第一所大学。厄梅克大学位于以色列阿拉伯人居住较多的拿撒勒市附近,它有很多的学生来自阿拉伯社区和拿撒勒市,这决定了该校园要创造一种"共存的氛围"。

这所大学的校长申哈是一位自信而有抱负的女校长,同时还是一位出色的政治家。她曾是以色列驻俄罗斯大使,还是现任海法市的副市长。

申哈校长寻求的是一条非暴力路线,用她自己的话来说就是:"地球上只有一种力量可以克服历史留存下来的争斗,那就是教育。"

给弱者以机会,给需要者以帮助。1965 年成立的厄梅克大学成为成千上万拿撒勒阿拉伯和以色列年轻人的第一选择。厄梅克大学以多元化和实践性强的课程为特色,几十年来为北部地区的发展培养了许多新生力量。然而,知识的传授仅仅是教育的一个方面,教育还在于给予学生一段完整的生活历程。

用申哈校长的话说:"多元文化并存是社会发展的趋势。这种必要性是毫无疑问的,但是人们需要自己的个性。当你看到民族的个性,就好像看到一幅图案,你可以用不同的颜色点缀不同的部分,当你看到全局的时候,你看到的是整个图案。所以你必须懂得怎样共存,怎样拥有共同的道路、边界和文化,同时,保存自己的个性。这种个性和共性的结合是我们想在校园里营造的。"

一位教授也有同样的看法:"我觉得这个大学里言论比较自由,和我以前去的学校相比环境更加多元化。我和同学们的关系都很融洽。我想校长是要给大家自由表达的机会。学生们不是以反抗的形式而是以和平的方式在课堂上发表自己的看法。"

教授的话也印证了申哈校长的办学主张:"没错,我们的课堂是很自由的,我给他们布置作业,我把他们带到一个问题当中,没有现成的办法。他们要自己去解决遇到的一些小问题。"

用教育去开创以巴民族共存的未来,申哈正在与很多人分享这个构想。在远离厄梅克的哈达萨,另一位女校长也带着同样的信念默默耕耘。

春天的耶路撒冷郁郁葱葱,到处盛开着鲜花。

哭墙的后方,阿克萨清真寺的圆顶在阳光下反射着耀眼的光芒。走在这古老而肃穆的街巷里,你很容易生出敬畏之感。然而与这种崇敬感同时存在的,是我们真真实实谨慎的心跳。因为这座城市已经与频繁的爆炸联系在了一起。

1974 年,哈达萨大学由一些美国的犹太妇女出资建立。五年前,校长纳娃来到了这里。作为位于城市中心唯一的一所高等院校,哈达萨大学的目标是以色列所有年轻人都能拥有美好的未来。

哈达萨大学以研究生命科学和信息科学而著名,同时学校也为市民开设了大学预科课程并提供丰厚的奖学金。这座城里的无数年轻人因为哈达萨大学而切切实实改变了命运。

学生是教育的主体,从学生的口中你才能了解到教育的真谛:“我认为我在这里接受了很好的教育,学习了很多东西。学校的课程拓宽了我的视野,丰富了我的经历。我认为我在这里学的知识能为我念硕士做好准备。刚开始的时候我并不是特别清楚这里能带给我什么,但是现在我知道了。”

学校关心学生,关心他们的家庭背景,关心他们的发展方向和怎么实现自己的目标。在他们有困难的时候总会有人给予帮助。他们知道自己不会受到冷落。

纳娃校长说得好:“这正是我们在努力做的。我们就好像是拾起一朵花,把它展开,但是花朵是要在太阳底下才能绽放的。所以你要给予这朵花灵感、关爱和照顾,才能让它发生变化。这就是我对于教育的理解。”

教育是一个永无止境的过程。它的终点并不在于知识的获得,而在于让学生在交流中学会理解和关爱,从而构建起更加理性和博爱的世界观。

纳娃校长相信,用教育塑造两族学生,消除他们心理上的隔离墙,最大的受益者将是国家。因为,在哈达萨大学种下的和平种子会被学生散播到他们所去的每一个角落。

纳娃是一个令人惊讶的女性,她很坚强而且富有激情。她关于教育的一些极具启发性的思想深深地打动着我们。由于拍摄的需要,我们将窗户全部关闭。直到快结束的时候,大家才从秘书那里得知,原来纳娃身患癌症,空气不流通对她的健康有很大的影响。我们对此深感不安,但纳娃表示她非常理解。

犹太哲学里有一句话:人只有结束了生命才算完成了自己的心愿。可往往许多心愿需要几代人去实现,几代人去完成。以色列就是这样一个国家,只要有一小片空地,就会有盛开的鲜花,就会有人精心去呵护。

教育给了和平新的希望,即使那仅仅是一线希望。

采访快结束的时候,纳娃校长深情地给我们讲了一个故事:在万圣节前,我有一天从医院出来,看到离我家不远处的路口有一个大盒子,像是一个花店的盒子。我在想盒子里有什么东西呢?后来我丈夫把它搬到了我的床上,让我躺下。我看到盒子上放着一封信,这封信是一个系主任写的。他说:“我特别想为你做一些事情。我希望我能代表所有的人。”

我打开了盒子,盒子里装满了来自我同事的几百封信。他们说,他们爱我,关心我,感谢我跟他们在一起,感谢我让他们的生命有了不同。

我在医院的时候并没有哭,但是当我拿到这个盒子的时候却哭了。这样的事情会让你变得坚强起来,因为你知道你不是孤独的。

三、梦之谷

五月的韩国,暮春的风从海上吹来,一天天增加着釜山的绿意。在这座山海相依的城市里,坐落于冷井山谷中的东西大学,是我们韩国之行的第一站。

朴东顺女士于 1999 年就任东西大学校长。在她的带领下,东西大学以力争韩国前十位和走向世界为目标,致力于培养有创造力和专业才能的国际型人才。

"十年树木,百年树人"。当一个民族面对变化的世界时,人的改变,才是关键的因素。在东西大学,重视和激发学生的创造力和实践能力,成为整个教学中的重要内容。校长朴东顺说得好:"从韩国教育的历史看,过去的教育一直都是精英教育,但是现在,是张扬个性和培养创造力的教育。21 世纪的教育不像以前那样了,是要发挥自己的能力,每个人为自己的领域作出贡献。这就是我们的教学特点。"

自 1992 年建校,东西大学曾先后被韩国教育部评为在信息和全球化方面、教育方面、社会服务方面做得最好的大学之一。在十年的时间里,东西大学发展成为在韩国设计和工科领域排名前十位的大学。学生的创造力在这里得到了最大程度的激发,他们的梦想也在这里得到了实现。东西大学的梦之谷正是实现梦想的地方。梦之谷的教授告诉我们:"学校最大的目标是为了学生的创业。这里有很多的学生创业团体,梦之谷和很多的指导教师都在协助这些创业团体。"

1999 年梦之谷成立。"梦之谷"的英语直译是"梦工程的山谷"。它的名字源自美国高科技人才基地硅谷。在这里,梦想是一项由学校规划、学生建造的系统工程。现在已经有 7 家学生企业在这里成功运营。梦之谷的教授继续解释说:"学生公司和很多外面的公司都有联系,他们开发了许多世界一流的产品。公司在创建一两年之内就有了很大发展。这里有一款不粘锅就是比较有代表性的产品,在韩国已经卖了三四百万件,很成功的,现在在日本、美国也都卖得很好。他们正在走向世界市场。我们很骄傲、自豪。"

作为学生创业的商业孵化器,东西大学在梦之谷里,将政府的支援金和企业家的针对性指导结合在了一起,在资金和技术上助学生一臂之力。梦之谷的学生是企业的成员:"我是在读研究生的时候想到这个点子的,然后将其付诸实践做了这个风险公司。据我了解,绝大部分同学都认为,这种学生创办的风险企业非常有前途。"

创业的过程往往是曲折的,更何况是缺乏市场经验的学生创办企业。从那些失败的例子中总结的经验,是每一个学生创业者的宝贵财富。对于年轻的他们来说,过程的完整也许更重要。梦之谷学生企业成员告诉我们:"我以前也在社会上一些公司里实习过。在那里,我只能按部就班地做一些分配给我的事情,而在这里,我可以全面地接触各方面的事情。我觉得这里给了我一个全面学习的机会。等以后到了我自己创业的时候，我就知道该怎么做了。”

在完整的过程中，他们有了亲身获得的体验。这些体验给予他们更大的热情去投入下一次的实践。“现在的世界已经成为地球村，我们都生活在一个屋檐下，所以我们的舞台不是釜山，不是韩国，而是世界。”朴东顺女士在各种不同的场合，总是这样提醒和勉励她的学生。她欣赏的目光与慈爱的笑容里，饱含着对孩子们的期望。

朴东顺女士在学校的管理工作中充分发挥她细致、温柔、慈爱的特质。正像多媒体中心负责人说的那样：“我们的校长好像妈妈，像妈妈一样关心学生和老师，不管是什么样的事，都一样关心，她就是这样的人。”

朴东顺女士认为女性将在教育、社会中发挥越来越重要的作用。她说道：“过去的社会和教育是以硬件为中心的，而21世纪的社会和教育则会以软件为中心。所以我觉得，以后很多的工作需要女性在社会上发挥重要的作用，社会需要她们。所以，由充满爱意和包容的女校长来拉动21世纪的教育发展，这样的教育是有前途的。”

同样是大学女校长，淑明女子大学的李庆淑女士则把谦逊、智慧及正义感看作21世纪领导才能的新要素。

淑明女子大学位于首尔。1906年，当时韩国的顺宪皇妃亲自设立了这所学校。它是韩国历史上第一所民族女性学府，被中国同行称为韩国的女子“清华”。

1998年，李庆淑校长在淑大开始推行“新大学文化运动”，以促进校园文化建设。李庆淑校长说：“我们建设校园有两个理念，一是把百年传统与尖端技术结合起来，二是把教育与文化结合起来。”

以现代精神继承传统，协调东西方文化，培养国际视野，在新大学文化的土壤里，淑明女子大学构筑了一个开放性的校园空间。

培养出文化素养丰富，具有国际视野的21世纪女性领导人才，是淑明女子大学的明确目标。她们在世纪之交提出了“改变世界的温柔力量”的口号，激励女性在现代社会中发挥更积极的领导作用。在这一理念下，学校于2002年建立了系统完备的“淑明女子大学领导中心”。这一前瞻性项目使淑大成为女性领导能力培养方面的世界级教育机构。“淑明女子大学领导中心是李庆淑校长的构想。进入21世纪，领导能力更加被重视，在这样的认识下，淑大把对领导能力的培养视为教育宗旨。”一位领导中心负责教授如是说道。

淑明女子大学领导中心通过领导能力培训班、女性领导专业课等教育形式来培养在校学生和社会女性的领导能力。

创造一个女性领导者的摇篮，一直是李庆淑校长的教育之梦。她说：“过去的领导能力是自上而下的，是一种命令和指示。我们提倡的领导能力首先是奉献和服务的能力。如果你想领导别人，首先要学会奉献和服务。我们要培养的领导能力也是谦逊的、有智慧的、有正义感的，也就是说是在进行一种人格教育。”

由学生志愿者组成的各种服务团，是淑明女子大学素质教育和人格教育的载体。学生在志愿服务工作中，实践着奉献和服务的精神，接受着能力的锻炼。

学生大使团成员说了这样一件小事："我是学生大使团的。有一次有十多位贵宾来我们学校参观，在去招待会的路上，人太多，校长和贵宾们都被堵住了。在这种突发情况下，我们大使团灵机一动，马上组织了一个现场的小型接待单元，立刻化解了当时的尴尬气氛。我希望以后做政治和法律方面的专业记者，因此最重要的是自信心和对突发事件的处理能力。参加这些重要活动让我得到了这些方面的锻炼。"

知识服务团成员也说："我是钢琴专业四年级的学生。我参加的第一次志愿者活动是为盲人的复明手术组织的募捐音乐会，我们用义演的钱资助了两个人的手术。从那以后我意识到我应该走一条帮助别人的路。"

在李庆淑校长看来，奉献和服务精神是学生完善人格修养、培养领导能力的基础。基于这样的认识，淑明女子大学在韩国最早引进了"公共领导能力"这个概念。

领导中心负责教授告诉我们："我们所讲到的这个公共领导能力理论，强调的是参与，强调这个社会是我的、我们的、我们邻居的，我们所有人要共同参与。这样的集体意识要求这种领导首先是对自身的领导。"

全新的观念引导着人们，淑大和众多梦想成为领导者的女性并肩前行。今天，在淑明女子大学培养出的六万名毕业生中，有很多优秀女性人才已经活跃在韩国的政治、经济、文化等各个领域，其中不乏成功的女性领导者。李庆淑校长说道："我觉得在 21 世纪，强权的时代已经过去，现在是知识信息的时代。我觉得领袖领导能力的高低并不取决于性别，而是在于其是否有信念和意志，在于其内心的姿态。"

十几年来，李庆淑在淑大一笔笔用心描绘着她的教育梦想。这梦想，影响着淑明女子大学里的每一个人。当一所大学改变时，世界往往也随之改变。她们正怀着这样的教育梦想，用属于她们的女性力量，温柔地改变着世界。

四、教育，愈合创伤

从中国家喻户晓的南斯拉夫，到塞尔维亚和黑山，呈现在我们面前的就是这样一个既复杂多变又动荡不安的国家。20 年前有一位教授这样归纳，南斯拉夫的特点可以概括为"一二三四五六七八九"。一是一个联邦，二是两种文字，三是三种语言，四是四种宗教，五是五个民族，六是六个共和国，七是七条边界，八是八个领导人，九是九个政府。后来又有人在九的后面加了一个数字"零"，作为对今天现状的总结，确实精妙而又意味深长。这位教授正是来自我们将要拜访的贝尔格莱德艺术大学。

1957 年，从贝尔格莱德大学分离出来的四个学院——音乐学院、美术学院、应用艺术学院和戏剧学院，组成了今天的贝尔格莱德艺术大学。校徽上酷似四片树叶的图案，就是那四所学院的象征。

贝尔格莱德艺术大学是塞尔维亚唯一一所专门从事艺术教育的大学，吸引了来自塞尔维亚、东南欧最好的学生和教授。该大学开设的课程，涵盖了所有艺术创作和艺术教育的内容，它同时还开设了文化和传媒方面的专业学科，以及应用艺术、舞台艺术、电影、广播电视、艺术理论等各个领域的课程，培养了大批的艺术家和艺术教育家。

这是一个休息日，贝尔格莱德艺术大学校长在自己的办公室接待了我们。

这位校长的办公室也同其他女校长的一样清洁典雅、井井有条。但房间正中的绘画却与众不同，令我们久久驻足观赏。

连年的纠葛、争斗和战火，使得人与人的内心之间、内心与外界之间留下了一道深深的裂痕。人们需要勇气去面对它，更需要勇气去拉近它、愈合它。这幅画反映出的正是深藏于人们内心的一种渴望，一种向往。

这也是几天来的采访使我们感受最深的地方。

校长向我们说道："前两天我遇到了一个麻烦，跟教育部有了一些不同的意见。教育部急于要把这个学校带到欧洲的教育标准体系里去，似乎要在一夜之间把所有的事情都做好。我认为我们的大学是一所有着优良传统的大学，而且教育质量非常高。我们有着自己的一套标准制度，不能这样盲目改变，这给我带来了烦恼。"

连年的动荡使得这个国家的基础设施遭到严重破坏，仅 2000 年的通货膨胀率就高达三位数，经济几乎到了崩溃的边缘。这对教育所造成的影响更多的不是表现在硬件上，而是表现在人们的意识和观念上。

校长说出了自己的心里话："最难的是进行改革，要劝说教授们展开一些新的工作，比如我们希望搞一些新的系、新的专业，想把一些专业结合起来。这些工作都很困难，需要和他们慢慢去谈。在我给你们的介绍我们大学的书里面，你们能看到很多新成立的系。它们很多是综合起来的，但是组建这些系是很困难的。年轻人开放一些，但没有决定权，老年人则又比较保守。"

尽管贝尔格莱德城中被北约飞机轰炸的痕迹依稀可见，但原南斯拉夫各族人民渴望与世界沟通对话、渴望和平安宁、渴望与周边国家交流融合的信念始终没有中断。

"现在我们主要从事艺术理论和艺术创作的教学研究，我们有 2500 多名学生，400 多名教师。教学都是以小组或个人为单位进行的，所以我们的教学质量是非常高的，我们对此感到非常骄傲。我们的教学涵盖艺术的各个领域，也包括了和艺术有关的科技方面的课程和专业，当然，这些专业都是非常实用的。"贝尔格莱德艺术大学校长如此说道。

"首先我们的一个重要理念是要把理论教学与实用教学结合起来。其次就是团队合作教育，比如表演、电影制作等课程需要多人合作完成。学生到三年级的时候就进入了实践阶段，他们要到一些艺术单位去实践，在实践中检验学习的情况。我们的教学研究和实践都是环环相扣的，所以我们的学生基本上没有找工作困难的问题。"

"有一点我们感到特别骄傲，我们的毕业生在毕业以后大都从事与自己学习的专业相关的工作。比如说演员，我们 90%学表演的学生毕业以后都是在剧团里做演员工作，这个同欧洲的情况很不同,欧洲有90%的戏剧表演毕业生并不在团里做演员工作,只有10%的学生从事对口的演员工作。"贝尔格莱德艺术大学校长说道。

北约轰炸南联盟刚过,一位中国学者来到了贝尔格莱德,出人意料的是,塔莱斯河畔的垂钓者仍旧云集,咖啡馆仍旧子夜不散,街边一幅巨大的宣传画则显得更加醒目。图中一幅朱红色的地图拼板夹着一块翘起的白块,下方清晰地写着一行字:为什么它总拼不拢?是啊,为什么总也拼不拢!一语道出了多少年来人们内心的忧虑:怎样能融入这个世界,如何能聚拢这些民族,有识之士便把希望的目光集中到了教育上。

贝尔格莱德艺术大学校长说:"我很重视学校的国际化,我们这个学校有外国学生和教师,我们在联合国教科文组织拥有一个席位,教科文组织的6个代表中就有一位出自我们的大学,所以我们感到很骄傲。"

目前,联合国教科文组织教席项目已经发展成为一个真正意义上的全世界大学间合作的计划,它以跨学科跨系的网络联合为基础,资助培训和科研项目,兼顾联合国教科文组织所涵盖的所有领域。教席职称持有者拥有联合国教科文组织教授的头衔,他们应是杰出的专家,并由实施项目的教学部门任命,同时参考联合国教科文组织和赞助者的意见。教席项目将学术职称与研究教学挂钩,从人事资源的发展和技术转让的意义上说,这是一种奖励手段,影响深远。

贝尔格莱德艺术大学是塞尔维亚和黑山唯一一所拥有联合国教科文组织席位的高等院校。

"我在国际合作方面做了很多工作,有老师和学生到国外去,有外国的学生和老师到本国来学习,有短期的也有长期的。我们学校跟欧美、澳洲等都有联系,去意大利学习的20名学生昨天就刚刚回来,这些学生将得到意大利那边的学历,也可以得到塞尔维亚的学历,还有一个萨拉热窝大学的学历,我们学生可以得到三个学校校长签名的学历。这样的国际合作非常多,你们可以先到中文系去看一看,进入这个系的人需要学习中文,有中国人在那里做教授、做教学助理。那里的塞尔维亚籍教授也教汉语,中外教授都用汉语交流。"

"我们有很多联合教学的项目,比如暑期就有这样的教学活动。我们跟国外的联系很广泛,如与墨西哥就共同组织参与了很多国际会议,为学生和教师提供交换平台。近两年来,有很多外国学生到我们学校来留学,我们的课程有英语的、法语的。外国学生越来越多,这些学生来自法国、奥地利、波兰等,更多的是来自我们周边如东欧这些国家,教授也来自各国,大概有三分之一是塞尔维亚的老师,三分之一来自塞尔维亚周边地区国家,三分之一来自英法这样比较远的欧洲国家。"让我们听听同学们的心声,一定会有更真切的感受:

学生a:几个月之前,我决定和我的朋友来到这儿,这里的研究项目看起来非常有趣,尤其是这些研究是跨文化领域的。我将有机会遇到来自全世界的学生。

学生b：我从这儿学到了很多实用而重要的知识，受益匪浅。不管以前所学的是什么专业，在实践中有理论的支持，这对那些来这个学校学习的人都很有用。

学生c：我赞同这里的课程设置。对于我来说这是一个到贝尔格莱德市学习的好机会，它是一个很棒的城市。在这里我能够见到很多有趣的人，学到一些实用的东西。

正如贝尔格莱德艺术大学校长说的那样："我们的教学目标是帮助学生了解社会结构，社会是怎样转变的，也会具体到一些家庭里面的问题，几代人之间的关系等。我们的教育要让学生在一个全球的范畴中来看待事物，比如在学士和硕士的课程里面就有课题是探讨英国或法国的一个家庭。综合起来说，就是用大的全球的结构观念来看待教育。艺术的性质一般是现代和当代的，但我们自己在教育当中有很多传统艺术的教学。教育就是提供给每个人机会，把自己的文化传统同全球的文化结合起来，学生学习的视野应该是广阔的。优秀的教授应该带学生通过一些问题的研究和探讨来深入地理解问题，我们在课堂上教他们知识，同时也教他们方法，培养学生带有质疑性的思维，着重培养他们的分析和判断能力。"

"我把自己的注意力都投入到自己所从事的事业当中，把个人的职业生涯同自己所从事的事业结合在一起，而不是想着去升官，或者别的什么。"

校长边走边说："我总是从早上八点开始工作，可以一直工作到下午三点，三点以后我可能去上课，因为在贝尔格莱德艺术大学，院长也是要教学的。我的研究活动主要在晚上，在夜里十点，去年我在家里只待了十个周末。艺术有几条线索，一条是全球的、世界的线索，这样的艺术你很难说它是哪一个国家的，还有一条是具有特色的线索，沿袭自己国家的传统。音乐尤其是这样，每个民族都会有自己的乐器，自己的曲调等，其他的艺术也有这样的情况。全球的和自己民族的艺术，这两方面是可以结合起来的。"

塞尔维亚和黑山境内有两条大河流经，一条是奔腾浩荡的欧洲第二大河多瑙河，另一条则是塞尔维亚和黑山境内的第一大河萨瓦河。奇怪的是，两河水色深浅不同，交汇而不交融，各自都保持着自己的特色并驾齐驱，勇往直前。在自然界中这一景象实为奇观，然而，在人类社会中，却显得合情合理。

一个国家和民族，总是要与世界接轨，与世界融为一体，在融合与交融过程之中，又总是要保持自身的传统与特点，正是在这种融合与凸现的过程中，才会显示出自身无限的生命力。

看来，美丽的多瑙河和萨瓦河在这里交汇，呈现出来的不仅仅是自然的美景，还是人类的期望和梦想。

五、学生副校长

1920 年 11 月,年轻的周恩来在日记里这样描述当时的情景:“出国去,走东海、南海、红海、地中海,一处处的浪卷涛涌、奔腾浩瀚,送你到那自由故乡的法兰西海岸……”

自由的故乡,法兰西。2004 年的 7 月,我们来到了这里,走访了巴黎和里昂。这两座城市,一个是今天法国的首都,一个是古代高卢的都城,都有着丰富悠久的历史,各种文物古迹如沧桑的宝石般点缀其间。历史,在法国,是已经被沉淀为文化、生发成气质的一种氛围。

在法国的历史上,教育一直备受重视。正是这种悠久的教育传统,孕育了兼容并蓄、宽松浪漫的法兰西文化。法国的高等教育已经有几百年的历史。1231 年宣告成立的巴黎大学,是世界上最古老的大学之一。在 1968 年法国“五月风暴”后,巴黎大学重组为十三所新的大学。巴黎第十一大学正是其中之一。

巴黎第十一大学位于巴黎南部的奥赛,又叫巴黎南大学。今天的巴黎十一大是在原理学院基础上发展起来的,已是一所包含精密科学、自然科学、医学药学、工艺学、法学和经济学的多学科大学。学校拥有 100 多所享誉世界的实验室。在其近 30,000 名的大学生中,攻读博士的预科生有近 1000 人。

巴黎十一大的现任校长贝塞里尼女士,作为十一大历史上第一位女校长,颇感自豪地说道:“一个女人在校长这个位置上,待遇并不比男校长好,甚至可以说还不如男校长。她要想自由地运作,需要去面对很多难点。要把难点排除,总靠温柔不行,必须还得坚强……从前在法国历史上只有两三位女校长,现在多了一些,有八九位。我是这个大学的第一位女校长。”

贝塞里尼女士于 1943 年出生于法国南部的尼斯,17 岁时来到位于奥赛的巴黎十一大读书。奥赛是一个怡人的小城,这里因为重点实验室云集、科研院所众多,而被誉为法国的硅谷。依偎在奥赛怀中的巴黎十一大,更像是一个绿色的梦境。24 岁的贝塞里尼就是在这样令人陶醉的校园中获得了博士学位,并于 1999 年成为这里的特级教授。这样的学术背景使得她更加看重师生之间的融合,这种融合才是办好教育的保证。正像她自己所说:“我之所以推选出学生担任副校长,初衷是希望这所大学的学生生活能够得到更好的管理。原来的学生生活这部分工作没有好好地进行规划管理,现在必须有合适的人来处理这部分工作。”

学生副校长马蒂厄这样给我们介绍:“使我感到难忘的是,她现在是校长,可她上大学、担任教师和研究员一直都在这个学校。她更知道这个学校缺什么,更能从我们学生的角度来了解我们在想什么。可以说,她始终没有忘记自己是一个学生,从学生的角度来考虑学校的问题。从她实际工作的情况来看,她几乎没有拒绝过学生的要求,也很少有谴责,她总是给学生很多的鼓励。”

作为一名巴黎十一大的毕业生，同时也是这所大学光学研究领域的特级教授，贝塞里尼女士从没有忘记自己的教师身份，从没有切断教师与学生之间那种天然的联系。担任校长后，贝塞里尼女士将这种天然的联系带到了管理工作中，引导学生参与学校管理。其具体措施就是推选出了巴黎十一大首位学生副校长。学生副校长卡里姆告诉我们："和校长打交道的时候，我感觉如果没有这个女校长起作用的话，我们的工作不会做得这么好。她对我们的工作给予了很大的支持和帮助，她总是给学生更多的理解。我从来没有见过一位校长像她这样理解学生，这一点是最值得我敬佩的。"

学生处处长说："由两位学生来担任副校长的这种情况，以前在巴黎十一大是没有的。正是因为有了这位新的女校长，这两位新的学生副校长才能参与到我们的工作中来。"

人是教育的出发点和中心，更是教育的目的和归宿。贝赛里尼女士在采访中多次谈到教育应该以人为本。具体到学校日常的管理工作中，贝赛里尼女士认为，只有学生自己才更了解他们想要什么，更清楚他们的生活应该如何来规划和管理。她需要听到学生自己的声音，推选学生担任副校长，正好满足了这种需要。同时，学生也能通过参与学校管理，锻炼自己交流和沟通的能力，从而进一步教育自我，完善自我。

学生副校长马蒂厄深有感触地说："尽管我当副校长才几个月的时间，现在还是取得了一些工作成就。其中一点是，从学生选举的情况来看，以前参加选举的学生只占总数的5%，由于我们积极地开展海报等宣传活动，同时加强对外联络，使参加选举的人数增加至原来的两倍，达到了学生总数的10%；另外一点是，通过我们敬业的工作，副校长这个职务更加被同学们认可了，他们更愿意和我们打交道，愿意向我们咨询，听取我们的建议，这个作用是不可忽视的。所以现在同学们在校园生活中表现得更加活跃。"

"我一方面是学生，另一方面又是副校长。我总想找到一个很理想的平衡点……学生副校长的作用，我认为就是要减少学校和学生之间的隔阂，增加信任，创造一个和谐的教学研究环境。比如说，学生希望有更多的活跃校园生活的场地，可以庆祝自己的节日、组织聚会。可是这些地点有人居住，想把它变成学生活动场所，学校方面不是一下就能解决的。我的工作就是在双方之间起到沟通和联络的作用，一方面要向学生解释学校目前存在的困难，另一方面还要协助校方给学生提供更大更多的场所。目前我们计划在2008年以前，建造一个500平方米的活动厅供学生娱乐使用。"

学生通过参加选举，参与了学校的管理，学生副校长正是在这样一个过程中起到了由点及面的推动作用。

在知识爆炸的时代，知识的加速增长使人们认识到，科学，实质上是一个进行时态的动词，它是人们认识的结果，更是一种探究的精神和过程。法国教育家第斯多惠说："不好的教师奉送真理，好的教师则教人发现真理。"学生参与学校管理的过程，也正是学生自己去发现真理的过程。学生副校长在学校与学生之间搭起了一座桥梁。

凭学生副校长的力量，真的能让校园里的学生活动场所得到很大的改观吗？我们提出了疑问。然而,这位学生副校长认真地回答我们,通过他们的努力,地区政府已经对这一计划表示了支持。他说,现在关键是确保资金的到位,明天他在见到地区领导的时候,会再次提醒地区领导尽快实施这个计划。

第二天,巴黎大区区长来到十一大参加一个科研项目的启动仪式。人群中,我们果然看见了两位学生副校长的身影。他们虽然礼仪成熟得体,可还是很容易让人感觉到他们身上的学生气。他们出现在这样的场合,也正传递了学生通过合理渠道和方式发出自己声音的精神风貌。

"我现在的职位使我能参加一些行政工作,还有教学和科学研究,对内对外的联络等,连校长主持的行政会议我们也会出席……我们的另外一个作用,就是积极参加一些社会团体的工作,比如学生发展联盟。我们常常会跟这样的组织打交道,目的是让社会上的这些团体能给同学们提供更多的科研支持,提供更多的机会,这部分的工作也是不可忽视的。我们工作的第三个重要部分是向国内外的客人以及中央的、地方的及科学院的领导介绍学校相关情况。给他们做介绍时,我很快乐。"学生副校长卡里姆如此说道。

为客人介绍自己的大学——自己投身其中并积极去改善的大学,当然是件快乐的事情。在里昂第二大学,我们也看到了一群快乐地投身于学校工作中的学生。这是里昂二大为新到校的留学生举办的一场咨询活动。在活动中,身着统一服装的里昂二大学生志愿者们,正热情而又耐心地向远道而来的客人介绍学校,解答疑问。

里昂二大校长介绍说:"我们现在有一个接待中心,中心里有常设的工作人员用电脑和电话等设备回答学生们有关注册、住房、花销、办银行卡等一系列问题……对于有困难的学生,尤其是那些来自不发达国家的学生,我们不仅要帮他们注册,还要尽可能给他们找一份工作来维持正常的生活。所以这也是我们学校的一个精神——为留学生提供尽量多的帮助。我们不能看着学生处于困难之中,我们要帮助他们。每学期在我们要开展的工作中都有一系列的学生志愿者活动,开学这一段时间的志愿者活动尤其频繁。"

里昂第二大学位于里昂市中心,是法国东南部的重点综合性文科大学,目前有20,000多名在校学生,主要学科多是社会科学类,如外语、文学、艺术、经济学、法学。里昂二大也是法国唯一一所有服装系的公立大学。

里昂二大的法语语言文化中心,在留法学生中有很好的口碑。它以雄厚的师资力量和上乘的教学质量,吸引了世界各地的青年学子前来求学。

法国接待留学生已有800年的历史。早在中世纪,法国就创建了第一所大学——索邦大学。它的大门向全欧洲各国的学生开放,从此开始了法国接收外国留学生的历史。

里昂二大校长介绍说:"里昂二大也提倡学生走出去,去了解另外一种社会的语言和文化。走出去之前,我们要求学生对对方国家的文化要有一定的了解。所以从这种角度来看,外国学生在我们学校也是一种文化的交流和共融……我们需要的文化应该是多元的,也是国际的,所以我觉得组织这些交流活动很有意思。里昂二大也非常愿意参与国际性的跨文化交流,我们很乐意参与其中。"

今天的里昂二大，与 40 个国家的 130 多所高校保持着经常性的交流。在里昂二大的法语语言文化中心，仅中国留学生就有上百人。在巴黎十一大，来自 130 个国家的外国留学生更是占到了学生总数的十分之一，十一大的实验室也经常与海外大学及研究机构交换人员。

高等教育的国际化，已是今天大学教育发展的必然趋势。在全方位的国际交流格局中，大学教育担负起了向外传播民族文明、向内完善时代文化建构的重大历史使命。巴黎十一大校长贝赛里尼女士和里昂二大副校长伊莎贝尔女士都是这一使命的践行者。

“作为一位大学女校长，我不应该把自己的目光局限在一个具体的部门，而是要从全校的整体去看。同时，学校要面向外面的世界开放，眼界也要开阔。对我来讲，困难在于，全球跨文化交流的意识并不是普遍都有的，有一些时候你也会遇到对抗的行为……在工作时，作为主管国际交流的负责人，我整天要和不同国家、不同文化背景的人打交道，即使碰到抵触情绪，也还得做下去。遇到这种抵触情绪，以及这种对全球化的不认同，是我工作中最难的时候。但我还是要面对，而且还要去说服他们。作为一位女校长，我一方面要坚持不懈，另一方面还要带着激情去工作。”里昂二大副校长说道。

“如果是一个学校的副校长，只要处理好内部的事也许就够了。但如果一个正校长整天只忙于处理学校内部的事，而不跟外界打交道，我认为这不是一个非常优秀的校长。”巴黎十一大校长说道。

中国与法国，分别在欧亚大陆的两端，犹如两粒璀璨的星辰，一东一西，遥相辉映。我们到达法国的时候，中国文化年活动刚刚在凡尔赛宫落下帷幕。金秋十月，法国文化年又将在中国鸣锣开场。在全球化的今天，沟通与对话使两种文明在交流中保持了个性，增加了了解，促进了世界的多元化。

教育，是文明的使者与载体。从 19 世纪到 20 世纪中叶，法国作为自由、平等思想的发源地，让当时的中国学生充满向往。周恩来、邓小平等革命家或在这里开辟新的战场，或从这里走上革命的道路。巴金、钱钟书、徐悲鸿等大师也在这里领略了西方文学艺术的精华。教育，让人性和智慧散发出光芒。多年后的今天，在法国的大学里，贝赛里尼女士和伊莎贝尔女士仍然秉承着开放办学、以人为本的教育理念，在放眼世界的同时，也用自由、平等、博爱拥抱了整个世界。

20年陪伴　20年成长

——我与世界大学女校长论坛的20年岁月

张李玺　汕头大学淑德女子书院院长、中国妇女研究会副会长

世界大学女校长论坛至今已经举办了九届主论坛，作为中华女子学院的原校长，我有幸参加了所有主论坛以及在津巴布韦、俄罗斯、芬兰举办的三次分论坛，在第一届主论坛时还只是随同人员。在20年的时间里，论坛的社会影响越来越大，越来越多的女校长在这个平台上相互学习、借鉴和支持，共同成长，我自己也在这个发展的过程中获益良多。

世界大学女校长论坛吸引我不离不弃20年，究其原因所在，一是论坛"汇聚世界大学女校长的力量，聚焦高等教育发展、提升女性领导力，搭建交流合作、分享智慧"的宗旨，二是论坛创始人刘继南教授的个人魅力。

作为女校的校长，我对在学校中推进性别平等的教育自然会给予更多的关注。因此，在每届论坛上，我不仅围绕这个主题做了多次大会发言，例如"教育点亮女性人生""青年女性领导力培育是教育工作者的共同使命""'她时代'的大学教育：传承与挑战""发挥大学教育优势：培育青年女性领导力""激励女性为不断变化和发展的世界提升自己"等，而且就这个主题和来自国内外大学的参会女校长们认真地进行了交流。通过这些交流，我发现如何将性别平等理念融入大学教育整个过程中，如何促进女大学生和女教师的全面发展，不仅是国际社会的主要话题，更是大学女校长共同关注的重点。记得在津巴布韦举办的非洲分论坛上，围绕"发展·平等·开放"这个主题，位于津巴布韦首都哈拉雷的非洲女子大学校长分享了她们关切非洲的女性教育，倡导通过教育赋权女性，提升女性受教育水平，促进性别平等的做法和经验。在这次论坛上，津巴布韦副总统也出席了开幕式，作为一名女性，她以自己成长的经历，证明女性接受高等教育的重要性，也呼吁大学教育要给女性更多的机会，赋权女性，鼓励女性在性别平等、可持续性发展、教育和人类尊严等方面作出应有的贡献。我当时很受启发，在发言中也提到，希望我们每一个女校长，特别是在位的女校长，在学校治理中能有更强的性别平等意识，在学校制度制定、学科和专业发展、为学生提供各类服务、资源分配、师资队伍建设等方面，要更加关注女学生和女教师的需求。很多女校长认为，性别平等是保证妇女权利的必然要求和重要方式，是建立一个和平、繁荣与可持续世界的必要基础。记得当时有位来自芬兰的校长表示，大学中的性别平等教育是改善性别平等状况的土壤，这句话，我至今记忆

犹新。

在每一次会议的会场上，都有老朋友们重逢的喜悦，而刘继南教授总是这个朋友圈的核心。我有幸作为几届论坛的筹备参与者之一，目睹了刘教授对论坛呕心沥血的付出。可以说，每次会议的成功举办，都离不开她的倾情投入。她对工作精益求精、一丝不苟，每次会议从致辞、发言到新闻稿，从邀请嘉宾到会务安排，都事无巨细，有时我们觉得不可能做到的事，她一定会坚持到底直至办成。她深切关心他人，对各位女校长从工作到家庭，都有无微不至的关怀。我2014年因病手术后，刘教授专门来家探望，她记得我喜欢养花，送来一盆艳丽的蝴蝶兰，伴随我度过了化疗那段艰难的日子。对论坛的工作人员，她更是不吝鼓励和支持，论坛的一位专职工作人员想继续深造，刘教授也大力支持。我想，如果有人问为什么很多大学女校长一直伴随着这个论坛走过了20年，那么，刘教授的个人魅力一定是诸多答案中的一个主要选项。正是她身上那种坚韧、睿智、执着、平和、细心的品质，构成了她的独特魅力，而这种魅力，不就是我们一直在探讨、实践、倡导的女性领导力吗？记得哈佛大学有位教授说过，什么是领导力？答案是各种各样的，我认为领导力就像“美”，你很难描述什么是美，但当你遇见它时，你就知道什么是美了。我想刘教授的个人魅力，不正是女性领导力的完“美”诠释吗？不正是我们在探寻的“她力量”吗？

20年来，在世界大学女校长论坛这个平台上，我们分享大学治理智慧，交流高等教育发展经验，关注性别平等，促进青年女性领导力提升，而且我自己也收获颇多，20年的陪伴和成长经历对我来说弥足珍贵。

铁粉亲历记

——我与世界大学女校长论坛的结缘之路

张福珍 中国药科大学党委副书记

一、从质疑到铁粉

记得那还是2001年初,我收到了一份会议邀请函,称将要举办第一届世界大学女校长论坛,邀请我参加。当时我担任高校领导已有多年,几乎隔三岔五都能收到类似的非官方约稿、会议邀请函,规格一个比一个高,来头一个比一个大。诸如“您的XX论文已被收入21世纪高等教育丛书”“特邀请您参加跨世纪教育人才战略研讨会”等,不胜枚举。其实大多数举办方并无干货,无非是拉大旗作虎皮想要骗取一些出版费、会务费。基于以往的经验,对于第一届论坛会议邀请函,我看后付之一笑:“真敢说,又是大学,又是女校长,还世界,真是语不惊人死不休呀!”自然,会议通知被束之高阁。随着第一届世界大学女校长论坛闭幕,论坛召开的消息从不同渠道传来,参加这次论坛的兄弟高校的女校长后来见面时也详细介绍了论坛的盛况。我才发现,“假作真时真亦假”,“经验主义害死人”,对论坛会议邀请函的质疑是我作出的最错误的一个决定。

当收到第二届世界大学女校长论坛的邀请函时,我没有片刻犹豫,立即填发回执、准备参会文章。2004年4月,我在北京参加第二届论坛时,亲身感受到了会议组织的周到细致、论坛主题的深刻敏锐以及中外女校长之间友谊的诚挚美好。之后的第三届到第九届论坛我也都参加了,还参加了几次分论坛,在大会上交流了如何提升女性领导力、新生态下中国大学如何应对挑战等话题,也主持过分论坛。当去国外参加分论坛时,在组委会的建议下,我结合所学专业,准备了有关中医养生内容的讲座,计划在合适的时候,宣传我们的传统医学。每次论坛我都认真准备,积极参与,努力发挥自身作用,可以说是乘兴而去,满载而归,成了论坛名副其实的铁粉!

二、女性发声、交流的平台

世界大学女校长论坛由中国传媒大学于2001年发起创办,从最初第一届论坛的8个国家和地区106位大学女校长参会,到会聚了100多个国家和地区1500余人次女校长参会;从中国各大城市的主论坛,到世界各地的分论坛;从丰富多彩的学术研讨与文化交流活动的开展,到论文集、纪录片和丛书等丰硕成果的取得,论坛的每一项活动都是以女性为主导去策划、去完成的,而且都策划到位、圆满完成。

按以往惯例,绝大多数会议都以男性为主,只有在我们这个论坛上,放眼看去,众多女性身影活跃在会场内外。她们或是高谈阔论、慷慨激昂,或是私下交流、轻言细语,表达形式不一,却都有思想、有见地、有激情、有创意,给人以启发的同时又让人收获满满。知识女性多风采,谁说女子不如男!

在世界大学女校长论坛这个展现自身智慧与才华的重要舞台上,全球女校长群贤毕至,少长咸集。她们聚焦高等教育发展,促进国际交流合作,提升自身领导能力,推动社会和谐发展、文明进步。每位参会者都学在其中,乐在其中,美在其中。第八届论坛在武汉举办时,有人评说:“这里莺飞草长,春江如练,更因为一群智慧女性的到来而显得生机勃勃。”

三、多元碰撞的收获

参加世界大学女校长论坛与参加其他会议最不同的感受是,这个论坛在交流中总会有多元的碰撞。九届主论坛都有明确的主题,如“新世纪高等教育发展战略”“沟通·合作·发展”“大学生态环境与可持续发展”“女性·教育·领导力”“全球共情·文明互鉴·大学创新”等,这些主题非常切合时代特点。与会者来自世界五大洲几十个国家和地区,虽然肤色不同、语言不同、社会制度不同、成长背景不同,但这些主题却是她们共同关注的。也正因为这些不同,大家会从不同角度汇聚当今世界文化和教育的热点,纵论当代教育发展大势,深入探讨大学女校长的使命与作为,共同探索当代大学的核心价值与教育公平等世界高等教育所面临的重大命题。每届论坛参与者都会有自己的观点被他人认可的喜悦和认同他人观点时的会心一笑,更会有不同思想观点的有效碰撞。

论坛实现了高层次知识女性的民间交流,贯穿着全方位治学之道和深层次教育理论与实践的探讨,为高等教育的发展贡献了诸多宝贵思想,彰显了大学女校长作为精英女性群体,对世界女性领导力提升的引领示范作用。世界大学校长联合会前主席英格瑞德·莫西斯(Ingrid Moses)接受采访时表示:“通过女校长论坛我们可以互相交流,建立友谊和合作关系。”陈至立副委员长也多次出席论坛,她在第九届论坛致辞中对论坛给予了这样的评价:“论坛在高等教育论题上卓有建树,持续关注女性成长、发展和领导力提升,既是学术思想交流的平台,又促进了大学的国际和区域合作,是全球大学女校长毅力、智慧和情怀的体现与结晶。”

四、可敬可爱的刘校长

作为论坛的见证人之一,我最最敬佩的人是刘继南校长,她是我们的老大姐,更是一位对论坛作出了杰出贡献的好领导。

第一次见刘校长还是在2005年前后，那时我们学校正在南京的江宁区建设新校区，南广学院也正在筹建中，我们都去参加了江宁区大学城管委会召开的会议。我已经记不清楚会议的具体内容了，但对刘校长会上的讲话印象深刻：一是她操着一口湖北方言，说话坚定而有力；二是她干事的信心、决心和务实的精神；三是她独到的眼光、站位的高度和“一览众山小”的视野。她的讲话没有空话套话但又极具鼓舞性，给人感觉她要做的事管委会想不支持都不行！

举办世界大学女校长论坛是一件很不容易的事，需要克服的困难太多太多。正因为刘校长的远见卓识、锲而不舍、坚韧不拔以及她的人格魅力和聪明才智，论坛才得以顺利举办。在很多情况下，刘校长会不辞劳苦，亲力亲为，把事情办得尽善尽美。大到会议主题、会议承办地的确定，小到会议服装的颜色式样、材料袋的材质，她都会多次实地考察，广泛征求意见。让我们特别感动的是，她对我们每个人都很真诚，关怀备至。有几次我们去北京参加小范围的筹备会，刘校长总是安排好接送与食宿，细致周到，特别温馨。

校长们有一个共同的心愿就是世界大学女校长论坛能一直办下去，给我们的后人留下更多的精神财富。我们特别期待，世界大学女校长论坛能够在刘继南校长的引领下，抱定宗旨、矢志不渝、与时俱进，进一步“做实人文对话、做深教育对话、做细心灵对话、做好精神对话”，进一步提升研究力、传播力、影响力，更好推动世界文明交流互鉴。我们相信，论坛对中国、对世界高等教育及女性事业发展都将有广泛而深远的意义。

世界大学女校长论坛一定会在世界教育史上留下浓墨重彩的一笔！对此，我始终不渝地坚信！

新与“心”的体悟

——参加世界大学女校长论坛的体会

胡大白　黄河科技学院董事长

世界大学女校长论坛自2001年创办以来，至今已走过20年的历程。我非常荣幸地参加了每一届论坛，见证了论坛一步步的发展，得到了刘继南主席的关心和支持，结识了许多志同道合的姐妹。20年来，我和论坛一起成长，不仅在论坛上收获学识，也感受到很多温暖。

记得参加第一届论坛时，到场的民办高校校长比较少，组委会给了我代表民办高校发言的机会。我的发言在现场引起了很多人的关注，他们感到震惊：原来民办高校发展得这么好！大家的关注和肯定，让我特别激动。我深深地感到，能以自己的微薄之力，让更多的人熟悉民办教育，进而关注和支持民办教育，是一件特别幸福的事！

20年来，每一届论坛都是我人生中珍贵的回忆，每一届论坛都激励着我在高等教育发展的新征程上阔步向前，大胆试、大胆闯，为中国民办高等教育事业作出更多的贡献。

今天，我主要以第八届世界大学女校长论坛为例，谈谈我的感受。

论坛的气氛感染了我。在第八届论坛上，来自世界51个国家和地区的150余位代表就“未来教育·新型领导力·人类命运共同体”这一主题展开了深入研讨。主办方的热情款待，浓厚的学术氛围，宽松的交流平台，姐妹们各抒己见开展团结平等的对话沟通，第八届论坛感染着参会的所有人。

情感的共鸣温暖着我。论坛上，一些老校长针对当前性别歧视仍然根深蒂固地存在于社会结构内部和社会观念深处的现状发表了看法。她们认为，调动“半边天”的女性潜能和创造力，将会大幅促进全球经济增长，促进全球生产力和社会进步。女性成长为一名大学领导者不得不付出更为艰辛的努力，为了“证明”自己能够胜任校长，在此过程中女性必须面对和突破世俗偏见的阻碍，历经各种考验。回想自己创办学校的经历，老校长们的话让我产生了强烈的共鸣，也带给我深刻的思考和启迪。

真诚的肯定激励着我。论坛上，第十一届全国人大常委会副委员长陈至立、联合国教科文组织原总干事伊琳娜·博科娃和第十二届全国政协副主席林文漪亲自给我和其他11位大学校长颁发了“大学女校长终身荣誉奖”。接过沉甸甸的奖杯，感受着从她们手中传递过来的温度，这份认可和鼓励让我特别感动。我知道，这是一个新的起点、新的开始。

热切的关注鼓舞着我。在论坛"我的教育人生"圆桌会议上,应主办方的邀请,我结合自己创办和管理黄河科技学院的实践经验,从大学校长需具备的科学的战略规划能力、坚决果断的执行能力、有效的资源整合能力、民主化的领导风格、女性特质的人格魅力等方面,和现场的姐妹们做了交流分享。在发言过程中,我被面前热切的眼神鼓舞着,被大家的掌声感动着。我清楚地记得,因为赶飞机,发言一结束我就准备离开。在会场门外的走道上,武汉大学党委副书记赵雪梅、格鲁吉亚大学校长马娜娜·珊娜茨等姐妹赶上前来,亲切地握着我的手说:"胡董事长的办学精神和经历令人感动,还想多听听您的办学故事。"四月的傍晚天气微凉,她们的热情却让我倍感温暖。

崇高的人格魅力感召了我。在论坛上,众多的大学女校长平和、睿智、聪颖、知性。她们能捕捉到代表时代发展方向的新思想、新观念,以独有的办学风格和特色走在教育改革与创新的前沿,与社会发展保持同步。她们真切懂得自身肩负的责任和使命,始终把学校利益、学生成长和教师发展放在至关重要的位置,全力以赴地投身于她们所热爱的教育事业中,以办人民满意的学校为崇高的职责。她们还拥有渊博的学识、宽广的胸怀、宏大的格局,她们是学校的精神领袖。她们,彰显了大学女校长的人格魅力,是高等教育界的骄傲和自豪!

陈至立副委员长曾说:"世界大学女校长论坛将是世界教育百花园里常开不败的鲜花,永远吐露芳香;是教育界的常青树,永远挺拔坚强。"在此,我衷心祝愿这朵鲜花愈加绚丽多彩,这株常青树愈加生机勃勃!

她领袖　她智慧　她力量

——世界大学女校长论坛参与和收获

吴建华　南京工程学院原党委书记

习近平总书记强调，妇女是物质文明和精神文明的创造者，是推动社会发展和进步的重要力量。当今社会，已悄然步入"她时代"，女性以巾帼不让须眉的豪情和胆识，凭借聪明才智、干劲激情，不仅能顶"半边天"，也能让整个社会充满温柔的力量。越来越多的"她领袖"走上了社会治理的舞台，"她智慧""她力量"已然成为社会发展的动力之源。世界大学女校长正是这女性力量中的一枝独秀，在推动全球高等教育全面平等与可持续发展方面取得了引人瞩目的成就，而世界大学女校长论坛已然成为凝聚女校长智慧、传播女校长声音、扩大女校长影响力的闪亮国际名片。

自2001年以来，世界大学女校长论坛已经走过了20载，荟萃了五大洲百余个国家和地区杰出大学女校长的力量。她们来自不同国度，不同社会、经济、文化背景，但相同的是，她们一直以女性的视角，持续关注教育与学术、社会与文化、女性成长与领导力提升。在每一届论坛上，她们都坚持不懈地交流大学治校方略和治学之道，探讨知识女性的成才轨迹和心路历程，研究与女性教育和女性领导力相关的课题，发出了女教育家最真实的声音。

作为其中的一员，我有幸参加了九届主论坛中的第四届、第五届、第六届，与来自各国的女性教育精英从相识、相交到相知，结成了珍贵的姐妹情谊。我深深地感觉到，每次论坛不仅是群芳齐聚的盛宴，也是珍贵的姐妹聚会；不仅为中国学习借鉴世界高等教育的先进经验提供了一个契机，也为国际高等教育界的朋友近距离观察、认识中国以及了解中国高等教育现状打开了一扇窗户。

回顾这些年参加过的论坛，令我印象最深的还是2009年秋季在南京举办的第四届论坛。那场论坛以"大学生态环境与可持续发展"和"女性领导力"为主题，由当时的中国传媒大学南广学院主办，在南京工程学院、东南大学和南京师范大学均设有分会场，南京的所有女校长都参加了论坛。我当时正担任南京工程学院党委书记一职，作为东道主之一，深感荣幸，也感到责任重大。

南京工程学院是一所新建本科院校，以培养高素质应用型人才为特色。能够成为第四届世界大学女校长论坛的分会场之一，这对年轻的南京工程学院而言，无疑是一个极好的机遇，不仅为学校师生近距离与国际杰出大学女校长接触，聆听她们在大学发展、教育管理方面的真知灼见提供了机会，也有助于推动学校与各校间的交流合作，扩大学校在国内和国际上的影响力、拓宽办学渠道。我倍加珍惜这一与新知故交抵掌而谈、相互启迪、凝聚共识、激发创造的机会,在分会场的活动组织方面做了精心的安排。

记得那是一个秋高气爽的九月,南京工程学院迎来了建校以来规模最大的一次国际交流盛会。由北京外国语大学原校长陈乃芳教授带队,来自英国、法国、柬埔寨、乌干达、加拿大、新西兰等多个国家和地区的杰出大学女校长身着以各色鲜花图案为主调的宽松对襟上衣,会聚在美丽的天印湖畔,看秋水长天、湖光鹭影,论全球高等教育事业发展和女性领导的力量,令方山脚下的南京工程学院校园蓬荜生辉、光彩夺目。

在南京工程学院参观期间,女校长们先后来到艺术与设计学院、工程实践中心、基础实训中心、图书信息中心等地考察,部分专家学者还前往计算机工程学院、建筑工程学院进行了个别访问。这其中,有几个场景令我至今难忘。在艺术与设计学院,学校教师现场为女校长们作了一幅"牡丹图",引来赞声一片;在民俗陈列馆,女校长们对带有民族文化特色的家具、工艺品等表现出浓厚的兴趣,当时一些女校长还挑选了艺术品带回国内珍藏;在工程实践中心和基础实训中心,学校与国内外企业合作共建的实验室、引进的大量先进实验设施令女校长们称赞不已。在这一中外文化交流的难逢机会里,南京工程学院外语系的部分师生也以翻译和志愿者的身份参与其中,第一次与这么多杰出大学女校长交流,令他们获益良多。

在与南京工程学院师生座谈过程中,女校长们围绕工科院校中艺术类学科的发展、学科建设的国际化、中外合作办学的开展、高校的可持续发展等方面积极提问、交流,为学校办学思路的拓展提供了更多的思考,也给了我很多有益的启发。这其中,有几点始终萦绕在我的脑海中。其一,工科院校亦需要重视艺术教育。南京工程学院艺术与设计学院的师生作品让大家看到了艺术教育对培育工科学生的意象审美和艺术素养、提高其创新思维能力起到的显著效果,工科学生只有具备了感受美、鉴赏美、理解美的能力,方能潜移默化地将所学知识以美的方式运用于将来的工程师生涯中。其二,与企业紧密互动,乃彰显应用型高校社会价值之道。女校长们在亲眼见证了南京工程学院与校企合作的成果之后也提出,世界上的很多大学,特别是应用型大学,与企业的合作越来越紧密,为学生创造了更多接触社会的机会,也进一步拓展了大学的社会服务功能。其三,大学校园里,"美的教育"无处不在。南京工程学院美丽的校园环境、浓郁的教与学氛围、富有特色的创新创业文化都让女校长们赞叹不已,她们盛赞这些都是最天然的"美的教育",是大学应有的模样。我清楚地记得,五年之后的2014年,同样是九月的初秋,第六届世界大学女校长论坛的与会代表们也在这绿荫葱葱、微风拂面的天印湖畔驻足停留,为初秋增添了一抹明亮的色彩。

种种美好回忆,久久难以忘怀。历时20年,世界大学女校长论坛已经发展成为全球女性精英启迪智慧、激荡思想、凝聚共识的重要平台,九届主论坛均已闭幕,但次次余音未尽,我期待着下一届论坛的启幕。我充分相信,全世界的教育事业一定因"她"更精彩,以"她"更自豪,有"她"更公平。充分激发"她智慧"、汇聚"她力量",就一定能在"她时代"绽放"她"的夺目光彩,书写更加灿烂的崭新篇章。

薪火相传　砥砺前行

——世界大学女校长论坛的珍贵回忆

韦穗　安徽大学原副校长

一、结缘论坛

2001年，我时任安徽大学副校长，负责学校“211工程”建设等方面的工作，“211工程”是安徽大学发展的一次历史机遇，负责这项工作压力很大。直接从科研单位到大学任副校长的我急切需要向其他的校长学习，借鉴领导与管理的理念和经验。因此，当我收到第一届世界大学女校长论坛的邀请时，真是喜出望外。虽然之前参加过短期校长培训班，但新手上路还无法预见后面路程中的艰辛；虽然也有地方大学校长联谊会的邀请，但此类会议通常是多位校领导轮流出席。由于世界大学女校长论坛邀请女校长参会，安徽大学的名额自然就是我的。此外，参加论坛的学校领导来自多个层次：国内外、教育部直属、地方和民办院校，可以从更宽广的视角来探讨高等教育的使命与作为。

当然，我当时还有一个目的是奔着刘继南校长去的。我听北京广播学院（中国传媒大学前身）的老师们说，没有刘校长就没有他们学校的“211工程”，也听教育部有关部门的工作人员说，刘校长很敬业，为学校争取资源非常上心，且为人谦逊，不摆架子。所以，我一直希望有机会认识这位出色的校长。为此，参会前我做了一个准备，把我校艺术学院院长的一幅字“冰心玉洁”带上，打算送给刘校长。可惜，当时会议场面很大，刘校长很忙。我趁会议中间休息的间隙去送，见刘校长忙得顾不上休息，只能由工作人员转交，让我的敬意得以表达。事实说明，中国传媒大学能连续举办大规模的国际论坛、分论坛，以及丰富多彩的学术研讨与文化交流活动，不仅是中国传媒大学实力的体现，也是刘校长能力的展现及其奉献、坚持的结果。

二、建立联结

世界大学女校长论坛提供的沟通交流平台使大学之间的交流与合作得以开启或继续。国内当然不用说，例如通过论坛建立联系，广西大学、辽宁师范大学领导先后到访安徽大学，我也曾去家乡广西的多所学校访问，还在广西大学做了学术报告。此外，参加论坛的国外女校长比较多，给有关学校带来了拓展深化国际交流的机会。我保留着一张餐桌上的合影，但不记得周围校长的名字，于是问照片中的广西大学副校长黄维义。她很高兴地给我写了一段回忆，经她同意，我将其中部分内容摘录如下：

> 我十分感谢刘校长组织的世界大学女校长论坛。我虽然只参加了3次会议，却留下不少美好记忆，并和国内外一些校长成了好朋友。这张晚宴照片中，在我们俩（黄维义、韦穗）中间坐着的是巴黎十一大的校长阿妮塔·贝塞里尼（Anita Bersellini），我与她之间还有一段难忘的回忆。
>
> 我在法国留学多年，在学校分管国际交流，愿意寻找机会与国外大学建立更多合作。于是散会时，我主动去和阿妮塔打招呼。她一听我说法语很高兴，随即问我是否有空帮她处理一些私事，我说当然没问题。她告诉我，来参会时飞机没把她的行李随机运到，虽然有人陪着临时到百货商店随便买了一些生活用品，但是没人懂法语，而她的法式英语人家也难懂，无法很好沟通交流。我义不容辞帮助了她，我们就这样相识了。由于我与阿妮塔没有语言障碍，又同属自然学科背景，加上我们都是那种很开朗、很随和的性格，所以一见如故，闲聊了很多话题。次年她和我联系，说夏天要应厦门大学的邀请来华。我很想借此机会请她来校交流，可阿妮塔回复说时间紧，只有个周末可以利用，但周末她要和丈夫自费游桂林。于是，我和学校余瑾书记事先准备好合作意向书，到桂林后，我们就在宾馆完成了“官方”交流，签好了合作意向书。在第三届论坛上，我们曾再一次见面。又过了几年，我去巴黎时约她见面。她一听是我，就匆匆忙

图1 晚宴合影

忙约好时间、地点，说她有一件很重要的事儿跟我讲。她风风火火地一下车见面就和我说："你知道吗？我刚得了癌，动完手术，在做化疗。"我吓一跳，看她还是那么精神，赶紧问现在如何了。她说有一个俄罗斯中医给她进行针灸疗法，她感觉越来越好。因此她对中医越来越感兴趣，觉得应该用现代科学的方法来研究这个古老的东方医学，后来她申请了一个用物理学的方法来探索中医针灸的项目。

三、终身受益

2006 年后，虽然我已经从副校长的职位上退下来了，但只要接到世界大学女校长论坛的邀请，我就欣然参会。论坛秉承汇聚世界大学女校长的力量，聚焦高等教育发展、提升女性领导力，交流合作、分享智慧的宗旨，开展了一系列相关的学术研讨与文化交流活动，丰富多彩、影响巨大。

2018 年，在第八届世界大学女校长论坛上，我替补做第 2 组会议主持人，为此我必须非常认真地阅读小组每位发言者发言的摘要或全文。她们的发言给我留下了深刻印象。例如，秘鲁的季麦娜・桑切斯・巴莱乃琪雅(Jimena Sánchez Barrenechea)讲述了美洲地区一些高校女性领导者为获得并维持领导地位面临的挑战以及所采取的应对策略。她说到，在高等教育领域，高校最初是由男性主导的，女性领导人的存在无疑是对传统发起了挑战。鉴于这一点，女性在跻身领导岗位时不得不面临内外双重的挑战与屏障，比如，"玻璃天花板效应"和"黏地板效应"等。诸如此类的发言解释了大部分女性处于组织金字塔底端的原因。

在清点发言人数时，我发现多了不少人，了解后才知道有些发言者特意请了助手协助回答问题。因为我没有社会科学专业知识储备，这次做主持人需要进行更充分的准备。我连夜修改 PPT，以期圆满地完成主持工作。我本人也在大会上发言，参会者认真听了我的报告，给予我不少反馈。例如，来自非洲卢旺达的代表贾斯汀・孟巴巴兹・尼日比兹(Justine Mbabazi Niyibizi)听说我是教光电子学的，便邀请我去她所在的学校讲学，说她们那里非常需要科学技术方面的教学。根据她的提议，我也向有关领导建议：孔子学院除授语言课外，也可以根据所在国的情况设置科学技术课程。我发现，会议中不乏金点子的出现，如果能很好地梳理和采用的话，对我国的教育和外事工作大有裨益。

论坛吸引我的点很多，但最重要的一点是平台会聚了国内外大学女校长，我能够在这个群体里向众多校长学习，特别是刘继南校长，以此来陶冶情操、增长智慧。正如原国务委员、第十一届全国人大常委会副委员长陈至立所说："作为论坛的见证人，我十分敬佩各位，尤其是敬佩刘继南主席的杰出贡献，她的远见卓识，她的锲而不舍，她的坚韧不拔,她的聪明才智,她的人格魅力,集中体现了中国女性和各位女校长、女书记的精神面貌和时代风采。”又如新西兰梅西大学前校长朱迪斯·甘丽雅(Judith Kinnear)所说:“女性的发展,既需要社会各方面的支持,又需要女性自身具备积极进取的意志和宽广博大的胸怀。”总之,论坛的会议和活动使我终身受益。

四、薪火相传

我积极参会,特别是坚持参加了论坛在国内举办的历届会议,其中有一个原因是希望带动年轻的女校长参加会议。这样与国内外百余所学校、几百位女校长(书记)建立了联系,得到国家领导人和联合国教科文组织支持的论坛,应该有年轻人接班并使它越办越好。特别是在第八届世界大学女校长论坛上,我听到有些校长因为年龄以后不能亲自来参会了,心里非常失落。她们大多获得了教育部原副部长、世界大学女校长论坛组委会顾问吴启迪女士颁发的“大学女校长终身荣誉奖”(共有12位女校长得此殊荣),如何使她们的工作薪火相传应该提到议事日程上。

我很高兴的是,在我的大力推荐下,安徽大学的程雁雷副校长积极参加了第八届和第九届论坛。每次临行时,她总忙得抽不开身,但最终还是会千方百计及时赶到会场。她很认真地写好论文、发言提纲并做好PPT。她是学行政法的教授,文章质量颇高,我想这也算我为论坛作出的一点贡献吧!

慷慨中闺着戎衣　金枝亦可宛宛披

——参加世界大学女校长论坛的心得

叶美兰　南京邮电大学校长

世界大学女校长论坛自2001年创办至今已经走过了20个年头，我于2014年在南京第一次参加论坛，2016年在北欧分论坛上做了题为《打破天花板——只是一个梦想吗?》的分享报告，2020年于疫情之下在西安参加了第九届论坛。论坛为大学女校长们提供了学习和交流世界各国高等教育与女性事业发展经验的广阔平台，为全世界提供了了解中国发展进程的机会，也为中国提供了更好地融入世界的机会。我将个人学习和交流的体会整理为以下三点：

第一，自我解放，散发光亮。

论坛创办以来的20年间，中国女性事业发生了巨大变化，越来越多的女性实现了自我解放，她们在为社会进步贡献力量的同时，也实现了自我价值，散发出或耀眼或温暖的光芒。

首先，女性实现自我解放的途径是自我意识的觉醒。从关注自己的内心世界，寻找自我、发现自我、反省自我在社会中的位置开始，到真正成为一个拥有自由之思想、独立之精神的女性，女性的解放不是靠别人的“恩赐”，而是靠自己的力量。男女地位的平等和女性权益的争取需要每一个女性的发声，需要每一个女性实实在在地为自身利益而奋斗。

其次，提高教育水平是女性解放的重要途径。平等的文化教育权是女性得以生存发展的基本权益，也是保证男女平等的先决条件。女性主义先驱沃斯通克拉夫特提出“通过教育培养女性的理性潜能”，拉开了女性教育与权利争取运动的序幕。数百年来历史的发展证明，当女性思想得以解放，享有与男性同等的教育资源，进而获得政治参与资格与工作机遇时，她们展现出了并不亚于男性的杰出能力，作出了并不逊于男性的社会贡献。近年来，我所在的南京邮电大学女教授数量整体呈上升趋势，现在女性教授在全体教授中占比24.4%。这一数据说明在女性自身和社会各方的努力下，高知岗位中对女性的偏见正在逐步消除，女性对社会的贡献正在逐步增大。

最后，女性解放的重要途径是参与社会事务。“妇女应广泛参加社会生产”是宋庆龄关于妇女事业的重要思想。中国女性广泛参加社会生产活动，取得了骄人的成果。2020年，在全国驰援湖北的医务人员中有2.8万女性，约占全体援鄂医务人员的三分之二。10

名刚刚当选的全国脱贫攻坚楷模中有一半是女性。在中国抗击新冠肺炎疫情前沿、脱贫攻坚战场以及教书育人的队伍中,巾帼英雄正书写着精彩篇章。

第二,生而不同,才好为盟。

男女两性在生理结构上存在差异,在自然属性方面也有天然的不同,但是这种差异并没有优劣之分。因此,女性解放不必执着于抹杀男女差异,一味寻求“趋同”,而应发展女性特质,扩大其在社会中的现实影响力。在女性特质与社会的互动中重新评估女性价值,逐步推进女性权利的发展步伐。

女性想要发光发热不一定非要跟男性做一样的事情,与男性相比,女性不仅拥有同样丰富的知识储备和出色的工作能力,而且更加敏锐、更具耐心,善于维护良好的人际关系,拥有更为柔和民主的领导风格,这些特质都与不断变化的领导环境相匹配。

管理大师杜拉克早有预见:“时代的转变,恰恰符合女性的特质。”女性领导力日益凸显,北京大学光华管理学院的研究报告指出,女性领导者具有积极进取、善解人意、勤奋、乐于助人、果断、社交能力强等一系列优点。

第三,充分自信,突破瓶颈。

中国女性的发展已经进入了一个需要自信,也能够自信的时代。之所以说中国女性的发展进入了需要自信的时代,一是因为“两个一百年”奋斗目标和中华民族伟大复兴中国梦的实现都离不开女性,二是因为外部环境对女性的刻板印象需要女性应对,三是因为女性自身缺乏自信的问题急需解决。

同时,我们也到了一个能够自信的时代。何以自信?新冠肺炎疫情之下,我们中国人民万众一心,同心抗疫,尊重生命,牺牲小我,成就大我。在这种情况下,2020年的世界大学女校长论坛如期举办,我们能自信从容地相聚西安。中国女性的自信来自强大的国家和富足的生活,也来自自律之下的自由。

有了“自信人生二百年,会当水击三千里”的勇气,我们才能更有力量地去面对可能遇到的困难和挑战,继续在女性事业发展上开辟新天地、创造新奇迹。

同时,我们也应当看到女性发展的瓶颈:基于性别的职场偏见依然存在,比如男女同工不同酬、缺乏平等晋升机会;领导层中的男性数量远远多于女性,并且级别越高,差距越大;社会对男女性别角色的期待仍然存在差别,女性往往承担更多照料家庭的工作,2019年国家统计局的数据显示,女性平均花费在家务劳动上的时间是男性的2.5倍。

这就需要我们在充分自信、修炼内功的同时,努力唤起全社会对性别平等和女性事业发展的更多关注,以实现《联合国2030年可持续发展议程》所涵盖的17项可持续发展目标中最重要的一项——实现性别平等,增强所有妇女和女童的权能,保障女性参政权、经济权、受教育权和婚姻自主权。

最后我想说的是,巾帼繁如花,盛放新时代,让我们共同参与经济社会发展的历史进程,共建共享美好世界的文明进程。

关于高等教育的启迪与感悟

——世界大学女校长论坛的意义之我见

郭淑兰　中央音乐学院党委书记

刘继南校长于2001年8月发起创立的世界大学女校长论坛至今已举办了九届。经过多年的艰辛努力，刘校长带领她的团队把世界大学女校长论坛打造成了一个享誉国内外的品牌。该论坛如今已成为世界大学女校长交流学术思想、分享治校经验、开阔学术视野、传播自身文化的平台，也是世界大学女校长启迪智慧、凝聚友谊的桥梁。我作为忠实的追随者共参加了八届论坛活动，从中获益匪浅，感触良多。其中使我感受最深的有两点：

一是关于高等教育发展战略的问题。

2001年，第一届世界大学女校长论坛在北京举办。有史以来，我第一次看到如此多的来自全球各大学的女校长参会，她们会聚于此共同探讨全世界高等教育发展战略问题。在世纪之交，我国决定实施“科教兴国战略”。时任国家主席的江泽民同志提出，“大学应该是培养和造就高素质的创造性人才的摇篮，应该是认识未知世界、探索客观真理、为人类解决面临的重大课题提供科学依据的前沿，应该是知识创新、推动科学技术成果向现实生产力转化的重要力量，应该是民族优秀文化与世界先进文明成果交流借鉴的桥梁”。为此，中国大学女校长们都在积极研究思考，如何适应经济社会发展需要，把一个充满生机与活力的大学带入21世纪。在论坛上，刘继南等几位校长都进行了深入思考。刘继南校长认为，“教育是促进社会发展的巨大推动力，21世纪整个世界都在经历着一场深刻的变革，高等教育作为提升国民素质的巨大工程和推动社会发展的持续动力，在这场变革中的地位和作用尤为突出。为适应知识经济的要求，培养高素质人才，在教育、科技、经济一体化的世界大趋势面前，高等教育应该发挥自身的优势，为培养经济建设和社会发展的增长点作出贡献”。南京大学党委书记郭广银在论文中认真分析了在21世纪世界多极化和经济全球化曲折发展的大背景下，应当建设一个什么样的中国高等教育、采取什么样的发展战略。她提出高校在办学中要坚持人文与科学交融、传承与创新统一、服务与引导并重、国际化与中国式相结合的发展战略。

对于高等教育发展战略问题，国外一些大学女校长也十分关注，美国夏威夷大学希罗分校校长张蕴礼在参会的论文中分析了科技、教育和全球经济的迅速发展变化给高等教育带来的许多挑战，提出在大学发展战略中需要认真思考的问题：在一个变革的世界里,我们怎样教会我们的年轻人和成年人应对技术挑战的必要技能;在经济全球化中,我们为什么必须处理好平等、机会和多样性的问题;大学校长必须学习哪些技巧才能成功应对迅速发展的世界提出的挑战。以上关于大学发展的战略思想,不仅开阔了我的办学思路,对我今后制定学校发展战略规划具有重要的借鉴意义,而且使我深刻认识到,制定和实施科学的战略发展规划是明确学校发展方向、目标定位、凝聚人心、鼓舞士气、引导学校事业发展最有效的方式,也是大学领导者最为基础和最高层面的设计工作。

二是关于大学国际化的问题。

在第二届世界大学女校长论坛中,与会者围绕"沟通·合作·发展"这一主题,深入讨论了大学国际化的问题。其中,世界大学校长联合会(IAUP)主席、澳大利亚新英格兰大学校长英格瑞德·莫西斯,北京语言大学党委书记王璐江,兰州大学副校长郑晓静的发言令我印象深刻。英格瑞德·莫西斯校长在发言中指出世贸组织的《贸易和服务总协议》把教育服务囊括其中,并将教育服务类型定义为四种:(1)人员境外消费——学生出国学习;(2)跨边境服务——跨国远程教育;(3)商业形式——校园出国,如在国外建立一所大学分校;4.自然人形式——学者出国工作。她认为,在高等教育中,国际化是通过学生交换、与国外大学合作、雇用外国教师或引进国外课程来实现的。她还特别强调国际化教学、跨国教育的质量评估和监督以及接收国与派出国有关高等教育的立法是否一致等问题。

何为大学的国际化?王璐江书记引用日本专家喜多村和之在1984年出版的《大学教育国际化》中的表述对此作出解释。在此著作中,喜多村和之第一次提出了大学国际化的三项指标:通用性、交流性和开放性。她认为,国际化是指本国文化能够被别的国家与民族所承认、接受并得到相当公正的评价;确立能够活跃不同国籍、不同民族的学者以及留学生间交际、交流、交换的章程与制度,并使之发挥恰到好处的作用;像对待本国人一样平等看待有着不同文化背景的异国个体与组织,在大学里,对外籍师生和本国师生一视同仁。郑晓静校长在论文中提出,我国要在应对全球经济一体化的过程中,推进高等教育国际化,加快培养具有国际素质的高水平人才。上述高水平人才必须具有以下三重内涵:第一,具有国际意识、国际交往能力和国际竞争能力;第二,具有创新意识、创新精神和创新能力;第三,具有强烈的民族责任感。各大学应将人才培养内涵具体落实到专业设置、国际化课程建设中,关注学生个性的自由和完善,摒弃整体主义的教育模式,建立创新教育机制,创造有利于学生个性成长、个性特色充分发挥的宽松环境和广阔空间,从而激发人的思维活力和创新活力。我国还要特别加强人文素质教育,传授国家、民族独特的价值观和思维方式,使中国的高等教育在国际化潮流中既能够保持独立自主,又能够坚持改革开放,在融入世界的同时,坚守住自己的民族特色。

上述关于大学国际化的教育思想,在推进我国大学国际化发展的过程中具有重要的学习价值和启迪作用,也进一步提高了我对大学国际化的重要性的认识。我深感中国加入WTO后,教育作为服务项目正逐渐被人们所认同,其为高等教育提供了新的发展机遇，也带来了新的挑战。在经济全球化的形势下，大学需保持开放与发展，一方面要以积极的姿态面对来自世界的多种思想文化，学习借鉴世界优秀文化，丰富和发展中国文化，在各种文化的交流互鉴中实现人类文化的进步和发展；同时，也要立足本国，传承和弘扬民族优秀传统文化，在与世界文化的交流中体现中国优秀文化的独特魅力，承担起将中国优秀传统文化向世界传播的使命，贡献大学的力量，完成历史所赋予的义不容辞的责任。

通过世界大学女校长论坛这一平台，我不仅学习到了很多先进的教育思想和宝贵的治校经验，也从中获得了无穷的精神力量，被刘继南、陈乃芳、胡大白、秦和、成嘉玲、玛薇琳·秀茨、朱迪斯·甘丽雅、朴东顺等中外大学女校长包容开放、坚韧不拔、勇于担当的精神所感动、所激励。她们为中国高等教育和世界高等教育发展所作出的杰出贡献将永载史册。最后，由衷祝愿世界大学女校长论坛青春永驻、越办越好！

图书在版编目(CIP)数据

全球共情·文明互鉴·大学创新:第九届世界大学女校长论坛/黄璇主编.--北京:中国传媒大学出版社,2023.4

ISBN 978-7-5657-3397-0

Ⅰ.①全… Ⅱ.①黄… Ⅲ.①高等教育-国际学术会议-文集 Ⅳ.①G64-53

中国国家版本馆 CIP 数据核字(2023)第 017643 号

全球共情·文明互鉴·大学创新:第九届世界大学女校长论坛

QUANQIU GONGQING · WENMING HUJIAN · DAXUE CHUANGXIN: DI-JIU JIE SHIJIE DAXUE NÜXIAOZHANG LUNTAN

主　　编　黄　璇
策划编辑　李水仙
责任编辑　高卓毓
封扉设计　拓美设计
责任印制　阳金洲

出版发行　中国传媒大学出版社
社　　址　北京市朝阳区定福庄东街 1 号　　**邮　　编**　100024
电　　话　86-10-65450528　65450532　　**传　　真**　65779405
网　　址　http://cucp.cuc.edu.cn
经　　销　全国新华书店

印　　刷　唐山玺诚印务有限公司
开　　本　787mm×1092mm　1/16
印　　张　21
字　　数　460 千字
版　　次　2023 年 4 月第 1 版
印　　次　2023 年 4 月第 1 次印刷

书　　号　ISBN 978-7-5657-3397-0/G·3397　　**定　　价**　98.00 元

本社法律顾问:北京嘉润律师事务所　郭建平